漢字學十六講

庚寅年題

Hanzixue Shiliujiang

汉字学十六讲

林志强　著

高等教育出版社·北京

图书在版编目(CIP)数据

汉字学十六讲 / 林志强著. —北京:高等教育出版社,2019.5(2021.1重印)
ISBN 978-7-04-051691-3

Ⅰ.①汉… Ⅱ.①林… Ⅲ.①汉字—文字学—教材
Ⅳ.①H12

中国版本图书馆CIP数据核字(2019)第062869号

策划编辑 张晶晶 **责任编辑** 时俊龙 张晶晶 **特约编辑** 魏宜辉
封面设计 张文豪 **责任印制** 高忠富

出版发行	高等教育出版社	**网　址**	http://www.hep.edu.cn
社　址	北京市西城区德外大街4号		http://www.hep.com.cn
邮政编码	100120		http://www.hep.com.cn/shanghai
印　刷	上海华教印务有限公司	**网上订购**	http://www.hepmall.com.cn
开　本	787mm×1092mm 1/16		http://www.hepmall.com
印　张	17.25		http://www.hepmall.cn
插　页	1页		
字　数	333千字	**版　次**	2019年5月第1版
购书热线	010-58581118	**印　次**	2021年1月第2次印刷
咨询电话	400-810-0598	**定　价**	36.00元

本书如有缺页、倒页、脱页等质量问题，请到所购图书销售部门联系调换

物 料 号　51691-00

福建省文化名家项目资助

福建师范大学教材建设基金出版资助

目　录

第一讲
揭示汉字奥秘的学问：汉字学

凡读书必先识字。汉字对中国的读书人来说，好像是没有什么生疏感的。汉字就在我们身边，天天相伴，就像朋友和家人一样。但当具体问起某个字的来龙去脉和具体含义的时候，我们似乎又说不清道不明，或者知其然而不知其所以然，好像总还蒙着一层神秘的面纱，与我们保持着相当的距离。这样看起来，我们身边的汉字，确实与我们似近又远，似亲又疏。为了真正理解身边的汉字，我们必须学习一门传统的学问——汉语文字学。下面先简单讲述这门学问的名实及其功用，作为第一讲的内容。

壹　汉语文字学的名义

文字是记录语言的书写符号系统，汉字是记录汉语的书写符号系统。“汉语文字学”就是研究记录汉语之书写符号——汉字的有关问题的学问。

汉语文字学以前又叫“文字学”或“中国文字学”。从字面的名实关系看，文字学或中国文字学之称都有失严密。因为文字学实即“普通文字学”，它不研究个别文字体系，而是研究从个别文字体系中抽象概括出来的一般文字体系的性质、功能、结构、类型等问题。汉字只是世界上几百种文字中的一种，把研究汉字的学问称为文字学，难免有以偏概全的毛病。中国文字学比文字学的概念范围已经大大缩小，但中国是个多民族的国家，在汉字之外，还存在着二十余种其他类型的文字，如辽之契丹文字、金之女真文字、西夏文字、元之八思巴文，还有彝文、纳西文、藏文、蒙古文、维吾尔文等。对这些文字的研究，也应包括在中国文字学范围之内。所以把汉语文字学称为中国文字学也有失贴切。

但是，用文字学或中国文字学来指称汉语文字学，又有着历史渊源。文字学是旧时“小学”的主要内容之一，其所指当然是汉语文字学，就如同“音韵学”是指汉语音韵学、“训诂学”是指汉语训诂学一样。唐兰著有《中国文字学》，其所研究的对象也是汉字。正因为有这样的传统，我们平常在指称汉语文字学的时候，还常用文字学或中国文字学来称呼，这是约定俗成的，并不妨碍相互的交流和理解。

此外，汉语文字学也简称“汉字学”，这个简称严格来讲也有问题，因为汉字在历史上曾经被借用到朝鲜、日本、越南等周边国家，他们用汉字来记录各自的语言，而不是用来记录汉语。研究朝鲜汉字、日本汉字等也可称为汉字学，这个范围比汉语文字学要大。当然，用汉字学来指称汉语文字学也有约定俗成的原因，现在以汉字学为名的汉语文字学的论著很多，也不妨碍大家的理解。

总而言之，研究记录汉语的书写符号系统的学问，准确的称呼应是汉语文字学，文字学、中国文字学或汉字学等称呼虽然从严格意义上看并不严密准确，但由于传统和约定俗成，人们用它们来指称汉语文字学，也是可以的，并不妨碍互相之间的理解和交流。本书在指称汉语文字学时，有时也按习惯称为文字学、中国文字学或汉字学。

贰　汉语文字学的内容

汉语文字学从历时的角度看，可以分为古代汉字学、近代汉字学和现代汉字学三个部分。这三个部分互有区别，但又联系密切，共同构成了汉语文字学从古到今的全部内容和完整体系。

古代汉字学包括传统文字学和古文字学。传统文字学主要指《说文》学。《说文解字》是汉代许慎的作品，是中国文字学的经典著作。《说文解字》面世后，历代研究它的学者和著作不计其数，形成了以《说文解字》为中心的研究中国文字的专门领域，这一领域的研究直至现在仍然吸引了许多学者为之奋斗。古文字学是研究古文字和古文字记录的古代文献的学问，它的主要研究对象是地下出土的先秦和秦汉时期的古文字资料，也包括秦汉以后历代传抄的古文字资料。古文字学与《说文》学、出土文献学、古器物学、历史考古学等学科都有密切的关系。古文字学内部又可分为甲骨文研究、金文研究、战国文字研究等小分支，上起汉字起源，下迄隶书成熟，属于汉字流变的历史长河的上游阶段。

近代汉字学主要研究汉魏以来直至“五四”时期的各种文字现象，包括隶书、草书、楷书、正字、俗字等。其中俗文字学的研究近年来发展势头强劲，成为近代汉字研究的一个重要内容。近代汉字学承其前之古代文字学而启其后之现代汉字学，属于汉字流变的历史长河的中游阶段。

一般认为，现代汉字是指记录现代汉语的文字，古今汉语的划分一般以“五四”时期为界，因此现代汉字当指“五四”以后的汉字。现代汉字学主要研究现代汉字的性质和特点、汉字的字量字形字音字序等属性问题、现代汉字的学习使用和汉字信息处理等应用问题以及汉字的发展前途问题。它与古代文字学、近代汉字学、计算机科学、中文信息处理、认知心理学等学科都有密切关系。现代汉字学所涉及的范围，属于汉字流变的历史长河的下游阶段。

把汉语文字学分为古代汉字学、近代汉字学和现代汉字学，当然只是从历时的角度所做的最粗疏的但也是最概括的分类。实际上，汉语文字学本身内涵已经十分丰富，同时它又是一门边缘学科，与许多学科都有密切关系，人们可以从汉字学内部再进行细分，还可以从其他学科的角度对汉字进行研究，从而可以分出很多的类别。比如，从民间造字和用字的角度，可以分出俗文字学；从传统文化角度研究汉字，可以分出汉字文化学；从心理的角度研究汉字，可以分出汉字心理学；从计算机或信息处理的角度，可以分出计算文字学；从汉字与其他文字比较的角度，可以分出比较文字学，等等。这样的分类将会随着研究的推进不断出现，就像一棵参天大树，随着岁月的增长，新枝也会与时俱增，不断发展，这里就无法详细列举了。

叁 学习汉字学的作用

本书涉及汉字学和汉字文化学的内容，下面主要谈谈学习汉字学的作用。

一、 对研究语言文字学的作用

汉字是记录汉语的书写符号系统，每个汉字都具备形、音、义三要素，三者互相联系。语言文字之学，旧时称“小学”，包含文字学、音韵学、训诂学，也是形、音、义融会贯通的学问。形、音、义三者互求的理论，古代的学者多有探索，至清代而臻于完善，使得汉字研究和汉语研究紧密结合，对语言学的研究起了积极的推动作用。这方面的内容十分丰富，这里只举两点进行说明：

(1) 汉字是表意体系的文字，文字的形体和意义有密切的联系，通过文字形义关系的研究，有助于对字义、词义的理解。比如“它”本是象形字，象蛇之形。后因“它”常被借为代词，故又加“虫”而作“蛇”。所以《说文解字・它部》云：“它，虫也……上古艸居患它，故相问无它乎……蛇，它或从虫。”罗泌《路史》中的“四它卫之”，罗苹注作“四蛇卫之”。又如，文字之“字”，本指生儿育女。王充《论衡・气寿篇》：“妇人疏字者子活，数乳者子死。”《山海经・中山经》：“其上有木焉，名曰黄棘，黄华(花)而员(圆)叶，其实如兰，服之不字。”其中的“字”，都是生育的意思。为什么“字”有生育之义呢？原来“字”字从“宀”从“子”，“宀”表示房子，其下有“子”，即表在家生儿育女之意。生育子女后，接着就要抚养、爱护他们。所以“字”又引申出抚养、爱护之义。《左传・成公十一年》“又不能字人之孤而杀之”,《尚书·康诰》“于父不能字厥子,乃疾厥子”,其“字”字即养、爱之义。那么“字”为什么又可以指称“文字”呢? 许慎在《说文解字·叙》中说:“仓颉之初作书,盖依类象形,故谓之文;其后形声相益,即谓之字。字者,言孳乳而浸多也。”按照许慎的说法,依类象形的叫作“文”,形声相益的叫作“字”,“字”是由“文”所孳乳衍生出来的。由独体之“文”孳生出合体之“字”,就像人类生儿育女那样,是男女结合繁殖孳生的结果。① 唐代张怀瓘在《书断》中说“夫文字者……分而为义,则文者祖、父,字者子、孙”,即是此意。可见,如果我们对汉字形义关系有所了解,对字义以及字义的引申发展的理解就会更加深刻,能够做到不仅知其然,而且知其所以然。

(2) 汉字中的形声字,不仅保持汉字以形表意的特点,还生发出以形表音的新质,使得汉字在记录汉语的时候走上了音义兼表的科学道路。形声字中的声符,表示其所记录之词的读音。声符对于语言研究的作用,至少有以下三端:其一,随着社会的发展,语音有时而变,而文字终古不易,则声符实为古音之活化石,有助于辨识其字其词在古代的读音。如“江”“工”二字,今读迥异,但“江”从“工”声,两者古读同为东部。前人研究古韵,在韵字系联之外,即得力于汉字之谐声偏旁,所谓“同谐声者必同部”是也。如“羊”属阳部,则“详”“祥”“庠”“翔”等从羊得声之字,亦归阳部。其二,声符反映了上古语音系统及其演变规律。例如,“房”从“方”声,但“阿房宫”之“房”读 páng,“悲”从“非”声,而其字读 bēi,都反映了古无轻唇音的现象。又比如“恃”“特”“等”三者均以“寺”为声。“恃”为之部字,阴声韵;“特”为职部字,入声韵;“等”为蒸部字,阳声韵。这正反映了阴、阳、入对转的关系。“态”读阴声韵,但它的繁体“態”,从“能”得声,是阳声韵,也是同样的道理。其三,有些形声字的声符具有示源作用,可以帮助辨别汉语的一部分同源词。宋人有所谓“右文说”,后人演绎为“右文学”,即专门研究声符之表意作用,进而揭示同源关系。沈括《梦溪笔谈》云:“所谓‘右文’者,如戋,小也,水之小者曰浅,金之小者曰钱,歹而小者曰残,贝之小者曰贱,如此之类皆以戋为义也。”依此类推,从“巠”得声之字大多有“细、直而长”的意思,如“经”是织布机上的纵线,“径”是小路,“胫”是膝盖到脚跟的部分,都有“细、直而长”的特点。汉字声符的示源作用,使得我们的思路从“以声为义”到“声近义通”“因声求义”,这对同源词的探索,对训诂学的研究,都起了积极的推动作用。

二、 对研究传统文化的作用

张怀瓘《书断》说,汉字具有“著明万事,记往知来,名言诸无,宰制群有”的功能,

① 参见曾宪通《谈“文”说“字”话源流》,原载《中国大学教育》2001 年第 6 期,收入《古文字与出土文献丛考》,中山大学出版社 2005 年。

《说文解字·叙》则以为汉字是“经艺之本，王政之始”，是“前人所以垂后，后人所以识古”的一整套符号体系。可见汉字既记录了汉语，也记录了汉文化。这主要表现在两个方面：

其一，文以载道，汉字是中国文化的主要承载者。不管是考古发现的地下出土材料，还是历代传承的地上传世文献，基本上都是用汉字记录的。我们要通过学习和研究古书了解中国的传统文化，没有汉字学的知识是很难胜任的。上文已经说明，汉字是表意体系的文字，通过形体的分析，有助于我们掌握字义，这对理解一般的古书是十分有用的。如果是出土文献，特别是先秦时期的古文字记录的文献，则更需要专门的古文字学知识才可以进行学习和研究。一句话，不懂汉字，没有汉字学知识，就读不懂古书；读不懂古书，就难以真正了解中国的传统文化，更谈不上继承和发展中国的传统文化。

其二，汉字形体经历了几千年的变化，它们本身就是汉文化的活化石，是中国文化的一面镜子，反映着中国文化的古往今来、方方面面。它们蕴含着中国文化的基因，再现了山川草木、花鸟虫鱼，体现着思想观念、文化心理、思维方式，映照着历史画面、生活情态……此外，汉字的书法、书画的结合、诗歌、对联、字谜等与汉字有关的文化现象，可谓丰富多彩，博大精深。从汉字入手来研究中国传统文化，是一个新颖的角度，也是一个有效的手段。汉字文化学正以其特有的魅力吸引着越来越多的人。但是，如果没有汉字学的知识，要从这个角度去挖掘和感受传统文化的意蕴，无疑是无源之水、无根之木。

三、 在日常工作生活中的作用

汉字学是提高人文修养的根底之学，有着丰富的现实功用。读书人天天都要面对汉字。当我们具备了汉字学的知识，了解了汉字演变发展的轨迹，我们就不会像一般人那样只觉得汉字是一个个毫无生机的硬性代码，而是一个个充满灵性的内涵丰富的符号。当我们面对诸如小说、诗歌、散文、对联、书法等以汉字作为载体的艺术形式时，我们就可能会多一分思考，多一点智慧。闻一多在《诗的格律》中说：

> 但是在我们中国的文学里，尤其不当忽略视觉一层，因为我们的文字是象形的，我们中国人鉴赏文艺的时候，至少有一半的印象是要靠眼睛来传达的。原来文学本是占时间又占空间的一种艺术。既然占了空间，却又不能在视觉上引起一种具体的印象——这是欧洲文字的一个缺憾。我们的文字有了引起这种印象的可能，如果我们不去利用它，真是可惜了。

鲁迅在《汉文学史纲要》中评论汉字说："其在文章，则写山曰峻嶒嵯峨，状水曰汪洋澎湃，蔽芾葱茏，恍逢丰木，鳟鲂鳗鲤，如见多鱼。故其所函，遂具三美：意美以感心，一也；音美以感耳，二也；形美以感目，三也。"美国诗人庞德非常迷恋和崇拜汉字，他在字典上看到"旦"字时，就在旁边写道："多么精彩的形象符号——诗之魂！"这些感悟，这些真言，都是源于对古代汉字的深切体验。又比如，由于汉字是形义关系密切的文字，我们在日常生活中常常会碰到据形说义的故事，如有人以为"射"字由寸、身构成，其义当为"矮"，"矮"字由委、矢组合，其义应是"射"；"凤"字的繁体为"鳳"，由凡、鸟组成，平凡之鸟，其义乃是"鸭"，"鸭"字是甲、鸟拼合，甲等之鸟，其义原是"凤"。此类说法，看似有理，实则谬误，但如果没有汉字演变和汉字结构等方面的知识，也不好判断。再比如，报纸网络等媒体上也常有有关文字的话题，也需要我们具备文字学的知识，才能辨其是非，不为所惑。下面举两个在媒体上引起较多关注的例子。

2005 年 9 月 21 日某都市报头版有标题作"平潭沉船清代瓷器竟有简体字"，非常醒目。在 A4 版以"沉船中清代瓷器竟有简体字"为题进行了详细报道。导语称："另一个巨大的谜团又让考古人员百思不得其解：明明是三百多年前的清代沉船，但舱内一件器物上的'双龙'两字，竟是建国后才有的简体字！"正文的小题目是："谜团二：康熙瓷器怎么有简体字？"正文中写道："在一个正面绘着梅花的小盘背面，用简体字写着'双龙'，这两个被深深烧入瓷器的文字是工匠的姓名还是装饰的图案，为什么在清康熙年间就会出现简体字？专家难以解释，只表示小盘是标准的清康熙中期青花瓷器。"报道中用的"竟"字、感叹号、问号以及整个叙述语气，都充满了作者的惊讶之情。其之所以惊讶，是因为缺乏专业知识而导致的一种误解：简体字是中华人民共和国建立以后才有的，怎么可能出现在清代？

其实，所谓的简体字，并非都是 1949 年后新造的文字。有许多简体字来源甚古，比如"從"字作"从"、"於"字作"于"，其来源可追溯到甲骨文。又如"亂"字作"乱"，见于魏碑；"難"字作"难"，见于明代，等等。

至于报道中出现的"双龙"二字，也绝非 1949 年以后才有。金韩道昭的《改并五音集韵》已说"雙"俗作"双"，其《改并五音类聚四声篇海》亦载"双"字，卷一四又部云："双，与雙义同，俗用。"宋代刊行的《古列女传》《大唐三藏取经诗话》和《资治通鉴》卷二四四、《增广笺注简斋诗集》卷二四《道中》诗等都有"双"字。[①] 明代字典《字汇》也正

① 参见张涌泉《字海杂俎·"雙"字孳乳考》，载《著名中年语言学家自选集·张涌泉卷》，上海教育出版社 2011 年，第 245—246 页；原载《汉语俗字研究》附录一，岳麓书社 1995 年。按，张书岩等编著的《简化字溯源》（语文出版社 1997 年）认为"雙"字作"双"，最早出现在唐代敦煌变文写本中（第 78 页），张涌泉在上文的注文中指出："'双'字敦煌写本中未见。李乐毅《简化字源》（华语教学出版社 1996 年版）页 228 称'双'字已见于敦煌变文，盖据《敦煌变文集》误排的文字，不可从。敦煌研究院藏敦煌写本 352 号背《道经》（拟）：'产生无难，母子双全。'该件并非藏经洞文献，而是今人利用原件纸背抄写，不可依以为据。"见《著名中年语言学家自选集·张涌泉卷》第 246 页。

式将“双”字收入。“龍”字作“龙”的问题，也是一个逐渐发展的过程，时代也不迟。汉魏碑刻中，《白石神君碑》的“龙”作龍，《魏受禅表》的“龙”作龍，①其右边都已写作“龙”。张书岩等编著的《简化字溯源》指出隋代《龙藏寺碑》和唐代敦煌变文写本中“龙”字就直接写作“龙”，元刊本《古今杂剧三十种》中“聋”字写作聋。“龙”与龙都和现行简化字“龙”接近。② 从这些材料看，“龙”字当是截取“龙”的隶书偏旁再简化而成的，现有材料虽未能明确证明其最早出现的时间，但从上举相近字形来看，其出现时间当在元明时期或其后之清代。如报道属实，康熙年间青花瓷器上的“龙”字倒是可以作为此字出现的实物证据。所以清代有“龙”字，其实一点也不奇怪，把它拉到建国后反而觉得奇怪了。③

2008 年 2 月 15 日《重庆晨报》发表题为《神秘古书无人能识　土家文字横空出世?》的文章，一时大小网站纷纷转载，有的文章还附上图片。文章称：酉阳土家族苗族自治县一个爱好民族文化器物收藏的生意人周永乐分别于 2006 年冬和 2007 年夏收购到两本内容相同的古书，书上的文字奇形怪状，是发现者、群众、专家都没见过的“天书”。文章又说：

> 土家族是公认只有语言没有文字的民族。但是，用同一种文字书写的“天书”却接连在渝、鄂、湘、黔四省市接合部的酉阳土家族聚居地被发现，历时两年无一人能识。这些文字到底是何人所写、所留，又为何人所拥有？它们是否就是土家族的文字？……如果能解开这些在乌江流域发现的书上所写的神秘文字，证实它们是土家族的文字，那么将会是土家族文化中重大的发现，改写我国少数民族史。

报道中还说，有关专家除怀疑这些文字为土家族文字外，还有的怀疑它们可能与苗族的“苗文”、瑶族的“女书”和水族的“水书”有关。

我们从有关网站所附的照片来看，所谓“天书”其实就是传抄古文中的隶古定文字，如“风”作“凬”、“长”作“兂”、“时”作“旹”等，都是典型的隶古定写法。先秦文字特别是六国文字被作为“古文”传抄下来的，后世叫作“传抄古文”，传抄古文是汉字发展的一种特殊形式，隶古定是传抄古文的一种形态，即用隶书（现在看到的多是楷书）笔法转写古文结构的文字，因为其转写多是机械转换，又加上转写者的个人因素，因

① 顾蔼吉《隶辨》，中华书局 1986 年，第 4 页。

② 张书岩等《简化字溯源》，语文出版社 1997 年，第 97 页。

③ 按报道发表的第二天，记者又采访了两位收藏文化研究方面的专家，并以“专家释疑沉船瓷器出现简体字　青瓷‘双龙’出自古人小写”为题进行报道。虽然专家的解释还不是很具体到位，但确实纠正了头一天报道中认为康熙年间不能出现简体字的错误。详见《海峡都市报》2005 年 9 月 22 日 A12 版。

此字形看起来比较诡异。[①] 所以上述所谓“天书”，根本就是汉字，与土家族、苗族、瑶族、水族的文字都无关，文中所称的发现者和有关专家的意见都不足据。

据该报2月20日的后续报道，读者们还提出了诸如“有些像西夏党项族的文字”“做法事用的文字而已，有的是生搬硬套自创的，根本没什么意思，用来糊弄百姓的”“这些文字好像是道家符咒中的一些符号”等看法，皆属瞎猜。上海市绿化管理局退休工程师金嗣营认为“这些都是古代汉字的异体字”“酉阳发现的两本书，就是古今汉文字的对照表，而不是少数民族的文字”。他还在《康熙字典》上找到了相关文字。西安的中医师孙毅认为“这是用楷体的形式写出来的篆书，渊源是汉武帝时期的‘隶定古字’”“在《说文解字》里能找到这些字的篆体‘原版’”。他们的看法，才比较近实。此二人，前者因研究古树名木，长期和古碑、古文字打交道，后者因专业需要学过一些古文字，因此才有比较专业的认识。

当然，更为准确的认识则需要专业的知识和深入的研究。2011年，李春桃根据记者提供的部分照片，写了《近年重庆酉阳县新发现古书文字性质新探》，指出这其实是用传抄古文字书写的《三字经》，[②]喻遂生先后撰有《“酉阳天书”解析》《重庆新出传抄古文〈三字经〉解析》《重庆新出传抄古文〈三字经〉的版本和年代》等文章，[③]“酉阳天书”的本来面目终于得以彻底揭晓。

总而言之，汉字就在我们身边，我们离不开汉字。我们天天面对汉字，但有时候我们似乎离汉字还很远，因为我们很多人其实并不了解汉字。我们只知道汉字是由一笔一画组成的方块，但不知道那一笔一画是怎么来的？它们有什么样的含义？汉字在以前是什么样子？它们是怎么变成现在这个样子的？汉字背后存在着怎样的文化内涵？这些问题我们似乎都不甚了解。本书主要讲述汉字的起源、汉字的演变、汉字的结构以及汉字与文化等有关问题，也包括对一些具体问题的研究。通过这些内容的学习，我们会逐渐“走近”汉字，对汉字更加熟悉，更加了解。在潜移默化中，我们对汉字了解得越多，汉字也会带给我们更多的聪明和智慧。如果能进一步“走进”汉字，进入汉字所呈现的丰富多彩的世界，则诚所望也，善莫大焉。

---

① 参见林志强《论传抄古文的形态变化及相关问题》，载中国文字学会、河北大学汉字研究中心编《汉字研究》（第一辑），学苑出版社2005年。已收入本书，见第五讲“附”。

② 李春桃《近年重庆酉阳县新发现古书文字性质新探》，《四川文物》2011年第5期。

③ 喻遂生《“酉阳天书”解析》，重庆市语言学会第8届年会论文，2011年11月；《重庆新出传抄古文〈三字经〉解析》，纪念何琳仪先生诞辰七十周年暨古文字国际学术研讨会论文，2013年8月；《重庆新出传抄古文〈三字经〉的版本和年代》，纪念容庚教授诞辰120周年暨中国古文字研究会第20届年会论文，2014年10月。

第二讲
观物取象的符号生成：汉字的创造(一)

文字的产生是人类历史步入文明社会的标志之一。[①]《淮南子·本经》说汉字产生的时候，“天雨粟，鬼夜哭”，看似离奇荒诞，实则是用神话的夸张手法表现了文字的产生对人类文明的重要影响，是惊天地、泣鬼神的重大发明。有了文字，人类更方便了信息的记载和传播，更方便了文化的交流和传承，从此，人类便从暗昧走向光亮，从野蛮走向文明，开始了社会发展的质的飞跃。

那么，汉字又是如何产生的呢？这是汉字学领域里一个颇具魅力的神秘问题，历代许多文字学家都曾对这一问题进行过思考，提出了种种推想和猜测，有的虽不无道理，但还无法从根本上解开汉字起源之谜。历史进入现代社会之后，随着考古事业的发展和科学研究的深入，汉字起源的神秘外衣正在逐层被揭开，但真正的情状究竟如何，还不能完全明了，需要我们进一步探研。

壹 汉字起源的几种学说及评价

一、 图画说

“图画说”要揭示的是汉字与图画的关系。对于汉字与图画的关系，汉代的学者已有初步的认识，但真正从理论上进行阐释的，则又经过了“书画同源”说和“汉字起源于图画”说的历时发展过程。

许慎《说文解字·叙》云：“书者如也。”《段注》：“谓如其事物之状也。”此“书”字，其意犹今言“依样画葫芦”，实与绘画无别。而“书”字又可指称文字，如仓颉作书，意即仓颉造字。又许慎给象形字下的定义是：“画成其物，随体诘诎。”从这里我们便可

① 摩尔根在《古代社会》中说：“文字的使用是文明伊始的一个最准确的标志……没有文字记载，就没有历史，也没有文明。”见《古代社会》，杨东莼译，商务印书馆 1987 年，第 11 页。

看出汉字与绘画的密切关系。从理论上阐述汉字与绘画之关系的，传统上有所谓“书画同源”的说法。侧重于从绘画功能的角度说明“书画同源”的人是唐代的张彦远，他在《历代名画记》中引颜光禄云：“图载之意有三：一曰图理，卦象是也；二曰图识，字学是也；三曰图形，绘画是也。又周官教国子以六书，其三曰象形，则画之意也。是故知书画异名而同体也。”又说：“是时也，书画同体而未分，象制肇创而犹略。无以传其意，故有书；无以见其形，故有画。”[①]侧重于从汉字起源的角度阐明“书画同源”观点的人是宋代的郑樵。他在《六书略·象形第一》中说：

> 书与画同出。画取形，书取象；画取多，书取少。凡象形者，皆可画也，不可画则无其书矣。然书穷能变，故画虽取多而得算常少，书虽取少而得算常多。

这里他阐述了两个重要观点，一是“书画同出”，二是“书画有别”。首先他认为书画同出，这就是说，象形字和图画一样，都是取象于客观事物。正如许慎所说，象形字是“画成其物，随体诘诎”而形成的，因而文字与图画具有共同的一面。其次，他在指出书画有共性的同时，还进一步区别了书画的不同：“画取形，书取象；画取多，书取少。”他认为汉字的象形，并不像绘画一样纤毫毕现，而是观物以取象，抓住特征，寥寥几笔，以少胜多，所谓“书虽取少而得算常多”。从象形字的特点来看，郑樵的看法是完全符合实际的。他对书与画的区别，虽然还不能抓住关键问题——书与语言中的词挂钩，具有音和义，画则否，但他能着眼于书与画之笔画的繁简、形神的不同来加以论述，说明他已开始辩证地思考书与画的关系问题，较之单纯论述“书画同出”，无疑更进了一步。

“书画同源”的理论是把书和画放在同等的位置追溯其来源，亦即说，书和画都是对客观世界的反映，都取象于客观事物。它说明了汉字与绘画的某种内在的关系，但还没有把汉字与绘画的先后关系明确揭示出来，与“汉字起源于图画”的说法还有一定的距离。简单地说，“书画同源”中的书和画是平行的关系，“汉字起源于图画”中的书和画是源流的关系。

较早提出“汉字起源于图画”的学者，有孙诒让、沈兼士、唐兰等人。如孙诒让在《名原》中说：“盖书契权舆（起始），本于图象。其初制，必如今所传巴比伦、埃及古石刻文，画成其物，全如作缋（按，缋即画）。此原始象形字也。”沈兼士在《从古器款识上推寻六书以前之文字画》中说：“余以为文字之起原，实由于纪事之绘画。”又如唐兰在《古文字学导论》说“文字的起源是图画”，在后来的《中国文字学》中，他又说：

---

① 张彦远《历代名画记》，浙江人民美术出版社 2011 年，第 1—2 页。

文字本于图画，最初的文字是可以读出来的图画，但图画却不一定能读。[①]

这句话说明了文字和图画的联系和区别。文字起源于图画，但图画并不等于文字。所谓“可以读出来的图画”，是指这种图画已经具有固定的读音，和语言中的词挂上了钩，也就是说，它成为记录语言的符号了，这时，图画才转化为文字。这就是图画和文字的主要区别。

上述“图画说”之诸种说法中的“书”“文字”“汉字”等的内涵，依“六书”分类，主要是指象形字和早期的会意字。也就是说，文字起源于图画的理论，我们可以从象形字和早期会意字中得到证明。因为大部分的象形字都是照着它所表现的物体形状画出来的，即通过观物取象，“画成其物，随体诘诎”，如太阳写作⊙，月亮写作等。早期的会意字是以形会意的，其实也类似于图画，如以戈杀人为“伐”，字作，以手开户为“启”，字作。随着古文字材料特别是商代甲骨文的发现，大量的象形初文得以目睹，而且从初文到现代汉字的发展演变，源流清楚，足迹显明，更能证明汉字起源于图画说之确切可信。现在，“图画说”已是为学术界所普遍接受的一种主要的汉字起源因素了。

二、 结绳和契刻

结绳和契刻都是上古社会的记事方法。

《老子》和《庄子》中都有老百姓“结绳而用”的记载，《易经·系辞下》和《说文解字·叙》也有“结绳而治”“结绳为治”的话，可见上古社会结绳既用于记事，也用于管理。结绳的具体方法，《周易正义》引郑玄注云：“事大，大结其绳；事小，小结其绳。”李鼎祚《周易集解》引《九家易》云：“古者无文字，其有约誓之事，事大，大其绳；事小，小其绳。结之多少，随物众寡，各执以相考，亦足以相治也。”

结绳的作用在于帮助记忆，它本身不可能完整地记录事件的过程，也不能表示词的读音，因此结绳本身并不具备文字的性质。但是，结绳的一些形象却可能与某些汉字的构形有着直接的联系，比较明显的是“十”和“十”的倍数。如在古文字中，“十”写作，“廿”写作，“卅”写作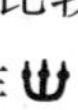，即是取象于结绳。[②] 此外，“世”字金文作，篆文作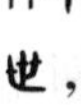，是“卅”的变形。《说文解字》云：“世，三十年为一世。”可见也与数目有关。[③] 甲骨

① 唐兰《中国文字学》，上海古籍出版社1979年新1版，第62页。

② 参见徐中舒《结绳遗俗考》，《说文月刊》第4卷，1944年，第185页；又见《徐中舒历史论文选辑》，中华书局1998年，第708页。

③ 或以为“世”字甲骨文作（《合集》6046“笹”字作），从“止”而上加点，仍因“止”为声，于省吾称为附划因声指事字。金文承之，后点变为横，为小篆所本（参见于省吾《甲骨文字释林》，中华书局1979年，第461—462页）。《说文解字》以“三十年为一世”释之，乃据小篆之形而重解。

文里有些符号比较特别，如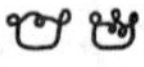等，类似秘鲁的结绳架，也可能与结绳有关。[①] 由上可见，结绳方法对汉字的产生也有一定影响，但如果因此断定“文字之作，肇始结绳”(朱宗莱《文字学形义篇》中语)，则又过于绝对，不能使人信服。

和结绳性质相近的是契刻。宋末元初的戴侗，在他的《六书故・六书通释》中就把契刻和“六书”的发展联系在一起，认为文字产生之前，经过了结绳之治的阶段，又经过了刻画竹木以为“契”的阶段，他说：

> 文字未兴也，其类滋，其治繁，而不可以莫之征也，然后结绳之治兴焉。治益繁，巧益生，故有刻画竹木以为识者，今蛮夷与俚俗不识文字者，犹或用之，所谓契也。契不足以尽变，于是象物之形，指事之状，而刻画之以配事物之名，而简牍刀笔兴焉，所谓书也。象形、指事犹不足以尽变，转注、会意以益之，而犹不足也，无所取之，取诸其声而已矣……所谓谐声也。五者犹不足以尽变，故假借以通之，而后文字之用备焉。

“契”字本作“栔”，从丰从刀会意。“丰”象所刻契约，中间一竖表示一分为二，以便“合券”。《释名・释书契》：“契，刻也，刻识其数也。”可见契刻也是刻记数字以备忘，也可作为契约凭证来对待。此外，契刻还可以用来传递信息，起到一定的交际作用。如解放初期中央慰问团在福贡收集到的一件傈僳族的传信木刻，就是一个著名的例子。[②] 郭沫若在《古代文字之辩证的发展》一文中指出：“中国文字的起源应该归纳为指事与象形两个系统。”[③]所谓指事系统又叫刻画系统，契刻便是刻画系统的主要方式。由此可以看出，契刻与汉字的产生可能有比较密切的关系。有人推测，汉字的数目字一、二、三、四(亖)、五(X)、六(∧)、七(十)、八等就是来源于契刻；在西安半坡、青海柳湾等地出土的陶器上有许多刻画符号，根据研究，也与汉字的起源有密切的关系，而这些符号就是契刻而成的。

书、契作为动词，意即写、刻，而写和刻是文字书写的两种方式。从早期刻画符号和甲骨文等情况来看，“刻”文字应是更为主要的方式。书、契二字后来合起来指称文字。许慎《说文解字・叙》云：“黄帝之史仓颉，见鸟兽蹄迒之迹，知分理之可相别异也，初造书契。”这里的“书契”即是指文字。书、契由书写方式转化为指称文字，符合意义引申的通则，也透露出汉字与契刻的密切关系。也就是说，当契刻的记号不断转化为书面语言符号时，契刻也就成了创造汉字的主要手段了。

---

① 参见陈炜湛《读契杂记》，载《于省吾教授百年诞辰纪念文集》，吉林大学出版社 1996 年，第 51 页。

② 参见汪宁生《从原始记事到文字发明》，《考古学报》1981 年第 1 期。

③ 郭沫若《古代文字之辩证的发展》，《考古学报》1972 年第 1 期。

三、 八卦说

所谓“八卦”，就是古代用于占筮的八种符号，即☰（乾）、☷（坤）、☳（震）、☴（巽）、☵（坎）、☲（离）、☶（艮）、☱（兑），分别代表天、地、雷、风、水、火、山、泽。这八种符号两两相叠，又可推演出六十四卦。八卦或六十四卦的符号，归纳起来，都是由阴（--）阳（—）两爻组合而成，这阴阳两种符号到底源于什么，人们有过各种猜测。郭沫若在《周易时代的社会生活》①中认为阳和阴两种符号分别是男、女生殖器的象征；高亨在《周易杂论》②中认为阴阳是用于占筮的两节或一节的“竹棍”（即蓍草）的象形；陈道生《重论八卦的起源》③认为阴阳符号源于结绳时代绳子上“有结”“无结”的形态。此外还有人认为它们是由龟卜兆纹演化而来的。诸说之中，似以阴阳符号源于蓍草或小竹棍之类较为可信。此外，随着地下考古资料的出土，人们从甲骨文、金文和陶文中，发现了以数字组成的原始八卦符号（详下），这种八卦原来所采用的数字是一、五、六、七、八几个，到了战国中期的楚简，其数字已简化为一和六。据此，有人认为后来的卦符—和--，就是由数目字一和六（古文作∧）演化而成的。④ 此说很有新意，且很可能接近事实。⑤

我们觉得，阴阳符号具体来源于什么，由于时间邈远，从根本上说，或许比较难以说清。但有一点应该可以肯定，那就是，阴阳符号的形成，是古人仰观俯察，对自然万物基本形态进行抽象的结果，这个结果需要一个过程，一个不断抽象的过程。所以反过来，阴阳符号也可以代表万事万物。《周易·系辞下》云：“古者包牺氏之王天下也，仰则观象于天，俯则观法于地，观鸟兽之文与地之宜，近取诸身，远取诸物，于是始作八卦，以通神明之德，以类万物之情。”这种说法应该是符合情理的，其间的逻辑是，先通过仰观俯察、近取远取而作八卦，而作八卦的目的则是“通神明之德”“类万物之情”。

---

① 见郭沫若《中国古代社会研究》，人民出版社1954年。

② 高亨《周易杂论》，山东人民出版社1962年。

③ 载《孔孟学报》1966年第12期。

④ 参见曾宪通《四十年来古文字学的新发现与新学问》，《学术研究》1990年第2期。又见《曾宪通学术文集》，汕头大学出版社2002年，388页。

⑤ 《上海博物馆藏战国楚竹书（三）》（上海古籍出版社2003年）所收《周易》，是迄今为止所发现的最早的《周易》，简端有卦画，阴阳二爻分别用“八”和“一”表示，与马王堆帛书《周易》的表示方法相同。这就更加清楚地说明了阴阳二符由数字变来的论断。“八”的两笔拉平，即成阴爻的两短横，“∧”与“八”相比较而言，后者更接近于阴爻符号，因此上述“六”可改为“八”。用于表示卦画的数字由多到少，最后统一只用“一”和“八”，正是不断归纳概括的结果，与八卦符号通过仰观俯察最后形成阴阳两爻的整合过程，在逻辑上也是一致的，那么，“一”和“八”作为阴阳两爻的前身，其内在的关联性是合乎学理的。

既如此，单从“观物取象”的角度来看，汉字的产生与八卦的形成，其思维方式具有相似性是可以肯定的。但文字的萌芽在仰韶文化期间，而八卦占卜的流行则在之后的龙山文化期间，因此八卦的产生和汉字的创造在思维方式上的相似并不能说明汉字是由八卦而来的。再者，汉字的“观物取象”基本上是一种形象的再现（少数指事字除外），而八卦的“观物取象”则是一种抽象；前者用于记录语言，后者用于占卜吉凶，两者性质功用各不相同，不宜混为一谈，更无所谓源流关系。

上文说到，人们在古文字材料中发现了一系列由数字一、五、六、七、八组成的符号，组成形式多数以三个一组或六个一组，如（八一六）、（七八六六六六）、（五五五）等，根据研究，这是一种借用数字组成的八卦，一五七单数代表阳爻，六八偶数代表阴爻，三个数字构成的是单卦，六个数字构成的是重卦。[①] 既然等符号是一种八卦，那么有些汉字也可能采用了原始八卦符号作为构字偏旁。如“爻”字甲骨文作，由两个“五”构成；“教”字甲骨文作，也含有“爻”符在内；“学”字甲骨文作，象两手摆弄，由“五五六”三个数字构成，也是一种数字八卦。[②] 由此可见，某些汉字偏旁也可能跟八卦符号有具体的联系。这说明，八卦作为远古文化的符号系统，在汉字创造的整个过程中，对一些汉字的构形有过渗透和影响。但这种影响只是个别的现象，不能据此认为八卦是源，汉字是流。

曾经有人以为八卦的阳爻作一，就演化为“一”字；两个阳爻重叠，即演化为“二”字；乾卦作☰，即演化为“三”字。郑樵在《六书略·论便从》中说：“文字便从（纵）不便衡（横），坎、离、坤，衡卦也，以之为字则必从（纵）。故☵（坎）必从（纵）而后能成水，☲（离）必从（纵）而后能成火，☷（坤）必从（纵）而后能成川。”此类说法，显然是以巧合加以比附，不足为据。

在传统的观念中，《周易》是群经之首，八卦以及八卦所反映的内涵在某种意义上是中国文化的一个源头、一个缩影。由于八卦和汉字都是反映外在世界的符号系统，八卦符号的形成在思维方式上与汉字的产生具有相似性，都是“观物取象”的结果；又由于某些原始八卦符号与某些汉字的构字偏旁有着具体联系，因此八卦符号很容易与汉字的产生联系起来。首先把它们联系起来的是东汉的许慎。许慎在《说文解字·叙》中谈到汉字的起源时是先从“八卦”说起的。但从《说文解字·叙》原文来看，许慎先言庖牺氏作八卦“以垂宪象”，次言神农氏“结绳为治而统其事”，再言仓颉作书，“百工以乂，万品以察”，显然是从功用的角度把八卦、结绳和汉字联系起来的，未必视八卦为汉字的前身或源头，但其先后的顺序安排在客观上确实给人“八卦为源”的印象。到了近代，刘师培在《小学发微》中则明确宣称：“大约《易经》六十四卦，为文

① 参见张政烺《试释周初青铜器铭文中的易卦》，《考古学报》1980 年第 4 期。

② 参见詹鄞鑫《汉字说略》，辽宁教育出版社 1991 年，第 37—38 页。

字之祖矣。”(见《国粹学报》乙巳七期)完全肯定了八卦与汉字的源流关系。从以上所述来看,刘氏的话显然过于绝对。

总之,八卦和汉字虽有一定关系,但它们是两种不同性质的符号系统,且汉字产生在前,八卦流行在后,八卦不可能是汉字的源头。

四、 仓颉造字说

仓颉其人,一般都认为是黄帝的史官,距今 4 500 年左右。仓颉造字的说法在战国秦汉间颇为流行,如《荀子·解蔽篇》《吕氏春秋·君守》《韩非子·五蠹》《世本·作篇》《淮南子》《论衡·骨相篇》《说文解字·叙》等都有记述。

典籍中关于仓颉造字的记载,有些是比较离奇的,如《论衡·骨相篇》云“仓颉四目”,《淮南子·修务》云仓颉“产而能书”,既生异相,又具异才,把仓颉神异化了,实不足信。《淮南子·本经》又云:“昔者仓颉作书,而天雨粟,鬼夜哭。”这看似荒诞,实则表现了文字的产生对人类文明的重要意义,剔除其神话的外衣,还可窥见一些真实的内核。《淮南子》言及此条材料,意在说明“能愈多而德愈薄”,故高诱注云:“仓颉始视鸟迹之文造书契,则诈伪萌生。诈伪萌生,则去本趋末,弃耕作之业,而务锥刀之利,天知其将饿,故为雨粟;鬼恐为书文所劾,故夜哭也。‘鬼’或作‘兔’,兔恐见取毫作笔,害及其躯,故夜哭。”作者和注者的理解均局限于字面之意,便成无稽之谈。

但是也有一些记载是比较平实的,如《荀子·解蔽篇》云:“故好书者众矣,而仓颉独传者,壹也;好稼者众矣,而后稷独传者,壹也;好乐者众矣,而夔独传者,壹也;好义者众矣,而舜独传者,壹也。”荀子认为仓颉专心致志于文字之道,因此成为众多“好书者”中能够传名于后世的人物,这是符合情理的。又如许慎《说文解字·叙》云:“黄帝之史仓颉,见鸟兽蹄迒之迹,知分理之可相别异也,初造书契。”他认为仓颉从鸟兽的蹄印足迹中得到启示而造出文字,这是完全可能的。

关于仓颉造字的传说,有一段时间学者多持批判的态度,认为文字是由劳动人民创造的,不是某个人所能完成的。我们觉得,“仓颉造字”与“文字由劳动人民创造”两种提法其实并不矛盾。鲁迅在《门外文谈》中说:“但在社会里,仓颉也不止一个,有的在刀柄上刻一点图,有的在门户上画一些画,心心相印,口口相传,文字就多起来,史官一采集,便可以敷衍记事了。中国文字的由来,恐怕也逃不出这例子的。”这史官的采集工作,应该就是仓颉的主要工作。在采集整理的过程中,仓颉(或者巫史集团)依类推衍,继续创造出许多文字来,这不是不可能的事。因为仓颉不仅采集整理民间的文字,又创造了许多字,因此出现了“仓颉造字”的传说,他的名字也流传了下来,这也不是什么奇怪的事。所以我们对于“仓颉造字”之说,应该具体分析,不应视为完全无稽。

圣人造字的传说，除了仓颉，还有沮诵。《晋书·卫恒传》：“有沮诵、仓颉者，始作书契，以代结绳。”其说流行于汉魏之时，时间较晚，神化程度也与仓颉不可比。或疑沮诵即祝诵，也就是祝融。

五、 起一成文说

“起一成文”说也是宋人郑樵的主张。较之郑氏“书画同出”说，“起一成文”说有着更为独特的一面，因而流传更广，影响更大。《六书略》中有一篇《起一成文图》，是其说的集中体现。全文如下：

> 横为一，从为丨（音衮），邪丨为丿（房必切），反丿为乀（分勿切），至乀而穷。
>
> 折一为㇕（音及），反㇕为厂（乎旱切），转厂为乚（音隐），反乚为亅（居月切。了从此，见了部），至亅而穷。
>
> 折一为㇕者，侧也，有侧有正。正折为∧（即宀字也，又音帝，又音入），转∧为∨（侧加切），侧∨为＜（音畎），反＜为＞（音泉），至泉而穷。
>
> 一再折为冂（五犯切），转冂为凵（口犯切），侧冂为匚（音方），反匚为コ（音播），至コ而穷。
>
> 引一而绕合之，方则为口（音围），圆则为○（音星），至○则环转无异势，一之道尽矣。
>
> 丶（音柱）与一偶，一能生，丶不能生，以不可屈曲，又不可引，引则成丨。然丶与一偶，一能生而丶不能生，天地之道，阴阳之理也。

上文中前五节从五个角度谈由“一”而衍生出的十七种“初文”，最后一节将“一”与“丶”进行比较，阐明“一能生”的道理。另外，《因文成象图》中的某些例子也与“起一成文”相同或相似。相同的如“衡从（横纵）取”之例：

> 衡（横）丨为一，从（纵）一为丨。

相似的如“加取”之例：

> 一加一为二，二加一为三，二加二为三。

又如“微加减取”之例：

加丿为延，减丿为延……加一为王，减一为土。

这些相似之例，似可看作郑氏“起一成文”说的引申。

以上可以看出，“起一成文”说是从文字符号体系内部来探讨文字用于表现其内容或对象物的凭借手段——笔画及其相生之理，它的立说基础是今文字。这与“书画同出”说相比，显然不属于同一层面。“书画同出”讲的是文字、图画及其与对象物的关系，是从整体上考察文字与它所反映的外部世界之间的关系，是从社会功能和本质属性的角度来阐述汉字起源问题的。因此，“起一成文”虽然也可视为汉字生成的学说，但它与“书画同出”角度不同，性质有别，两者一古一今，不宜混为一谈。然而如果就汉字生成的角度而言，“起一成文”和“书画同出”又是互相联系的。“书画同出”注重文字与外部世界的关系，“起一成文”则着眼于字符内部笔画的形成，两者内外结合，是相辅相成的。以前有人认为郑氏的“起一成文”说是受到“道生一，一生二，二生三，三生万物”以及“一阴一阳之谓道”等古代哲学的影响，这话不无道理，但似乎也没有确凿的证据，更不会影响其“起一成文”说的独创性。

郑樵关于汉字的生成理论，还有“子母相生”说，与“起一成文”还有一定的逻辑关系。郑樵所谓“母”，是指具有表意作用的可以充当部首的形符或意符，其所谓“子”，则主要指形声字中的声符，所谓“子母相生”，所揭示的就是如何由独体之文衍生孳乳出合体之字的制字之理，包括母与母相生而形成“有义无声”的会意字和母与子相生而形成的形声字。他的“起一成文”“子母相生”的学说，着眼于汉字构成的体系内部，即从最微观的笔画讲起，阐述了汉字因画成文、因文成字的组合生成机制。①

关于汉字起源的学说，还有张正民在他的《汉字和人的手势》一书中提出的“手势语说”。他认为在远古时代，先有了“手势语言”，然后才有文字，最后才有有声语言。还有学者提出“所有权记号说”，认为文字的发展有五个时期：所有权记号时期、辅助记忆的符号时期、象形字时期、表意字时期、表声字时期。他们认为史前人类在崖石上镂刻的符号或字体，就是文字最初的形迹，是原始野蛮人表示所有权的标记。此类学说，这里就不一一介绍了。

总之，由于时间邈远，汉字起源的具体情形是不容易知悉的，汉字起源问题是一个有待进一步探讨的问题。学者们从不同的角度提出想法，智慧的火花给人启发，皆不为无益，足可珍惜。

---

① 参见林志强《郑樵的汉字生成理论》，《古汉语研究》2001 年第 1 期。

贰　考古发现与汉字的起源

要打开汉字起源问题研究的新局面，除了继续发掘传世文献资料所蕴含的信息，更需要新的考古资料的支撑。徐锡台编著的《汉字探源》[①]收集了大量的远古和上古时期的陶文，对汉字起源问题的研究颇有帮助。从该书收集的情况来看，远古时期（新石器时代）的陶文有二十处，主要属于仰韶文化、大汶口文化、良渚文化和龙山文化等各个时期，仰韶文化有半坡遗址、临潼姜寨遗址等，大汶口文化有山东莒县陵阳河遗址等，良渚文化有浙江杭州出土的陶文，龙山文化有轰动一时的山东邹平丁公村的刻字陶片等。

上古时期的陶文，属于夏代的有三处（即河南伊河苗湾遗址、洛阳偃师二里头文化遗址和陕西商州紫荆遗址），属于商代的有六处（如江西樟树吴城商代遗址的陶文、郑州二里岗商代遗址的陶文和河北藁城台西村遗址的陶文等）。这些陶文互相之间颇有相似之处，相似性明显大于差异性，可以构成发展演变的链条，对探讨汉字的起源和发展有着积极的作用。[②]

另据新华社报道，经考古专家二十多年的发掘、整理和研究，甘肃秦安大地湾遗址考古取得一系列重大成果，刷新了中国六项考古之最：中国最早的旱作农作物标本、中国最早的彩陶、中国文字最早的雏形、中国最早的宫殿式建筑、中国最早的“混凝土”地面和中国最早的绘画。

大地湾遗址被学术界评定为 20 世纪百项考古大发现之一，据考证，此遗址大致可分为五期文化：前仰韶文化和仰韶文化早、中、晚期与常山下层文化，其历史年代从距今 8 000 年一直延续到距今 5 000 年。其中一期文化距今约 8 000 年，是我国西北地区迄今为止考古发现的最早的新石器文化遗址，对研究我国黄河流域新石器时代乃至华夏文明的起源等都具有重要意义。

大地湾一期出土的陶器上共发现了十几种彩绘符号，这些符号比过去国内发现最早的西安半坡陶器刻画符号的时间早了一千多年，且有一些符号与半坡符号基本一样。虽然这些神秘符号的意义至今未能被破解，但专家们认为，它们可能就是中国文字最早的雏形。[③]

---

① 徐锡台《汉字探源》，三秦出版社 1994 年。

② 黄德宽《殷墟甲骨文之前的商代文字》，对商代前期陶文资料进行了全面分析，阐明了商代陶文对探索当时文字体系发展水平的价值。文载《中国文字学报》第一辑，商务印书馆 2006 年。

③ 《大地湾考古刷新中国六项考古之最——华夏文明史到底几千年？》，《海峡都市报》2002 年 10 月 22 日。有关陶文可参看《甘肃秦安大地湾遗址 1978 至 1982 年发掘的主要收获》，《文物》1983 年第 11 期，亦见徐锡台《汉字探源》，三秦出版社 1994 年，第 9—15 页。

又据报道，宁夏西北第二民族学院岩画研究中心首次向外界披露，在宁夏中卫大麦地发现的大量独立岩画群中，发现了比甲骨文还要早几千年的我国最古老的图画文字。有专家认为，大麦地岩画中的发现有可能改写中国的文字史。

报道说，近十多年来，文物考古专家学者在宁夏中卫通过大量实地调查，发现中卫北山岩画数量惊人、规模宏大，岩画区总面积约 15 平方公里。岩画核心区大麦地岩画区四面群山环绕，中间山冈遍布，沟壑纵横，人迹罕至。在东西长约 2 公里、南北宽约 3 公里的范围内，山梁沟壑石壁嶙峋，排列有序，一千多幅古代岩画就错落有致地凿刻在这些山沟的岩面上，如同一个天然画廊。这一千多幅岩画中，展现的个体形象达到 4 210 个，其中有不少是非常相似的具有符号性质的图形。①

2013 年 7 月 9 日，《光明日报》“文化新闻”报道，中国最早的原始文字在浙江被发现。报道说，位于浙江平湖市林埭镇群丰村的良渚文化遗址考古有重大发现，在出土的器物上发现大量刻画符号和部分原始文字，经有关专家论证是迄今为止在我国发现的最早的原始文字。这表明大约在距今 5 000 年前，良渚先民就开始使用文字，在那时华夏民族已进入文明时代。

饶宗颐所著《符号·初文与字母——汉字树》②则利用了海内外有关陶符、图形文的考古发现，以世界的观点来考察汉字的起源问题，亦有助于开阔视野。

考古发现的陶文符号从风格上分，大致可以分为两类：抽象的刻画符号和形象的象形符号。下面略加说明。

一、刻画符号

刻画符号主要指发现于黄河上游、距今六七千年历史的原始社会晚期的陶器刻符，是属于仰韶文化的遗存物。出土地点主要是西安半坡和临潼姜寨。此外，甘肃和青海等地属于马家窑文化的遗存、山东龙山镇城子崖的龙山文化遗存以及江浙等地属于良渚文化的遗存也都发现了或多或少的陶器刻符。在两百多件标本中，计有各种记号 242 个，从中可以归纳出不重复的刻符五六十个。下面就是西安半坡遗址仰韶文化的陶文(图 2－1)。③

---

① 据“中国文字研究与应用中心网站”和《海峡都市报》2005 年 11 月 5 日 A16 版《争议宁夏大麦地岩画》。《海峡都市报》2007 年 A10 版复有《考古专家宣布惊人消息　大麦地岩画疑为最早文字》的报道，称“这一研究成果如果成立，意味着人类文字的历史将提前到距今 7 000 年至 8 000 年左右。”

② 饶宗颐《符号·初文与字母——汉字树》，上海书店出版社 2000 年。

③ 徐锡台《汉字探源》，三秦出版社 1994 年，第 20 页。

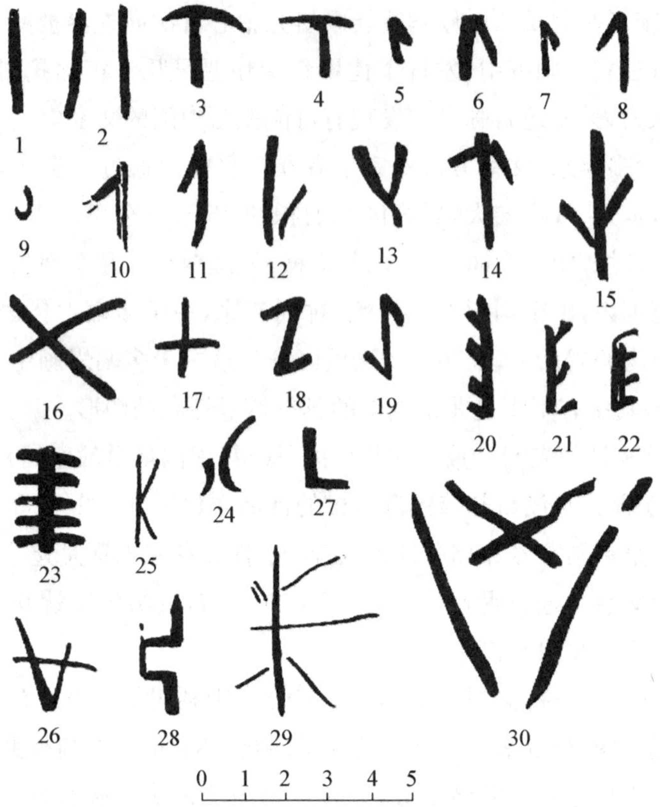

图 2－1

这些刻符的性质，学术界主要有三种看法：郭沫若认为它们是具有文字性质的符号，与文字的关系密切，但又不同于后来的文字，可视作原始文字的祖先；[①]于省吾、陈炜湛等认为它们已经是文字，它们中有的构形与商周古文字类似，可以释读；[②]汪宁生等认为这些符号只是随意刻画的，本身绝不是文字。[③] 以上第一种意见比较谨慎，支持者比较多；持第三种意见的人也不少。

这些符号往往刻在一定部位上，如仰韶文化半坡遗址的陶器符号，几乎全都刻在直口钵的外口缘上。从这种情况来看，它们显然不是随意刻画的，而是具有一定意义的记号。有人推测，这种符号一部分跟古汉字里的数目字十分相似，商周古文字里从一到八几乎都可从这些刻符中找到相似的形状。前面谈到汉字与契刻有关，主要就是指这种情况。这种符号另一部分可能代表陶工或器物主人的标记，也跟“族徽”有

① 参见郭沫若《古代文字之辩证的发展》，《考古学报》1972 年第 1 期。

② 参见于省吾《关于古文字研究的若干问题》，《文物》1973 年第 2 期；陈炜湛《汉字起源试论》，《中山大学学报（哲学社会科学版）》1978 年第 1 期。

③ 参见汪宁生《从原始记事到文字发明》，《考古学报》1981 年第 1 期。

关。此外，一部分天干字如甲、乙、丁、癸等也可能是从这类刻符中吸取过来的。[①] 这些情况表明，原始社会晚期的陶器刻符也许本身并不是真正意义上的文字，但它们与汉字的关系很密切，对部分汉字的形成有比较大的影响，似乎可以视为汉字的萌芽。

二、 象形符号

象形符号主要发现于黄河下游，以山东大汶口文化为代表，距今 4 500 年左右。1959 年考古工作者在山东莒县陵阳河遗址发现的陶器上有 4 个象形符号，如下：

(1)　　(2)　　(3)　　(4)

在同时期的诸城前寨遗址发现了两例图形符号，一例作

(5)

形，另一例残缺，作

(6)

形，第(5)例与第(4)例相似，残缺的第(6)例显然是第(4)例的残文。[②] 对于这些符号，汪宁生《从原始记事到文字发明》一文认为还不是文字，而是“属于图画记事性质”的符号。但大多数学者则主张它们是早期的汉字，并对它们进行了考释：第(1)例象钺之形，第(2)例象斤之形，第(3)例象日在云气之上，为“旦”字(有人认为“日”下为“火”字，故释“炅”，音 jiǒng，义为日光，也可备一说)，第(4)例应该就是第(3)例的繁体，下面是山峰并立，山之上是云气，云气之上是太阳，意即一轮红日冉冉升起，高出云山之上。这些符号除前寨一例情况不明外，其他都刻在陶器的边缘上，可见绝不是随意刻画的，很可能是东方民族中一些氏族的徽号，而“用象形的符号表示族名，很可能是原始表意字产生的一个重要途径”。[③] 因此这些符号与古汉字的形成有着非常密切的关系。从符号本身的结构来看，(1)(2)两例为独体象形符号，(3)(4)两例是合体会意符号，也具有早期汉字的特点。此外，这些符号如第(3)例还出现在大汶口文化的大玉

① 以上参见裘锡圭《汉字形成问题的初步探索》，《中国语文》1978 年第 3 期。

② 以上陶文参见徐锡台《汉字探源》，三秦出版社 1994 年，第 51—53 页。

③ 裘锡圭《汉字形成问题的初步探索》，《中国语文》1978 年第 3 期。

琮和良渚文化的玉璧上，①说明这些符号已在一定范围内流行，具备了交流信息的可能性，起到了文字符号的作用。从以上分析可知，这些象形符号与古汉字颇为接近，是古汉字的前身，应属于原始文字的范畴。

象形符号还包括青铜器上的图形族徽。容庚《金文编》中的《附录》，收集了很多这样的符号，择若干列表(表 2－1)如下：

表 2－1

对这些象形符号，人们的认识有一个逐渐明朗化的过程。起初沈兼士把它们称为“文字画”，认为它们是“《说文》中象形、指事字的祖先”，但还不是“有音之文字”。②宋代吕大临在《考古图》“木父己卣”的释文中就曾指出：“木者，恐氏族也。”郭沫若可能受此启发，在他的《殷周青铜器铭文研究・殷彝中图形文字之一解》中提出了“族徽说”，认为“此等图形文字乃古代国族之名号，盖所谓‘图腾’之孑遗或转变”。后来，越来越多的学者倾向于把这类图画性很强的符号作为文字来研究，用研究文字的方法来解读它们，并把它们改称为“族氏文字”。

尽管学者们在给铜器铭文中的象形符号定名时各不相同，但有一点却都是一致的，即都把它们看成与汉字形成有关的原始材料，反映了汉字起源阶段的整体印象。沈兼士虽然认为它们不是“有音之文字”，但也承认它们是象形字、指事字的祖先。“族徽说”或“族氏文字说”，把这些符号看成氏族的徽号，而象形符号表示族名，应该就是原始表意字产生的一个重要途径。从文字学的角度来看，以上这些符号，如与“龙”、与“鸟”、与“牛”，形象相同，当即这些象形字之初文，与“何”、与“伐”、与“正”，形义相当，当为这些会意字的源头。从字形上看，这些象形或会意符号显然要比甲骨文中相对应的字形要古老。因此把这类材料作为原始汉字来看待，对探讨汉字起源也是颇有帮助的。

当然，也有不少此类图形现在还无法解读，或有不同的意见，皆有待进一步研究，如表何意，尚难证实；形宋人以为“析子孙”，恐难相信，或以为“举”字之表意初文，或以为乃具体场景之描绘，值得进一步探研。

① 石志廉《最大最古的纹碧玉琮》，《中国文物报》第 57 期，1981 年 10 月 1 日；李学勤《古文字学初阶》，中华书局 1985 年，第 20—21 页。

② 沈兼士《从古器款识上推寻六书以前之文字画》，载《沈兼士学术论文集》，中华书局 1986 年，第 69 页。

最后值得一提的是，1992 年初，山东大学考古实习队在山东省邹平丁公村发现了一件刻字陶片（图 2－2），经鉴定属龙山文化时期，距今约 4 300 年。1999 年，考古学者在江苏高邮龙虬庄遗址考古报告中刊布一则属于南荡文化遗存的陶书资料（图 2－3），也属于龙山文化时期，距今约 4 000 年。[①]

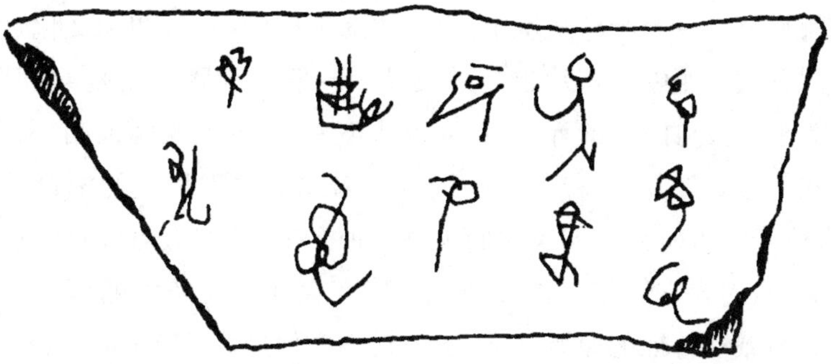

图 2－2

这两件陶片的发现对探讨中国文字的产生和发展，提供了新的线索和新的思考。丁公村陶片上共有 11 个刻画符号，龙虬庄陶片共有 8 个刻画符号，两者风格似乎比较接近，其明显的特点是圆弧形笔画较多，直线形笔画较少；多数笔画连绵流畅，好像一笔写成，颇有线条动感；图画性倾向较小，符号化程度较高。

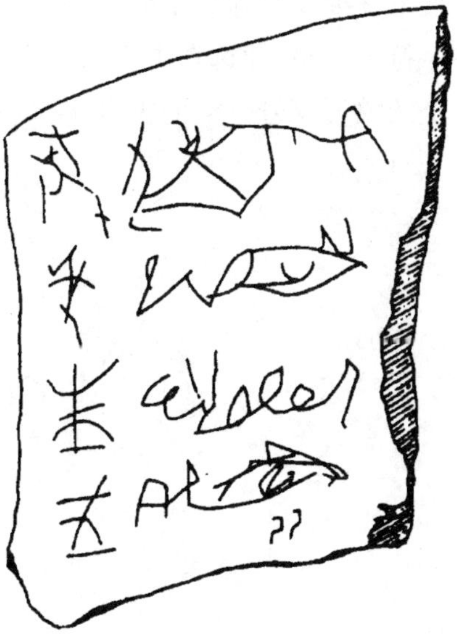

图 2－3

丁公村陶片的发现在学术界引起了热烈反响和广泛兴趣。有人曾经认为丁公村陶片上的 11 个符号组成了词句或辞章，说明它已经被用来记录语言，因此陶片符号可以确定为一种文字。这种文字比甲骨文早 800 年，亦即说，中国有文字的历史又提前了 800 年。它是甲骨文之外的一种独立的文字体系。丁公村陶片文字的发现，可以明确断定大汶口文化陶器象形符号等不是文字。[②] 日本学者对丁公村陶片也颇为关注。日本《读卖周刊》1993 年第 8 期、《AERA》

① 邹平丁公村陶片见《考古》1993 年第 4 期，高邮龙虬庄陶片见《龙虬庄——江淮东部新石器遗址发掘报告》（科学出版社 1999 年），转引自王蕴智《字学论集・从远古刻画符号谈汉字的起源》，河南美术出版社 2004 年，第 38 页。

② 参见钱玉趾《中国最早的文字》，《福建日报》1993 年 6 月 12 日第 7 版。

1993年第21期分别发表了《中国四千年前的谜"文字"》和《使学术界分为二派的中国古文字——山东出土的丁公陶片》，报道了部分日本学者对陶片的看法。[①] 龙虬庄陶片也被认为与丁公村陶片一样，可能是汉字体系正式形成前后，于一定区域范围内流行的特殊字体和特有书风，都属于原始文字的范畴。[②]

由于这两件陶片的研究难度较大，关于它们各方面的问题至今还不能有一个定论。丁公村陶片出自一个废弃灰坑中，由一协助工作的民工(初中文化)发现，其真伪问题尚有不同看法。龙虬庄陶片也是采集品。一般认为陶片是真的，但其上的刻符则很难说。关于丁公村陶文的释读，各人说法不一，基本上均属推测，未有共识，龙虬庄陶文的某些符号更加复杂，释读更加困难。因此两件陶片上的刻符是否已用于记录语言，也有待于深入研究。如果它们确是一种文字，基本上可以肯定这是一种与甲骨文不同的文字，因为它们与甲骨文的风格确实存在着比较大的区别。有人认为这些符号是具有地域性特征的原始文字，丁公村陶文似应属于东夷文化系统的文字，也有人认为它们是已被人们淘汰了的古汉字，或者与古汉字存在着亲缘关系。[③] 如果后者的解释成立，则说明在汉字起源阶段，可能存在不同风格的文字，而后来汉字的发展，则选择了与这种文字风格不一样的方向。两件陶片字符如果确是古汉字，当然也可以判定大汶口文化陶器上的象形符号在当时并不是文字，但不排除这种象形符号后来逐渐发展为文字的可能。后来汉字发展的实际说明，汉字没有选择陶片上此类字符的风格，而选择了大汶口文化陶器上的象形符号的风格，因而像大汶口文化陶器上的象形符号一类的古老字符，就成了我们汉字的祖先。

① 参见冯良珍《日本部分学者关于丁公陶文的见解》，载《语文建设》1993年第9期。

② 参见王蕴智《字学论集·从远古刻画符号谈汉字的起源》，河南美术出版社2004年，第37页。

③ 参见肖武《丁公陶文集说》，载《语文建设》1993年第9期；王蕴智《字学论集·从远古刻画符号谈汉字的起源》，河南美术出版社2004年，第37—38页。

第三讲

观物取象的符号生成：汉字的创造(二)

壹　原始思维、原始艺术与汉字创造

艺术是有意味的符号体系，而汉字的意味性是很浓烈的，只不过这种“意味”有时表现得更为抽象一点而已。汉字的书写在后世成为一门很特别的艺术，与凝结在汉字点线之间的“意味性”是不无关系的。所以，从线条艺术的角度来探索汉字的发生发展是有意义的尝试。

但这离不开对原始思维的研究。原始记事、原始艺术都离不开原始思维，当时的思维方式导致了当时的记事方法和艺术表现手法的产生。法国著名社会学家列维-布留尔把原始人的思维叫作“原逻辑思维”，认为“原逻辑思维很不喜欢分析”，“原逻辑思维本质上是综合的思维”。[①] 史前人的生理机能和心理活动还处于相当幼稚和简单的阶段，理智、情感、想象等都是相互交织、相互融合、密不可分的。所谓原逻辑思维不喜欢分析，就是指这种混沌状态的思维方式。这种思维分不清主观和客观，“原始人把自己的一切印象都当作真实，他几乎从来不产生怀疑”，[②]比如，“当原始人梦见自己在行动着、旅行着、与处在远方或者已故的人们交谈着，他是相信做梦时灵魂真的离开了身体，去到他在梦中看见自己所在的那个地方”。因此，列维-布留尔引波威尔少校的话说：“客观的东西和主观的东西的混淆，乃是不文明人思想中的极大混乱。”[③]然而正是这种不分主客观的混乱的思维，使得原始人毫不怀疑地把臆想出来的含义或“因果关系”当成真实而加以确认，根据臆想建立起人与自然之间的各种相应关系。因此，当原始人由于某种冲动而描摹下他们所熟悉的对象时，便很自然地赋予他们的“作品”以实际的魔力，如画一支箭射中野牛，他们就相信他们的狩猎将会取得

① 列维-布留尔《原始思维》，商务印书馆 1981 年，第 71 页、101 页。

② 沙利·安什林《宗教的起源》，生活·读书·新知三联书店 1964 年，第 67 页。

③ 参见列维-布留尔《原始思维》，商务印书馆 1981 年，第 50 页。

成功。这是原始宗教意识在线条艺术中的体现。这样,线条与意义之间的关系就被确立起来,一定符号代表一定意义的观念就得以确立。也就是说,用约定符号来表情达意的基础就这样被奠定了。也许可以说,没有这种基础,“文字”可能是另外一种东西,而不是像现在这样的以线条构成的符号体系。

史前人对周围具体事物的认识不可能深入到其本质中去,但仔细观察事物的外在形式还是可能的。长期对事物外在形式的关注培养了原始人对具体形象的敏锐感觉和成熟的表象思维能力。这一点跟文明人的童年也许是很相近的。黑格尔就曾说过,“表面形象”是儿童和民族的童年期的一种共同爱好。儿童经常被具体事物的外部形式和鲜艳色彩所吸引,人类的童年大概也是如此。这从当代一些未开化的民族对具体形象的把握和对具体事物的惊人的辨识力和记忆力上也可以得到间接的证明。例如,大洋洲土人能在矮草地上、在硬土地上,甚至在石头上发现足印,并且按照足印的形状、走向和彼此间的距离,分辨出各部族的人的足迹,而且分辨出是男是女。① 在新墨西哥州的特瓦印第安人,很注意事物之间的细微区别,“他们给该地区的每一种针叶树都取一个名字,尽管各种树木之间的区别微不可辨”。② 正是由于原始人对具体形象有着敏锐的感觉,有成熟的表象思维能力,使得他们在运用线条去描摹具体事物的时候,能够很准确地抓住对象的特征。早期岩画如法国尼奥洞中的野牛,寥寥几笔就形神俱现,并不比今人逊色多少。象形字都是对有形可象的事物的描绘,与原始形象思维和对具体事物进行描摹的线条艺术的关系尤为密切。没有充分发达的形象思维和线条艺术的长期积累,象形字的产生是缺乏主观和客观的基础的。虽然象形字作为一类文字,它的产生有赖于抽象思维的发展(详见下文),但它的最直接的主观条件仍是形象思维的发达。另外,由于形象思维的发达在艺术或文字上的突出表现是对具体事物的整体特征的准确把握,所以认识象形文字强调把握整体特征而不必拘泥于笔画之繁简是正确的、必要的。

从线条艺术的产生到文字符号的产生是一个相当漫长的历程。法国、西班牙等地洞穴中的岩画已经是水平较高的岩画了,但还没有材料能证明物件记事和符号记事比这更早。文字符号之所以晚于线条艺术产生,从人类思维发展历史的角度来考察,是由于文字符号——作为有条理地记事和交际的手段——必须随着人类抽象思维的发达、逻辑推理能力的提高才有可能最终完成。而史前人“对形象的感知、把握能力与其逻辑思维能力处于一种很不平衡的状态:对形象的感受能力大大超过了抽象思维能力;对具体事物的兴趣显然胜过了对抽象概念的理解;给某些现象附加上所

① 参见列维-布留尔《原始思维》,商务印书馆 1981 年,第 106 页。

② 罗宾斯、海灵顿和弗莱雷-马尔柯《特瓦印第安人的人种植物学》,转引自列维-斯特劳斯《野性的思维》中译本,商务印书馆 1987 年,第 9 页。

谓的'因果关系'的能力,比用逻辑推理去解释某一现象的能力不知要高出多少倍"。[①] 比如,南非的一个土著霍屯督人,知道把一个玻璃珠放到一枚铜币旁边,再将另一个玻璃珠放到另一枚铜币旁边,如此接二连三地排列下去而获得玻璃珠多还是铜币多的答案:假如放完了珠子而剩下一些铜币,他就知道他的铜币比珠子多,反之,珠子就比铜币多,如果两者相同,他就知道他的铜币和珠子数是相等的。但抽象的算术,霍屯督人却只能数到三。[②] 澳大利亚或巴西北部的土人,能记住道路中最微小的细节,能够把感性印象中的最小细节按其出现顺序正确再现,却不能数出多于二或三的数。只要是抽象的推理,不管是多么简单,稍稍费点脑筋,就会惹得他们讨厌,以至声称累了,不再推下去了。[③] 柯斯文《原始文化史纲》也指出:"落后的部落中间,数学的发展是特别落后的……在最落后的部落中间,由于它们(他们)没有什么可以计数,从而无须计数,所以计数和数目也就当然处于萌芽状态。这些部落从事计数时,往往只能到三为止,三以上的数目,就都用'多'字表示了。"[④]文明人的童年在思维方面也有大致相同的情形。在现实生活中我们可以看到,要儿童接受抽象的道理显然比较困难,比如教儿童记数,抽象的说明他们就不容易接受,而用手指、苹果或其他具体事物进行类比,则会收到比较令人满意的效果。儿童心理学家认为,人的感知活动从出生到一岁就开始了,而具体智力运算即逻辑的开端要到七至十一二岁,抽象思维能力的发展大大迟于形象感受能力的发展。从原始艺术风格来看,法国、西班牙等地早期的岩画风格基本上是写实的,形象逼真,而晚于此时的地中海周围的卡比新文化(Capsien Culture)类型,则明显具有抽象化、程序化的风格。在雕塑、制陶等艺术类型中,同样也可以看到它们风格上的这种变化。这种转变是多方面的原因促成的,但早期以形象思维为主导,后来则抽象思维逐渐发生了作用,应该是这种转变的思维方式方面的原因。抽象思维在线条艺术中的"抽象"作用对文字符号的最终形成具有重要意义。因为抽象思维对线条艺术的渗透使线条包蕴了更为丰富复杂的"意味",我国新石器时代晚期的线条艺术,如西安半坡的人面图案,抽象意味十足,它显然不是对人面的如实描绘,它是由各种图案组成的,其意义至今尚未十分明了,就是抽象排列组合的结果。使线条包蕴更为丰富的"意味",对于用线条符号来表情达意这一手段的产生无疑是一个必要的基础和前提。同时,抽象思维在文字形成的最后关头也起着重要作用。有一种观点认为,在某字产生以前,语言中关于这个字所代表的词的义项都略已具备,造字时只是选择便于造字的义项进行造字。对语言中相同相关义

① 邓福星《艺术前的艺术》,山东文艺出版社 1987 年,第 106—107 页。

② George Gamow《One, Two, Three ... Infinity》,Viking Press, 1961.

③ 参见列维-布留尔《原始思维》,商务印书馆 1981 年,第 109 页。

④ 柯斯文《原始文化史纲》,人民出版社 1955 年,第 164 页。

项的排列、归纳和造字时如何选择最佳造字方案，没有抽象思维的能力是办不到的。《说文解字·叙》说："黄帝之史仓颉，见鸟兽蹄迒之迹，知分理之可相别异也，初造书契。"其中所说的"知分理之可相别异"，就是一种抽象思维。只有到了这个时候，才能对"鸟兽蹄迒之迹"进行抽象概括、分门别类使之发生质的变化而形成文字。

总之，在原始思维中，原始形象思维和原始抽象思维曾经有过一个极不平衡的阶段，原始艺术曾以不同的风格体现了这两种思维方式。文字符号，离不开形象思维的发达和线条艺术的成熟，但它的最终形成，则以抽象思维的成熟为其主观条件。

以上是就原始思维、原始艺术的发展来看文字符号的最终形成。可以看出，直到文字符号真正产生为止，原始思维、原始艺术和文字符号三者的关系是非常密切的。总而言之，文字是原始思维、原始艺术发展到一定历史阶段的产物。原始思维的发展是文字产生的心理基础，原始艺术的成熟是文字产生的凭借手段；没有思维的发展就想不出也造不出文字符号，没有线条艺术的手段，文字符号也就无所凭依。

最后，关于指事字和象形字的先后问题，因与本节所谈内容有关，也附此做简单讨论。

许慎在《说文解字·叙》中把指事字排在象形字之前，后代不少人也认为指事字先于象形字，其理由主要是指事字较简单。曾经在甲骨文和金文上发现的由数字组成的符号所引起的讨论也关涉到这个问题。郭沫若认为，"这些刻划文字，很明显地，和彩陶上的刻划符号是一个系统"，属于汉字的指事系统，"这一系统应该在图形系统（即象形）之前"，"指事先于象形也就是随意刻划先于图画"。[①] 这是一种意见。另一种意见与此相反，认为象形字先于指事字，理由是指事字较抽象，不能比很形象的象形字早。班固在《汉书·艺文志》里，郑众在《周礼·保氏》注中，都把"象形"列为第一位，或许也有这种意思。

我们从原始思维和文字创造的关系进行考察，认为这两种说法都过分绝对。我们已经知道，原始人形象思维和抽象思维曾经有过一个极不平衡的阶段，形象思维早于抽象思维成熟。仅从这一阶段出发，认为象形字先于指事字似乎是顺理成章的事。问题是，在这个抽象思维还未成熟的时候，是不可能产生文字的，不管是象形字还是指事字。我们已指出，文字的最终形成离不开思维发展的程度，特别与抽象思维成熟与否有关。象形字先于指事字的看法没有考虑到这一问题。而认为指事字先于象形字的人则把人类思维在最初阶段的发展程序搞颠倒了。随意刻画很早就有这一点也许可以肯定，但随意刻画毫无意义，即线条中不凝结"意味"，不是构成文字的线条，所以随意刻画不是指事字，也不是什么其他类型的文字。不能根据随意刻画早于象形字而认为指事字先于象形字。同时，指事字看似简单但很抽象，它们必然是抽象思维

① 参见郭沫若《古代文字之辩证的发展》，《考古学报》1972 年第 1 期。

较发达时的产物，所以指事字不能早于象形字。

总之，从总体上看，说指事字先于象形字和说象形字先于指事字一样都没有考虑文字的产生和人类思维的关系而失之偏颇。在无法对文字产生时的具体情形做精确调查的情况下，根据原始思维和文字创造的关系而认为象形字和指事字大致同时产生是比较客观的、谨慎的，它们都是早期原始文字，不必强分先后，也难以分出先后。

贰　多元因素构建的汉字体系

汉字的产生是一个复杂的工程。正如华夏文化是多民族文化融合而成的一样，汉字的产生也是多元因素共同促成的。面对复杂的汉字现象，旧时的单元起源论显然力不从心，它的明显缺点是解释了一种现象就无法解释另一种现象，于是就不得不借助迷信和神话，在平常的历史现象中添加许多神灵的光环。旧谈“仓颉四目”，“生而见鸟迹，知著书”，说他造字时“天雨粟，鬼夜哭”，有了超自然的神性，似乎一切问题均可迎刃而解。不可否认这种解释所表现出来的丰富想象力，具有审美价值，但其科学价值甚低，在理论领域不能不说是最大的缺陷。实际上单元起源论不仅没有使汉字起源、发展的缘由得到揭示，反而使这一问题更加神秘。我们觉得，既然汉字的起源不是单元的现象，那么探讨汉字的起源就需要多元的思维。现代考古学、民俗学、语言学、文献学等学科的发展，为探讨汉字起源提供了许多新的科学的证据，给汉字起源的研究打开了新的思路，从多方面、多角度来探讨汉字起源成为必然趋势。多元起源论必然取代单元起源论，这是科学发展的大势所趋，汉字起源这一神秘问题或将赖此得以逐步解决。

从原始记事方法中去探讨汉字的起源，是多元起源论的一个重要方面。原始记事方法主要包括实物记事、契刻记事和图画记事。实物记事虽然与文字的距离还很远，但实物记事中却已孕育了不少造字的基本原则，在汉字的发展史上具有重要意义。比如实物记事中有用动物的头或尾代表整个动物的，这是一种以部分代表全体的表形法。甲骨文中画一牛头表示牛，画一羊头表示羊，就是这种表形法的运用。实物记事中又有属于表意法的，如用鸡毛和火炭相结合表示“火急”，汉字造字法中的会意法也有类于此。实物记事中还有属于表音法的，如古代南诏送唐王朝的礼品中有“当归”，就是谐音表示“应当归附”之意。汉字中的假借法可能也受到这种实物记事法的启迪。本讲第一节中提到的“结绳”，就是古代实物记事的一种。结绳与汉字数字十的倍数可能有联系，这种情况也说明了原始实物记事对汉字起源有积极影响。契刻记事在典籍中屡见记载。如《老子》云：“是以圣人执左契而不责于人。”《列子·说符》云：“宋人有游于道得人遗契者，归而藏之，密数其齿，告邻人曰：‘吾富可待矣。'"《战国策·齐策》记冯谖为孟尝君赴薛收债，载"券契而行"。《隋书·突厥传》说，突厥"无文字，刻木为契"。可见契刻也是先民普遍应用的记事方法，而契刻符号就是某些数目字、指事字的先驱。考古发现的陶器上的刻画符号与汉字的萌芽关系密切，正说明了这种情况。至于图画记事，已是大家公认的汉字起源的一个主要因素，考古发现的象形符号和图形族徽都与汉字起源有密切关系。甲骨文、金文中有许多字形象逼真，与图画几无区别，显然也是从图画简化而来的。

对一些表面上看来似乎与汉字起源关系不大，或者带有一些神话色彩的汉字起源学说，如果加以客观辩证的分析，吸收其合理的内核，也可以与原始记事方法一起共同丰富多元起源论。比如前面提到的"八卦说"，虽然与汉字起源关系不大，但从八卦符号的"观物取象"中，我们也不难理解先民在创造汉字时观物取象的思维过程。富有神话色彩的"仓颉造字"说，如果剔除其中的迷信因素，使之恢复到历史的真相中去，对我们探索汉字的起源也有一些有益的启示。比如仓颉"视鸟兽蹄迒之迹，知分理之可相别异也，初造书契"，正是"观物取象"的思维模式。又如"天雨粟，鬼夜哭"之说，反映了汉字的产生对文明进程所带来的巨大影响，也说明了文字的"追虚捕微"的功能和作用。

此外，汉字的创造还可以与原始思维、原始艺术联系起来考察。在文字符号真正形成之前，原始思维、原始艺术与文字符号三者关系非常密切。文字是原始思维、原始艺术发展到一定阶段的产物。原始思维的发展是文字产生的心理基础，原始艺术的成熟是文字产生的外在手段；没有思维的发展也就不会触发文字的创造，没有线条艺术作为凭借，文字符号也就无从表现。

根据对汉字起源之多元因素的考察，我们知道汉字主要起源于原始记事方法，特别是图画和契刻。汉字中以指事为特征的符号，可能主要来源于仰韶文化时期的刻画符号，以象形、会意为特征的大多数汉字，则与大汶口文化时期的象形符号以及其他图画记事符号有一脉相承的关系。众多因素共同作用，随着时光的推移，积少成多，汇流成河，原始汉字逐渐丰富，终于形成一个体系。汉字形成体系，据推测可能在夏代，距今约有 4 000 年。

第四讲

篆隶草真的漫漫旅途：汉字的演变(一)

汉字发展到今天，是经过长期不断的演变而成的。从汉字发展的历史来看，汉字的演变是一种渐进的过程，经过一定阶段的积累和演化，逐渐由一种状态过渡到另一种状态。“篆隶草真”概括了汉字的四种主要的字体类型，也基本体现了汉字演变的先后序列。“篆”指以曲笔为主的古文字，包括甲骨文、金文、战国文字以及秦小篆；“隶”指隶书，包括古隶和今隶；“草”指草书，包括章草和今草；“真”指楷书。由篆而隶而草而真，经历了几千年的演变，可谓漫漫旅途，源远流长。

把“篆隶草真”进一步细化，一般把汉字的演进序列归纳为甲骨文—金文—大篆—小篆—隶书—草书—真书—行书。现在，随着材料的增多和研究的深入，人们已认识到这种细化的排列反而存在不准确和错误之处。比如甲骨文和金文的分类，是基于铭刻或书写对象质地的不同，本不具有时间序列上的含义。一般认为商代甲骨文的时代是从武丁到帝辛时期，西周甲骨文的年代大致在文王到穆王之间，整个商周甲骨文的时间跨度是从商代武丁至西周穆王。而目前所发现的最早的金文见于中国历史博物馆(国家博物馆)的“亘鬲”，其年代属武丁以前，比甲骨文的上限还早。金文的下限一般可定到秦汉时期。[①] 这样，甲骨文和金文，从商武丁到周穆王，有一段很长的重叠阶段。因此就整个字体而言，甲骨文和金文就很难分清谁先谁后。传统上把金文放在甲骨文之后，就给人一个金文迟于甲骨文的错觉，不符合汉字演变的实际情况。至于金文和大篆、大篆和小篆、小篆和隶书，等等，它们的关系也都比较复杂，并不是简单的父子关系。[②] 文字的演变是一个复杂的过程，不是简单的线性排列。为了避免以往那种简单的线性排列给人们造成的错觉，现在人们倾向于主张以时间线索、空间线索和书体名称相结合的方法来对汉字的演变过程进行重新排列，既能大致展现演变的先后，又能突出主要的特点，一般可以分为商代文字、西周春秋文字、秦系文

① 容庚有《金文续编》(上海书店出版社 2000 年)，收秦汉器物上的铭刻文字 951 字，其中秦代器物 86 件，汉代器物 749 件。

② 参见赵平安《汉字字体的名实及其演进序列的再认识》，载《隶变研究・附录》，河北大学出版社 1993 年。

字、六国文字、隶书、草书、楷书、行书。以下即按照这种序列来谈谈汉字的演变过程。

壹　商代文字

根据现有材料，商代文字主要包括商代后期从武丁到帝辛时期的商代甲骨文和商代青铜器铭文。其中大宗的文字是甲骨文，青铜器铭文相对较少，但两类文字风格各异，载体有别，探究商代文字，不可偏废。不过为了以类相从和叙述方便，本节主要介绍商代甲骨文，兼及周初的周原甲骨；商代的青铜器铭文则并到下节与西周春秋文字一起介绍。

一、　甲骨文的出土及整理

甲骨文是指刻写在龟甲和兽骨上的文字，主要出土于河南安阳小屯村及其附近，其地为殷都故址，故称殷墟甲骨。迄今为止，出土的有字甲骨约有 16 万片，分别著录在八十余种专书中，其中较有价值的四万一千九百多片现已集中著录在郭沫若主编、胡厚宣总编辑的 13 巨册《甲骨文合集》(1978—1983 年，本书以下简称《合集》。)中。1973 年在河南安阳小屯南地发现的四千多片则著录于中国社会科学院考古研究所编的《小屯南地甲骨》(1980—1983 年)中。李学勤等整理、中国社会科学院历史研究所与伦敦大学亚非学院共同编辑的《英国所藏甲骨集》(1985—1992 年)、胡厚宣的《苏德美日所见甲骨集》(1988 年)和《甲骨续存补编》(1996 年)等俱为《合集》的有益补充。此外，由中国社科院历史研究所甲骨学专家编著的《甲骨文合集补编》已于 1999 年 7 月由语文出版社出版。《补编》总共 7 册，收《合集》未及收入以及新见藏片一万三千余片，有万余片是第一次著录。此书吸收海内外学者缀合和整理的新成果，纠正《合集》误缀，完善充实《合集》内容，释文精审严谨，附录殷墟以外甲骨、缀合表、资料来源等。此书之出版，是甲骨学上的又一个里程碑。另据报道，2009 年中国社会科学院重大 A 类科研项目《甲骨文合集三编》被批准为国家社科基金重点项目，现已汇辑《合集》和《补编》两书漏收未收的甲骨文约 3 万片，出版后又是一部全面反映当今甲骨学前沿水准的集大成甲骨著录集。①

经过持续不断的考古发掘，殷墟甲骨文还有不少新发现。除了 1973 年小屯南地一批甲骨外，1991 年还在安阳花园庄东地发现了 1 583 片，其中刻辞甲骨 689 片，多

① 参见刘雅鸣、桂娟《殷墟考古研究获重大发现》，《瞭望》2016 年第 31 期。

为大块完整之卜甲，[1]是小屯之后殷墟甲骨文最为重要的发现，内容十分丰富，字形也很有特点。此外，在花园庄南地也发现了有字卜骨5片。另据报道，2002年在小屯村中村南又发现了六百余片，其中无字甲骨近400片，刻辞甲骨228片，为甲骨文与商史研究增添了新的资料。

此外，在安阳殷墟以外的山西、陕西、河北、山东等地都有甲骨文出土。这些新发现证明甲骨文在区域上不仅存于殷墟，时间上也不仅存于商代。其中特别引人注意的是20世纪70年代后期在陕西岐山、扶风一带周原遗址发现的西周甲骨。这次发现甲骨一万七千多片，有字者约300片，字数九百多个，合文12个。这批甲骨文的内容丰富，对研究商周之际的政治、经济、文化，对研究商周关系和探索周文化，都有重要的价值。周原甲骨文字形体小如芝麻，笔画细似毫发，要在显微镜下才能看清，很有特色。对西周甲骨的研究，已经成为甲骨学的重要分支，已出版的专著有王宇信《西周甲骨探讨》(1984)、陈全方《周原与周文化》(1988)、徐锡台《周原甲骨文综述》(1990)、朱歧祥《周原甲骨研究》(1997)等。

除了新出土的材料，旧有的材料也有新发现。据《光明日报》报道，2014年10月16日，在《旅顺博物馆所藏甲骨》首发仪式上，中国社科院历史研究所甲骨学殷商史研究中心主任宋镇豪表示，经过拓片、缀合、分期、分类，从旅顺博物馆保存的晚清金石学家罗振玉收藏的2 211片甲骨中，发现34个新字和新字形，数量之多在近二三十年甲骨研究史上实属罕见，大大丰富了甲骨文字库。本次发现的新字有人名、地名、方国名、祭祀名、语气助词等，内容涉及农业、宗教、气象、战争等，史料价值非常高。[2] 下图(图4－1)是新发现的部分甲骨文新字和新字形：

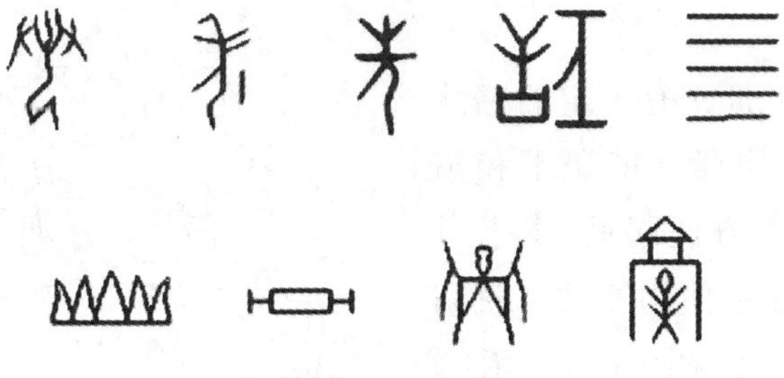

图4－1

甲骨文字的工具书主要有孙海波所编的《甲骨文编》，于1934年由燕京大学哈佛燕京学社出版，1965年由中华书局出了修订版，影响很大。四川大学徐中舒主编的《甲骨文字典》，1988年由四川辞书出版社出版，总结了数十年间考释甲骨文

① 中国社会科学院考古研究所《殷墟花园庄东地甲骨·前言》，云南人民出版社2003年，第1页。

② 《光明日报》2014年10月17日《综合新闻》版。

的主要成果，较《甲骨文编》增释了四分之一的新字。日本学者岛邦男的《殷墟卜辞综类》是一部开创性的工具书，此书根据甲骨文的字形特点分部排字，每字下摹出相关卜辞，极便使用。姚孝遂、肖丁主编的《殷墟甲骨刻辞摹释总集》和《殷墟甲骨刻辞类纂》分别于 1988 年和 1989 年由中华书局出版，从不同角度对甲骨文材料做了新的厘次，方便了读者。于省吾主编的《甲骨文诂林》于 1996 由中华书局出版，在单字下把各家之说收集在一起，比李孝定的《甲骨文字集释》，增加了不少新内容，其中的“按语”，或评得失，或说新解，很有参考价值。2008 年上海辞书出版社出版了沈建华、曹锦炎编著的《甲骨文字字形表》，以甲骨文部首分类统领文字，用摹写方式录入甲骨文。2009 年，福建人民出版社出版了刘钊等人的《新甲骨文编》，资料来源包括后出的花园庄东地甲骨等，字形采用电脑处理，更加清晰精确，字形考订尽可能吸收了学术界最新的研究成果。2014 年，《新甲骨文编》增订本出版，尽量改正了旧版中的错误，吸收了新的研究成果，质量更上层楼。2012 年，中华书局出版了由李宗焜编著的《甲骨文字编》，全书精装四册。李学勤《序言》称该书“有六点胜过前贤的长处，即其收集之备、选择之善、摹写之精、分合之当、析类之详及检索之便”。

甲骨文单字字数有 4 300 左右，经过一百多年的努力，现已认识的有一千六百多个，超过三分之一。不认识的字多是族名、人名或地名。这些字因后世没有传承，考释难度很大。今后若有新材料、新线索，甲骨文的考释还是有可能的。

二、 甲骨文释例

为了让我们对甲骨文有一定的感性认识，下面选择几片甲骨文的摹本和拓片进行简要解读。为方便起见，本书对古文字材料的释读尽量使用宽式。模糊或缺失但根据文例可以补出的字，用〔〕表示，缺字或不识字用□表示，以下不再说明。

例 1：

图 4－2 为笔者当研究生时手摹自《殷虚文字乙编》的，喜其龟甲完整，钻凿繁多，文字少而清晰，故作为一例。

乙编三四七

图 4－2

其卜辞云：

王占曰：吉，亡𡆥(祸)。[①]

例2：

本片（图4－3）选自《合集》6057正，为卜旬卜辞，共记载癸巳、癸卯、癸亥为占卜之日的旬内之事，卜辞体例比较完备，前辞（占卜时间等）、命辞（占卜事件）、占辞（吉凶判断）、验辞（是否应验）皆备，验辞尤详。左边为癸巳日所卜之辞，其辞云：

图4－3

癸巳卜，㱿贞：旬亡𡆥(祸)？王占曰：有祟，其有来艰，气(迄)至五日丁酉，允有来〔艰自〕西。沚戓告曰：土方正[②]于我东〔鄙〕，灾二邑。工方亦侵我西鄙田。

右边为癸卯日所卜之辞，其辞云：

癸卯卜，〔㱿〕贞：旬亡𡆥(祸)？王占曰：有祟，其有来艰，五日丁未，允有来艰。饮(?)钔□□自𠳋圉。六〔月〕。

中间卜辞残，据其中“迄至七日己巳”可推知占卜之日为癸亥。其辞云：

王占曰：有祟，其有来艰，气(迄)至七日己巳，允有来艰自西。㠉友角告曰：工方出侵我示𩡧田七十[③]人。五〔月〕。

---

① “𡆥”字郭沫若释为“冎”，读为“祸”，此从其说。裘锡圭认为其字是卜兆之“兆”的表意初文，此读为“忧”。参见裘锡圭《说𡆥》《从殷墟卜辞的“王占曰”说到上古汉语的宵谈对转》，《裘锡圭学术文集・甲骨文卷》，复旦大学出版社2012年。

② “正”即“征”。陈炜湛曰：“大量的文例说明，在商代语言中，商王朝对各方国的军事行动称征，方国与方国之间的战争也可称征，而且，方国进攻商王朝也同样称征，并无什么上对下或下对上，义与不义的区别。《孟子・尽心下》：‘征者上伐下也，敌国不相征也。’……验诸卜辞，知实不尽然。‘上伐下’云云殆西周以后事。”参见陈炜湛《甲骨文同义词研究》，载《三鉴斋甲骨文论集》，上海古籍出版社2013年。

③ 七十为合文。

例 3：

本片（图 4－4）选自《合集》12870，由散片缀合而成，其辞相当于后世法师祈雨的祷词，颇有特点：

癸卯卜，今日雨？其自西来雨？其自东来雨？其自北来雨？其自南来雨？

类似的卜辞有：

己巳王卜，贞：[今]岁商受[年]？王占曰：吉。东土受年？南土受年？吉。西土受年？吉。北土受年？吉。（《合集》36975）

汉乐府《江南可采莲》："江南可采莲，莲叶何田田。鱼戏莲叶间：鱼戏莲叶东，鱼戏莲叶西，鱼戏莲叶南，鱼戏莲叶北。"其反复吟咏的格调，与此十分相似。古文字材料中像这类富有文学特征的文辞，也颇值得我们珍视。

图 4－4

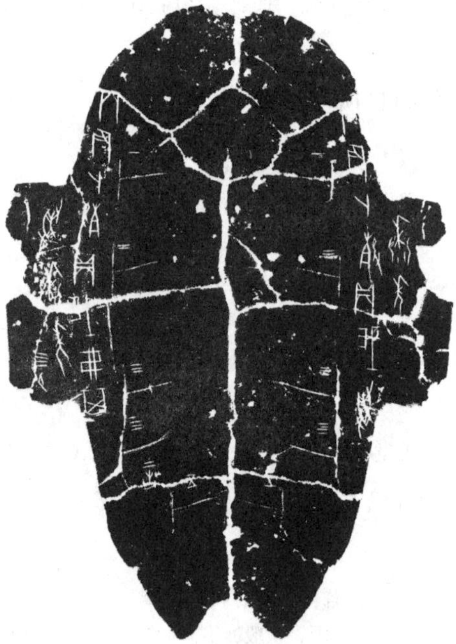

图 4－5

例 4：

本片（图 4－5）为《殷虚文字丙编》第 8 片（《合集》9950 正），卜辞的主要内容是询问年成。其辞云：

丙辰卜，𣪊贞：我受黍年？一、二、三、三、五。

丙辰卜，𣪊贞：我弗其受黍年？三月。一、二、三、三、二告、五。

此片的卜辞为对贞卜辞，对同一个问题正反各问了五次，其中的“一、二、三、四、五”为兆序，“二告”为兆辞。[1] 本片的背面（《合集》9950 反）卜辞为：“王占曰：吉，受有年。”

例 5：

此片（图 4－6）为《殷虚文字丙编》第 368 片（《合集》12487 正），内容为卜问天气。其辞云：

癸巳卜，争贞：今一月雨？王占曰：□丙雨。一、二、三。

癸巳卜，争贞：今一月不其雨？一、二、三。

旬壬寅雨，甲辰亦雨。

此亦对贞卜辞，前辞、命辞、占辞、验辞俱全。本片的背面（《合集》12487 反）的刻辞为“己酉雨，辛亥亦雨。”

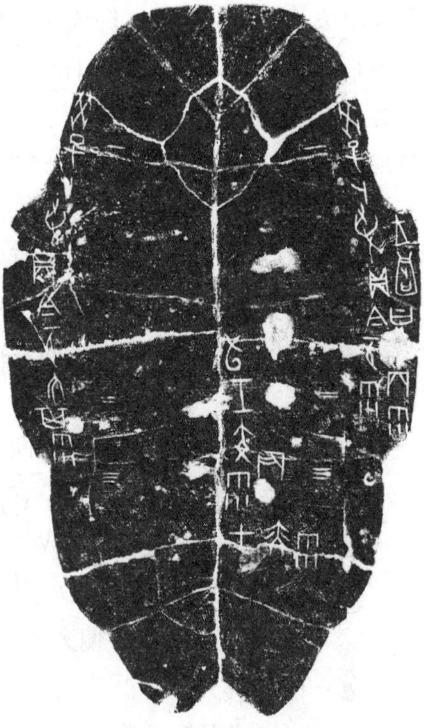
图 4－6

三、 甲骨文的造字类型和主要特点

在商代文字中，根据文字风格的不同，可以分为三类：甲骨文、一般金文和族氏文字。甲骨文主要用于日常占卜和记事，又是契刻而成的，比较简率潦草，笔画多方折，峻峭有力；一般金文是刻铸在祭祀礼器上，文字经过从容的修饰和加工，肥笔、圆笔多，圆润浑厚，比较规范；族氏文字来源于图腾，形象逼真，富有浓厚的图画意味。商代文字以甲骨文为主，因此要考察商代文字的造字类型和主要特点，可以甲骨文作为考察对象。总的说来，甲骨文字有如下一些主要特点：

（1）在造字类型方面，甲骨文中象形、指事、会意、形声俱全，其中以象形、会意为

[1] 兆序，或称为“序数”。大多刻于卜兆左或右上端，也有刻于纵兆上端。龟甲多自上而下，由内向外；牛骨多自下而上，由外向内。兆辞，又称“兆语”“兆记”，刻于甲骨卜兆旁或兆序上下。常见兆辞有“不玄冥”“吉”“大吉”“弘吉”（“引吉”）“一告”“二告”“三告”等。其义诸家各释不一。参见孟世凯《甲骨学小辞典》，上海辞书出版社 1987 年，第 88—89 页。

主，形声字只占20％左右。就上举实例而言，按传统“六书”分类，“王”“雨”“角”“土”“来”“我”“其”“自”等字皆为象形字，“年”“友”“出”“正”“邑”“北”等字皆为会意字，“一”“二”“三”“四”“亦”等字都是指事字。上举例子中没有真正的形声字，只有“受”字可以认为会意兼形声。真正的形声字如《合集》30268的“麓”字，从林鹿声，《合补》11299反则作从艸录声。[①]

（2）上举“东”“西”“南”“北”“我”“其”“自”“贞”等字都已经被借用，可见甲骨文中假借的用法已经非常普遍。据统计，商代表意字的大部分都被借用过，文字假借的比率约占当时总字数的70％以上。有些字的本义用法甚至不及其假借义的使用率，有的字一经假借便“永假不归”，成了永久性的记音符号。[②] 这是早期文字因数量有限而形成的必然现象，也是古人在记录语言的过程中的一种发明创造，是对汉字功能的发挥和活用。

（3）文字的写法不固定，异构繁多。大致有以下几种情况：

① 繁简不同：同一个字，既有繁体，又有简体。如：

车：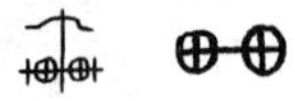　　册：　　网：

② 左右不分：同一个字，向左向右不拘。如：

卜：　　令：　　及：

③ 上下颠倒：同一个字，或向上或向下。如：

侯：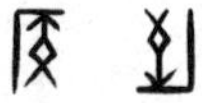　　各：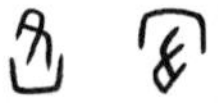　　帝：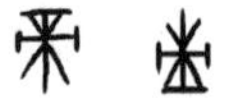

④ 偏旁移位：同一个字，或为左右结构，或为上下结构。如：

物：　　般：　　森：

⑤ 偏旁替换：把一个偏旁替换为另一个意义或读音与之相近的偏旁。如：

莫：　　牧：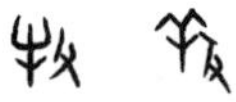　　麓：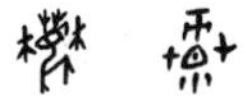

（4）“合文”现象很常见。合文是把两个或两个以上的字合写在一起，在行款上只占一个字的位置。合文现象的存在，说明甲骨文还没有完全形成一个符号一个音节的形式。这种情况，有的是左右排列式，如大乙写作，十月写作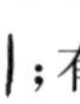；有的是上下排列式，如上甲写作，小臣写作；有的是复合式，如小祖乙写作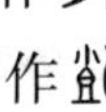，十二月写作；有的是内含式，如报乙写作，报丙写作；有的是逆读式，即有小部分合文的读法是由下往上读，与一般的由上往下读不同，如读为五十，读为八十。此外还有借笔的合文，如五牢写作，四匹写作，上甲写作等。

以上(3)(4)两点与甲骨文的结体和写法都有关，其中有的现象在历代文字中都有所表现，比如繁简不同、偏旁移位和偏旁替换的情况，是汉字在历时演变的过程中共有的现象，只不过表现形式有所不同而已。上下颠倒、左右不分、合文等情况，则在甲骨文

① 见刘钊主编《新甲骨文编（增订本）》，福建人民出版社2014年，第370页。

② 王蕴智《字学论集·试论商代文字的造字方式》，河南美术出版社2004年，第56页。

中表现得比较突出。以上的现象表明甲骨文的结体和书写总体上比较不规范，存在着一定的随意性，但我们并不能由此得出甲骨文可以随便书写的结论。实际上，甲骨文中的某些文字的写法，仍然具有严格的规定性，比如，某些需要靠字符的方向或字符间的位置关系来体现字义的文字，就不能随便更改它们的方向和偏旁位置。如“即”与“既”，前者之人面对食物表示走向、靠近，后者之人则背向食物表示结束、终了，其方向是不能随便改变的。而“伐”与“戍”，前者戈锋砍过人头表示杀伐，后者戈在人上表示持戈戍守，其位置是不能随便改变的。因此我们必须认识到，甲骨文的结体和书写存在随意性的同时，也有其严格的规定性，不能以偏概全。① 这也启发我们对甲骨文的认识必须有辩证的思维。从汉字发生学的角度看，甲骨文可以说是已经非常成熟的文字体系了；但从后来汉字不断发展和规范的角度看，甲骨文毕竟还是比较原始的文字。甲骨文身上表现出的这种原始性和成熟性的二元统一，也是其他早期文字的共同特点。

四、 甲骨文近三百年间的变化过程

殷墟甲骨文是商王盘庚迁殷以后的文字，至于殷灭，前后共经历 273 年。在这近三百年的历史中，甲骨文也发生了一些变化，有的变化还比较大。1933 年，董作宾发表著名的《甲骨文断代研究例》，把甲骨文分为五期：第一期为盘庚到武丁，第二期为祖庚、祖甲，第三期为廪辛、康丁，第四期为武乙、文丁，第五期为帝乙、帝辛。其分期的标准共有十项，其中就包括字形与书体。就书体风格而言，第一期雄浑大气，第二期谨饬修长，第三期柔弱纤细，第四期劲峭有力，第五期严整匀称，变化还是比较明显的。就字形而言，某些字在早晚期的写法也有比较明显的变化。比如“寅”字早期作，晚期作；“未”字早期作，晚期作；“宾”字早期作，晚期作；“雨”字第一期作，第二期开始出现形，三、四期则、并用，第五期出现形，为金文、小篆所本。又如“风”字本以凤形为之，是第一期主要的字形，后出现益“凡”为声者，这种形声的结构，三期以后成为主要字形，反映了文字声化的趋势。甲骨文字的发展变化是文字在使用过程中自然发生的流变，这种自然的流变正是中国文字从古到今发展变化的内在原动力，体现了汉字发展变化的规律。

五、 世界性显学——甲骨学

甲骨文发现于 1898 年，至今已经一百多年了。在这百年多的历程中，甲骨学已

① 参见张桂光《甲骨文形符系统特征的探讨》，《古文字研究》第 20 辑，中华书局 2000 年；收入《古文字论集》，中华书局 2004 年。

经积累了大量的研究资料，形成了不同分支，具有丰富的内容，取得了丰硕成果。它已经形成一门独具魅力的学科，世界范围内的许多学者都在关注它，研究它，使它成为一门世界性的学问。

1899年，金石学家王懿荣第一个对甲骨文做出鉴定并开始购藏。1903年，《老残游记》的作者刘鹗编印出版了第一部著录甲骨文的专书——《铁云藏龟》，在该书的序中，刘鹗指出甲骨文为“殷人刀笔文字”，第一次指出了甲骨文的时代。1904年，著名学者孙诒让根据刘鹗的《铁云藏龟》写成《契文举例》，是第一部考释和研究甲骨文之作。1908年罗振玉经过多方探寻，得知甲骨文的出土地为小屯村，乃殷都故墟。经过王懿荣的发现、刘鹗的年代鉴定、孙诒让的研究、罗振玉的出土地确认，甲骨文终于得到中外学术界的重视，成为一个新的研究领域。

在甲骨学的前50年，罗振玉（雪堂）、王国维（观堂）、董作宾（彦堂）、郭沫若（鼎堂）“四堂”对甲骨文的研究具有开拓之功。罗振玉、王国维是甲骨学草创时期的奠基者，董作宾、郭沫若则是转向科学整理和研究时期的巨匠。罗振玉写了《殷商贞卜文字考》和《殷虚书契考释》，其方法比较科学，对材料又比较熟悉，因而在文字的考释和卜辞的通读方面取得了较大的突破。罗振玉的甲骨文考释，是由小篆上溯金文，再由金文上溯甲骨文的，但他“既参证《说文》以释甲骨文，又不为《说文》所束缚，而能认出一批与《说文》字形不同的甲骨文，反过来纠正《说文》的谬误，这就比前人大大高出了一筹”。[①] 王国维对甲骨文的考释成果，见于《戬寿堂所藏甲骨文字考释》和《观堂集林》，所释之字虽不多，但很精审，如对“旬”字、“上甲”合文等的考释，对通读卜辞都起了至关重要的作用。王国维更重要的贡献是对“二重证据法”的成功运用，他利用甲骨文材料与典籍记载相印证，来研究古代历史、地理和礼制等问题，著名的论著有《殷卜辞中所见先公先王考》《续考》《殷周制度论》等。郭沫若称：“谓中国之旧学自甲骨文之出而另辟一新纪元，自有罗、王二氏考释甲骨之业而另辟一新纪元，决非过论。”[②] 对罗、王的贡献做了充分的肯定。罗、王之后，对甲骨学的研究做出重大贡献的有董作宾和郭沫若。董作宾的贡献主要在甲骨的分期断代方面，1933年他发表了《甲骨文断代研究例》，全面论述了他的断代学说，提出甲骨文断代的十项标准，把甲骨文时代分为五期，大大提高了甲骨文作为历史和语言资料的价值，具有极为深远的意义。后来，陈梦家、李学勤等学者对董作宾的学说续有补充和纠正，使断代研究不断深入，成为甲骨学研究的一个重要内容。郭沫若的著作有1930年的《甲骨文字研究》，1933年的《卜辞通纂》和1937年的《殷契粹编》等，对通读甲骨文做出了重要贡献。唐兰

① 陈炜湛、曾宪通《论罗振玉和王国维在古文字领域内的地位和影响》，《古文字研究》第4辑，中华书局1980年。

② 郭沫若《中国古代社会研究》，人民出版社1954年，第170—171页。

说:“卜辞研究,自雪堂导夫先路,观堂继以考史,彦堂区其时代,鼎堂发其辞例,固已极一时之盛。”概括得十分到位。

“四堂”之后,从文字研究的角度来说,著名的甲骨文研究学者还有唐兰、于省吾、商承祚、徐中舒、杨树达、胡厚宣、朱芳圃、张政烺、饶宗颐、李学勤、裘锡圭等人。唐兰有《天壤阁甲骨文存考释》(1939 年)、《殷墟文字记》(1981 年)等,考释文字创获颇多。于省吾对甲骨文字的考释成果,主要集中在《甲骨文字释林》(1979 年)中,方法严谨,考释精审,发明颇多,结论大都可信。商承祚的甲骨文字考释成果集中反映在他的《殷虚文字类编》中。徐中舒著名的考释文章有《耒耜考》等。杨树达的考释文章收入《积微居甲文说》和《耐林庼甲文说》两书中。朱芳圃的考释成果集中在《殷周文字释丛》中。饶宗颐有《殷代贞卜人物通考》等著作。胡厚宣、张政烺、李学勤、裘锡圭等学者的考释文章散见于《古文字研究》等刊物和论著中。

除考释之外,还有专门从文字学角度对甲骨文进行断代研究的著作,如赵诚的《甲骨文字学纲要》(1993 年)、李圃的《甲骨文文字学》(1995 年)等。此外,甲骨学的通论性或综合性的著作、利用甲骨文进行社会历史文化研究的论著,对甲骨文字大都有所考释和论述,也有不少好的见解。

为了全面展示过去的 20 世纪百年间甲骨学研究所取得的丰硕成果,继承和弘扬前辈学者留给我们的宝贵文化财富,推动 21 世纪甲骨学能继续创造新的辉煌,在新旧世纪之交,中国社会科学院历史研究所先秦史研究室的学者们,在海内外同行的全力支持和各种形式的帮助下,编纂了一套共 40 卷的大型学术资料文库——《甲骨文献集成》,收录我国与日、美、英、法、加、俄、韩数千位学者的各种语种的有关甲骨学论著计两千余种,分为甲骨文考释、甲骨研究、专题分论、西周甲骨文及其他、综合类五大类,规模宏大,内容丰富。这部《集成》,既全面展示了甲骨文发现百年来的发展历程,方便观览和感受这门学问的丰富成果和内涵,又能方便一般学者找到珍稀的甲骨图书资料,使诸家著述传遗后代。如果说《合集》及《补编》是甲骨文材料的集大成之作,那么,《甲骨文献集成》则是甲骨文研究成果的集大成之作,是甲骨学内涵的重要体现。

贰　西周春秋文字

西周春秋文字是商代文字的进一步发展,这时期的文字资料的类别比较多,有甲骨文、金文、玉石文字等,其中最主要的是金文。

西周甲骨文已见上节介绍,此不赘述。此时期的玉石文字主要包括石鼓文和玉石盟书。石鼓文是春秋时期秦国的文字,我们将放到后面的“秦系文字”中一并介绍。

图4-7

这里先简单介绍玉石盟书。玉石盟书是用朱砂或黑墨写在玉石片上的对天盟誓的文辞，春秋时期的玉石盟书有1965年发现的晋国贵族的盟书（通称“侯马盟书”）①和20世纪80年代初在河南温县发现的一批盟书（通称“温县盟书”）。② 温县盟书至今只见零星摹本和照片，③全部材料仍未刊布；侯马盟书材料见于《侯马盟书》一书，该书根据盟辞内容把盟书归纳为“宗盟”“委质”“纳室”“诅咒”“卜筮”和“其他”六类，并对盟书材料进行了摹录和整理，书末附有《侯马盟书字表》，为研究工作提供了方便。由于盟书数量较多，且所记者为内容相差不远的盟誓文辞，同一字往往会在不同的玉石片上重复出现，字形富有变化，繁简并存，比如“嘉”字有一百多种写法，“敢”字有九十多种写法，颇便比较研究，同时也反映了春秋时期文字变化的剧烈程度。左图（图4-7）是一件盟书的摹本，④属于纳室类，其辞云：

> □自今以往，敢不率从此盟质之言，而尚敢或纳室者，而或闻宗人兄弟或纳室者，而弗执弗献，丕显晋公大冢，明亟视之，麻夷非是。

其中的“纳室”，是指当时有些贵族依仗权势兼并他人的财产和家室。如《左传·襄公十九年》载齐崔杼杀高厚而“兼其室”；郑子展、子西杀子孔而“分其室”；《国语·晋语》载晋杀三郤而“纳其室以分妇人”等。“麻夷非是”就是“灭彼族氏”的意思。⑤

下面主要介绍西周春秋时期最主要的文字类别——金文。金文是通称，旧称“钟鼎文”或“吉金文”，科学准确的名称应是“青铜器铭文”。

一、 金文的发现与著录

金文在商代就已多见，最早的“亘鬲”年代在武丁以前，比目前所知的甲骨文的上限还早。金文在汉代就有发现，《说文解字·叙》就说“郡国亦往往于山川得鼎彝”。

---

① 山西省文物工作委员会编有《侯马盟书》一书，文物出版社1976年。

② 参见河南省文物研究所《河南温县东周盟誓遗址一号坎发掘简报》，《文物》1983年第3期。

③ 除简报外，尚有艾兰、邢文编《新出简帛研究》，文物出版社2004年；赵世刚《温县盟书的新认识》，《长沙三国吴简发现与研究国际学术讨论会论文集》，中华书局2005年；王蕴智主编《中原文化大典·文物典·古文字下》，中州古籍出版社2008年，等等。

④ 选自高明《中国古文字学通论》，北京大学出版社1996年，第430页。

⑤ 见朱德熙、裘锡圭《战国文字研究（六种）》，《考古学报》1972年第1期。

如汉武帝时发现一鼎，被作为“天祚有德”的祥瑞，荐于宗庙；汉宣帝时又发现铜鼎，其铭记载周朝的一个大臣受到王的赏赐，京兆尹张敞对其铭文进行了释读。从那以后，金文的考释研究历代不绝，至北宋时期更为盛行。

宋人以好古博雅为高，认识到地下出土的金石材料虽然迹存片金，但是价重连城，“可以证经典之同异，正诸史之谬误，补载籍之缺佚，考文字之变迁”，[①]因而很重视对金石材料(包括刻铸于其上的文字材料)的收集和整理。其第一人，当推《先秦古器记》的作者刘敞。之后，欧阳修、吕大临等人“推波助澜”，金石之学遂趋极盛，名家辈出，著作颇丰。王国维《宋代金文著录表序》中将宋代金文著作分为三类。他说：“与叔考古之图，宣和博古之录，既写其形，复摹其款，此一类也；啸堂集录，薛氏法帖，但以录文为主，不以图谱为名，此二类也；欧、赵金石之目，才甫古器之评，长睿东观之论，彦远广川之跋，虽无关图谱，而颇存名目，此三类也。”[②]下面将此三类书籍再加说明：

(1) 绘制器形并摹录铭文，即王氏所谓“既写其形，复摹其款”者，主要有吕大临的《考古图》十卷，宋徽宗敕撰、王黼编撰的《博古图录》三十卷。另有南宋赵九成的《续考古图》五卷等。其中《考古图》为此类书籍中之最早者，每器皆绘其图像，摹写铭文，注明大小、容量、重量等，出土地点及藏家可知者亦加以说明。此书在铜器著录的方法和体例上有开创意义。《博古图录》著录殷商至唐代各种青铜器凡 20 类 839 器，收器最多，保存资料最为丰富。以器类编次，每类各有总说，每器皆有精确的图像，并记载大小、容量、重量、考证等。《四库全书总目》云：“其书考证虽疏而形模未失，音释虽谬而字画俱存，读者尚可因其所绘以识三代鼎彝之制、款识之文，以重为之核订，当时裒集之功亦不可没。其支离悠谬之说，不足以当驳诘，置之不论不议可矣。”

(2) 摹录铭文并予以考释，即王氏所谓“但以录文为主，不以图谱为名”者，主要有薛尚功的《历代钟鼎彝器款识法帖》二十卷、王俅的《啸堂集古录》二卷、王厚之的《钟鼎款识》一卷等。其中最有名的是《历代钟鼎彝器款识法帖》，著录历代彝器 511 件(包括一部分玉石器)，宋代所出青铜器十之七八已收入此书。此书按时代先后分类编次，摹写器铭，次列释文，并就有关问题略加考证。

(3) 只存名目并加题跋评论，即王氏所谓“虽无关图谱，而颇存名目”者，主要有欧阳修的《集古录跋尾》十卷、赵明诚的《金石录》三十卷、张伦的《绍兴内府古器评》二卷、黄伯思的《东观余论》十卷、董彦远的《广川书跋》十卷等。此类书籍学术性比较强。其中《金石录》集录和考订北宋以前传世的古器物碑版铭文，上自商周，下至隋唐五代石刻拓本共二千卷，写成跋尾 502 篇，是有宋一代金石研究之集大成著作，在金

① 朱剑心《金石学》，文物出版社 1981 年新 1 版，第 4 页。

② 王国维《观堂集林・卷六》，中华书局 1959 年，第 295—296 页。

石学史上赫赫有名。

宋代金石书籍，除王氏所分的三类外，还应该有第四类，那就是汇集考释成果而编成的字书，这类书籍主要有吕大临的《考古图释文》、王楚的《钟鼎篆韵》、薛尚功的《广钟鼎篆韵》、杨銁的《增广钟鼎篆韵》等。王、薛二书不存，其内容大致可于杨书中推求之。关于考释文字的问题，宋人之说不免粗疏，但其悟性则甚高明，当时金石材料上的常用字，宋人大都已经认出。王国维评曰："至于考释文字，宋人亦有凿空之功，国朝阮、吴诸家不能出其范围；若其穿凿纰缪，诚若有可讥者，然亦国朝诸老之所不能免也。"①

著录金文的著作，自宋至今专书多达一二百种。除以上所列宋人著作外，清代有乾隆敕命梁诗正、王杰等人编《西清古鉴》《宁寿古鉴》《西清续鉴》（甲编、乙编）等书，共收录清宫所藏古铜器四千余件。此"西清四鉴"的编纂，代表了官方对古器物学的重视。继"四鉴"之后，私家收藏的古铜器也陆续刊印成书，如钱坫的《十六长乐堂古器款识》、阮元的《积古斋钟鼎彝器款识》、吴荣光的《筠清馆金文》、潘祖荫的《攀古楼彝器款识》、吴式芬的《攈古录金文》、吴大澂的《愙斋集古录》等三十余种。近现代较著名的著录书有：① 1937 年罗振玉编辑出版的《三代吉金文存》，共收录四千多器；② 1983 年严一萍的《金文总集》，收青铜器铭文拓本八千多件；③ 1984 年四川大学历史所编的《殷周金文集录》，主要汇集 1949 年以来至 1980 年底国内出版的书刊中已经著录的商周有铭青铜器，共收九百余器；④ 中国社会科学院考古研究所编的《殷周金文集成》（中华书局 1984—1994 年），总共 18 册，收录 11 983 器，资料宏富，包括铭文、图像、释文和索引等部分，所收各器以类为纲，分乐器、炊器、盛食器、酒器、水器、兵器、其他七类。铭文以原大制版，按字数多少排列。铭文各册后附有"说明"，注明所收各器的字数、时代、著录、出土、流传、收藏、资料来源等，体例科学，使用十分方便。

《殷周金文集成》之后新出的殷周青铜器铭文，又有刘雨、卢岩的《近出殷周金文集录》（中华书局 2002 年）。2010 年，张桂光主编的《商周金文摹释总集》（全八册）由中华书局出版，该书汇集了目前所能见到的全部商周铜器铭文一万六千余件，是迄今为止最完整的金文资料专书。该书对摹本加以释文和断句，简明清晰，极大地方便了读者的阅读和使用。2014 年，张桂光带领团队编写完成《商周金文辞类纂》由中华书局出版。该书是《商周金文摹释总集》的姊妹篇，全书亦八册，以单字为经，以金文辞例为纬，分类纂辑，将对字形、词义、句法乃至史料研究带来很多方便。甲骨文有《摹释总集》和《类纂》，金文亦有《摹释总集》和《类纂》，说明商周主要古文字材料的基础性工作都得到重视并且做得很好。

---

① 王国维《宋代金文著录表序》，《观堂集林·卷六》，中华书局 1959 年。

在金文研究方面，2004年线装书局出版了《金文文献集成》，该书是对金文研究文献的阶段性全景式总结，是有关商周金文研究的大型研究文献汇编，其资料约一亿汉字容量，精装八开四十六册，另有书篇名和作者人名索引一册，以供检索。该书由中国社会科学院考古研究所编纂，所收文献起自北宋元祐七年(1092)吕大临所作《考古图》，讫于1989年。全书分为"古代文献"和"现代文献"两部分，裒辑古今中外学者数百人的研究论著达二千余种，涉及领域有商周青铜器及其铭文的著录研究、器铭考释、文法韵读、断代历法、金文与商周史研究、器铭辨伪及学术史研究等，是目前国内外最完备的有关商周金文研究的文献总集。本书收集资料以科学性、权威性以及版本的珍贵性为其特点，所收资料不仅为学术界提供了大量核心研究文献，而且反映了金文学术发展史上各阶段成果的特征。

金文的单字集录工具书，最著名的是容庚编纂的《金文编》。此书在1925年初版，1939年增修再版，1959年再次修订出了第三版，1985年又出了由张振林、马国权摹补的增订新版，由中华书局出版。新版正编字头为2420号，重文19 357个，附录收字1 351个，重文1 132个。《金文编》以其严谨和审慎，成为最权威的金文字典。除《金文编》外，还有陈初生编纂、曾宪通审校的《金文常用字典》，[①]比较方便实用。戴家祥主编的《金文大字典》[②]所收金文全部选自拓片，字形很准确。2001年严志斌《四版〈金文编〉校补》增补了七百多字。[③] 另有《殷周金文集成释文》已于2001年出版，张亚初编有《殷周金文引得》、华东师范大学中国文字研究与应用中心编有《金文引得》，皆便于查检。

2011年，董莲池编著的《新金文编》由作家出版社出版发行。该书分上、中、下三册。正编收字3 063个，合文105个(附卦画)，附录一收字838个，附录二收字736个，全书共收字4 637个(不含合文)。《新金文编》增收了第四版《金文编》后新出的金文资料，收字更加丰富，吸收了学术界研究的新成果，字形采用拓本剪贴，准确可靠，并按时代先后排列，有关信息标注其后。

2012年，陈斯鹏、石小力、苏清芳编著的《新见金文字编》由福建人民出版社出版。该书取材范围主要是2000—2009年间新发表的先秦金文，时间上恰与严志斌的《四版〈金文编〉校补》相接续，共收录不见于《金文编》和《四版〈金文编〉校补》的新字近三百个。

随着电脑技术的普遍使用，新时期新条件下的新字编，在体例上皆有创新，特色也颇为突出。

---

① 陈初生《金文常用字典》，陕西人民出版社1987年，2004年第2版。

② 戴家祥《金文大字典》，学林出版社1995年。

③ 严志斌《四版〈金文编〉校补》，吉林大学出版社2001年。

与甲骨文一样，金文也不断有新的发现。比如2002年春，保利艺术博物馆专家在海外文物市场上偶然发现了一件青铜器，即遂公盨。[①] 其铭文开头即说“天命禹敷土，随山浚川”，乃记载着大禹治水的传说事迹，其文句可以与《尚书·禹贡》等古书记载相对照，特别是“随山浚川”全同于《书序》，实在是令人惊异。古文字材料中有关禹的记载很少，《秦公簋》曾提到“禹迹”，至于治水的故事，遂公盨是第一次发现。秦公簋等都属春秋，遂公盨则早到西周中期，成为大禹治水传说最早的文物例证，这对于中国古史的研究有很大的意义。铭文还记载了“为政以德”的内容，也是“德治”思想的最早记录。该铭文内容与体例格式皆前所未有，被誉为“金文之最”，故有报道题目作“大禹治水有出处，金文之最遂公盨”。

又如2003年初，陕西眉县杨家村5位农民在村北坡取土时，发现青铜器窖藏，经文物部门发掘清理出土青铜器27件，为西周晚期周宣王时代的标准青铜器，权属“单”氏家族。这批青铜器组合完整，器物形体硕大，造型精美且均有铭文，铭文总字数达四千多字，其中三足附耳盘铭文多达372字，比著名的284字的《史墙盘铭文》还要长，是1949年以来出土铭文最长的西周青铜重器。该铭文内容从周文王追溯到周宣王，涉及西周12个王的名字，为西周历史画出了清晰的轮廓，可以说是迄今发现的中国最早的“王表”。铭文还记载了单氏家族8代祖先，为研究西周王朝与西北少数民族的关系以及单氏家族史等提供了重要材料。这项考古发现被评为当年全国十大考古发现之一。

二、 金文释例

（一）利簋

利簋（图4－8）是1976年出土于原陕西省临潼县零口公社西段大队，铭文（图4－9）铸在腹内底，共32字，最早著录于《文物》1977年第8期。这是目前所知西周最早的一件有铭青铜器，保存了武王征商的珍贵史料，是武王时绝对可靠的标准器。《殷周金文集成》编号为4131。[②] 其铭文曰：

图4－8

① “遂”字原铭作[illegible]，或隶定为“燹”，读为“豳”。尚未有定论。参见周宝宏《近出西周金文集释》，天津古籍出版社2005年。

② 本书有关铭文拓片来源于《殷周金文集成》。

珷征商，隹甲子朝，岁鼎，克闻夙又商。辛未，王才𠻞𠂤，易又吏利金，用乍旜公宝隮彝。

图4-9

解说：[1]

珷征商：“珷”是周武王的合文，后不带“王”字，又作武王的专用字，后可带“王”字。[2] 西周“生称王号”者，过去只有成王、穆王、恭王和懿王四代是可信的，现在又增加了武王时代的一个例子。可见周初已经生称王号。

隹甲子朝：“隹”即“惟”或“唯”。甲子朝，《尚书·牧誓》：“时甲子昧爽，王朝至于商郊牧野，乃誓。”《武成》：“粤若来三月既死霸，粤五日甲子，咸刘商王纣。”《逸周书·世俘》：“越五日甲子，朝至，接于商，则咸刘商王纣。”所记伐纣时间与利簋同。武王征商之年，学者间多有歧说，早至前1120年，晚至前1075年（唐兰说），夏商周断代工程推算出的伐商年代是前1046年。

岁鼎：“岁”指岁星，即木星。“鼎”，当，正当。此谓岁星正当其位，利伐商。刘钊谓“岁鼎”就是“岁当”“岁对”“岁冲”，即与岁星相冲。古代天文学理论认为岁星所在之分野不可侵伐，而可以伐人，与岁相冲，不利伐商，然武王逆天时而顺民心，故能克商。一说“岁”当读为“刿(guì)”，割也，谓割牲以祭。鼎当读为贞，谓贞卜。[3]

克闻夙又商：克，能够。一说攻克，战胜、制服。“闻”通“昏”，指昏暮。“闻”字甲骨文作，象人跽而谛听之形。利簋作，盂鼎作，王孙诰钟作，中山王鼎作，为《说文解字》“闻”之古文所本。此字在古文字材料中常用为“婚”“昏”“问”，前人常据辞例误释。经过几代学者的努力，终于认清是“闻”字。[4]“𡖊”，后作“夙”，早晨。闻𡖊，即从昏暮至早晨之间，即一夜之间。[5]“又”通“有”，

① 主要参考刘翔、陈抗、陈初生、董琨《商周古文字读本》，语文出版社1989年，第71—72页；刘钊《利簋铭文新解》，《古文字研究》第26辑，中华书局2006年，第182—187页。

② 刘钊《利簋铭文新解》，《古文字研究》第26辑，中华书局2006年，第182页。

③ 参见唐复年《金文鉴赏》，北京燕山出版社1991年，第27页。

④ 参见裘大泉《“闻”字考释的由来——古文字考释个案分析之一》，《古文字与汉语史论集》，中山大学出版社2002年。

⑤ 一说“闻”通“昏”，指昏君纣。“克昏”谓战胜商纣，此说恐不妥。彼时盖无用“昏”字指代纣王。

占有，指战胜商。

辛未： 甲子后第八天。

王才𩀌自： 才，在。𩀌自，地名。𩀌，于省吾谓从柬声，从柬、閒、官的字古同属见纽，又系叠韵，故𩀌可读为管。管在今河南郑州。按此字为双声符字，柬、閒皆声。自为“师”之初文，即“京师”之师，人众聚居处。

易又吏利金： 易，即“赐”本字，赏赐。据研究，“易”字本作□（《合集》8253），象两酒器相倾注承受之形，故会赐予之义，引申而有更易之义。□中的两器变为一器，写作□（德鼎）；再截取酒器的一部分，则写作□；□的偏旁移位变写则作□、□，最后形成小篆的□。[①] 又吏，右史。一说“又吏”通“有司”。当以“右史”为是。

用乍旜公宝隮彝： 用，连词，因，因而。乍，后作“作”。旜公，利之先人。“旜”字本作“旞”，《金文编》引郭沫若说，释为“旃”。刘钊谓字亦可能是“檀”字，左旁为“木”之省。[②] 隮，即“尊”。

（二）卫盉

卫盉（图 4－10）于 1975 年出土于陕西岐山县董家村，盖内有铭文（图 4－11）12 行 132 字（内含合文 2 字、重文 12 字），记载西周时期玉器、动物毛皮和土地的交换情况，为研究古代经济史提供了有价值的资料。现藏陕西历史博物馆，铭文最早著录于《文物》1976 年第 5 期。其铭文曰：

图 4－10

图 4－11

① 参见郭沫若《由周初四德器考释谈到殷代已经进行文字简化》，载《文物》1959 年第 7 期。

② 刘钊《利簋铭文新解》，《古文字研究》第 26 辑，中华书局 2006 年，第 182 页。

隹三年三月既生霸壬寅，王再旂于丰。矩白庶人取堇章于裘卫，才八十朋氒賁，其舍田十田。矩或取赤虎两、麀桒两、桒韐一，才廿朋，其舍田三田。裘卫乃彘告于白＝邑＝父＝荧＝白＝定＝白＝䝤＝白＝单＝白＝，乃令参有嗣＝土敚邑、嗣马单旟、嗣工邑人服眔受田，燹、趞、卫小子、逆、者其卿。卫用乍朕文考惠孟宝般，卫其万年永宝用。

解说：①

隹三年三月既生霸壬寅：“三年”有穆王、恭王、懿王诸说，待考。既生霸，周代月相名，指农历八、九日至十四、十五日。月相分为初吉（初一至初八）、既生霸、既望（十五、六日至二十二、三日）、既死霸（二十三至于晦）四段。“霸”亦作“魄”。参王国维《观堂集林·生霸死霸考》。

王再旂于丰：王在丰邑建旗。《说文解字》：“再，并举也。”再旂即举旗、建旗。此旗当即太常之旗，上画日月交龙。丰，地名。

矩白庶人取堇章于裘卫：矩伯的庶人从裘卫那里取来了朝觐用的玉璋。矩白，矩邑封君。白，“伯”之初文。庶人，矩伯属吏。“堇”通“觐”，朝觐。“章”即“璋”，玉璋，朝觐所用物品。裘卫，裘，氏；卫，名。裘氏可能是掌管皮裘生产的官，以官为氏。《周礼·天官》有“司裘”之职。“卫”字甲骨文作（《合集》33235）、（《合集》28009），会众人在路口护卫城邑之意。甲骨文“方”有四方或方国之义，因此“方”可指方国城邑。“方”兼表音，此字也可释为“防”字，亦属同象异字之例。卫盉的“卫”字从“万”或“帀”，当都是“方”的讹变，金文亦或改用“口”来表示。小篆作，既从“口”，又从“帀”（方），当是糅合之体。中间的“韦”亦可表音。

才八十朋氒賁：作八十朋之价。“才”即“在”，（价格）定在，即作价之意。或说“才”即“财”，训为泉币货币之义，“瑾璋才八十朋”即瑾璋值货币八十朋。② 朋，当时的货币单位。王国维《观堂集林·说珏朋》：“古者五贝一系，二系一朋。”氒，经典作“厥”，此犹“之”。《书·无逸》：“自是厥后”，即“自是之后”。賁即贾，从宁（“贮”本字）从贝。后变形声化为“贾”。此指价格。“贾”与“贮”当同源，后分化，“贾”保持上下结构而声化，“贮”则为左右结构。

其舍田十田：矩伯给裘卫十块田。舍，给予。田十田，前一“田”是名词，后一“田”是量词。这是量词比较原始的形式，即把名词在数词后重复一下。类似

① 主要参考刘翔、陈抗、陈初生、董琨《商周古文字读本》，语文出版社 1989 年，第 108—111 页。

② 参周宝宏《西周金文词义研究（六则）》，《古文字研究》第 25 辑，中华书局 2004 年。

的例子有《乙亥簋》的“玉十玉”(表示“玉”的还有“品”“瓬”等)、《鎛》的“侯氏锡之邑二百又九十又九邑”和《小盂鼎》的“获馘四千八百□二馘”等。此外还有“人几人”“人几夫”等。马国权有对金文数量词进行研究的文章。数词表达的发展过程、量词的形成过程、表示量词的字的内涵如何演变,它们与人们的认识有何关联?古时“马三”“马四”一类组合大概体现了图画和契刻的结合,这种名词+数词的结构,什么时候变成数词+名词的结构呢?这些问题都需要进行深入思考。

矩或取赤虎两、麀桒两、桒韐一,才廿朋,其舍田三田: 矩伯又取了两张赤色虎皮、两件麀皮饰物、一件有文饰的蔽膝,作价廿朋,矩伯给了裘卫三块田。或,副词,又。赤虎两,两张赤色虎皮,用于藉垫觐璋。麀,字不识,从鹿,当是鹿属之兽。桒通贲,音 bì,《说文解字》:“贲,饰也。”韐音 gě,礼服的蔽膝。

裘卫乃彘告于白=邑=父=荧=白=定=白=琼=白=单=白=,乃令参有嗣=土敳邑、嗣马单旟、嗣工邑人服眔受田,燹、趞、卫小子[illegible]、逆、者其卿: 于是裘卫向伯邑父、荧伯、定伯、琼伯、单伯做了陈述报告,伯邑父、荧伯、定伯、琼伯、单伯就命令三有嗣——嗣土敳邑、嗣马单旟、嗣工邑人服参与田土交割,燹、趞、卫小子[illegible]、逆、者其设宴款待了参与田土交割的人员。彘,同“矢”,陈述。《诗·大雅·卷阿》:“岂弟君子,来游来歌,以矢其音。”毛传:“矢,陈也。”伯邑父、荧伯、定伯、琼伯、单伯都是当时的执政大臣。荧,铭文作“焚”,为其初文。琼,今作“亮”。嗣土即“司徒”。敳,音 wēi,敳邑,人名。下“单旟”“邑人服”亦为人名。嗣马即“司马”,嗣工即“司空”。眔,及,参与。受田,接受田地,指双方进行田土交割。燹、趞、卫小子[illegible]、逆、者其皆人名。卫小子,卫的下属。卿,字作两人相向就食状,为“飨”之初文,此指设宴招待。

卫用乍朕文考惠孟宝般,卫其万年永宝用: 裘卫因而制作了这个用来纪念我文德彰明的先父惠孟的宝盘,我要万年长久珍爱使用。文考,文德彰明的先父。般,即盘。此器是盉而铭文称盘,是由于盘、盉成套,铸盉的同时也铸盘,因而就把盘铭移铸在盉上。《中皇父盉》《免盘》皆“般盉”连称。

图4-12

(三)颂壶

颂壶(图4-12)为传世品,出土情况不详,现藏山东省博物馆。腹盖同铭,此为腹铭,铭文(图4-13)最早记录于《贞松堂集古遗文》,共21行,151字(含重文2)。西周铭文多有册命内容,此篇记载册命礼仪,最为完整。其铭文曰:

唯三年五月既死霸甲戌,王才周康卲宫。旦,王各大室,

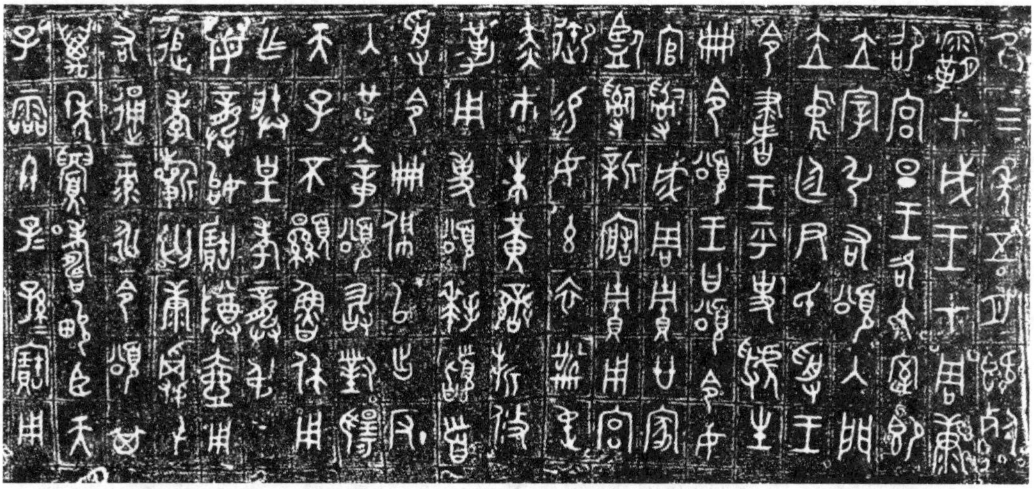

图 4-13

即立。宰引右颂入门，立中廷。尹氏受王令书，王乎史虢生册令颂。王曰："颂，令女官嗣成周賓廿家，监嗣新寤賓，用宫御。易女玄衣、黹屯、赤市、朱黄、緣旂、攸勒，用事。"颂拜䭫首，受令册，佩以出，反入堇章。颂敢对扬天子不显鲁休，用乍朕皇考龏弔、皇母龏始宝尊壶，用追孝，旟匄康乐、屯右、通录、永令，颂其万年眉寿，畯臣天子，霝冬。子＝孙＝宝用。

解说：①

唯三年五月既死霸甲戌，王才周康卲宫： 三年，未明何王，待考。既死霸，农历二十三至晦。才，即"在"。周，地名，指王城，故址在今河南省洛阳市。康卲宫，康宫是祭祀康王的宫庙，康卲宫指康宫中的昭王庙。② "昭王"之"昭"，周代金文作"卲"。

旦，王各大室，即立： 各，至，到。大室即太室，室之大者，此指康宫中的中央之室。立，"位"之初文。

宰引右颂入门，立中廷： 宰，官名，主要管理王家内外事物，也参与赐命活动。引，旧释"弘"，误。此作宰之名。右，作傧相以赞导受赐命的人。

尹氏受王令书，王乎史虢生册令颂： 尹氏将记载王命的简册交给周王，周王召史官虢生宣读简册以赐命颂。尹，指作册尹或内史尹，史官。受，后作"授"。令书，即记载周王诏命的简册。令，同"命"。乎，即"評（呼）"之初文，召。史虢

① 主要参考刘翔、陈抗、陈初生、董琨《商周古文字读本》，语文出版社 1989 年，第 115—121 页。

② 参见唐兰《西周铜器断代中的"康宫"问题》，《考古学报》1962 年第 1 期。

生，史官，虢生为其名。册令：典籍或作“策命”，读简册以赐命之。

王曰：“颂，令女官嗣成周賁廿家，监嗣新寤賁，用宫御。易女玄衣、黹屯、赤市、朱黄、䜌旂、攸勒，用事”：女，后作“汝”。官嗣，管理。成周，地名。賁即贯，此指商贯。监嗣，监管。新寤，不详，或为地名。用宫御，以供宫中之用。易，赐。玄衣，玄色之衣，为卿大夫朝服。黹屯，黹音 zhǐ，刺绣。屯音 zhǔn，衣缘。黹屯指带纹饰的衣服镶边。赤市，礼服中的赤色蔽膝。《说文解字》：“市，韠也。上古衣蔽前而已，市以象之。”朱黄，朱色佩玉。䜌旂，即銮旗，饰有銮铃之旗，车上所用。攸勒，带有铜饰的辔首络衔。攸，通“鋚”，音 tiáo，《说文解字》：“鋚，一曰辔首铜也。”勒，《说文解字》：“马头络衔也。”用事，奉行职事。

颂拜䭫首，受令册，佩以出，反入堇章：拜，拜手，跪而拱手，手与心平，头俯至手而不至地。䭫首即稽首，头至手而手至地。令册，即上文之“令书”。反，返回。入，献纳。堇，通“觐”，朝觐。章，通“璋”，玉璋。

颂敢对扬天子不显鲁休，用乍朕皇龏弔、皇母龏始宝尊壶，用追孝，旛匄康乐、屯右、通录、永令，颂其万年眉寿，畯臣天子，霝冬。子＝孙＝宝用：敢，表敬副词。对扬，答谢称扬。不显，大明。不即丕。鲁，通“嘉”，鱼、歌通谐。鲁休，同义连用，嘉美。尊壶，祭祀用壶。追孝，追行孝道。旛匄，祈求。屯右，巨大的佑助。通录，无穷的福禄。永令，长久的寿命。畯，通“畯”，长久。霝冬：令终，善终。

（四）虢季子白盘

虢季子白盘（图 4－14）由清道光年间郿县知县得于陕西宝鸡虢川司。器重 450 公斤，是目前所见最大的青铜水器。内底铭文（图 4－15）8 行 111 字（内含合文 3，重文 4）。最早著录于吴式芬《攈古录金文》。现藏国家博物馆。其铭有韵，音节铿锵。铭文曰：

图 4－14

唯十又二年正月初吉丁亥，虢季子白作宝盘。不显子白，壮武于戎工，经维四方。搏伐猃狁，于洛之阳。折首五百，执讯五千，是以先行。趄趄子白，献馘于王。王孔加子白义，王各周庙宣榭，爰飨。王曰：“白父孔覭有光。”王赐乘马，是用左王；赐用弓，彤矢其央；赐用戉，用政蛮方。子子孙孙，万年无疆。

解说：①

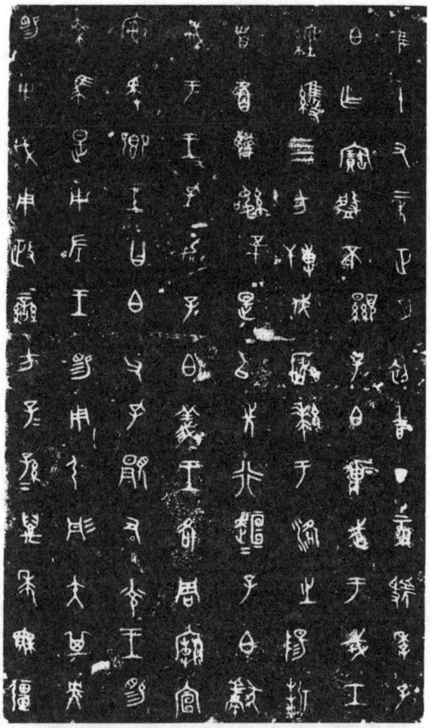

图 4 - 15

唯十又二年正月初吉丁亥，虢季子白作宝盘： 初吉，月相名，农历初一至初七、八。虢，西周封国名。虢季，氏名，为虢国氏族的一支。子白，人名。

不显子白，壮武于戎工，经维四方： 不显丕显，显赫。壮即壮，强健有力。戎工，指军事行动。经维，与经纬、经营义近，规划治理之意。

搏伐猃狁，于洛之阳。折首五百，执讯五千，是以先行。超超子白，献馘于王： 搏伐，进击征伐。猃狁，西周时期活动于西北地区的部族。于洛之阳，到达洛河之北。执讯，抓获俘虏。先行，指先行凯旋献俘。超超即桓桓，威武貌。馘，又作“聝”，军战断耳也。

王孔加子白义，王各周庙宣榭，爰飨。王曰：“白父孔覭有光”： 孔，副词，非常。加，通“嘉”，赞美，表彰。各，到。周庙，指成周太庙，是周王朝举行献俘之礼的场所。宣榭，成周太庙中的讲武之所。飨，大宴群臣。孔覭有光，功劳显赫，无比荣耀。覭即显。

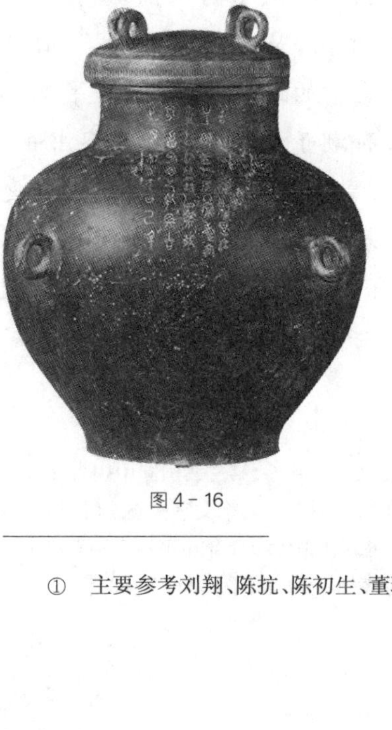

图 4 - 16

王赐乘马，是用左王；赐用弓，彤矢其央；赐用戉，用政蛮方。子子孙孙，万年无疆： 左，同“佐”，辅佐。央，鲜明。戉，后作“钺”，兵器。政即征，征伐。

（五）𢿱（栾）书缶

𢿱书缶（图 4 - 16）为传世品，系春秋时楚国之器（早年多认为是晋国之物）。腹外有铭文（图 4 - 17）5 行 40 字，由左至右书写，比较特殊。字皆错金，堪称珍品。曾由著名古文字学家容庚收藏，后捐献给国家，现藏广州市博物馆。铭文最早著录于

① 主要参考刘翔、陈抗、陈初生、董琨《商周古文字读本》，语文出版社 1989 年，第 138—141 页。

图 4－17

于省吾《商周金文录遗》。其铭文曰：

正月季春，元日己丑，余畜孙书也，择其吉金，以作铸缶，以祭我皇祖，吾以祈眉寿，䜌书之子孙，万世是宝。

解说：①

正月季春，元日己丑： 正月季春的吉日己丑这一天。上古时期，夏、殷、周历的岁首月建不同。月建是把一年十二个月和天上的十二辰（黄道附近由东向西的十二个等分，名以“子丑寅卯辰巳午未申酉戌亥”）联系起来，北斗星的斗柄指寅，即为建寅之月，其余类推。夏历以建寅之月（即后世通常所说的阴历正月）为岁首，殷历以建丑之月（即夏历十二月）为岁首，周历以建子之月（即夏历十一月）为岁首。春秋时期，不同地区使用不同的历法制度，故记日往往不同。此处正月为季春，则以十一月为孟春，可见用的是周历。“正月季春”为铭文所仅见。元日，吉日。

余畜孙书也，择其吉金，以作铸缶，以祭我皇祖： 我这个孝顺的子孙栾书，择取坚好之铜，用来铸造此缶，用以祭祀我的皇祖。余、畜孙、书为同位结构。畜，孝顺。《礼记·祭统》：“孝者，畜也。顺于道，不逆于伦，是之谓畜。”“也”，旧释“巳”或“已”，根据古文字材料，应改释为“也”。金文中的这种“也”字，较早见于西周中期康王时代的大盂鼎，作“[illegible]”，后来的莒公孙潮子钟、郭大夫甑、栾书缶、平安君鼎等皆有用之，特别是曾侯乙墓所出乐器铭文和战国秦简、楚简，材料更为集中。“也”字可以分析为从口从乙，乙象语气，表示语气停顿，是专门为停顿语气而造的一个字，与同样是表示语气的“只”字有密切关系。②“择”字从攴，与从手同。“作”本作“钗”，从又。“铸”为铸造之会意字。作、铸同义连用。“缶”字

① 主要参考刘翔、陈抗、陈初生、董琨《商周古文字读本》，语文出版社 1989 年，第 153—154 页。

② 参见黄德宽《说“也”》，香港中文大学中国文化研究所、中国语言及文学系编《第三届国际中国古文字学研讨会论文集》，问学社 1997 年；何琳仪、房振三《“也”“只”考辨》，北京师范大学民俗典籍文字中心编《民俗典籍文字研究》第 3 辑，商务印书馆 2006 年；赵平安《对上古汉语语气词“只”的新认识》，2001 年中国社会科学院语言研究所“海峡两岸汉语史研讨会”论文，收入《新出简帛与古文字古文献研究》，商务印书馆 2009 年；等等。

铭文作“鋯”,从金,示其材质。

吾以祈眉寿,繺书之子孙,万世是宝: 我也用以祈求长寿,栾书的子孙,对此缶要万世永宝。吾,铭文作“䱷”,从鱼声,与吾音通。王国维云:“古鱼、吾同音,故往往假䱷、敿为吾。《齐子仲姜镈》云‘保䱷兄弟’‘保䱷子姓’,即保吾兄弟、保吾子姓也。《沇儿钟》云‘敿以晏以喜’,即吾以晏以喜也。”(《观堂集林·兮甲盘跋》)史籍中的“勾吴”“攻吴”,在古文字里又写作“工敿”“攻敔”,①“敿”“敔”二字也显示“鱼”“吾”相通。今本《战国策·燕策二》“吾欲用所善”,帛书《战国策·苏秦自赵献书燕王章》作“鱼欲用所善”,亦“鱼”“吾”相通之证。② 古本《尚书》中“吾”字亦常写作“鱼”,如敦煌写本《商书》:“鱼家旄孙于荒”,日本古写本《周书》:“鱼有民有命”。祈,祈求,铭文作“斦”。世,铭文作“褋”。是宝,宾语前置。

三、 金文的变化与发展

据估计,在已著录的青铜器中,商代铜器约占四分之一,其年代一般不早于武丁时期。商代的金文一般很简短,有的只记录器主的族徽或名字,如“鱼”“牛”“戈”“亚羌”“妇好”等,有的记录所祭先人的称号,如“祖甲”“父乙”“司母戊”等,当然也有相对内容比较完整的,如“亚亳作父乙宝彝鼎”,既有族名和作器者名,又有受祭者名和器名。商代晚期也有四五十字的铭文,如作于帝辛四年的四祀𠨘其卣就有铭文 42 字。商代金文笔画多中部粗而首尾细,书写端庄严整。其中的族氏文字,笔画粗肥,图画性强。

西周时期,铭文逐渐加长,四五十字以上的铭文相当常见,最长的是宣王时的《毛公鼎铭文》,全文 497 字。此外,《卫鼎铭文》207 字,《史墙盘铭文》284 字,《散氏盘铭文》357 字,都是很长的铭文。2003 年出土于陕西眉县杨家村的《三足附耳盘铭文》也多达 372 字。西周铭文记载的内容非常丰富,大凡征伐铭功、册命赏赐、祀典诰命以至诉讼契约,均有涉及,是研究当时社会政治、经济、文化各方面的宝贵鲜活的材料。

西周时期的金文,根据马承源主编的《商周青铜器铭文选》,可以分为早中晚三个时期:武、成、康、昭四王为早期,穆、恭、懿、孝四王为中期,夷、厉、共和、宣、幽五王为晚期。西周早中晚三期的文字,从总体上看,早期是承接商代文字的,因此与商代晚期文字较接近,中晚期的文字则逐渐发生了一些变化,比如比较盛行笔画粗细均匀、首尾等粗齐平的玉箸体等。除此之外,西周金文还有如下主要特点:

(1) 从文字构形看,形声字明显增加,如《新金文编》“走”部收了赴、趣、赵等二十

① 参见施谢捷《吴越文字汇编》,江苏教育出版社 1998 年。

② 参见吴辛丑《简帛典籍异文研究》,中山大学出版社 2002 年,第 25、48 页注〔24〕。

余字,“言”部收了语、请、许、诲等七十余字,“心”部收了志、忠、念等近60字,“衣”部收了衮、裏、被、裘等二十余字,基本上都是形声字,说明汉字音义兼表的方式已占主导地位。

(2) 从文字使用看,假借现象仍很普遍。除了一般实词的假借外,记录虚词的字也逐渐增多。如西周早期的何尊铭文、西周中期的班簋铭文、西周晚期的毛公鼎铭文等都出现了“乌虖(呜呼)”,西周晚期的禹鼎则出现了“乌虖哀戈”,康王时期的大盂鼎开始出现语气词“也”等。

(3) 从文字书写看,有三个主要的特点:① 块面笔画线条化,诘诎笔画平直化,图画性逐渐减弱,符号性逐渐增强,文字更便于书写。② 文字偏旁的相对位置也渐趋固定,因而异体字相对减少。如“逆”字,甲骨文或从“彳”,或从“止”,或从“辵”,而西周金文则基本上均从“辵”。③ 行款渐趋固定,已基本固定为从右到左直行书写,奠定了后代汉字书写的典型款式。有的铭文还画成方格,一字一格,行款整齐,方整化的特征十分明显。

春秋时期,诸侯国的势力渐强,齐、晋、楚、秦等国,都曾称霸一时。随着政治的分裂,文字的地域变异也越来越明显。总体而言,春秋中期以前的文字与西周晚期没有太显著的区别,如秦公簋尚用玉箸体,春秋中后期则有较大差异,诸国文字普遍出现长条化和整齐化的趋势,如齐侯盂、赵孟庎壶等。春秋末年,楚、蔡、吴、越等国还流行美术体的“鸟虫书”,如王子午鼎、越王太子矛等。不同风格文字的出现,导致了战国文字大分化的发生,这是历史的必然。

第五讲

篆隶草真的漫漫旅途：汉字的演变(二)

壹 秦系文字

经过春秋时期长期的兼并战争，战国时代形成秦、齐、楚、燕、韩、赵、魏七大国和宋、卫、中山等几个小国。随着经济文化的空前发展，文字的使用也日渐广泛，除了在祭祀礼器上刻铸文字之外，兵器、权量、玺印、陶器、货币、简牍、帛书、石器、兵符、旗帜、玉器也都铸刻或书写文字，文字材料的类别比以往任何时候都多。上文说到，春秋中后期以来，不同地区的文字已逐渐形成不同的风格，至战国时代，文字的分化更趋明显。许慎在《说文解字·叙》中曾描述了这一时期各种制度和语言文字的分化情况，他说："其后诸侯力政，不统于王，恶礼乐之害己，而皆去其典籍。分为七国，田畴异亩，车涂异轨，律令异法，衣冠异制，言语异声，文字异形。"这种相异，就文字而言，主要表现在西方秦系文字与东方六国文字的不同。当然，六国文字也各有特点，但这只是更小范围内的相异了。

这里的秦系文字，本来应指战国时期与东方六国文字相对的秦系文字，但为了叙述的方便，也为了使秦系文字形成一个整体，我们把战国前后的秦文字也一并纳入，亦即说，这里的秦系文字是指秦国自春秋至战国及秦统一中国以后秦王朝的文字。下面我们先介绍秦系文字的有关资料，包括出土文字资料和传世文献资料。

一、 出土文字资料

出土的秦系文字资料，包括石刻文字、金文、玺印文字等，[①]比较大宗的还有简牍文字。以下做简要介绍。

---

① 王辉《秦铜器铭文编年集释》(三秦出版社 1990 年)，王辉、程学华《秦文字集证》(艺文印书馆 1999 年)对铜器铭文、秦公磬、石鼓文、秦印、陶文等秦系文字材料有深入研究，可参看。

（一）石刻文字

秦系石刻文字材料比较丰富，也颇有特点。主要有《石鼓文》《诅楚文》《峄山刻石》《泰山刻石》《琅琊台刻石》等，新近发现的还有《秦公磬》《秦骃祷神玉铭》等。

石鼓是唐代初年在今陕西凤翔县境内被发现的，其数有十，状似鼓形，石上所刻文字称《石鼓文》。其文为四言诗，主要内容是歌颂田园之美和田猎之盛，风格与《诗经·小雅》中的《车攻》《吉日》等相似。郭沫若在《石鼓文研究·重印弁言》中说：

> 《石鼓文》是诗……故从文学史的观点来看，《石鼓诗》不仅直接提供了一部分古代文学作品的宝贵史料，而且更重要的贡献是保证了民族古典文学的一部极丰富的宝藏《诗经》的真实性。

的确，《石鼓诗》对《诗经》真实性的证明就如同殷墟甲骨卜辞对《史记·殷本纪》可靠性的证明一样确凿有力、不可动摇，其价值不言而喻。

石鼓未被发现时，一直默默无闻地躺在荒野之中，任凭风吹沙打，日晒雨淋。但被发现以后，在唐以后的历代封建王朝中，其命运也并未得到根本的改变。首先对石鼓感兴趣的主要是一些文人，唐代诗人杜甫、韦应物、韩愈等都为石鼓写过诗。韩愈曾建议加以保护，未被采纳，他的《石鼓歌》讲述了石鼓的坎坷命运："雨淋日炙野火燎，鬼物守护烦撝呵。……牧童敲火牛砺角，谁复著手为摩挲。日销月铄就埋没，六年西顾空吟哦。"《古文苑》所载宋代王厚之对石鼓文而作的跋辞云：

> 其初散在陈仓野中，韩吏部为博士时，请于祭酒，欲以数橐驼驰舆致太学，不从。郑余庆始迁之凤翔孔子庙，经五代之乱又复散失。本朝司马池知凤翔，复辇至于府学之门庑下，而亡其一。皇祐四年，向传师搜访而足之（按指《作原》一石，搜得时，已被凿为石臼，字多磨损）。大观中归于京师（河南开封），诏以金填其文，以示贵重，且绝摹拓之患。初致之辟雍，后移入保和殿。靖康之末，保和珍异北去。

南渡之后，金人将其迁至燕京，元、明、清三朝都放在北京太学中。抗战期间，石鼓被迁到上海、四川等地。抗战胜利后，复归北京，现藏故宫博物院，文字剥泐严重。

学者通常以宋拓本为研究资料，明代嘉靖年间锡山安国收藏的三种北宋拓本"先锋本""中权本"和"后劲本"最为珍贵。

《石鼓文》自被发现以来，年代问题一直争论不休，总共有周、秦、汉、后魏、北周五说，其中以"主秦说"为最可信。"主秦说"之第一人，当推宋代的郑樵。王厚之云："南渡之后有郑樵者作《释音》，且为之序，乃摘丞、殹二字，以为见于秦斤秦权而指以为秦鼓。”(见《古文苑·石鼓文》)《福建艺文志·卷十五》云:“《石鼓文考》三卷,郑樵著。《直斋书录解题》云:‘其说以为石鼓出于秦,其文有与秦斤秦权合者。’随斋批注云:‘樵以本文丞、殹两字秦斤秦权有之,遂以石鼓为秦物……’案樵说证据甚碻,可从。”近人马衡作《石鼓为秦刻石考》一文,指出石鼓出于秦国雍地,《石鼓文》所见之水名“汧”(音 qiān)也正在雍地。如果说郑樵之说为“主秦说”提供了文字学上的科学依据,那么马衡之文则为“主秦说”提供了地理学上的科学依据,两相证明,主秦之说确不可易。但《石鼓文》究竟属秦国哪一代王,则尚无统一意见:马叙伦主秦文公说,马衡主秦穆公说,郭沫若认为是秦襄公八年即周平王元年(前 770)之物,唐兰认为是秦灵公三年即周威烈王四年(前 422)之物。徐宝贵《石鼓文年代考辨》[①]把石鼓文的文字放在整个秦系文字中加以比较,认为其年代在春秋中晚期之际的秦景公时期,与秦公磬、秦公簋为同时所作。此说较具说服力。图 5-1 是石鼓文的部分拓片,有些字的结构繁复,是石鼓文的特点,如“吾”字。有不少字与小篆结构相同。其文云:

图 5-1

吾车既工,吾马既同。吾车既好,吾马既(骆)。

《诅楚文》相传在北宋年间出土,共有三石,上刻秦王诅楚王背盟弃信,因而祈求天神制克楚兵,复其边城的文字。以所祀之神名不同,分别名之曰《巫咸文》《大沈厥湫文》《亚驼文》。南渡以后,三石不知所在,只有各种拓本流传至今,主要有绛帖本、汝帖本和元至正中吴刊本。此三种拓本,皆非原拓,而是摹刻的拓本,其字体风格,或有失原来风貌。正因为无法看到原石原拓,研究者只以摹刻本为依据,或证其真,或以为伪,因此《诅楚文》的真伪问题成了研究的热点。从总体上看,《诅楚文》可以看作秦系文字的材料。

《诅楚文》中,有些文字现象比较有趣。比如“将之以自救也”的“也”字,巫咸文、亚驼文的写法与石鼓文“汧也沔沔”、新郪虎符“虽无会符,行也”的“也”字的写法全

① 袁行霈主编《国学研究》第四卷,北京大学出版社 1997 年。

图 5－2

同，都作“殹”，是秦系文字的特殊写法，很有特色。因此从文字学的观点来看，现在所能看到的诅楚文拓本仍然有它自身的价值。图 5－2 是《诅楚文》的一部分，字形已与小篆十分接近。其文曰：

有秦嗣王，敢用吉玉宣璧，使其宗祝邵鼛布憝告于丕显大神巫湫，以底楚王熊相之多辠。昔我先君穆〔公及楚成王，是缪力同心，两邦若壹，绊以婚姻，袗（通“昣”，重申）以斋盟，曰枼万子孙，毋相为不利……〕

秦石刻文字还有秦始皇统一中国后所刻的石碑，先后有绎山、泰山、琅琊台、之罘、碣石、会稽诸碑，多已不传，只有泰山碑和琅琊台碑有残石传世，绎山碑和会稽碑则是摹刻本。秦石刻文字的著录主要有商承祚的《石刻篆文编》。[①]

秦系石刻文字除上述材料以外，还有 20 世纪 80 年代出土的秦公大墓石磬，[②]新发现的秦石刻文字材料则是《秦骃祷神玉铭》。《秦骃祷神玉铭》传出于陕西华阴，铭文内容记述秦曾孙骃有病，乃祷告于华大山神明，得其保佑，使病体日复。该文近 300 字，对研究秦人礼俗及秦文字演变，极有意义。其内容之重要，当不在《诅楚文》之下。李零《秦骃祷病玉版的研究》，[③]李学勤《秦玉牍索隐》，[④]曾宪通、杨泽生、肖毅《秦骃玉版文字初探》，[⑤]王辉《秦曾孙駰告华大山明神文考释》[⑥]等文章相继参与讨论，形成一个小小的高潮。玉铭见图 5－3，[⑦]其文有韵，云：

---

① 商承祚编著《石刻篆文编》，科学出版社 1957 年。

② 即秦公磬，有关材料和研究见王辉、程学华《秦文字集证》，艺文印书馆 1999 年。与秦公磬类似的材料还应提到怀后磬。怀后磬原器已亡佚，铭文见于宋薛尚功《历代钟鼎彝器款识》，文字摹写多有错误。李学勤有《秦怀后磬研究》，载《文物》2001 年第 1 期。徐宝贵有《怀后磬年代考》，载《古文字研究》第 24 辑，中华书局 2002 年。两文认为怀后磬属于春秋中晚期的秦国，与秦公簋、石鼓文、秦公磬等年代相同或相近。

③ 李零《秦骃祷病玉版的研究》，《国学研究》第六卷，北京大学出版社 1999 年。

④ 李学勤《秦玉牍索隐》，《故宫博物院院刊》2002 年第 2 期。

⑤ 曾宪通、杨泽生、肖毅《秦骃玉版文字初探》，《考古与文物》2001 年第 1 期，又见人大复印资料《语言文字学》2001 年第 5 期。

⑥ 王辉《秦曾孙骃告华大山明神文考释》，《考古学报》2001 年第 2 期。

⑦ 采自《国学研究》第六卷李零文。1 为乙简背面，2 为乙简正面，3 为甲简背面，4 为甲简正面。

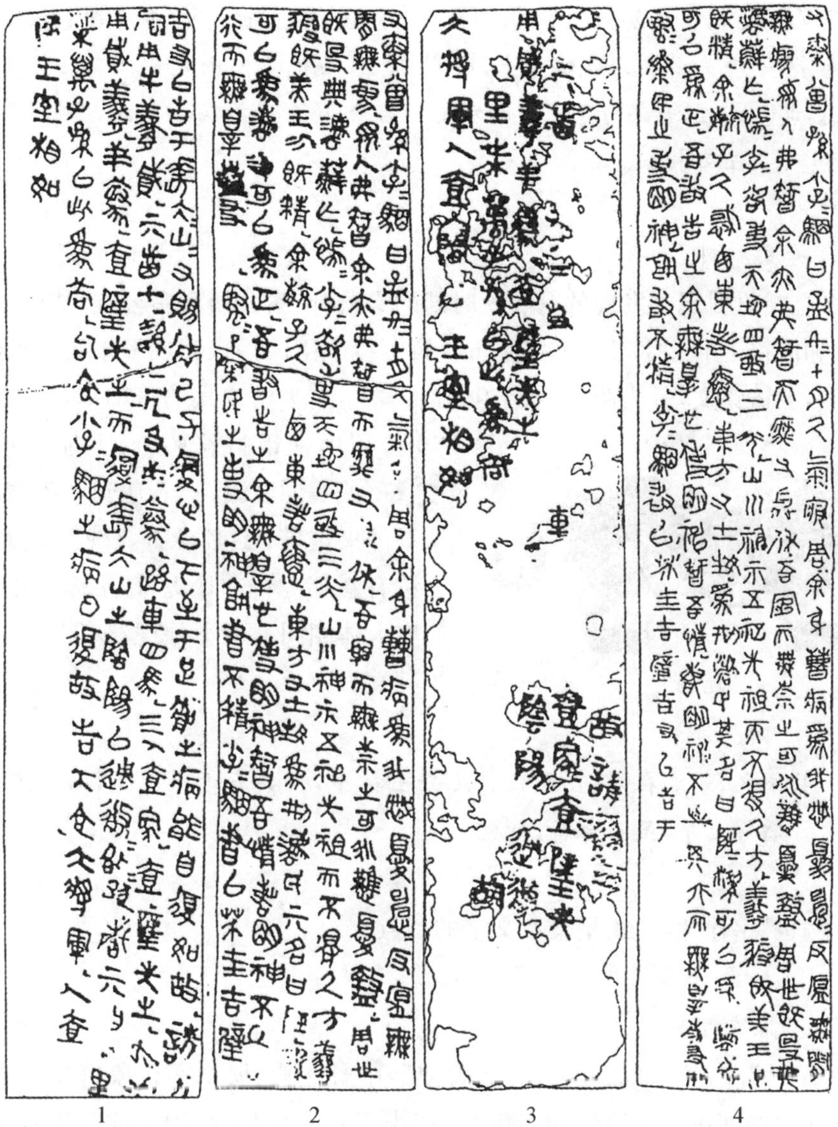

图5-3

有秦曾孙小子骃曰：孟冬十月，厥气䆗周。余身遭病，为我戚忧。忡忡反㡱，无间无瘳。众人弗知，余亦弗知，而靡有□休。吾穷而无奈之何，永𢡱忧盩。

周世既没，典法鲜亡。惴惴小子，欲事天地、四极、三光、山川神示、五祀、先祖，而不得厥方。牺豭既美，玉□既精。余毓子厥惑，西东若惷。

东方有土姓，为刑法氏，其名曰陉，洁可以为法，□可以为正。吾敢告之，余无罪也，使明神知吾情。若明神不□，其行而无辠□宥刑，𦣞𦣞烝民之事明神，孰敢不精？

小子骃敢以芥圭、吉璧、吉叉，以告于华大山，大山有赐。癸巳，吾腹心以下至于足□之病能自复如故。请□□用牛牺贰，其齿七；□□及羊豢；路车四马，三人壹家；一璧先之。用贰牺羊豢，壹璧先之，而覆华大山之阴阳，以通□咎，□咎既□，其□□里，世万子孙，以此为尚。后余小子骃之病□复故，告□□大将军，人壹□□，王室相如。

（二）金文材料

秦系金文材料现已发现的有春秋时期的秦公钟、秦公镈和秦公簋，战国时代的兵器、权量和虎符上的文字等。虎符是古代帝王授予臣属兵权和调发军队的信物，用铜制成虎形，上铸铭文，分为两半，右半由国君掌管，左半由统兵的将帅掌管。调发军队时，须由使臣持符验合，方能生效。此即"符合"一词之源。① 若遇到紧急情况，可以举烽火报警，不必会符。现发现的秦国虎符有新郪虎符和杜虎符，字体为小篆，其内容大体相同。现举杜虎符（图 5－4）为例。其文云：

图 5－4

兵甲之符，右在君，左在杜。凡兴士被甲，用兵五十人以上，必会君符，乃敢行之。燔燧之事，虽毋会符，行也。

其中"也"字作"殹"，正是秦系文字的特点。

（三）简牍文字

《尚书·多士》说"惟殷先人，有册有典"，甲骨文典、册二字正象竹简编成典册之形，因此简册的使用可以追溯到商代。② 但由于竹木易朽，战国以前的简册实物至今未有发现。现已发现的战国时期的简牍，多为秦楚之物。已发现的秦国简牍中，重要的有 1975 年在湖北云梦睡虎地秦墓出土的秦简和 2002 年在湖南龙山县里耶镇的战国秦代古城一号井中发现的里耶秦简。此外还有 1979 至 1980 年间在四川青川县发现的两块木牍、1986 年在甘肃天水放马滩发现的竹简、1989 年在湖北云梦龙岗发现的简牍、1993 年在湖北江陵县荆州镇郢北村王家台发现的竹简、2007 年湖南大学岳麓书院收购的岳麓秦简等。

① 《汉书·文帝纪》"初与郡守为铜虎符"颜师古注引应劭曰："铜虎符第一至第五，国家当发兵遣使者，至郡合符，符合乃听受之。"

② 参见陈炜湛《战国以前竹简蠡测》，《中山大学学报（哲学社会科学版）》1980 年第 4 期。

睡虎地秦简（图 5－5）共有一千一百五十多枚，字体为古隶。睡虎地秦墓是秦始皇三十年的墓葬。竹简的内容主要有：① 语书，是秦代南郡郡守腾发布的文书；② 编年记，以编年体例记载秦昭王元年至秦始皇三十年间（前 306—前 217）军政大事以及一个名叫“喜”的地方官的经历；③ 为吏之道，是关于如何做官的一些规定；④ 秦律，包括秦代律令、法律问答、各类案例等法律文书；⑤ 日书，即选择时日之书，属趋吉避凶的术数类书籍，共有甲、乙两种。文物出版社 1990 年已出版了《睡虎地秦墓竹简》，包括全部图版、释文和注释，是研究睡虎地秦简的最好资料。目前秦简文字编已出了三种，它们是：张世超、张玉春的《秦简文字编》（日本京都中文出版社 1990 年）、陈振裕、刘信芳的《睡虎地秦简文字编》（湖北人民出版社 1993 年）、张守中的《睡虎地秦简文字编》（文物出版社 1994 年）。

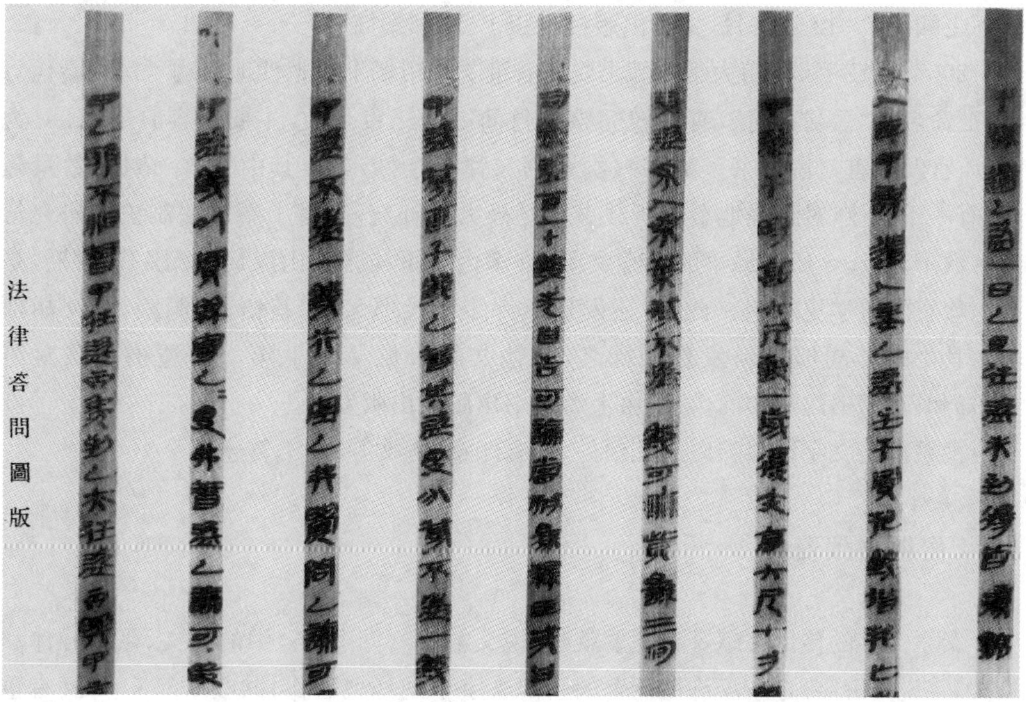

图 5－5

里耶秦简是秦简材料的新的重大发现，总数有三万六千余枚之多。[①] 大部分简牍记载的是秦王嬴政统一中国称始皇帝的秦代，其纪年由二十五年到二世元年。张春龙、龙京沙以《湘西里耶秦简　复活秦国历史》[②]为题介绍里耶秦简，可以看出里耶秦

① 湖南省文物考古研究所等《湖南龙山里耶战国——秦代古城一号井发掘简报》，《文物》2003 年第 1 期。

② 张春龙、龙京沙《湘西里耶秦简　复活秦国历史》，《中国国家地理》2002 年第 9 期。

简在秦国历史研究上的重要价值。比如关于"洞庭郡"的问题就是一个很好的例子。秦国洞庭郡的建置不见于史籍。马非百《秦集史》追述关于秦郡的研究,称:

> 自来言秦郡县者,分为二说。一以为三十六郡乃秦一代之郡数,而史家追述之。一以为三十六郡系始皇二十六年之郡数,而后此所置者不与焉。前者始于班固《汉书·地理志》,后者始于裴骃《史记集解》,而成于《晋书·地理志》……至于近日,王国维始于上述二说之外,用以《史记》正《史记》之法,推而及于嬴秦一代所有之郡,定为四十八郡……谭其骧复纠合众说,舍短取长……定为四十六郡。

这些郡县之名,不管哪一说,均未见洞庭郡之名。而里耶秦简有"洞庭郡"之称,可补史书之阙。[①] 2012年1月,文物出版社出版了《里耶秦简〔壹〕》。

2007年12月,湖南大学岳麓书院从香港文物市场上抢救性地回购了一批秦代竹简,被命名为"岳麓秦简",有比较完整的竹简一千三百余枚,主要内容有《质日》《为吏、质官及黔首》《占梦书》《数书》《奏谳书》《律令杂抄》等。其中《律令杂抄》数量最多,有一千余枚,对睡虎地秦简所载秦律是极大的补充,丰富了秦汉法制史的研究材料;《数书》是迄今所知最早的数学文献,许多内容可与张家山汉简《算数书》对勘,是极为珍贵的数学史材料。此外,还发现了许多秦代郡名,如苍梧郡、洞庭郡、江胡郡等。其中的江胡郡是新发现的郡名,其他文献未见。2011年,《岳麓书院藏秦简(壹)》和《岳麓书院藏秦简(贰)》由上海辞书出版社出版发行。

秦系出土文字资料除以上几项外,还有印章、陶文等,此不赘述。

二、 传世文献资料

秦系文字的传世文献资料主要就是《说文解字》(图5-6)中的篆文、篆文异体和籀文。《说文解字》是东汉许慎所著的一部文字学的经典著作,共收9 353字,又有重文(篆文异体、古文、籀文、奇字)1 163字,保存了大部分的先秦字体。《说文解字》所录,除了古文、奇字,皆秦系文字,对我们认识秦系文字来说,是一个重要的系统的资料。因此《说文解字》对研究秦系文字具有直接的重要的意义。

《说文解字》是许慎经过精心整理编排而成的,其体例系统严密,内容博大精深。但随着出土古文字材料特别是秦系文字材料的增多,我们发现《说文解字》所录字形存在一定的问题。裘锡圭说:

---

① 参见李学勤《初读里耶秦简》,《文物》2003年第1期。

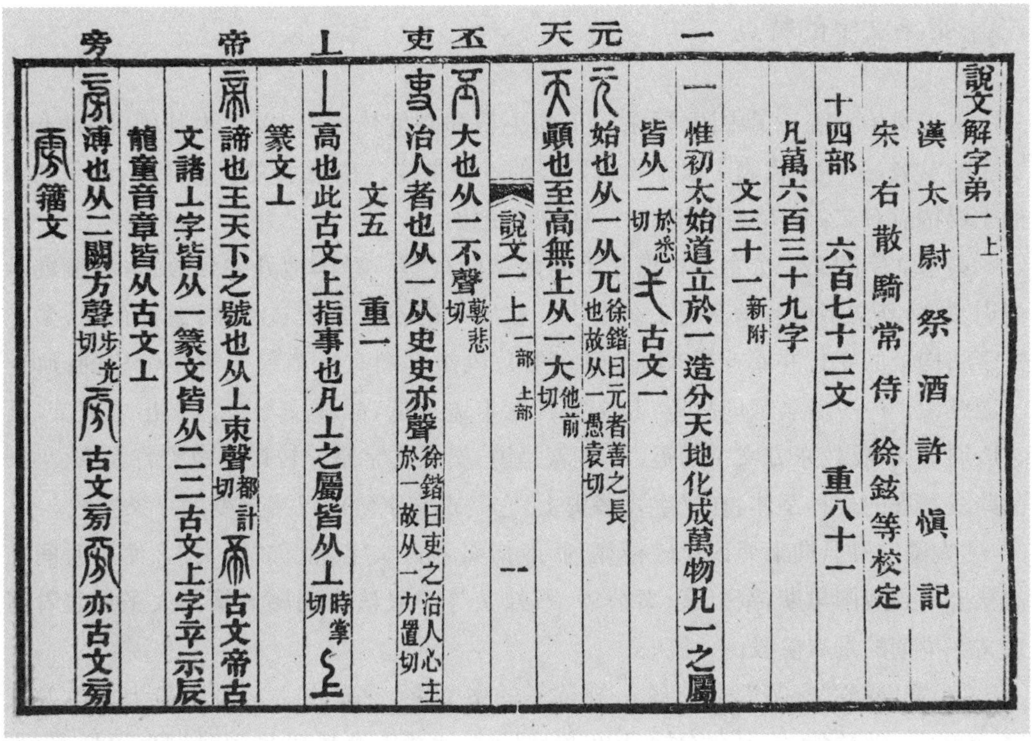

一 元 天 丕 吏 上 帝 旁

說文解字弟一上
漢太尉祭酒許慎記
宋右散騎常侍徐鉉等校定
十四部 六百七十二文 重八十一
凡萬六百三十九字
文三十一 新附
惟初太始道立於一造分天地化成萬物凡一之屬皆从一 於悉切 古文一
始也从一从兀 徐鍇曰元者善之長也故从一 愚袁切
顛也至高無上从一大 他前切
說文一上 一部 上部 一
大也从一不聲 敷悲切
治人者也从一从史史亦聲 徐鍇曰吏之治人心主於一故从一 力置切
文五 重一
高也此古文上指事也凡丄之屬皆从丄 時掌切
篆文丄
諦也王天下之號也从丄朿聲 都計切 古文帝古文諸丄字皆从一篆文皆从二二古文上字辛示辰龍童音章皆从古文上
溥也从二闕方聲 步光切 古文旁 亦古文旁
籀文

图 5-6

……《说文》成书于东汉中期，当时人所写的小篆的字形，有些已有讹误。此外，包括许慎在内的文字学者，对小篆的字形结构免不了有些错误的理解，这种错误理解有时也导致对篆形的篡改。《说文》成书后，屡经传抄刊刻，书手、刻工以及不高明的校勘者，又造成了一些错误。①

根据古文字的研究，我们还可以发现，《说文解字》中的某些篆文，不仅有一定的变形，有的可能还不属于秦系文字而属于六国文字，比如，《说文解字》“愓”字，从心易声，实与战国时期晋系、楚系文字相同，如赵孟庎壶作，包山楚简作，皆与小篆同构；而睡虎地秦简作，从心狄声，非小篆结构。又如《说文解字》“癸”字正篆作，籀文作，其正篆实与六国文字相同，且上承商周文字，如甲骨文作，侯马盟书作；其籀文才是秦系文字，如睡虎地秦简作。因此研究秦系文字或《说文解字》，出土资料和传世文献要互相结合，互相证明，才能获得对秦系文字的全面认识。

---

① 裘锡圭《文字学概要》，商务印书馆 1988 年，第 62 页。

三、 秦系文字的特点

由于秦始皇统一了中国，后来的王朝更替和制度传承，皆以之为基础，所以秦系文字的发展，实际上代表了汉字古今发展的一条主线。从秦系文字资料看，秦系文字的主要特点有二：一是走向规整，二是孕育变化。

秦系文字的第一个主要特点是不断地走向规整。秦国地处宗周故地，直接继承西周文化，其文字也上承商周正统文字。在后来的不断发展过程中，总体而言，秦系文字结构上的变化并不十分明显，而在书写风格上则有逐渐趋于规整匀称的倾向。王国维说："……秦居宗周故地，其文字犹有丰镐之遗，故籀文与自籀文出之篆文，其去殷周古文，反较东方文字为近。"[①]也就是说，秦系文字是比较规范地沿着大篆、小篆的路线发展的一种字体，在汉字发展史上，它是古文字阶段汉字演变的一条主线。

"大篆"一词，向来界说比较模糊，一般指秦系古文字，也称"籀文"。使用时间在春秋早期到战国早期，秦公簋、秦公镈、石鼓文等一般认为均属大篆。大篆代表着秦系文字早期的发展阶段。

"小篆"或称"秦篆"，是指统一规范了的秦文字，它是古文字阶段最为规范的文字。据《说文解字·叙》，在秦始皇初兼天下时，丞相李斯针对战国时期言语异声、文字异形的情况，上奏要求规范文字，罢其不与秦文合者。李斯作《仓颉篇》、中车府令赵高作《爰历篇》、太史令胡毋敬作《博学篇》，他们照搬史籀大篆，或对大篆略加省改，最后形成了所谓的小篆。其实，李斯等人的工作主要是对当时的文字加以整理统一，并不是全面的创新。因为小篆与秦统一前的秦国文字之间并不存在截然分明的界限，有些大篆的省改，在战国秦文字中已经存在。钱玄同在为卓定谋《章草考》所作的序里说："许叔重谓李斯诸人取大篆省改为小篆，实则战国时秦文已如此，可见李斯诸人但取固有的省改之体来统一推行，并非创自他们也。"这个说法是符合事实的。保存小篆字体最多的是《说文解字》，但上文已经说过，《说文解字》的篆文一部分已经走样，因此，对于秦系小篆，我们要把《说文解字》的小篆和出土的秦文字资料结合起来，才能得到全面的认识。

秦系文字的第二个主要特点是孕育变化。这主要是指秦系的简牍文字。如果说大小篆是秦系文字的正体，那么简牍文字就是秦系文字的俗体。裘锡圭说："睡虎地秦简上的文字显然不是正规的篆文。从笔法上看，在简文里，正规篆文的圆转笔道多数已经分解或改变成方折、平直的笔画。……从字形上看，简文里很多字的写法跟正

① 王国维《战国时秦用籀文六国用古文说》，载《观堂集林·卷七》，中华书局1959年。

规篆文显然不同，跟西汉早期的隶书则已经毫无区别，或者只有很细小的区别了。”①因此可以认为，秦国的俗体文字开创了隶书的笔势风格，属于古隶书。而汉字从篆文变为隶书，是古文字转变为今文字的关键，所以说，秦系简牍文字催生了汉字的古今转换，拉开了汉字今文字的发展序幕。

贰 六国文字

六国文字与秦系文字在时间跨度上有重合的地方。把六国文字和秦系文字区分开来，主要是根据两者的不同特点。上文说到秦系文字的最大特点之一是规整化，而六国文字的最大特点则是俗体盛行，异形异构现象十分突出。秦国文字虽然也有正俗体之分，但秦国的俗体与正体在字形上一般有比较明显的联系，而且，秦国俗体并没有打乱正体的系统，继承旧传统的正体仍然保持着重要的地位。而六国文字的俗体盛行，不仅使用范围广，而且字形变化大，传统的正体几乎完全失去了它应有的地位。可见在正俗体的关系上，六国文字与秦国文字又有不同的特点。总的来说，六国文字之俗体，从观感来说，大多上不符金文，中不符秦篆，下不符隶书。许慎说战国时期“言语异声，文字异形”，六国文字是一个重要的体现。正因为这一点，自从王国维主张“战国时期秦用籀文，六国用古文”以后，大家都觉得把战国时期东方六国文字与秦系文字区分开来，比较符合当时的文字现状。关于六国文字具体的变化情况，我们下面再做说明，这里先介绍有关六国文字的材料。

六国文字的材料很丰富。大致也可以分为两个系统：一是见于战国时期各类实物上的文字，即出土文物上的文字资料；二是秦汉以后世代相传下来的文字，即传世文献上的文字资料。文物上的文字资料按器物品类来分，可分为金文（符节文）、竹简文字、帛书、玉石文字、货币文字、玺印文字和陶文等。文献上的六国文字主要有《说文解字》古文、三体石经古文、《汗简》以及《古文四声韵》中所收的古文等。

一、 出土的文字资料

（一）六国金文

六国金文多是“物勒工名”，以记载督造者或制造者为主要格式，长篇铭文较少，且较多见于兵器、量器之上。礼器文字中有两类材料非常重要：一是1978年在湖北随县发掘出土的曾侯乙墓编钟铭文（图5－7），总字数近2 800字，几乎全是有关音律

① 裘锡圭《文字学概要》，商务印书馆1988年，第68页。

的内容，对研究我国音乐具有重要价值；二是1974至1978年间在河北平山出土的中山王诸器铭文，总字数约2 460字，其中中山王鼎铭469字（图5-8），方壶450字（图5-9），圆壶二百多字（图5-10），都是长铭，内容重要，文字很有特色。中山王诸器文字已由张守中撰集为《中山王𠂤器文字编》（中华书局1981年）。

图5-7

图5-8

图5-9

图5-10

战国时期还有一种特殊的金文——符节文。符是指作为调兵遣将凭证的兵符，《史记·魏公子列传》载信陵君使如姬窃符救赵，其符即是兵符，一般分左右两块，右兵符在君主手上，左兵符在将帅手上，两符相合始能发兵。战国兵符目前所见有秦国新郪虎符和杜虎符两件，已见上节《秦系文字》，此从略。节是指作为过关收验信物的金节，是铜制的。最著名的是鄂君启节，属楚国。1957 年在安徽寿县发现四块，计舟节一，车节三，皆同文。1960 年又发现一块舟节，前后合计五块。这五块都是楚怀王交给鄂君启以便他在水陆两路从事商业活动的通行证，故称鄂君启节（图 5－11）。舟节每块 164 字，车节每块 145 字，字体匀称规则，端正大方，是楚国较规范的官方字体。

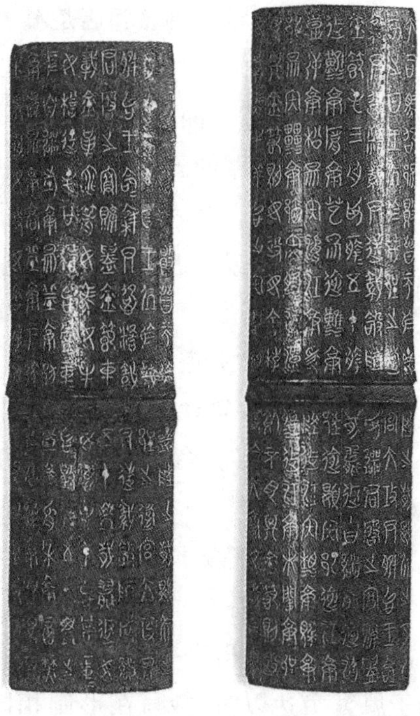

图 5－11

图 5－12

（二）竹简文字

战国时期东方六国的竹简，现已发现的都是楚简。20 世纪 50 年代以来先后在湖南长沙（五里牌、仰天湖、杨家湾）、河南信阳（长台关）、湖北江陵（望山、天星观）、湖北随县曾侯乙墓、随县擂鼓墩、荆门包山等地出土了大批楚竹简。竹简内容多为遣策，记录死者入葬时亲友所送礼物以及用于葬仪的物品，此外还有竹书、札记等，包山楚简还有战国法律文书，是全新的重大发现。楚简的字体为日用手写体，起笔与收笔极明显，一般是起笔粗重，收笔尖细，结构上喜添羡画，而变得繁复。如“天下”写作，“丙辰”写作等。

楚简的新发现特别要提到郭店楚简和上海博物馆藏战国楚竹书。郭店楚简（图 5－12）是在 1993 年冬出土于湖北荆门市郭店一号楚墓，有字简共七百余枚，年代属战国中期偏晚，字体雅秀，是当时的书法精品(见《郭店楚墓竹简》,文物出版社 1998 年)。经整理,其内容有《老子》(甲、乙、丙)、《太一生水》《缁衣》《鲁穆公问子思》《穷达以时》《五行》《唐虞之道》《忠信之道》《成之闻之》《尊德义》《性自命出》《六德》《语丛》(一、二、三、四)等,其中前两种为道家学派的著作,其余为儒家学派的作品。

《老子》甲、乙、丙本是迄今为止所见年代最早的《老子》传抄本,大部分文句与今本《老子》相同或相近,但不分德经和道经,而且章次与今本也不对应。比如今本《老子》十八章"大道废,有仁义;智慧出,有大伪;六亲不和,有孝慈;邦家昏乱,有忠臣。"简本《老子》作"大道废,安有仁义;六亲不和,安有孝慈;邦家昏〔乱〕,安有正臣。"[①]《太一生水》则是一篇佚文,讨论宇宙生成,前所未见,也是重要的道家著作。

郭店简中的儒家著作,有的可与传世文献相对照,有的则是佚书,都十分珍贵。《缁衣》的内容与今本《礼记·缁衣》大体相合,但分章和次序差别较大,文字亦有差别,有助于校正今本的错误。《五行》曾见于马王堆汉墓帛书,文字有些差异。以前有学者认为《缁衣》的作者是子思,马王堆帛书整理者指出《五行》属于思孟学派,此次两篇作品同出于一墓之中,或许暗示当时思孟学派在楚地流传甚广。《鲁穆公问子思》《穷达以时》抄写在形制相同的竹简上,前者未见流传,后者的大部分内容见于《韩诗外传》卷七、《说苑·杂言》等书。《性自命出》《成之闻之》《尊德义》和《六德》也抄写在形制相同的竹简上,字体亦相近。《唐虞之道》和《忠信之道》的竹简形制也基本相同。《语丛》各篇内容皆类似格言,其体例与《说苑·谈丛》和《淮南子·说林》相似。[②]

1994 年春,在我国香港的古玩市场上陆续出现了竹简,共计一千二百余支,后被上海博物馆收购入藏。1994 年秋冬之际,又发现了一批竹简,共计四百九十七支,后由在香港之有识之士联合出资收购,赠给上海博物馆。这些竹简被称为"楚竹书",以《上海博物馆藏战国楚竹书》为名陆续出版,马承源主编,皆装帧精美,文字清晰。

由于这批竹简是从古玩市场上截归之物,出土时、地不明,据传闻来自湖北,可能与郭店楚简相同。其内容涉及哲学、文学、历史、政论、教育、音乐等方面,共约百种作品,以儒家类著作为主,兼及道家、兵家、阴阳家等,文字三万五千余,是先秦古籍的一次非同寻常的发现,其中能和流传至今的先秦古籍相对照的不到十种。其文字数量之巨、跨越领域之广、所涉书篇之多、出现版本之早,都是空前的。比如竹书《周易》是迄今为止时间最早的一部,竹书《恒先》论述道家虚静的理论,提出了天地起源的问

① 帛书本"有"字前亦有"安"字。此"安"字有几种解释:乃、于是;作疑问代词,焉、哪里;归上句末尾,作语气词,读为"大道废焉,有仁义……"不同的断句和解释说明了不同的含义。

② 以上参见荆门市博物馆编《郭店楚墓竹简·前言》,文物出版社 1998 年。

题，整篇完整无缺，是一篇难得的道家文献。《诗乐》上抄写了各种诗的篇名，有的估计是《毛诗》305篇以外的篇名，此外篇名之前还写有表示音高的音名，这些都是两千多年来未知的事情。《孔子诗论》也是一篇极为重要的文献，对今本《诗经》的研究，具有非常重要的意义。[①] 其中有字作 ，因其写法特殊，曾引起热烈讨论，有孔子、卜子、子上等不同的考释意见，根据有关材料，实以释为“孔子”为确。[②]

郭店楚简和上海博物馆藏战国楚竹书的整理出版，震撼了中国学术界，它们对先秦的历史文化的研究，具有极其重要的学术价值。

2008 年 7 月，清华大学接受校友捐赠，入藏了一批战国时期竹简，也是楚简，约有 2 500 枚（含残片），文字极为精美，内容多为经、史类典籍。有些篇有传世本，更多的则是前所未见的佚篇，涉及中国历史和传统文化的核心内容，具有极高的学术价值。这批材料被学术界称为“清华简”。2010 年年底，《清华大学藏战国竹简（壹）》由中西书局出版发行，至今已出八辑，有不少篇章是《尚书》和类似的典籍，如《尹至》《尹诰》《程寤》《保训》《耆夜》《金縢》《皇门》《祭公》《傅说之命》《摄命》等。其中第一辑的《保训》，记载了周文王临终遗言，讲到尧舜和商朝祖先上甲微的传说，过去没有记载。文中重点阐述了一个思想观念——“中”，其具体含义引起了许多学者的关注和探讨。第八辑的《摄命》为西周册命文书，当是《尚书》中失传已久的《冏命》篇（今本《冏命》系“伪古文”）。除《尚书》外，清华简中还包含类似《竹书纪年》的编年体史书，所记历史上起西周，下至战国，记载了很多以前未见的史事。清华简中的古本《尚书》与编年体史书等重要典籍的发现，对中国上古史的研究至关重要。此外，清华简《楚居》记录了楚国迁都路线；《算表》可计算乘除法等，堪称最古老的“计算器”，填补了我国先秦数学文献的空白，被收入《吉尼斯世界纪录大全》。学者利用清华简进行古文字的研究，考释新字，解读新义，提出了许多新的见解，取得了丰富的成果。清华简的研究已经成为古文字研究的热门话题。

2009 年，浙江大学艺术与考古博物馆收藏了一批被盗卖到香港的楚简，内容分为古书、日书、卜筮祭祷、遣册四类，其中古书是《左传》，有三千多字，为本批楚简的主要内容，最受关注。2011 年底，《浙江大学藏战国楚简》由浙江大学出版社出版发行。不过学界对于浙大简有不同的看法，或疑浙大简为伪作。[③]

---

① 以上参见陈燮君《上海博物馆战国楚竹书·序》、马承源《上海博物馆战国楚竹书·前言·战国楚竹书的发现保护和整理》，载马承源主编《上海博物馆藏战国楚竹书（一）》，上海古籍出版社 2001 年。

② 参见《上海博物馆藏战国楚竹书（一）·释文考释·孔子诗论》，上海古籍出版社 2001 年。

③ 参见邢文《浙大藏简辨伪（上）——楚简〈左传〉》，《光明日报》2012 年 5 月 28 日；邢文《浙大藏简辨伪（下）——战国书法》，《光明日报》2012 年 6 月 4 日；曹锦炎《浙大楚简 毋庸置疑——从文本角度论浙大楚简的真实性》，《光明日报》2012 年 6 月 18 日；邢文《浙大藏简再辨伪——文本复原的关联性与浙大伪简再批判》，《光明日报》2012 年 6 月 25 日；刘绍刚《从文字形体和书法看“浙大简”》，《光明日报》2012 年 7 月 2 日；邢文《楚简书法的笔法与体势——答刘绍刚先生》，《光明日报》2012 年 7 月 2 日。

2016年5月15日,《光明日报》报道了安徽大学所藏战国楚简的情况。"安大简"入藏于2015年1月,共有1 167个编号。竹简字迹清晰,总体状况良好。经碳14检测,竹简年代属战国早中期。具体内容包括《诗经》、孔子语录和儒家著作、楚史、楚辞以及相术等方面的作品。记载《诗经》内容的有101枚,属"国风"部分,是目前所见时代最早、数量最多、保存最好的文本,与现传"毛诗"在排序、章次上有诸多不尽相同之处,并存在大量异文;记载楚史内容的有四百四十多枚,有些可与传世文献互证,有些可补历史记载的缺失。"安大简"是继"郭店简""上博简"和"清华简"之后,出土先秦珍稀文献的又一次重大发现,提供了新的宝贵资料。2016年8月在银川召开的中国文字学高端论坛上,黄德宽、徐在国教授进一步介绍了"安大简"的情况,其中的孔子语录往往以"仲尼曰"开始,可能是《论语》的前期语料,离骚类文献与屈原的《离骚》也有密切的关系,楚史材料中揭示了"老童"之名的由来,"季连"与"穴熊""鬻熊"是同一个人名的不同写法,解决了长期困惑学术界的一个问题。该批竹简的整理出版,无疑将会给学术界带来许多新的认识。

以上几批竹简,集中重现中国传统重要文献,如郭店简之《老子》,上博简之《周易》,清华简之《尚书》,安大简之《诗经》,是巧合呢,还是天公的有意安排?值得庆幸,也令人非常惊奇。

楚简文字编主要有郭若愚的《战国楚简文字编》(上海书画出版社1994年)、滕壬生的《楚系简帛文字编》(收入《楚学文库》,湖北教育出版社1995年;增订本于2008年由湖北教育出版社出版)、商承祚的《战国楚竹简汇编·字表》(齐鲁书社1995年)、张守中的《包山楚简文字编》(文物出版社1996年)、葛英会、彭浩的《楚国简帛文字编》(日本东方书店1992年)、张光裕、黄锡全、滕壬生的《曾侯乙墓竹简文字编》(台北艺文印书馆1997年)、张守中、张小沧、郝建文的《郭店楚简文字编》(文物出版社2000年)、李守奎的《楚文字编》(华东师范大学出版社2003年)、李守奎、曲冰、孙伟龙的《上海博物馆藏战国楚竹书(一—五)文字编》(作家出版社2007年)等。2012年上海古籍出版社出版了李守奎、贾连翔、马楠的《包山楚墓文字全编》,体例完整,内容全面,吸收了学术界的最新成果,字迹清晰,使用便利,其做法值得文字编类著作仿效。2013年安徽大学出版社出版了徐在国的《上博楚简文字声系(一—八)》,该书以韵部为经,以声纽为纬,与何琳仪《战国古文字典——战国古文声系》和黄德宽主编的《古文字谱系疏证》排列方式相同。李学勤主编的《清华大学藏战国竹简文字编》集中反映了学术界对清华简文字的研究成果。

(三) 帛书

帛书是指写在绢帛上的文字。已发现的属于六国文字的帛书只有一件,即楚帛书,它是在1942年由"土夫子"(盗墓者)从长沙子弹库木墩墓中偷出的,后经多次辗转，为赛克勒医生所得，现藏美国华盛顿赛克勒美术馆。国内所存者，仅商承祚所藏并捐给湖南省博物馆的帛书残片。[①] 这是我国现在所能见到的最早的帛书，也是战国时期唯一的流传至今的一幅帛书，乃国之瑰宝（如图 5－13，摄自《商承祚文集》所附摹本，中山大学出版社 2004 年）。

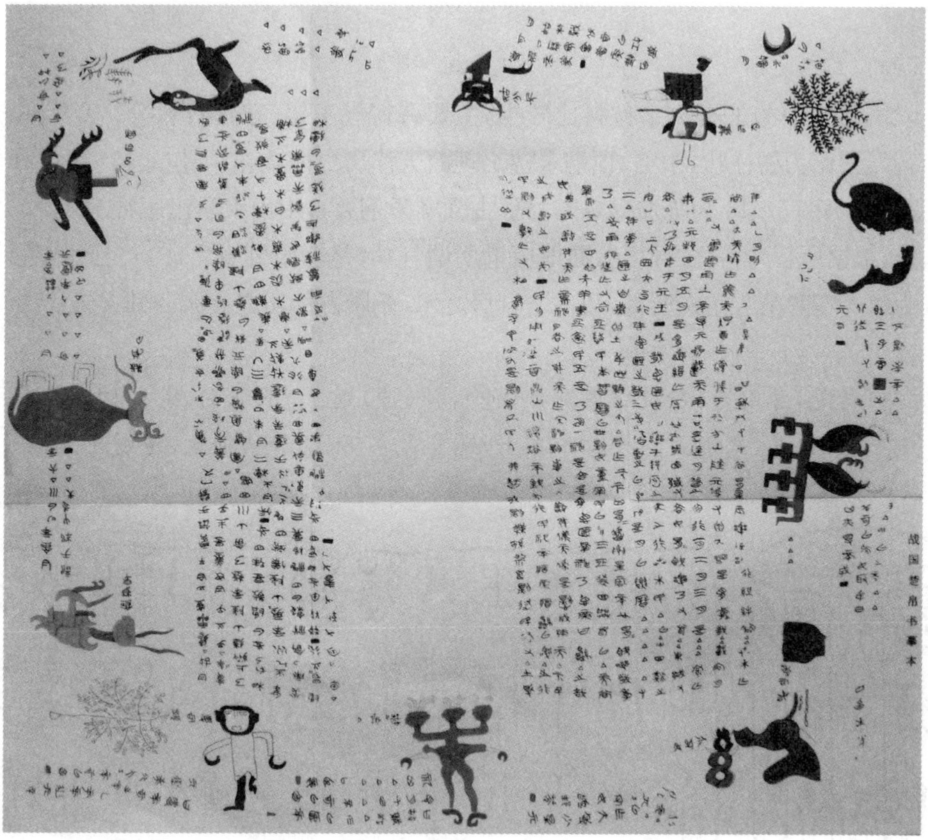

图 5－13

楚帛书由三部分文字组成，中间是书写方向互相颠倒的两大段文字，四周为十二段边文，以旋转状排列，每三段为一方，每段各附一神怪图，共四方，四方交角用青、赤、白、黑四木相隔。全文共计 952 字，文字奇古，用笔刚柔相济。其内容一般分为三篇，李学勤拟其题为《四时》《天象》《月忌》。《四时》篇主要讲述日月四时形成的神话；《天象》篇主要描述天象变异，强调敬天顺时；《月忌》篇略述该月宜忌，如可否婚嫁、可否行师用兵、可否破土建屋等。

帛书图像以十二种神兽配十二月名，与后世术数家以十二种动物配十二地支的

① 参见曾宪通《商锡永先生与楚帛书之缘及其贡献》，载《古文字研究》第 24 辑，中华书局 2002 年。

“十二生肖”(即子为鼠、丑为牛、寅为虎、卯为兔、辰为龙、巳为蛇、午为马、未为羊、申为猴、酉为鸡、戌为犬、亥为猪)立意相同，十二生肖或即由此发展而来。①

总之，这幅帛书是研究楚国文字和文化的宝贵资料。对楚帛书的研究，是一个很集中的专题，学术界已有丰硕的成果。帛书文字的纂集有曾宪通的《楚帛书文字编》(中华书局 1993 年)，既录字形，又有集释，学者称便。

(四) 玉石文字

六国文字中的玉石文字材料比较少，主要有行气玉铭、守丘石刻等。

行气玉铭为楞柱状，中空，顶端未透。现藏天津历史博物馆。铭文 45 字，字体精美(见图 5－14，图 5－15 为陈炜湛摹本，见《古文字学纲要》，中山大学出版社 1988 年)。一般认为，玉铭所言乃古之“导引”，亦即后世所谓气功，是养生健身之法。与此相关，也有人认为，“气”即“精”，铭文所言，乃古之行房之术，亦属古气功之一派。其文云：

> 行气，吞则適(行貌)，適则神(伸)，神(伸)则下，下则定，定则固，固则明，明则长，长则复，复则天。天其本在上，地其本在下，巡(顺)则生，逆则死。

图 5－14

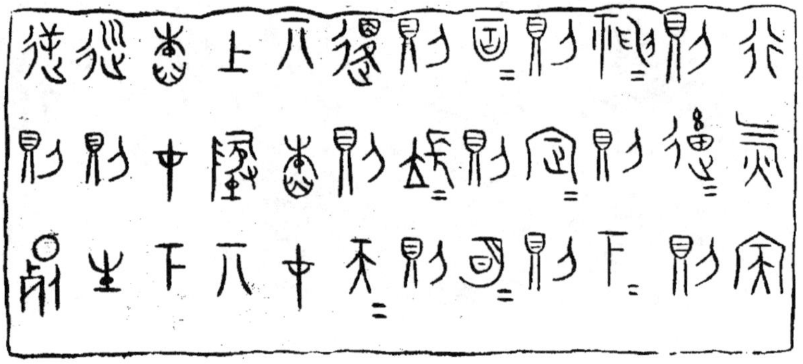

图 5－15

玉铭字数虽少，其文字学价值仍不可忽视。如第三字从宀从天，不见于其他字书或古籍，有各种不同的解释，陈邦怀释“吞”，似较合适。又如“本”作，从本从臼。早年于省吾、郭沫若释“春”，不确。张光裕据其师金祥恒说释“本”，陈邦怀亦释“本”，其说是。② “本”字郭店楚简《成之闻之》篇简 12 作、《六德》篇 41 作，可以比勘。

① 参见曾宪通《楚月名初探》，载《古文字研究》第 5 辑，中华书局 1981 年。

② 参见张光裕《玉刀珌铭补说》，载《中国文字》第 52 册，艺文印书馆 1974 年；陈邦怀《战国〈行气玉铭〉考释》，载《古文字研究》第 7 辑，中华书局 1982 年。据张道升《〈行气玉铭〉研究述评及新解》(《鸡西大学学报》2008 年第 1 期)，王季星在 1948 年已释“”为“本”。说见《行气剑珌铭文考释》，《学原》1948 年第 3 期。

《说文解字》所收“本”字古文作木下从三口，写作，《段注》云：“从木，象形也，根多窍，似口，故从三口。”《庄子·齐物论》中说：“大木百围之窍穴，似鼻、似口、似耳、似枅、似圈、似臼、似洼者、似污者。”古多大木，根窍外露，“本”之本字可能作“木”下从“臼”或三“口”之形，为简省起见，可去掉下部之“臼”或三“口”，而在“木”之下部加一小横以示根本之所在。当然也可能是先有“本”形，又赘加“臼”或三“口”以示其根窍，足其根本之义。行气玉铭中的“本”字，当是繁体和简体的糅合。从这个形体，我们可以推测“本”字的源流。可见，行气玉铭中的一些古文奇字，丰富了我们对战国文字的认识。

图 5 - 16

守丘石刻（图 5 - 16）在 20 世纪 30 年代被发现于河北平山县战国中山国故城附近，只有 19 个字。《文物》1979 年第 1 期有文章介绍，并有李学勤的释文。据研究，此石刻为战国中山国一个姓公乘名得的官吏所立，他的职责是守护丘墓。石刻字的大意是：柩棺将溃坏，敢告请先后贤者（对此丘墓予以保护）。[①] 在文字方面，寥寥 19 个字亦颇有特色。如“先”字作，其所从之“人”，两旁有饰画。又如“公乘”二字写作，“敢”字写作，“有”字写作，都很有地方特点。

（五）货币文字

货币文字是研究六国文字的重要材料。货币文字又称泉文、钱文，是先秦金属铸币上的文字。战国货币的形式很多，有铲形币（也称布币，“布”乃“镈”之假借字），流通于三晋和燕；有刀币，主要流行于齐、燕、赵等地；有圆钱，主要为秦国所铸；有蚁鼻钱（又称鬼脸钱），只用于楚。六国货币多铸有地名，当指发行货币之地。有的还标明币值。货币文字体简略，笔画草率，字形正反、正倒互见，比较难以认读，与庄重典雅的钟鼎文不可同日而语。货币文工具书有丁福保的《古钱大辞典》（上海医学书局 1938 年；中华书局 1982 年影印）、商承祚、王贵忱、谭棣华合编的《先秦货币文编》（书目文献出版社 1983 年）和张颔的《古币文编》（中华书局 1986 年）等。图 5 - 17 是一些货币文字的例子。[②]

① 参见黄盛璋《平山战国中山石刻初步研究》，载《古文字研究》第 8 辑，中华书局 1983 年。

② 选自《天津市历史博物馆藏中国历代货币·第一卷·先秦部分》，天津杨柳青画社 1990 年。

安邑二釿(魏平首布)

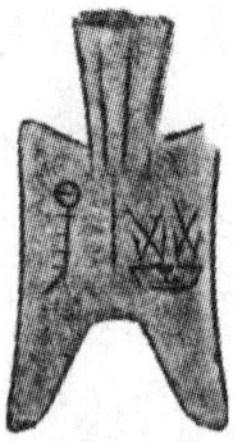

晋昜(赵尖足布)

安阳(燕方足布)

巽(楚贝币)

齐大刀(齐刀币)

一珠重一两十四(秦圆钱)

图 5－17

(六) 玺印文字和陶文

玺印文字也是研究六国文字的重要材料。根据文献记载和出土实物推测,古玺在春秋时期已经出现,[①]但已发现的先秦玺印则多为战国遗物,绝大多数为铜制,另外还有银印、玉印等。可分为官玺和私玺两大类,还可以分出其他各种小类。著录玺印的工具书比较零散,文字撰集著作有罗福颐的《古玺文字征》等。罗福颐后又主编了《古玺汇编》和《古玺文编》(文物出版社 1981 年)、《故宫博物院藏古玺印选》(文物出版社 1982 年),为古玺研究提供了较好的条件。此外还有康殷、任兆凤主编的《印典》一至四册(国际文化出版社 1993—1994 年),收四万多方古印,其中有不少战国古玺,材料比较丰富。古玺文由于受面积的限制,省变特甚。为了印面的布局美观,又常将偏旁挪移穿插,简省笔画,往往不以六书为规范,所以很难认识。随着战国文字研究的深入,目前古玺研究的水平也在大幅度提升。图 5－18 是战国官印文字的一些例子。[②]

司马之玺(0024)

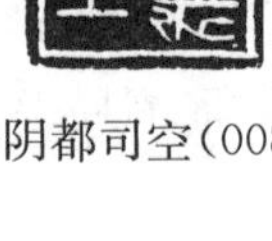

平阴都司空(0085)

平阴都司徒(0013)

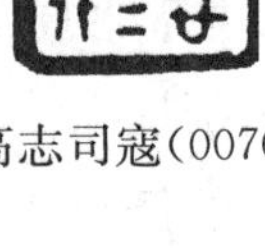

高志司寇(0070)

图 5－18

① 也有学者认为玺印起源于殷商时期。

② 选自罗福颐主编《古玺汇编》,文物出版社 1981 年。

陶文(图 5－19)是指刻或钤在陶器上的文字,少数是刻上去的,多数是烧制之前用玺印打上去的,所以大部分陶文其实就是玺印文字,两者可以互相印证。现存六国陶文主要分属齐、燕、韩三国。主要工具书有顾廷龙的《古匋文孴录》(1936 年初版,上海古籍出版社 2004 年重印);金祥恒的《陶文编》(台北艺文印书馆 1960 年);高明的《古陶文汇编》(中华书局 1990 年);高明、葛英会的《古陶文字征》(中华书局 1991 年);周进集藏,周绍良整理,李零分类考释的《新编全本季木藏陶》(中华书局 1998 年);王恩田的《陶文图录》(齐鲁书社 2006 年);徐在国的《新出古陶文图录》(安徽大学出版社 2018 年)等。

咸阳　　右繇　　国

图 5－19

二、 传世的文献资料

六国文字在文献上的资料,第一类就是《说文解字》中的古文。《说文解字》古文主要采自"壁中书"以及民间所献古文经(如河间王所献《周官》《毛诗》,张苍所献《尚书》《春秋左氏传》等)。《说文解字》古文据统计有 500 字左右。

第二类古文材料是三体石经古文。三体石经是魏正始年间所立,故又称"正始石经"(图 5－20)。据推测,原物共 35 石,用古文、小篆、汉隶三种字体书写《尚书》《春秋》及《左传》的一部分内容,三体共计约 14 万 7 千字。经西晋永嘉之乱和东魏、北周与隋、唐辗转迁运,原物已毁失殆尽,有的甚至废作柱础,现在可见的只是残石,其上所载古文总数一千余字,去其重复,单字实为 440 字。其中形体结构同于《说文解字》古文者 70 字,同于《说文解字》篆文者 155 字,同于甲骨文金文者 87 字,同于六国文字者 56 字,其形体讹变不知所从者 65 字。[①] 三体石经上的古文是魏人据有关传世资料写下来的,也经过了一定的程序化过程,有些走样或讹变是正常的。

① 参见曾宪通《三体石经古文与〈说文〉古文合证》,载《古文字研究》第 7 辑,中华书局 1982 年。

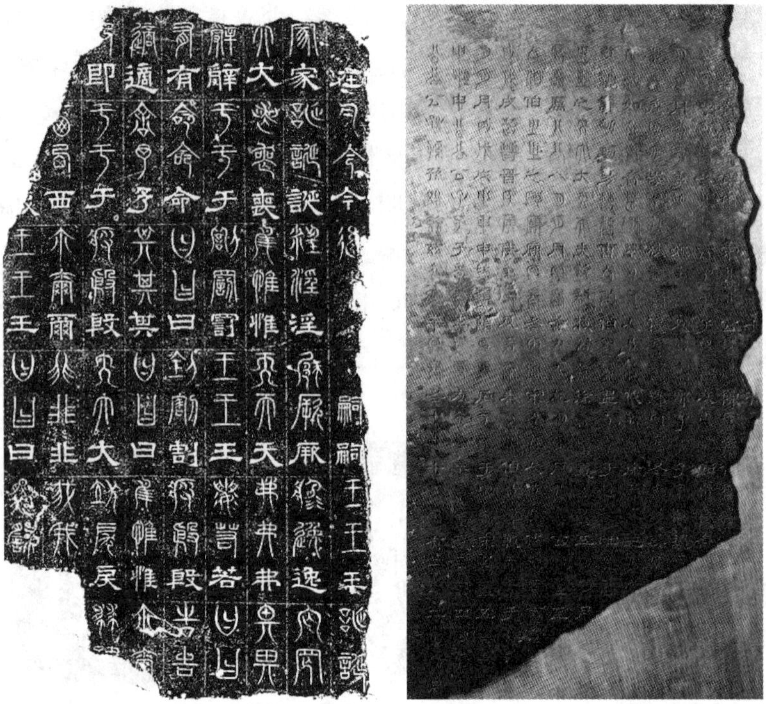

图 5－20

第三类材料就是《汗简》(图 5－21)和《古文四声韵》中所收的古文。《汗简》为北宋郭忠恕所著,《古文四声韵》是北宋夏竦所著。因竹简使用前要“杀青”,即用火炙简之竹青令出汗,使之易书而不蠹,所以《汗简》这个书名说明书中所收古文主要来源于竹简。《古文四声韵》稍晚出,内容多与《汗简》同。

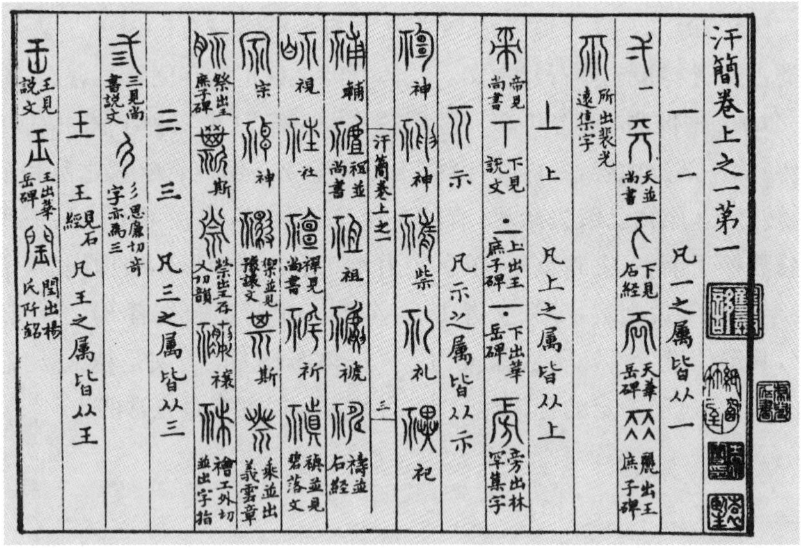

图 5－21

《汗简》和《古文四声韵》两书所收古文至多，保存了一大批珍贵的传世古文资料，其间虽杂有以讹传讹的错误字形，但其学术价值仍是主要的，它们所保存的“古文”与发现于地下的古文字多有相合者，尤其是对释读文物上的战国文字具有较高的参考价值，比如在河北平山出土的战国中山王诸器，其中不少字形的辨释就从《汗简》中得到印证。① 前人对此二书的评价不高，有失允当，现在应该纠正过来。1983 年中华书局出版了李零、刘新光整理的《汗简 · 古文四声韵》，1990 年武汉大学出版社出版了黄锡全的《汗简注释》，方便了学者们对此二书的进一步利用和研究。

上述《说文解字》古文、三体石经古文和《汗简》《古文四声韵》中的“古文”，都属于所谓“传抄古文”。“传抄古文”与战国文字是“一家之眷属”，具有较为重要的研究价值。传抄古文在民间的使用还比较广泛，仍然具有一定的实用价值。关于传抄古文资料，还要特别介绍由安徽大学徐在国教授主持完成的《传抄古文字编》（线装书局 2006 年）。该书收录整理了见于汉《说文解字》、魏《三体石经》、唐《碧落碑》《阳华岩铭》、宋《汗简》《古文四声韵》《三体阴符经》《集篆古文韵海》、古文砖、墓志、《大向记碑》、金墓志等传抄古文资料，按《说文解字》的顺序编排，共分为十四卷，附录二卷。该成果将这些散落的“珍珠”用一条线串起来，汇为一编，方便学者使用。全书取材宏富，甄择有方，体例完善，字形精准，是第一部关于传抄古文的文字编，对古文字的研究尤其是对战国文字的研究将起到积极作用。

三、 六国文字的特点

如果说秦系文字是走向规整，那么六国文字则是追求变化。秦系文字强调规整，所以秦隶没有打破篆书的体系；六国文字崇尚变化，因此商周以来传统的篆书就颇受冲击。六国文字变化之甚，有时确实出人想象。下面略举数端，以见一斑。

（一）笔画或偏旁的简省和增益（简化和繁化）

笔画或偏旁的简省，在玺印和货币文中表现得最为突出。如果把最省和最繁进行对比，有些字几乎面目全非，因此认读也十分困难，需要有许多中间环节，把简省的过程呈现出来。简省之例如：

铸：

铸公簠　国差𦉜　𩚽志鼎　古币 · 三晋 117

① 参见张颔《中山王𰯼器文字编序》，载张守中撰集《中山王𰯼器文字编》，中华书局 1981 年。

马：

石鼓文　玺汇 0293　玺汇 3828

为：

石鼓文　邗王是埜戈　东周左官壶　鄂君启车节

敬：

陶汇 5·151　中山方壶　玺编 4229　玺汇 4167(印文为“敬事”,此实为“苟”字,借为“敬”)

邯郸：

侯马盟书(郸字从丹)　玺汇 4035

笔画或偏旁的增益往往是为了区别和美化,起美化作用的笔画,一般称为“饰笔”,没有具体的意义。增益之例如：

国：

包山 45　玺汇 0204

下：

楚简

相：

郭店·老甲 16　郭店·老甲 16　玺汇 1859

(二) 笔画或偏旁的黏合(或称借笔)

笔画或偏旁的黏合是指字中的笔画或偏旁可以共用,某一笔画或偏旁既归于此,亦属于彼,如：

“集”写作(铸客鼎)、(集□炉),笔画黏合。

“此”写作(包山 157 反)、(中山王鼎)、(郭店·五行 26),笔画黏合。

“吴”写作(《玺汇》1166)、(《玺汇》1173),笔画黏合。

“和”写作(《玺汇》1875),笔画黏合。

“公子”写作（公子□壶），偏旁黏合。

“君子”写作（郭店·忠信 3），偏旁黏合。

（三）讹变

讹变是因为偏旁近似而发生的错误变化，其中原因很复杂。如“奔”原作（盂鼎），象一人甩开双臂，下从三“止”（趾），表示快速奔跑之意。讹为（中山王鼎）、（石鼓文·霝雨），原来的三“止”讹为“卉”形，奔跑之意不显。

（四）地域性特点突出

东方六国与西方秦国文字不同，是战国时期文字异形之大的表现，实际上，东方六国各系亦有差别，各有不少区别性特征，也充分体现了当时文字异形的种种现象。总的来说，秦国刚柔相济，三晋端庄、整饰，齐国修长、匀称，燕国则较刻板，楚国舒阔流转。可谓各有特点，精彩纷呈。

附：传抄古文的形态变化及相关问题

先秦文字特别是六国文字被作为“古文”传抄下来的，后世叫作“传抄古文”。“传抄古文”可分广狭二义，狭义的“传抄古文”指《说文解字》、三体石经、《汗简》《古文四声韵》中的篆体古文，广义的“传抄古文”还包括传世古籍和后代字书中用隶楷笔势写定的“古文”。广义的“传抄古文”有利于把传世“古文”作为一种类别进行纵向考察和研究，故本文取广义概念。[①] 保存在历代字书、韵书、碑刻或古籍抄本中的传抄古文，来源比较复杂。篆体古文最直接的来源自然是先秦战国文字，隶楷古文有的来源于《说文解字》中的古文、奇字、籀文、小篆和小篆异体，有的来源于《说文解字》未录的古

① 何琳仪在《战国文字通论（订补）》（江苏教育出版社 2003 年）中所说的传抄古文，主要指狭义概念，但有时也包含广义材料。他说：“经传注疏的‘隶古定’及字书中的‘古文’亦并非战国文字的本来面貌，我们只能从传钞古文中得其彷佛（按，即“仿佛”）。因此，对《说文》古文、籀文、三体石经、《汗简》、《古文四声韵》之类的传钞古文资料应倍加珍视。”（第 6 页）“……狭义的‘古文’，则是指以《说文》古文为主，包括其它诸如石经古文、《汗简》古文等转抄于战国文字的字体。……至于《说文·叙》又曰：‘古文，孔子壁中书。’则是东汉以后产生的专有名词。一般特指壁中书之类的简册文字。本章介绍的‘传钞古文’，就是指这类狭义的‘古文’。”（第 41 页）这些地方的“传钞古文”，显然都是指狭义概念。他又说：“……壁中书、汲冢书等竹简文字，虽然今天已不能亲睹其考古实物，但是在至今流传的《说文》、三体石经古文中犹能得其髣髴。另外，在传世的各种‘古文’、经传注疏、字书之中，也往往可以寻觅战国文字的踪影。凡此传钞‘古文’，实乃古代发现战国文字资料之吉光片羽，弥足珍贵。”（第 34 页），则似乎又包含隶楷“古文”材料（着重号为引者所加）。

文资料或古隶书，有的则以后世俗字为古文。[①] 除了以后世俗字为古文不符合“古文”的含义外，其他各种途径传下来的，虽然不免有真有伪，有变有不变，并可谓之传抄古文。真正的传抄古文，从文字的源流来说，和正常的小篆、隶书、楷字本是同根，都是从先秦古文字发展演变而来的。不同的是，正常的小篆、隶书、楷字遵从文字演变的一般规律，经过约定俗成，人们习以为常，而传抄古文是用丰锐圆转或隶楷平直的笔势对古文进行转写，掺杂着较多的转写者个人的因素，在形态或结构上难免怪异。现在由于古文字资料的空前丰富和研究水平的提高，我们对传抄古文的认识也在不断深化，前人或以为其诡异无由，如今则可以见怪不怪，重要的是要去追寻传抄古文之所以怪异的来龙去脉，解释其字形演变的内外因素。这一方面的工作，现在做得相当不错，如黄锡全的《汗简注释》，徐在国的《隶定“古文”疏证》，都对传抄古文做了深入的研究，对我们了解传抄古文的源流变化，都是十分有用的。这里拟对传抄古文的形态变化及其相关问题做一点思考。

传抄古文的形态变化，大致可分为三种情况：一是篆体古文，二是隶体古文，三是楷体古文。篆体古文的主要特点是保留先秦文字的圆转笔势，它们是传抄古文的早期形态；隶体古文是用隶书笔势写定的古文，是篆体古文和楷体古文的中间环节；楷体古文是以楷书的笔法写定的古文。传抄古文的三种形态，从其载体的时代而言，很难在时间序列上排出绝对的先后顺序，比如收篆体古文的《汗简》，其成书时间却比保存隶体古文的汉碑晚，但从文字演变的一般逻辑序列来说，篆、隶、楷三种形态应该可以代表传抄古文的历时发展过程。

这里需要说明的是，以前大多将传抄古文分为两种形体，即“篆体古文”和“隶体古文”（或称“隶古定”）。由于隶书和真书（正书、楷书）的名实关系从晋至唐一直纠缠不清，“隶”字既可指隶书，又可指楷书，则“隶体古文”之“隶”也可以是两者兼指。这样，“篆体古文”和“隶体古文”实际上也能包括上述传抄古文的三种形态，但在具体的论述中又难免要花费文字进行一番说明。比如裘锡圭说，隶古定“指用隶书的笔法来写‘古文’的字形。后人把用楷书的笔法来写古文字的字形称为‘隶定’”。[②] 顾廷龙说：“……‘隶古定’就是用正书按科斗古文笔画写定的本子。”[③]陈公柔说，隶古定“在写法上是正书；而在字画结构上较之六国文字则不能省改”。[④] 徐在国说，隶定古文“指用隶书或楷书的笔法来写‘古文’的字形”。[⑤] 这些说法都是符合实际的，但都不免要在隶楷之间纠缠。这种名实不符的术语不利于学科的理论建设。如今世异

① 参见徐在国《隶定“古文”疏证》，安徽大学出版社 2002 年，前言第 1—9 页。

② 裘锡圭《文字学概要》，商务印书馆 1988 年，第 78 页。

③ 顾颉刚、顾廷龙辑《尚书文字合编》，上海古籍出版社 1996 年，前言第 13 页。

④ 陈公柔《评介〈尚书文字合编〉》，《燕京学报》新四期，北京大学出版社 1998 年，第 296 页。

⑤ 徐在国《隶定“古文”疏证》，安徽大学出版社 2002 年，前言第 1 页。

时移，我们对隶书楷字的基本界定已经泾渭分明，那么根据名实相符的原则，应该进一步细化旧时的二分法，明确地把传抄古文改分为篆体古文、隶体古文和楷体古文三种形态，这样才有利于循名求实，明确指称，对今后的研究还是有积极作用的。

我们还需要对“篆体古文”和“隶体古文”做一些说明。“篆体古文”或称“原体古文”，如李道明在《隶古定古文刍论》中说：“古文……只是因形体差异而分成了两类。一类是保存了原体的古文，一类是隶楷笔法书写的古文，即隶古定古文。”[①]按所谓“原体古文”，古或称“科斗文”，笔画特点是丰中锐末，或者丰上锐下，其实是汉魏时期的学者在转写古文的过程中发生的变化写法，以求符合科斗之头粗尾细的特征。这种变化可能是古人基于对先秦古文笔画特点的认识而发生的程序化的变写，与出土于地下的先秦古文有着一些不同，[②]但笔势的曲折圆转，与先秦古文则是相同的，因此称“原体古文”不太合适，称“篆体古文”则比较适当。“隶体古文”也称“隶古定古文”。按“隶古定”一词出于孔安国《尚书序》，通常所理解的“隶古定”，是用隶书的笔势来转写原来是六国古文的典籍。根据《穆天子传》等传世的隶古定（其实是楷古定）写本来看，在隶古定的过程中，一般文字的隶定与通常隶书的写法并无不同，[③]那些“虽隶而犹古”的隶古定主要有两种情况：一是结构奇特形义不明的字，二是字虽可识而结构特殊的字。传抄古文中值得注意的“隶体古文”，主要就是指那些“虽隶而犹古”的文字，特别是那些字可识而结构特殊的文字，而与一般文字演变合流的“隶古定”写法，就可不作为传抄古文研究的主要对象。篆体古文和楷体古文所关注的，主要也是写法比较特别的文字，所以在这个问题上，三者的着眼点是一致的。

篆体古文的材料保存在《说文解字》、三体石经、碧落碑和《汗简》《古文四声韵》等书籍或碑文中。其中，三体石经和《说文解字》中的古文，虽然有失邯郸淳的笔法，但较之其他各种材料，可信度还是很高的；《汗简》等书中的古文形体，也有一大部分是可靠或比较可靠的古文材料。[④] 这些材料与先秦古文形体最为接近，在战国文字的研

---

① 李道明《隶古定古文刍论》，《于省吾教授百年诞辰纪念文集》，吉林大学出版社1996年。

② 王国维《科斗文字说》云：“……魏三体石经中古文，卫恒所谓因科斗之名遂效其形者。今残石存字皆丰中锐末，与科斗之头粗尾细者略近，而恒谓转失淳法，则邯郸淳所传之古文，体势不如是矣。邯郸淳所传古文不如是，则淳所祖之孔壁古文体势亦必不如是矣。”见《观堂集林·卷七》，中华书局1959年。

③ 陆德明在《经典释文·条例》中说：“《尚书》之字，本为隶古，既是隶写古文，则不全为古字。今宋齐旧本及徐、李等《音》，所有古字盖亦无几。”正是这个原因。

④ 《汗简》古文从可信度的角度看，存在三个层次：第一层次是与出土材料相合，或虽存在差异但符合自然流变的字形，约占百分之四十；第二层次是传写讹变但形迹可寻者，约占百分之三十五；第三层次是改从郭书部首或以隶作古的古文，约占百分之二十五。前两个层次是可靠或比较可靠的材料，后一个层次的材料可信度最低。参见曾宪通《论〈汗简〉古文之是非得失》，《曾宪通学术文集》，汕头大学出版社2002年。

究中，具有非常重要的价值，前辈时贤多有论述，此不赘述。楷体古文保存在《玉篇》《广韵》《集韵》《一切经音义》《龙龛手鉴》《篆隶万象名义》等字书以及古本《尚书》《穆天子传》等一些古籍抄本中。这两类传抄古文的材料都比较多，容易见到，而隶体古文的材料则比较少见，拟在这里做重点论述。

说到隶体古文，我们马上就会想到隶古定本《尚书》。如前所述，“隶古定”一词首出于《尚书》孔序，如其说可信，根据孔壁古文发现以及转写的时代，“隶古定”之“隶”当指隶书。但是由于《尚书》写本在历史上的众多变故，真正的隶古定本《尚书》我们无缘得见，敦煌等地发现的古本《尚书》，虽然号称隶古定本，其实都是楷古定本，即属于本书所谓的楷体古文一类。传世的《穆天子传》也是如此。那么隶体古文到底是什么样子，在《尚书》等传世古籍中是无法亲见的，所以我们只能另谋途径寻其影踪。这个途径，就是汉碑。

汉碑中的隶书文字，是旧时研究隶变的重要材料。从严格意义上讲，汉碑中的隶书文字，并不是一般所说的“传抄”古文，因为它们是当时的正常用字，是汉字发展到隶书阶段的正常表现。但是，汉碑中有一部分隶书，与正常隶变而来的隶书的写法不同，而与各类古文奇字的结构相同或相似，当是写碑者书以求异而取之先秦古文者。这些隶体古文，实际上是文属当代而字取先秦，与《尚书》隶古定对古文原本的转写或单纯对先秦古字的收集传抄是不完全相同的，但原理应该还是一致的。这些“虽隶而犹古”之字，上承《说文解字》所录各体文字或其他古文字，下启后世字书、韵书和古籍抄本中的楷体古文，实乃古文得以传抄之重要环节与途径。正是在这个意义上，我们把它们看成与一般所说的“传抄”古文具有相同性质的文字，作为我们考察传抄古文的重要资料。记录和研究汉碑的字书，宋元以来已经形成一个系列，如宋代有洪适的《隶释》《隶续》，娄机的《汉隶字原》，元代有无名氏的《汉隶分韵》，清代有顾蔼吉的《隶辨》、甘杨声的《汉隶异同》、翟云升的《隶篇》等。其中《隶辨》一书，乃作者“锐志精思，采摭汉碑所有字”而成，其“碑字出自手摹，谛审无差”，①其解释“通贯明确，《隶释》诸家，咸所不及也”。② 因此值得我们充分重视。今从《隶辨》中选检数例，观其上承古字而下启楷书，以窥见隶体古文的一些身影，了解传抄古文的演变轨迹。

“风”字《说文解字》古文作，是篆体古文。《杨震碑》阴作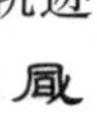，《绥民校尉熊君碑》作，是隶体古文。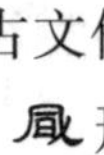形的楷体收于《类篇》《集韵》等书；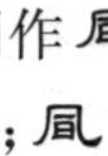形的楷体见于古本《尚书》上图本（八行本）之《大禹谟》篇以及《玉篇》《篆隶万象名义》等书。

“智”字鱼鼎匕作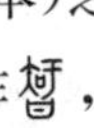，中山王鼎、郭店简都有相同或相似写法，《说文解字》小篆作，古文作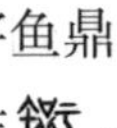，皆所有讹，反不如《度尚碑》与《校官碑》之隶体古文作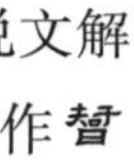更为近古。

① 顾蔼吉《隶辨序》，见顾蔼吉编撰《隶辨》，中华书局 1986 年。

② 康熙时项絪评语，见顾蔼吉编撰《隶辨》，中华书局 1986 年。

这种写法的“智”字楷体，见于《广韵》。

《汗简》卷四录古《尚书》“崇”字作，为篆体古文。《衷良碑》“崇”作，是隶体古文。其楷书写法作“密”，见于《汉书·郊祀志》，又见于古本《尚书》敦煌本伯3315《舜典释文》、斯799《武成》篇、内野本《牧誓》篇和《武成》篇、上图本（八行本）《牧誓》篇和《周官》篇以及《书古文训》各有关篇章。

“曲”字包山简260作，郭店简《六德》四三作，《说文解字》古文作，皆篆体古文。《无极山碑》作，为隶体古文。《玉篇》《类篇》《集韵》等皆收有此类写法的楷体。

“善”字毛公鼎作，古文相承不绝。《夏承碑》作，《校官碑》同，是隶体古文。《汉书·礼乐志》“安上治民，莫譱乎礼。”师古曰：“譱，古善字。”

“房”字包山简作，《汗简》卷五作，为篆体古文。《校官碑》作，是隶体古文。其楷体写法作“𠩈”，见于扫叶山房本《穆天子传》卷五，古本《尚书》伯2533、伯5557、九条本、《书古文训》之《胤征》篇和观智院本之《顾命》篇。认识“房”字的这种写法，颇有助于古书校勘，顾蔼吉已有揭示，转录于下：“《隶释》云：隶法房字，其户皆在侧，故人多不晓，或作防，或作昉，皆误也。据此，则今本《史记·武帝纪》‘芝生殿内防中’，《汉书·沟洫志》‘筑宫其上，名曰宣防’，皆𠩈字传写之讹也。”

“中”字古文作（中钲）、（石鼓文）、（包山简）、（郭店简）。《刘修碑》作，《夏承碑》作（亦用作“仲”），皆是隶书承继古文者。其楷体写法，存于《玉篇》《集韵》。

“天”字《汗简》卷一作，属篆体古文。《无极山碑》作，是隶体古文。古本《尚书》内野本《尧典》篇作“”，敦煌本伯2516《说命》篇作，皆其楷体写法。《玉篇》《集韵》《广韵》等也收有此字楷体。

“流”字《汗简》卷五作，乃篆体写法。《尧庙碑》作，为隶体古文。其楷体写法见于《玉篇》《广韵》《一切经音义》以及古本《尚书》伯3315之《舜典释文》。

“视”字《说文解字》古文作。《张休崖涘铭》作，是隶体古文。其楷体写法见于《玉篇》《广韵》等书。

“若”字师虎簋作，郭店简《老子》乙一作，为篆体写法。《斥彰长田君断碑》作，是隶体古文。这种“若”的楷体写法作，见于《玉篇》艸部，注明是“若”的籀文。

“表”字《说文解字》小篆从衣从毛。《冯绲碑》作，与小篆略异，亦隶体古文。小篆结构的“表”字的楷书写法见于《玉篇》《类篇》《集韵》等书。

“野”字秦简作（睡虎地日甲144），《说文解字》古文作。《校官碑》作，是隶体古文。楷书多作“壄”，“予”声讹为“矛”，见于《玉篇》《类篇》《广韵》《集韵》及古本《尚书》敦煌本伯2533之《甘誓》篇。

“要”字《说文解字》小篆作，段玉裁据《玉篇》《九经字样》改为。熹平六年之《斥彰长田君断碑》作，是隶体古文。这种写法的楷体字形保存在《玉篇》《类篇》《集韵》等书中。

“责”字小篆从贝朿声，《祝睦碑》“啧”字和《度尚碑》“绩”字所从之“责”作，是隶书写法，结构则与小篆同。此形的楷化字见于《玉篇》。

以上的例子当然没有穷尽汉碑中的隶体古文。汉碑中的隶体古文与其前之篆体古文和其后之楷体古文也并不能完全对应，因此我们无法在汉碑中找到所有篆体古文和楷体古文相对应的隶书写法，同时汉碑中也有一部分虽隶而犹古的字形，也找不到与之对应的篆体写法和楷体写法，这些都是材料所造成的限制。但上举例子可以证明，古文字经由隶书而变为楷书，传抄古文的传抄途径亦不离此道。这充分说明，我们把传抄古文的形态变化分为篆体古文、隶体古文和楷体古文是符合实际情况的。

历史上，传抄古文因为多少偏离了文字发展的主流渠道，其命运也就难免随时浮沉，有时甚至濒于灭绝。幸而有一些好古博雅之士，为我们留下了宝贵的资料。从现在的观点看，历史上那些热衷于古文材料的收集和传写的人，应该得到尊重。比如，没有王老子等人传写古文于将绝之时，我们现在就看不到古本《尚书》的情况；[①]没有郭忠恕等人的收集整理，我们就看不到丰富的篆体古文材料；没有汉人留下来的碑刻和宋元以后历代的摹录和收集，我们就看不到奇特的隶体古文；没有历代字书的传承记录，楷体古文也将湮没无闻。这些事实告诉我们，古文的传抄和古文字材料的发现一样，时刻都在提醒我们汉字源远流长、前后相承的历史。汉字的演变，其实就是在书写和传抄的过程中完成的。传抄古文是从一条特殊的线路上显示了汉字的演变历史。因此，传抄古文的研究，与汉字演变问题的研究是相辅相成的，我们在这一方面，也应该给予应有的重视。

① 敦煌本伯2643为隶古定本《尚书》，是卫包改今字后第十五年的抄本，末题“乾元二年正月廿六日义学生王老子写了也记之也”。

第六讲
篆隶草真的漫漫旅途：汉字的演变(三)

壹　隶变与隶书

一、隶变与隶书的形成

从篆体文字(古文字)演变为隶书，习称“隶变”。隶变是汉字发展史上的里程碑，它标志着古文字时代的结束和现代汉字时代的开始。如果把汉字的形体演变看成一条长河，那么这条长河的上游便属于古文字阶段，下游便属于今文字阶段，上下游的分水岭就是隶变及隶变的结果——隶书。

隶书是由隶变形成的，隶变不断发展的过程就是隶书不断成熟的过程。因此，作为古今文字的分水岭，隶变不是一个具体的点，而是一个阶段、一个过程。这个过程，在时间上持续了一二百年。

一般认为，隶变开始于战国晚期，也有学者则认为在战国中期的秦国文字中就已经出现了比较明显的隶变现象。[①] 从现有材料看，战国时期的秦简和楚简都有隶变的趋势，[②]只不过楚简的隶变与秦简的隶变的风格有所不同罢了。早些也好，迟些也好，秦国也好，楚国也好，隶变的发生都是一种必然的趋势。因为随着社会的发展，需要文字记录的事情越来越多，记录的速度也要求加快，而篆文的那种圆转均匀的笔画必然影响行笔的速度，于是就出现了草率急就的写法，以平直的线条取代圆转的线条——隶变就不可避免地发生了。《说文解字·叙》云：“是时秦烧灭经书，涤除旧典，大发隶卒，兴役戍，官狱职务繁，初有隶书，以趣约易。”说的就是这种情况。

---

① 参见赵平安《隶变研究》，河北大学出版社1993年，第9—10页。

② 裘锡圭说：“在战国时代，六国文字的俗体也有向隶书类型字体发展的趋势。……如果秦没有统一全中国，六国文字的俗体迟早也是会演变成类似隶书的新字体的。”(裘锡圭《文字学概要》，商务印书馆1988年，第69页)有学者认为，楚简已有隶化趋势。参见李金泰《从上海博物馆藏战国楚竹书·(六)·〈孔子见季桓子〉看楚简的隶化》，《书法报》2008年10月15日第40期。

隶变的过程可分为两个阶段：一是古隶阶段，二是今隶阶段。“古隶”也称“秦隶”，但“古隶”包括汉武帝以前的汉代隶书，因此“秦隶”这个名称其实并不合适。“今隶”也称“汉隶”，但今隶不包括汉武帝以前的隶书，因此“汉隶”这个名称也同样是不合适的。

古隶在战国晚期已经是较普遍的字体。早期的隶书是对篆体文字的草率写法，虽然笔势的变化比较大，但结构上通常没有太大的改变，还带有篆书的味道。四川青川木牍和睡虎地秦简，都是古隶字体。

古隶从本质上说还不是一种独立成熟的字体，它只是与篆体文字相辅而行的日用手写体。但这种日用手写体却孕育和预示着一种新的字体的产生，随着时间的推移，它开花了，结果了，其成熟的标志就是今隶。

从秦统一六国前后开始，经过一二百年的发展，大约到汉武帝或稍晚到汉昭帝、汉宣帝时代，隶书成为在正规场合下可以采用的新字体，古隶发展成为今隶，隶书完全成熟了。对于这种完全成熟的隶书，人们称为“八分书”或简称“分书”“分隶”，它结构平整，布局稳重匀称，笔画带有明显的“蚕头雁尾”的特征。从汉简文字看，在敦煌、居延汉简中属于汉武帝晚期到汉宣帝时期的文字中已大量存在具有八分书特征的字体。裘锡圭认为，至迟在昭宣之际，八分书就已经完全形成了。①

关于隶书的形成，从汉代以来，就广泛流传着程邈为秦始皇造隶书的传说。如王僧虔《名书录》云：“秦狱吏程邈善大篆，得罪，系云阳狱，增减大篆，去其繁复，始皇善之，出为御史，名其书曰隶书。”我们觉得，在汉字发展史上，由某个人创造一种新字体的说法，基本上都是不可信的。况且程邈的时代与隶书产生的时代也不相符。比如，四川青川木牍上的古隶书②有明确的时代，它们是秦武王二年（前 309）和四年（前 307）之物，比秦始皇统一中国还早八十余年，可证秦始皇时期的程邈不可能是隶书的直接创造者。程邈造隶书的传说当与仓颉造字的传说一样看待，即他们都是对文字做过系统整理的人。裘锡圭说：

> 在隶书逐渐形成的过程里，经常使用文字的官府书吏一类人一定起过重要作用，程邈也许就是其中起作用比较大的一个；也有可能在秦的官府正式采用隶书的时候，曾由程邈对这种字体作过一些整理工作，因此就产生了程邈为秦始皇造隶书的传说。③

---

① 裘锡圭《文字学概要》，商务印书馆 1988 年，第 80 页。

② 如“波”字作、“津”字作，其水旁的隶变，非常明显。参见徐中舒、伍仕谦《青川木牍简论》，《古文字研究》第 19 辑，中华书局 1992 年。

③ 裘锡圭《文字学概要》，商务印书馆 1988 年，第 69 页。

这个解释是符合情理的。

二、 隶变之体现

隶变对汉字的影响是巨大的，隶变对整个汉字体系所带来的冲击力量是不可低估的。古文字成功地演变为今文字，缘于隶变，也成于隶变。隶变功不可没。

隶变的“变”，主要体现在两个方面。

(一) 笔势之变

笔势的变化使得汉字的书写线条由篆书的圆转均匀变为平直方折，同时具有粗细变化，彻底破坏了篆书中遗存的图画意味，而奠定了现代汉字的基本笔画形态。现代汉字中的点、横、竖、撇、捺、勾、横折勾、竖弯勾等基本笔画都是在隶变中由各种途径形成的，它们的形成对于现代汉字的走向成熟至关重要。笔势的变化不是个别字的变化，而是全部汉字符号之表现形式的改变，它影响了整个汉字体系的外观形式，也就是说，笔势的变化改变了汉字的体态。赵平安在《隶变研究》一书中认为：

> ……隶变前的汉字用笔以曲笔为主，横笔和竖笔用得较少，尤其是竖笔，只用于某些单字和偏旁的中笔，这个特点决定了隶变前汉字的重心往往在字中，曲笔配置都以中线为基准。其四角的外部轮廓和整个字的形态，略呈椭圆形。
>
> 而隶变以后的汉字，曲笔已被拉直，连绵的线条被折断，汉字已由点横竖撇捺等基本笔划构成。这时的汉字一个明显的特点是字的重心不再集中于中线，而移至水平面上。而且由于这些笔划的运用，字的四角多呈方形，整个字的形态也呈方形。因此我们认为方块汉字的形成是在隶变以后。[①]

可见笔势的改变在整体上对汉字的影响是非常巨大的，其意义也是非同寻常的。

(二) 结构之变

古文字的象形程度比较高，构形理据强，几乎每个汉字都可以进行结构分析和形义分析，而隶变造成了许多省并、变异、混同等，破坏了汉字的结构系统，造成了原有理据的丧失。结构系统的破坏，使得许多汉字看不出原先的结构类型；理据的失落也使得形义分析渐见困难。下面略举些例子加以说明。

---

① 赵平安《隶变研究》，河北大学出版社 1993 年，第 75—76 页。

1. 省并

隶变造成的省并，包括笔画的省并和偏旁的省略。笔画的省并往往是把篆书的两笔并为一笔，如“大”字本是象人正面站立之形，其中的一横本表示两臂，篆书写成两笔，隶变后并为一笔。又如“並”字，篆书从二“立”，隶变时把两个“立”字的下横画并为一画，写作竝（繁体），或者把两个“立”字的上下横画都分别并为一画，写作並（简体）。再如“年”字篆书本从“禾”“千”声（甲骨文本从“禾”从“人”会意，后在“人”之竖画上加点为饰画并衍为一横，故讹为“千”字），隶书的繁体还写作从“禾”从“千”（秊），但简体却把“禾”字的下部撇捺两笔并为一横，又把“禾”字的竖画和“千”字的竖画合并为一竖，写成了𠦜（楷书“年”字即由此稍变而成）。

偏旁的省略是把篆书的某一或某些偏旁直接省去，如“雷”字篆书本从“雨”下三个“田”，隶书繁体不变，写作靁，简体或省一“田”，或省两“田”。[①] “屈”字篆书本从尾从出，写作，《说文解字》云：“屈，无尾也，从尾出声。”隶书繁体不变，作，简体省去“毛”，变成从尸从出。“香”字本从“黍”“甘”会意，隶书省“黍”为“禾”。据《说文解字》，“黍”字从“禾”，“雨”省声，则“香”字隶书也是省去篆书的一个偏旁。

2. 变异

在篆书里，同一个字，不论是独立成字还是用作偏旁，用作偏旁时也不论放在什么位置，其写法基本上都是一样的。而在隶书里，一个字独立成字和用作偏旁的写法却时有不同，如“邑”字用在右边作偏旁时写作“阝”，“人”字用在左边作偏旁时写作“亻”，“心”字用在左边作偏旁时写作“忄”，等等，都与独立成字时写法不同。而同一个偏旁，处于字的不同位置，其写法也往往不同。如“火”字在“光”字的上部、“赤”和“然”字的下部、“灼”字的左边以及“尉”字的左下角，其写法均不相同。又如“水”字在“江”“河”等字的左边、“泰”字的下部、“益”字的上部，其写法也不一样。有时即使位置相同，写法也有不同。如在“荥”字和“泰”字的下部都是“水”，写法却不一样。

“变异”或称“分化”“分异”，皆指由“同”而趋“异”，与下文“混同”之由“异”而趋“同”，恰成对比。

3. 混同

混同是指在篆书里本来是不同的字或不同的偏旁，经过隶变却混同为同一个字或同一个偏旁。本是不同的字混为同一个字的如：甲胄的“胄”和胄裔的“胄”本不同字，甲胄的“胄”是从冃（“帽”本字）由声，胄裔的“胄”是从肉由声。隶变后二字混同。本是不同偏旁混同为相同偏旁的如：“春”“秦”“泰”“奏”“奉”等字的上部都写作“耒”，其实它们本来都是不相同的，小篆分别写作。“肠”“服”“青”“明”等

① 马王堆帛书既有从三田之雷，又有从二田之雷和从一田之雷，可见此字的简省过程。参见陈松长主编《马王堆简帛文字编》，文物出版社 2001 年，第 464 页。

字中的“月”,本来也都是不同的偏旁。“肠”字中的“月”本是“肉”,“服”字中的“月”本是“舟”,“青”字中的“月”本是“丹”,“明”字中的“月”才是真正的“月”。“馬”“鳥”“燕”“魚”“然”等字的四点水,也都是隶变造成的混同。

“混同”的例子,需要从“同”中辨出“异”,正如“变异”的例子需要从“异”中看出“同”,这就很需要汉字源流演变的知识,特别是隶变的知识。

三、 隶变之影响

不管是笔势上的变化还是结构上的省并、分异和混同,隶变都容易造成讹变。所谓讹变,指的是某些汉字在演变过程中,由于各种原因,使用者把本来是有理据的结构或构件偏旁误写成了与之相似而音义不相干的结构或构件偏旁,从而使得文字的形体结构丧失或脱离了原来的构形理据的错误现象。讹变现象是汉字在演变过程中不可避免的现象,古今汉字都存在,而隶变由于变化剧烈,故讹变尤甚。隶变后而产生的讹变了的字形,有些因无法进行形义关系的分析,就使得这些字形变成了纯粹的硬性代码或抽象符号。隶变大大降低了汉字“近取诸身,远取诸物”而产生的对上古文化的“镜像”功能,削弱了汉字的构形理据,使得部分汉字丧失了形义关系或者其形义关系变得比较松散,从这一点来看,隶变表面上似乎不是一条符合汉字特点而发展变革的路子。

但从汉字作为记录汉语的符号系统这个角度来说,隶变所造成的讹变以及其他对古文字的大刀阔斧的变革,对汉字的符号化进程则起了重要作用。因为即使是超越常规,又以失去理据为代价的讹变了的字形,大部分也都能积非成是,跻身于正字的行列,成为汉字家族中合法的正式成员。这说明在人们的意识里,汉字只是用于记录汉语的符号,只要利于交际,便于使用,在结构上有些错误的变化也是允许的。汉字是一个符号体系,只要能保证这个体系内部各个符号的功能能够正常发挥,使用上又更加方便,任何变革都是允许的。因此,从汉字符号化这个角度来说,隶变无疑是符合汉字发展趋势的一种变化。而且,现代科学已经证明,现代汉字在信息处理方面,具有神奇的适应能力。现代汉字在电脑中的输入、输出、存储和自动识别等方面都已达到了很高的水平。现代汉字是一种能够适应现代社会发展的富有科学性的符号体系,这已成为大家的共识,“汉字落后论”不攻自破。现代汉字的这种科学性,是在汉字源远流长的历史演变中逐渐形成和完善的。汉字史上的每一次演变和改革,都对现代汉字的形成起了重要作用。其中,与现代汉字的形成关系尤为密切的,就是隶变。因为现代汉字的基本笔画都是在隶变中逐步形成的,现代汉字的基本结构也是在隶变中逐渐定型的。总之,事实已经证明,隶变虽削弱了汉字的理据,但推动了汉字的符号化进程,隶变是符合汉字符号化的发展趋势的。

总而言之,研究隶变对于了解现代汉字的形成及其所包含的合乎科学发展的内在因素以及汉字今后的发展趋势都有深刻的历史意义、现实意义和理论价值。

四、研究隶变的材料

研究隶变的材料主要有简牍、帛书、碑刻三类。

（一）简牍

研究隶变的简牍资料有秦简和汉简，还可以包括楚简。[①] 秦简资料有睡虎地秦简、里耶秦简、四川青川木牍等；楚简的材料很多，如郭店简、上博简、清华简等，皆已见上文介绍，此不赘述。秦简的写法属古隶书，对于证明隶变的开始时间，以及隶书的变化过程，都有着重要的意义。由于秦简资料的发现，我们对隶书的早期变化过程，才有了清晰的认识。

汉代简牍资料较重要的有：1930 年发现的“居延汉简”，著录于《居延汉简甲乙编》（文物出版社 1980 年）。王国维、罗振玉编有《流沙坠简》，也是汉代边塞遗址发现的简牍文书。1959 年甘肃武威出土《仪礼》等古籍，著录于《武威汉简》（文物出版社 1964 年）。1972 年武威又出土医药书，著录于《武威汉代医简》（文物出版社 1975 年）。1972 年山东临沂银雀山出土《孙子兵法》《孙膑兵法》《管子》《晏子》等古籍，著录于《银雀山汉墓竹简》（文物出版社 1985 年）。1973 年和 1975 年在湖北江陵凤凰山出土遣册简牍，称“凤凰山汉简”。1973 年湖南长沙马王堆出土医书和遣册，称“马王堆汉简”。1977 年在安徽阜阳出土《苍颉篇》《诗经》《周易》《日书》等，称“阜阳汉简”。以上简牍材料，马王堆、银雀山、凤凰山、阜阳等地的属西汉早期，武威汉简属东汉早期，居延汉简在西汉武帝到东汉之间，时间跨度较大。从汉简中，我们可以看到隶书由古隶到今隶的变化及今隶的成熟过程。

另据报道，北京大学于 2009 年 1 月接受了一批从海外抢救回归的竹书，总数达三千三百多枚，近 20 种古代文献，被称为“西汉竹书”。这是目前所见秦汉古书类竹简中数量最大、保存质量最好的一批。这批西汉竹书是继 20 世纪发现的马王堆帛书、银雀山汉简、郭店楚简、上博简以及清华简之后，出现的又一座出土典籍宝库，具有很高的学术价值。竹简上的文字抄写非常工整，至少有七八种不同的书风，书法艺术价值也极高。

竹书中最引人注目的文献当首推《老子》。这是继马王堆帛书本、郭店楚简本之后发现的第三个《老子》古本，也是迄今为止保存最为完整的汉代古本。其残缺部分仅占全书篇幅的 1%，几乎堪称“完璧”。另外，其文字内容和篇章结构也与以往所见

① 参见李金泰《从上海博物馆藏战国楚竹书·（六）·〈孔子见季桓子〉看楚简的隶化》，《书法报》2008 年 10 月 15 日第 40 期。

各种版本有所不同，对《老子》一书的整理校勘很有帮助。

竹书中还有秦朝丞相李斯编著的文字学著作《苍颉篇》。此书自宋代以后已经亡佚，在出土的汉代简牍中也只有一些零星片段，双古堆简《苍颉篇》保存字数最多，但也仅有 541 字。这次发现的《苍颉篇》保存了一千二百多字，对文字学和汉字发展史的研究是非常宝贵的资料。

（二）帛书

帛书材料最重要的是 1973 年在长沙马王堆汉墓出土的帛书《老子》《战国策》《春秋事语》《周易》《五星占》《天文气象杂占》等古籍和佚书，其字体主要属西汉初期的古隶，曾著录于《马王堆汉墓帛书》（文物出版社 1980 年，共 3 册）。

但是由于种种原因，完整的马王堆简帛文献一直未能全部发表。2008 年 9 月，湖南省博物馆、复旦大学和中华书局三家单位启动合作项目，共同对马王堆简牍帛书进行整理和研究。2014 年，在马王堆汉墓发掘四十周年之际，《长沙马王堆汉墓简帛集成》由中华书局出版发行。该书精装八开七巨册，公布的马王堆简帛材料全面完整，既有原始图版，也有拼合复原图，还公布了所有有字反印文、渗印文和无字空白页以及各种残碎帛片，书后还附有 T 形帛画、车马仪仗图、行乐图等帛画资料。这是目前马王堆简帛文献最全面、最准确的整理文本。

由于大量用古隶书写的秦和西汉早期的简牍和帛书的发现，大家才能看到早期隶书的真正面貌，以及隶书从青川木牍到睡虎地秦简再到帛书汉简的一脉相承的关系，并且认识到隶书不是秦统一中国后在小篆的基础上形成的，而是在战国中晚期以秦国文字的简俗体为基础而形成的。这在隶书的研究上是一个突破。

古隶材料的发现和研究，使我们认识到，小篆和隶书不是“父子”关系，而是“兄弟”关系。它们是在沿着不同方向发展的两种文字体式——小篆是古文字阶段最为规范的文字，主要倾向于通过规整化的继承方式来存古，而隶书则是继承存古和变革创新两者兼备，更具有发展的意义。

隶书之变革创新，体现在隶变上，已如上述，此不赘述。隶书的存古价值，则值得我们进一步关注。林义光曾经指出：“隶书有甚合古意者，如韩敕碑之蒙（蒙），娄寿碑之貴（贵），刘熊碑之丕，[①]皆历世相传如是。《说文》每字必推原‘六书’，则有穿凿旧文以求通其说者。”[②]也就是说，不少古隶的形体往往比小篆更接近于西周和战国文

① 按此“不”字，用作丕显之“丕”。洪适《隶释》直接隶定为“丕”，见《隶释 隶续》，中华书局 1986 年，第 64 页。高文《汉碑集释》隶为“不”，注云：“不，元拓本如此，《隶释》作‘丕’，非是。《诗·周颂·烈文》：‘不显维德。’又《大明》、《韩奕》并云：‘不显其光。’《韩奕》笺云：‘不显，显也。’”见《汉碑集释》，河南大学出版社 1997 年第 2 版，第 208 页。

② 林义光《文源》卷十一“更”字条。

字，其中有一些还保留了较早的构形形态，因而好些古文字构形上的问题，也可以从篆隶中得到合理的解释，有的甚至可以纠正小篆的讹误。这说明，新发现的简帛材料对研究汉字的构形也是一种重要的资源。

例如“徙”字《说文解字》以为从辵止声，段玉裁因止声与徙声不合，故删去“声”字，改为“从辵止会意”。《段注》云：“各本有声字，非也。止在一部，徙在十六部。”按“徙”字睡虎地秦简作“”（《效律》19），其实是“从辵少（沙）声”，与包山楚简“徙”字作“”，从辵从尾少（沙）声，正相吻合，可以互证。可见小篆的“止”是“少”字讹变而成的。“少”为“沙”省，沙、徙皆心纽歌部字，[①]段氏《六书音均表》“沙”在十七部，“徙”在十六部，两者相邻。又如“局”字，《说文解字》解释其构形为“从口在尺下”，训为“促也”。《诗·小雅·正月》：“谓天盖高，不敢不局。”用的当即“局”的本义。但“口在尺下”何以会“局促”呢？历来《说文》学家不得其解。按“局”字睡虎地秦简作“”（《为吏之道》1），汉印作“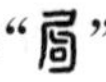”（《汉印文字征补遗》8/5），可知“局”的构形应该是“从尸从句，句亦声”。《说文解字》：“句，曲也。”句有屈曲之意，屈曲与局促义正相涵；古音句在见纽侯部，局在群纽屋部，见群同属牙音，侯屋阴入对转；句、局二字古音极近，故局字从句，应该是会意兼声的亦声字。可见篆隶不但可正《说文解字》之误，而且也是考察古文字构形及其意义的重要参照。[②]

（三）碑刻

碑刻材料很丰富。西汉的碑刻几乎都是篆书，如刻于前 158 年的群臣上寿刻石。东汉早期的碑刻，还有一些用篆书刻写，如《袁安碑》（92 年）、《李昭碑》（118 年），但多数已用隶书，是早期研究隶变的重要材料。东汉中期以后的碑刻，隶书日臻成熟，成为后世楷模。著名的如《石门颂》（148 年）、《孔庙礼器碑》（156 年）、《西岳华山庙碑》（165 年）、《曹全碑》（185 年）、《张迁碑》（186 年）等，在书法上都备受称赞，成为临摹学习的对象。记录和研究汉碑的著作，宋元以来已经形成各种系列，有偏重于题跋的，有偏重于文字著录的，亦有两者兼顾的。如宋代洪适的《隶释》《隶续》、娄机的《汉隶字原》，元代无名氏的《汉隶分韵》，清代顾蔼吉的《隶辨》、甘杨声的《汉隶异同》、翟云升的《隶篇》等。其中，清代顾蔼吉的《隶辨》一书，乃作者锐志精思之作。其所录“碑字出自手摹，谛审无差”，[③]同时又以按语形式考证相关问题，第六卷对《说文解字》540 部首在隶变中的变化情况做了全面梳理，是我们研究汉碑和隶变的重要参考材料。汉碑以外，魏晋碑也有用隶书的，如《三体石经》等，也可资研究。

① 参见陈复华、何九盈《古韵通晓》，中国社会科学出版社 1987 年，第 184 页。

② 参见曾宪通《秦至汉初简帛篆隶的整理和研究》，《中国文字研究》第 3 辑，广西教育出版社 2002 年。

③ 顾蔼吉《隶辨序》，顾蔼吉编撰《隶辨》，中华书局 1986 年。

要研究隶变，材料是最关键的。在简牍材料大量发现之前，隶变的研究没有太大的进展，就是材料缺乏的缘故。唐代研究隶变，是以通行文字为对象，如《新加九经字样·禾部》："'秊'，'年'，上《说文》，下经典相承隶变。"就未能说明具体的演变过程。20世纪50年代研究隶变，也还有材料上的局限。比如蒋善国在《汉字形体学》中谈隶变问题时，主要还是用汉碑等材料。[①] 到了20世纪70年代，由于大量秦汉简牍材料的出土，情况就很不一样了。这些简牍是古人手写文字，是观察隶变过程的最佳资料。曾宪通充分肯定这些材料的重要性，他说：

> 汉字从古文字发展为今文字，中间经历过激烈的变化，文字学家称之为"隶变"。但隶变的具体表现如何，过去无法说得清楚。现在有了这批处于过渡阶段的篆隶资料，许多字形演变的来龙去脉便一目了然了。……所以，篆隶不仅填补了古今文字发展史上的一段空白，也是研究汉字"隶变"的绝好素材。[②]

正因为现在我们拥有丰富的研究隶变的材料，隶变的研究才取得了巨大的进步。隶变的过程很清晰了，汉字从古文字到今文字的转变轨迹才历历在目，古今汉字才连贯起来，犹如江河之流动、山峰之连绵，变与不变，外形与内涵，尽在其中，带给我们丰富的形象和无尽的联想。

贰　草书、楷书和行书

汉字在隶变完成后，进入今文字阶段。今文字阶段的汉字在字体上还有不少变化，有草书、楷书、行书等不同体式，下面简要概述。

一、草书

草书包括章草和今草。

（一）章草

草书的萌芽大约可推到战国中晚期。在当时，对篆文的草率写法形成古隶，而对古隶的草率写法则孕育着草书的产生。所以草书不是对成熟隶书的草化，它是从隶

① 参见蒋善国《汉字形体学》所举"女""母""隹""永"四字，文字改革出版社1959年，第180—182页。

② 曾宪通《秦至汉初简帛篆隶的整理和研究》，《中国文字研究》第3辑，广西教育出版社2002年。

变中衍生出来的一种新字体，草书的方法是隶变方法的延续和发展。裘锡圭指出“草从古隶生”，[①]这是完全正确的。然而，由篆文转化为古隶和由古隶转化为章草，总体上说是不同的两种演变模式。篆文之变为古隶，主要是笔势的变化，结构上的变化却有迹可循；而古隶之变为章草，则既有结构上的简易化，又有笔势上的连续化。[②] 经过长时间的发展，到西汉时期，草书逐渐成熟，“草书的形成至迟不会晚于（西汉）元、成之际，很可能在宣、元时代就已经形成了”[③]。

大约从东晋时起，为了跟当时的新体草书（今草）相区别，就把汉代的草书称为章草。章草的得名缘由，说法很多，有的认为“章”得名于东汉章帝，有的以为章草用于奏章，等等，孰是孰非，颇难断定。唐张怀瓘《书断·上》引南朝宋王愔的话说：“汉元帝时，史游作《急就章》，解散隶体粗书之，汉俗简堕，渐以行之。”把章草的出现和《急就章》联系起来，这也是不可信的。“章”有条理、法则等意义，近人多以为章草较之今草，更有规矩和章法，故名为“章草”，这个理解可能是正确的。

北宋黄伯思《东观余论·法帖刊误·记与刘无言论书》云：“予因言见汉魏人章表亦多用章草书，今犹有存者，如司马孚、孙皓表奏，世或传之。”其实，汉魏间通行的草书就是章草，不仅只施于奏章。据说当时许多书法家都用章草写过《急就章》。现在流传下来的只有三国吴人皇象所写的临摹本。皇象本《急就章》屡经摹写，免不了有所讹误，但大体上还是能反映出汉代章草的面貌。

（二）今草

晋代以后，楷书得到发展，当时的书法家如王羲之等利用楷书或早期行书的笔法改造章草，形成今草。传世的王羲之的草书，几乎都是今草。今草改掉了章草中保留的隶书笔意，有时对笔画还有省并，字与字之间往往相互呼应乃至相连，有的甚至只存轮廓，因此更不易辨认。唐以后更有所谓狂草，体势放纵，变化多端。或如春风杨柳，婀娜多姿；或如沙场征战，万马奔腾；或如飙风骤起，波涛汹涌；或如悬猿饮涧，勾锁连环。唐代张旭、怀素就以狂草著名，并称“颠张醉素”。狂草龙飞凤舞，极难辨识，实际上已经失去了交际作用，成为一种仅供人欣赏的艺术品了。如果不得章法，只能算潦草，更难认识。古书记载张丞相好草书而不工，致使自己写的诗句也不认识的故事，就是一例。

但草书文字对后来简化字的形成却有着较大的影响。我们今天所用的简化字体，如“为”“长”“头”“书”“东”“专”“时”“应”“车”等都是由草书楷化而成的。这说明草书在汉字发展史上是有进步意义的，它对汉字的符号化进程具有一定的促进作用。

---

① 裘锡圭《从马王堆一号汉墓“遣册”谈关于古隶的一些问题》，《考古》1974 年第 1 期。

② 参见詹鄞鑫《汉字说略》，辽宁教育出版社 1991 年，第 136 页。

③ 裘锡圭《文字学概要》，商务印书馆 1988 年，第 86 页。

当然，由草书楷化而形成的简体字，大多无法进行有理据的拆分和形义关系的分析，削弱了汉字的表意性，这也是我们应该看到的现象。

二、 楷书

楷书旧称"真书"或"正书"等，是从隶书逐渐演变而来的。这个过程可以称为"楷化"，字体基本上可以归为"隶楷"。关于楷书的产生原因及其时代，学术界尚无一致的看法。一般认为楷书萌芽于东汉，发展于魏晋，成熟于唐代。最早的楷书书法家是魏人钟繇，他所写的《宣示表》是我们能看到的最早的楷书。书法史上"钟王"并称，"钟"即钟繇，"王"指东晋著名书法家王羲之。王羲之和他的儿子王献之，发展了钟繇的楷书，使楷书更加美观。钟王楷书经过南北朝的进一步完善，到唐初欧阳询等人手里，才真正成熟。如欧阳询所书《九成宫醴泉铭》就是典型的楷书了。明代孙矿在《书画跋跋》中说："若楷书则断自欧阳始，点点画画，皆具法度，无一笔迁就从便，意正与隶同，法正与行草相配也。""楷书"的意思是指可以当作楷模的字，本来不是某种字体的专名，唐以后逐渐成为旧时"真书"或"正书"的专称，可能也跟这种字体完全成熟有关。

楷书虽然在魏晋时代已经有所发展，但还不是流行的字体。当时流行的主要字体是裘锡圭所说的"新隶体"，这种字体很大程度上抛弃了隶书收笔时上挑的笔法，同时又受草书的一些影响，较多尖撇等笔法，呈现出由八分向楷书过渡的面貌。[①] 著名的例子有熹平元年(172)的瓮书文字等。已发现的魏晋时代的碑刻和墓志，用的主要就是隶书和新隶体，因此有的学者就认为当时还不可能有楷书和跟楷书相近的行书，传世的钟王楷书和行书是靠不住的。比如像王羲之《兰亭序》那样的作品，郭沫若在20世纪60年代就发表了四篇论文，认为并不是王羲之的真迹，因为晋代还不可能有那种字体，引发了一场学术论争。裘锡圭认为：

> 古人在不同的用途上往往使用不同的字体，而且文人学士，特别是开风气之先的书法家所写的字，跟一般人所写的字也往往有很大距离。钟王楷书跟新隶体同时并存，是一点也不奇怪的。在魏晋时代的楼兰遗址出土的、时代不会晚于东晋初期的字纸上，不但可以看到早期行书，而且还可以看到作风跟钟、王很相似的楷书。可见那种认为魏晋时代不可能有楷书，传世钟王字帖都靠不住的说法，是完全站不住脚的。[②]

① 参见裘锡圭《文字学概要》，商务印书馆1988年，第89—90页。

② 裘锡圭《文字学概要》，商务印书馆1988年，第93—94页。

早期的楷书，往往带有隶书的笔意，如新疆出土的晋人写本《三国志》，从字形、用笔来看，已是楷书，但捺笔粗重，就保留了浓厚的隶书笔意。魏晋南北朝时期的碑刻文字，如晋安帝时的《爨宝子碑》，也是早期的楷书，也包含着隶书的笔意。因为用这种楷书书写的北魏碑志数量很多，所以这种字体通称“魏碑体”。唐以后随着楷书的完全成熟，魏碑体基本上退出了历史舞台，但到了清代，由于书法家的提倡又重新受到重视。

楷书的结构与汉隶基本上没有什么区别，主要区别在用笔方面。就整个字势而言，汉隶向外推开，楷书向里集中；汉隶笔画波动，楷书笔画平稳；汉隶是“八”字形扁方的方块字，楷书是“永”字形长方的方块字。[①] 汉字发展到楷书之后，字体就没有什么大的变化了。

三、 行书

现在的行书是介于今草和楷书之间的一种字体，是楷书的草化或草书的楷化。楷书写得快了，像人行走两腿连续不停，便成了行书。行书与楷书、今草相比较，楷书如立，今草如跑，行书如行，故称“行书”。由于行书是今草和楷书之间的一种形式，今草成分多的，便叫“草行”或“行草”；楷书成分多的，便叫“真行”或“行楷”。当然这之间并没有很具体严格的数据比例来做划分的标准。

早期的行书可能出现于东汉晚期，但其具体风格如何，现在还不是很清楚。到了晋代王羲之等人的手里，随着楷书的发展和今草的形成，行书也就相应地演变成为介于楷书和今草之间的一种字体。直到今天，它还是使用最广泛的一种手写体。一般人平常手写字，基本上都可归为行书范畴，只是各有工拙而已。行书之所以备受大家欢迎，其原因有二：

一是它近于楷书而不拘，可以连笔而书，易于速写；

二是它近于今草而不放，笔画连绵但不失原形，易于辨认。

也就是说，行书兼有楷书和草书的优点，书写速度快，字形易辨认，它的实用价值并不在楷书之下。所以唐代孙过庭在《书谱》中说：“趋变适时，行书为要。”

---

① 参见蒋善国《汉字学》，上海教育出版社 1987 年，第 210 页。

第七讲

篆隶草真的漫漫旅途：汉字的演变(四)

壹 汉字流变的主要趋势

中华人民共和国成立以后，学者们对字形发展演变的规律进行了深入的研究。如梁东汉在《汉字的结构及其流变》中研究了汉字发展过程中简化和繁化的趋势，指出汉字新陈代谢的规律就是"简化"和"表音"，认为"方块汉字新陈代谢的全部历史实际上就是一部表音和简化的历史"。① 蒋善国在《汉字学》一书中，从文字体系和形体演变两个方面，将汉字发展的规律概括为"音化"和"简化"两种。② 林沄的《古文字研究简论》根据古文字的具体情况，认为字形演变有"简化""分化"和"规范化"三大主要规律。③ 高明的《中国古文字学通论》则认为汉字形体演变的规律主要是"简化"和"规范化"。④ 杨五铭的《文字学》把汉字发展的规律概括为新增与淘汰、音化与意化、分化与同化、简化与繁化、变异与规范五个方面。⑤ 综合以上各家的研究，关于汉字形体发展流变的主要趋势，主要有"简化""音化""分化""规范化"四种。下面进一步加以说明。

一、 简化

简化是与繁化相对立的一种趋势。

在汉字发展过程中，有时为了表意和表音的更加明确，或者为了形式上的对称和美观，也会出现少量的繁化现象。如"宝"古作从"宀"从"玉"从"贝"会意，为了表音，加了声符"缶"，写作"寶"(现在写作"宝"，又是简化)。"齿"本象牙齿之形，也是为了

---

① 梁东汉《汉字的结构及其流变》，上海教育出版社 1959 年，第 189 页。

② 蒋善国《汉字学》，上海教育出版社 1987 年，第 143—237 页。

③ 林沄《古文字研究简论》，吉林大学出版社 1986 年，第 69—107 页。

④ 高明《中国古文字学通论》，北京大学出版社 1996 年，第 159—167 页。

⑤ 杨五铭《文字学》，湖南人民出版社 1986 年，第 218—244 页。

表音，才加了“止”。“其”本是“箕”的象形，为了表意的明确，加了“竹”字头（当然这种繁化也与“其”被借用而不还有关）。“保”字本从“人”从“子”写作（《合集》18970）、（保父己斝）、、（保鼎），象大人背着小孩之形，后来大人的手变为“子”字右边的一斜撇，写作，“子”字左边的那一笔是为了对称才加上的。“鸟虫书”似的繁化则纯粹是为了美观。但繁化现象总的来说毕竟少见，不是主流。汉字作为记录汉语的符号体系，为了适应社会的发展，在手工书写的情况下，必须在记录时不断提高工作效率，因此与繁化相反的简化才是一种必然的趋势。

汉字的简化主要从两个方面进行，一是运笔，二是结构。运笔的简化主要是把古文字的圆转的笔画改为平直的笔画，楷书对隶书笔画的改造也有一定的简化趋势。运笔的简化涉及汉字的整体面貌，对汉字的影响是整体性的；结构的简化是汉字简化的具体表现，比较直观，主要有下面几种情况：

（1）删减多余或重复的偏旁。如：

“韋”（“圍”本字）字甲骨文写作（《合集》10026），表示多人围绕一城邑，为了简化，三“止”（趾）可省为两“止”。“集”字作“雧”，三“隹”[1]停在“木”上，甲骨文已省三“隹”为一“隹”，为后世所沿袭。

（2）以部分代全体。如：

“易”字本作（《合集》8253），象两酒器相倾注承受之形，故会“赐予”之义，引申而有“更易”之义。其演变的逻辑顺序是：省为（德鼎）、（弔德簋），两器变一器；再省为，只截取酒器的一部分及表示液体的部分。移位变写为、，最后形成小篆的。[2]“法”字繁体作“灋”，简体只留下“水”旁和“去”。“飞”字繁体作“飛”，简体只是其中一部分。“聲”简化为“声”，也是同样的方法。

（3）用形体简单的偏旁代替复杂的偏旁。这可分两种情况：

一是改用意义相近但笔画简单的形符，如：从“欠”的“歎”改为从“口”的“嘆”；从“见”的“覩”改为从“目”的“睹”；“蜘蛛”两字从“黽”写作“鼅鼄”，简体改从“虫”；“蛙”字从“黽”写作“鼃”，简体也改从“虫”。

二是改用声音相同或相近但笔画简单的声符，如：“庙”字繁体写作“廟”，从“朝”得声，战国中山王壶铭文和《说文解字》古文则作从“苗”得声，再后来更简化为从“由”得声。“糧”从“量”得声，简体改为从“良”得声，写作“粮”；“犠”从“羲”得声，简体改为从“西”得声，写作“牺”，都是同样的方法。

（4）选用因不同造字法而形成的异体字中笔画较简单的字形。比如“巖”为形声字，简体“岩”是会意字；“淚”是形声字，简体“泪”是会意字；“寶”是形声字（早期也是

① 《说文解字·隹部》：“隹，鸟之短尾总名也。象形。”

② 参见郭沫若《由周初四德器考释谈到殷代已经进行文字简化》，《文物》1959 年第 7 期。

会意字），简体“宝”是会意字。后世分别以“岩”“泪”“宝”取代“巖”“淚”[①]“寶”，等等。

（5）用简单的同音字去代替复杂的字形。如用“后”代“後”，用“余”代“餘”，用“征”代“徵”等。又如新鲜的“鲜”本作“鱻”，而“鲜”本是鱼名，后来用笔画简单的“鲜”来表示新鲜之“鱻”。[②] 粗鲁的“粗”本作“麤”，而“粗”本是指米之粗，后来用笔画简单的“粗”来表示粗鲁之“麤”。[③]

从汉字发展的历史来看，认为汉字的发展趋势是简化，这种看法应该是有事实根据的。到现代简化字确定为止，简化的趋势一直都是很明显的。但是，简化是否作为今后汉字的发展方向，则是应该考虑的问题。也就是说，我们对于简化，应持辩证的看法，要有全面的认识。这个问题，我们留待下一节再讨论。

二、音化

音化是与意化相对立的一种趋势。

汉字作为表意体系的文字，意化是很自然的趋势。意化的一个主要方式就是增加形符，这种情况跟假借和词义引申有很大关系。

与假借有关的意化现象，如：“其”本象簸箕之形，本字被借后，为了表意的明确，表示本义的“其”就加了个形符“竹”，写作“箕”。“暮”“腰”“燃”等字的情况与此相同。有时不是为保留被借字的本义而添加形符，而是为被借字的借义而加上形符。如“辟”字，本是“璧”的早期形声字，从〇（后讹为口）辟声，[④]因同音的关系，曾被借于表示“回避”“偏僻”“便嬖”“开辟”“譬喻”等意义，后来为了这些假借义，就分别为之加上形符“辶”“亻”“女”“门”“言”。

与引申有关的意化现象，如：“取”本义为战争时割取敌人的耳朵以计功，引申为

---

① 需要注意的是，“泪”字来源甚早，战国玺印文字已有之，见《古玺汇编》2025、2588、2589等处。过去或认为“泪”是“淚”的后起俗字，不确，实际情况应该是“淚”为“泪”的后起形声字（参见陈斯鹏《“眔”为“泣”之初文说》，《古文字研究》第25辑，中华书局2004年，第258页）。因此这类简化字的形成，不一定以时间先后为序，而是不同形体的异体字在使用过程中相互竞争的结果。

② 《说文解字・鱼部》：“鱻，新鱼精也。从三鱼，不变鱼。”《段注》：“此释从三鱼之意，谓不变其生新也。……死而生新自若，故曰不变。”又云：“凡鲜明、鲜新字，皆当作鱻。自汉人始以鲜代鱻，如《周礼》经作鱻，注作鲜，是其证。……今则鲜行而鱻废矣。”

③ 《说文解字・麤部》：“麤，行超远也。”《段注》：“鹿善惊惧，故从三鹿。引申之，为卤莽之称……不精也、大也、疏也，皆今义也……今人概用粗，粗行而麤废矣。”

④ 按《白虎通・辟雍》：“辟者璧也，象璧圆，以法天也。”虽用的是声训，倒是道出了“辟”字的造字本意。另《说文解字・辟部》本义为“法也”的“辟”，其本字即是“辟”的声符，甲骨文作𡰪，从辛从卩，象用刑具对跪跽者施形。参见赵平安《〈说文〉小篆研究》，广西教育出版社1999年，第107页。又杨树达云：“辟法之字古只作辟，从辛从人，辟字从〇，乃玉璧之璧本字。《说文》误以从〇者为从口。辟字已从〇，后复有从玉之璧。”参见杨树达《积微居金文说》，中华书局1997年，第6页。

一般的获取、拿取等义，“娶妻”之“娶”也是它的一个引申义，原字也作“取”，如《诗经·齐风·南山》：“取妻如之何？必告父母……取妻如之何？匪媒不得。”为了区别起见，就专为这一引申义加了形符“女”。“影”“座”“懈”“婚”等字的情况与此相同。

此外，有些意化现象还跟简化有关。比如前面举到的在汉字使用过程中由于竞争的结果，“巖”被“岩”所取代，“淚”被“泪”所取代等例子，既是简化，也是意化。

应该说，意化思维是中国人的一种传统思维模式，汉字意化现象就是这种思维模式的表现。在流俗造字时，意化思维显得特别活跃。如在魏晋南北朝时期，文字使用非常混乱，流俗造字之风盛行。如以百念（𢙣）为“忧”，追来（𨗥）为“归”，神虫（𧑄）为“蚕”，更生（甦）为“苏”，不长（㜷）为“矮”，不明（𥇋）为“暗”，败门（閪）为“嫖”，大衣（㚇）为“宽”等。这些被重造的字原来都是形声字，而新造字却都是用会意法创造出来的，都是以事理的推衍来构形表意。虽然这些新造字大多数未能流传下来，但至少说明了人们对会意方法的偏爱，意化趋势是汉字发展的一种内在需求。

当然，汉字作为记录汉语的符号，跟汉语语音的结合是缩小字与词之矛盾的有效手段，纯粹的意化对于缩小字词矛盾没有好处，因此意化趋势虽然也是由汉字的本质所决定的，但较之音化，它毕竟还不是占主导地位的一个趋势。

汉字在发展过程中，音化的趋势是十分明显的。这主要表现在以下几个方面：

第一，从造字法来看，形声造字法后来居上，形声字是汉字的主体。根据统计，甲骨文字以象形、指事和会意字为主，形声字约占总字数的20%，说明甲骨文中形声字还不占优势。但是形声造字法具有表音的优越性，使得字形与由它所记录的词的读音能够互相结合，同时，形声字较之纯粹表音的假借字，它的形符又有指示字义范围的作用，具有表意的明确性。因此，形声造字法是一种比象形、指事和会意更优越的造字法。随着社会的发展和词汇的丰富，形声字的数量迅速增加，到了战国时期，形声字已经取得了明显的优势。根据对《说文解字》的统计，形声字所占比例超过80%。现在的通用汉字，形声字的比例仍然占80%以上。这个事实表明，汉字从不表音成分占优势发展到表音成分占优势，说明汉字具有逐步音化的趋势。

第二，与第一点相联系，从具体的文字演变来看，原先的象形字、会意字有的也变成形声字。如“凤”“鸡”在早期甲骨文里本是象形字，后世流行“鳳”和“雞”，加声符“凡”和“奚”，都是形声字。前面举到的“齿”字本也是象形字，后加声符“止”变成形声字。“宝”字本是会意字，后加声符“缶”变成形声字。“年”字本是从禾从人（秂）会意，后则变成从禾千声（秊），这虽然是因饰画而讹变，但讹变的成功，主要是因为这个讹变正好符合形声结构，符合汉字的发展大势。[①] 这些情况也是汉字音化的具体表现。

① 学界多称这种现象为“变形音化”。刘钊指出：“变形音化，是指文字受逐渐增强的音化趋势的影响，将一个字的形体的一部分，人为地改造成与之形体相近的可以代表这个字字音的形体，以为了更清楚地表示这个字字音的一种文字演变规律。”参见刘钊《古文字构形学》，福建人民出版社2006年，第109页。

第三，假借现象的普遍使用，也是汉字音化的具体表现。假借一般分为“本无其字”和“本有其字”两种。假借的发生是以音同或音近为条件的。人们在运用假借字的时候，实际上是把借字看成本字的表音符号，这说明人们已经有了表音的概念。当然由于汉语同音词多等特点的限制，假借这种完全超越形义关系的单纯表音方式并不适合记录汉语，因而它也就不可能毫无限制地发展下去。

当然，由于汉字是表意体系的文字，汉字的音化并不是永无止境的。音化与意化是相互矛盾、相互制约的。如果汉字可以完全音化，也许假借之路就是一个很好的发展方向。但事实证明，在用汉字记录汉语的时候，假借是有一定限制的，否则，一篇文章或一本书全是假借字，随着语音的变化，可以想象，到了后代是谁也读不懂的。总之，虽然汉字音化是汉字发展中占主导地位的趋势，但还是要有一个度，要看到追求汉字完全音化，既不适合汉字的特点，也不适合记录汉语。有人根据形声字占优势、汉字具有音化的趋势推导出汉字要走世界共同的拼音化道路。这种推论，一是没有考虑到音化的度的问题，二是混淆了音化与拼音化的两个概念，因而是不正确的。

三、 分化

分化是与同化相反的一种趋势。

同化是指由不同的字或不同的偏旁混同为同一个字或同一个偏旁。不同偏旁的同化与表示不同词的不同字形的混同并不一样。不同偏旁的同化在“隶变”一节中已有所论述，此从略。表示不同词的不同字形的同化，总体上说要比分化少一些。因为同化造成的不是加强区别，而是增加混同，这与语言的发展和记录语言的手段越来越详密的趋势是不相称的。同化的深层原因是人们对汉字的形义关系缺乏了解，表层的原因主要是字形的相似。如“曝晒”的“曝”本作“暴”，小篆写作，《说文解字·日部》云：“晞也。从日从出从収从米。”段玉裁解释其形义关系云：“日出而竦手举米晒之，合四字会意。”而“暴虐”的“暴”，小篆写作（曓），《说文解字·夲部》云：“疾有所趋也。从日出夲廾之。”《段注》云：“按此与‘暴’二篆形义皆殊，而今隶不别。此篆主谓疾，故为夲之属；‘暴’主谓日晞，故为日之属。”可见“曝晒”的“暴”和“暴虐”的“暴”的混同是人们对其形义关系缺乏深入的了解造成的。在“隶变”一节中举到的“胄裔”的“胄”和“甲胄”的“胄”的混同，其情形也大体相同。

关于混同，还有一种情况是同音代替造成的。如“忧愁”的“忧”本作“惪”，从页从心会意，徐锴曰：“惪形于颜面，故从页。”而“忧”的繁体“憂”，据《说文解字》，其义为“和之行也”，当指走路从容不迫。[①] 至于“忧”字，义为“心动也。”[②]这样看来，以“忧”

① 徐灏《说文解字注笺》：“许云‘和之行’者，以字从夊也。凡言优游者，此字之本义。”

② 《说文解字·心部》云：“忧，不动也。”段玉裁认为“不动也”有误，当改为“心动也。”见《段注》该字条下。

代“憂”和以“憂”代“㥑”都是同音代替造成的混同。又如，“爱”字本作“㤅”，而“爱”的繁体“愛”，据《说文解字》是指“行貌”，本与仁爱之“爱”无关，后也因同音代替混同了。再如，“后”与“後”本来也不同，后来混同为“后”。“余”与“餘”、“征”与“徵”、“适”与“適”等本来也是不同的字，后来也都混同了。当然这种混同有一部分是为了简化，与前面那种情况有所不同。

分化是指由同一个字分化成不同的字，这种分化是以词的分化为前提的。分化是为适应语言的发展而在记录语言的手段上所进行的改进，是为更精密地记录语言服务的。因此，分化较之同化，更适合社会发展和语言不断丰富的需求，因而也是占主导地位的一种趋势。分化的方法主要有：

（1）利用异体字分化。如“少”“小”两字在甲骨文中是异体字，后来分化成不同的字。

（2）通过增加偏旁分化。如“买”和“卖”、“受”和“授”在古代都是施受同词，后代“賣(卖)”是加了偏旁“出”，“授”是加了偏旁“手”，才分别与“买”“受”分化成两个字。“無”本为“舞”字，字形表示人持牛尾一类东西跳舞。由于“無”字经常被借于表示有無之“無”，后在“無”的基础上增加“舛”（象二趾）分化出“舞”字。

（3）通过改变字形分化。如古代“句”“勾”同字，都写作“句”，分化后，变“口”为“厶”作为“勾”的区别性符号。又如“刁”字是通过改变“刀”的笔画而成的分化字。“秀”与“秃”可能也是通过改变“年”字下的“人”字之形而分化出来的。①

（4）通过拆字分化。如拆“行”为“彳”“亍”两字，拆“兵”为“乒”“乓”两字，拆“子”为“孑”“孓”两字等。

在“隶变”一节中还谈到，偏旁在隶变过程中也有变异，有的学者也称之为“分化”。但偏旁的分化与上面所说的以词的分化为前提的字形的分化有所不同，此不赘述。

四、 规范化

规范是与变异相对立的一种趋势。

变异就是文字体系内部存在着矛盾和斗争——书写体式的矛盾和斗争、正体异体的矛盾和斗争、新字形与旧字形的矛盾和斗争，等等。我们以异体字为例来看看变异在文字发展过程中的情况。文字在早期阶段，字无定形的情况是相当普遍的。甲骨文异体繁多，是大家所熟知的。战国时期，“言语异声，文字异形”，变异情况更加严重。在当时，不用说不同国家、不同地区的文字异形现象很严重，就是同一国家、同一

① 参见陈炜湛《汉字古今谈·续编·说“秃”》，语文出版社 1993 年。

地区也有很多变异。我们举战国《侯马盟书》为例。在《侯马盟书》中，因盟誓文辞大同小异，同一字往往会在不同的玉石片上重复出现，繁简并存，变异极多。据统计，"嘉"字就有一百多种写法，"敢"字有九十多种写法，"晋"字的繁简变化也相当大。秦统一中国以后，李斯建议"罢其不与秦文合者"，变异现象大大减少，但仍然还存在着异体，我们从《说文解字》的"同部重文"和"异部重文"中可以看得出来。汉字隶变以后，旧异体被淘汰了，但新异体又出现了。汉印、汉碑中的异体字就不少。据《东观记》记载，光武帝时，城皋县衙官员的印章，同一"皋"字就有三种不同的写法："城皋令印，'皋'字为'白'下'羊'；丞印'四'下'羊'；尉印'白'下'人'，'人'下'羊'。"所以马援慨叹说："即一县长吏，印文不同，恐天下不正者多。"[①]到了魏晋南北朝时期，社会动荡不安，文字的使用也非常混乱，异体字迅速得到发展。根据罗振鋆、罗振玉合编的《增订碑别字》，一个"灵"字就有 45 种不同的写法，"龟"字有 42 种写法，"边"字有 30 种写法，"华"字有 29 种写法，可见变异之甚。《颜氏家训·杂艺》云：

> 晋宋以来，多能书者。故其时俗，递相染尚，所有部帙，楷正可观，不无俗字，非为大损。至梁天监之间，斯风未变；大同之末，讹替滋生。萧子云改易字体，邵陵王颇行伪字；朝野翕然，以为楷式，画虎不成，多所伤败。至为"一"字，唯见数点，或妄斟酌，逐便转移。尔后坟籍，略不可看。北朝丧乱之余，书迹鄙陋，加以专辄造字，猥拙甚于江南。乃以百念为忧，言反为变，不用为罢，追来为归，更生为苏，先人为老。如此非一，遍满经传。

顾炎武《金石文字记·卷上》云："文字之不同，而人心之好异，莫甚于魏齐周隋之世。"毕沅《中州金石记·卷一》也说："字之变体，莫甚于六朝。"晚唐五代时期，俗字别体又一次流行起来。魏晋到晚唐五代的俗字别体，还可以敦煌文书为例。"我们随便打开一个敦煌卷子来看，就会发现俗字的使用不是个别的、偶然的现象，而是连篇累牍，触目惊心，诚如任二北先生所说：'句里行间，丛脞混乱，荒幻诙诡，至于不可想象！'"[②]宋元以来，民间刊刻的小说唱本中，也出现许多不见于字书的异体字。刘复、李家瑞的《宋元以来俗字谱》，收集宋代至清代同治间刊刻的 12 种书中的"俗字"一千六百多个（不计重体），数量也是相当多的。直至现代，虽然文字规范化已经被提到国家法律的高度来认识，但街边小巷甚至某些正规场合仍然还时见不规范的异体字存在。从上述情况来看，汉字在发展过程中，变异是无世无之，无时无之。

对于变异，我们应持辩证的观点来看待。一方面，变异是文字富有生命力的表

① 《后汉书·马援传》李贤注引。

② 张涌泉《敦煌俗字研究》，上海教育出版社 1996 年，第 19—20 页。

现,前面几节所谈的汉字形体的演变,从商代文字到西周春秋文字,从篆书到隶书,从隶书到草书到真书到行书,都是通过逐渐变异而完成的。没有变异就没有发展。没有发展,我们说不定还在写甲骨文和金文,汉字体系就不能进行自我完善,发展其科学的特性,抛弃其不科学的特性;没有发展,汉字就不可能跟上社会不断进步和语言不断丰富的步伐,就不可能很好地记录汉语,记录历史和现实——没有发展,古老的汉字只是老古董,而不具有鲜活的生命,进不了现代的高科技时代。汉字历经五六千年的沧桑变化依然屹立于世界的东方,我们应该感谢变异。另一方面,变异过甚,必然影响交流,影响文字用于记录语言这一基本功能的发挥。因为文字是记录语言的符号,是人们用来传递信息的载体,它通行于全社会,而不限于个别团体或成员,因此,抑制过度的变异,保持相对的稳定,建立一定的标准,也是文字正常发展的必然要求。在历史上,每当汉字发展到一定阶段,总会出现规范化运动,就是这一要求的体现。

历史上第一次大规模的汉字规范化运动是在秦统一中国后在秦始皇手上进行的。由于战国时期"言语异声,文字异形"已经到了无以复加的地步,严重影响了汉字正常功能的发挥,影响了秦国作为大一统国家之统治政策的实施,于是要求"车同轨,书同文",于是李斯上奏,"罢其不与秦文合者",废除了六国古文中与秦系文字不同的地区性异体。据研究,在秦国历史上总共有过三次规范汉字的运动,[①]而以秦统一中国后所进行的这一次规范化运动规模最大,影响也最深远。

东汉灵帝熹平四年(175),因为"经籍去圣久远,文字多谬,俗儒穿凿,贻误后学",[②]于是蔡邕等建议正定经本文字,立了"熹平石经",石经文字由蔡邕等用隶书一体写成,故又称"一字石经"。当时共刻46石碑,有《鲁诗》《尚书》《周易》《春秋》《公羊传》《仪礼》《论语》七种经书,是我国历史上最早的官定儒家经本。石经刊刻之后,"其观视及摹写者,车乘日千余两,填塞街陌","后儒晚学,咸取正焉"。[③] 三国魏曹芳正始二年(241)又立了"正始石经",石经文字用古文、小篆和汉隶三种字体书写,故又称"三体石经",共刻《尚书》《春秋》和《左传》(未刻全)。刻石经是为了给读书人一个典范,因而对文字的规范化起了一定的作用。

到了唐代,更兴起了以正字为目的的"字样"之学,"字样"之书也相继出现。首先有颜师古的《字样》,[④]接着又有杜延业的《群书新定字样》、颜元孙(著名书法家颜真卿就是他的侄子)的《干禄字书》、张参的《五经文字》、唐玄度的《新加九经字样》等相继

---

① 参见赵平安《试论秦国历史上的三次"书同文"》,《隶变研究·附录》,河北大学出版社1993年。

② 《后汉书·蔡邕传》。

③ 《后汉书·蔡邕传》。

④ 颜元孙《干禄字书·序》云:"元孙伯祖故秘书监贞观中刊正经籍,因录字体数纸,以示雠校楷书。当代共传,号为'颜氏字样'。怀铅是赖,汗简攸资。"

问世，蔚为壮观。在敦煌文书中还发现了《正名要录》《时要字样》等，大概也是这一时期的产物。当时的“字样”之学，很重视文字正体、别体的区别，如颜元孙的《干禄字书》就把文字分为俗、通、正三类。他在序中说：

所谓俗者，例皆浅近，唯籍帐、文案、券契、药方，非涉雅言，用亦无爽；倘能改革，善不可加。所谓通者，相承久远，可以施表奏、笺启、尺牍、判状，固免诋诃。所谓正者，并有凭据，可以施著述、文章、对策、碑碣，将为允当。

通过“字样”的宣传，规范用字逐渐深入人心。另外，唐代科举考试要考《说文解字》《石经》《字林》，国子监生员的学习科目也有《说文解字》《石经》和《字林》，规定“《石经》三体书限三年业成，《说文》二年，《字林》一年”，[①]还规定宏文、崇文两馆学生在考试时“楷书字体，皆得正样”，[②]这些都无疑促进了文字的进一步规范。

1955 年，文化部、中国文字改革委员会发布了《第一批异体字整理表》，废除了 1 055 个异体字。此后又续有整理，至今已废除了一千一百多个异体字。1965 年国家又公布了《印刷通用汉字字形表》，1986 年重新发表了《简化字总表》，1988 年发布了《现代汉语通用字表》，1997 年发布了《现代汉语通用字笔顺规范》。1998 年，语文出版社出版了由吕叔湘任首席顾问、李行健任主编的《现代汉语规范字典》，全面贯彻、落实了国家有关汉字规范的政策和法规，体现了国家汉字规范的标准。这一系列的政策法规的发布以及规范字典的出版，是对历史上汉字规范运动的总结和发展。通过我们政府的大力宣传，汉字规范化已经成为大家的共识，虽然有些时候有些地方还有不尽如人意之处，但大势已定，汉字必将朝着更加规范的道路继续前进。

总之，变异与规范是相反的，又是相成的，汉字就是在这样的矛盾运动中不断调整自己，以适应社会历史发展的需要，走向科学，走向进步。

贰　汉字发展方向的思考

从上一节的叙述中我们可以知道，汉字在发展过程中，有不少具体的明显的趋势，对这些趋势应如何认识，汉字的发展方向是什么？对这个问题，有很多不同意见，有人以为汉字的发展方向是简化，有人以为是音化，有人则以为是规范化。这些看法各有各的道理。下面再简要做些分析，并提出我们自己的看法。

---

① 见《唐六典》，台湾商务印书馆影印文渊阁四库全书本，卷 21。

② 见《册府元龟》卷 640。

一、关于简化

从甲骨文到今天的简化字，认为汉字是朝简化的方向发展，这种看法应该是有事实根据的，总体上是符合此前的汉字发展实际的；今后个别汉字在笔画上进行适量的简省仍然是很有可能的，例如，“爨”字笔画比较繁，其中有些部件，从形义关系来说，是冗余的，可以适当简省。《说文解字》记载的“爨”字的古文作，省去上部之而不影响形义关系，马王堆帛书“爨”字则作，省去下部之“林”和“収”，[①]只留下“火”，也不影响其形义关系。这些都可以作为此字进行再简化的根据。但是，如果不考虑汉字符号体系的系统要求，只是简单地把简化看成汉字发展的“规律”，则可能会使人产生误解，因而一味追求简省，以为越简越好，那对汉字改革和发展，实际上会起到误导的作用。因为，汉字符号是用于记录汉语的系统符号，其系统内至少有八万多个成员，[②]通用字也在7 000个左右。[③] 从系统性这个角度考虑，如果要使得每个汉字都能发挥其作用，就要保证各个成员都具有与其他成员区别开来的特征，而汉字的特征，就是由不同的笔画构成的。由于汉字字量大，要使得每个汉字都有自己的特征，就需要一定数量的笔画。笔画太少，必然会缩小符号形式上的区别，就不容易突出特征，会导致不能在感觉上区别的状况，甚至相互混淆，这样，必然影响汉字功能的发挥。人们在学习和使用诸如“己”“已”“巳”和“戊”“戌”“戍”等汉字时觉得很不方便，甚至经常出错，就是因为它们的形式区别过于细微，不易掌握和记忆。太繁不利书写，太简则容易混淆，因此简化是必要的，但必须有一个度。简化只是简化字形的冗余笔画，而不是简化字形的区别性特征。如果一味追求简省，以为越简越好，必然使汉字最终变成一堆杂乱无章的、不易区别的东西，因此也就根本谈不上精确地记录语言，顺利地进行交际了。这样看来，把简化看成“规律”，是汉字最终的发展方向，认为汉字还必须毫无节制地简化下去，这显然是有问题的。这种认识容易带来简单化倾向，把汉字改革简单等同于简省笔画，从而造成工作失误。这是有历史教训的。

总之，对汉字“简化”，我们要辩证地分析，适度地把握。从汉字表意性的角度看，我们觉得提“简化”，不如提“抽象化”(详见下文)。抽象化使得汉字的象形性削弱，表意性减少，同时，抽象化并不意味着笔画的不断简省，可以避免简化所带来的简单化倾向。抽象化可以涵盖简化，简化是抽象化的表现，但简化并不等于抽象化。

---

① 参见陈松长编著《马王堆简帛文字编》，文物出版社2001年，第109页。

② 《中华字海》共收字八万五千多，是世界上迄今为止收汉字最多的字典，1994年由中华书局、中国友谊出版公司出版。

③ 《现代汉字通用字表》共收7 000字，可作参考。

二、 关于音化

形声字的由少到多等现象表明，汉字在发展过程中，有逐渐与其记录对象——汉语语词之读音相结合的趋势，表音倾向十分明显。但是汉字是一个表意体系的文字，表音趋势始终受到不同程度的抑制。比如，在音化的同时，还有意化的趋势。形声字虽有声符，但声符不是纯粹的表音符号，一则其声符的构成还是汉字，仍离不开象形、指事、会意等汉字造字法，二则形声字"声中有义"的现象也并不是个别的、偶然的现象。同时，形声字的构成还离不开形符（义符），而形符（义符）就是为了规定形声字的意义范围，或者直接表意的。因此形声字虽有表音因素，但仍是表意汉字。形声字的出现和由少变多、后来居上，只能说明汉字记录汉语的方式更加成熟，更加科学，形声字的发展并不足以推导出汉字的发展方向是表音化。关于假借所揭示的表音倾向，历史事实已经证明，假借过甚必然影响阅读和理解，汉字要走假借式的同音代替之路是根本行不通的。表音化不能成为汉字最终的发展方向，还有更重要的原因，那就是汉字受到其记录对象——汉语的制约。汉语是一种音节数量有限的语言，现代汉语的音节，不算声调是 434 个，算声调是 1 280 个左右。古代汉语以单音词为主，现代汉语也还有许多单音词。单音词多，而音节有限，必然产生很多同音现象。根据安子介的统计，在《现代汉语词典》中，发 yi 音的有 177 个，ji 音的有 163 个，yu 音的有 139 个，xi 音的有 130 个，zhi 音的有 128 个，jian 音的有 119 个，fu 音的有 118 个，lu 音的有 115 个，发 qi 音和 wei 音各有 111 个，发 shi 音有 109 个，还有 218 个音各有 20 个字到 94 个字不等。以上数字加起来，总共有 8 172 字，是《现代汉语词典》一万多字的 82%。[①] 虽然这些同音字在现代汉语中未必都能独立成词，但大体上也能反映出同音词多的情况。随着语言的发展，现代汉语已变成以双音词为主了，但同音的双音词还是非常之多，我们只要从《现代汉语词典》中随意看看，就可发现很多同音词，如"有利-有力""简洁-简捷""暴利-暴力-暴戾""信使-信史""机智-机制""公立-功利-功力-公历""方式-方士""地域-地狱""出厂-出场""出格-出阁""出界-出借""出工-出恭""出嫁-出价""出示-出世-出事-出仕""出现-出线""世纪-试剂""导弹-捣蛋""意义-异议-奕奕-意译""意向-意象-义项""杂技-杂记""杂志-杂质""中间-中坚"等，不胜枚举。用表意的汉字记录汉语，正好可以避免汉语同音词多所造成的麻烦。而如果是用表音文字记录汉语，则不免带来许多困惑。赵元任曾写了一篇戏文《施氏食狮史》，全文如下：

① 参见李敏生《汉字哲学初探》，社会科学文献出版社 1997 年，第 184 页。

石室诗士施氏，嗜狮，誓食十狮。氏时时适市视狮。十时，适十狮适市。是时，适施氏适市。氏视十狮，恃矢势，使是十狮逝世。氏拾是十狮尸，适石室。石室湿，氏使侍拭石室。石室拭，氏始食十狮尸。食时，始识是十狮尸实十石狮尸。

此例虽有点极端，但很能说明问题：用表意的汉字来记录，文意十分清楚，若用表音文字，比如拼音，则全文都是 shi 音，谁能读得懂呢？新加坡亚洲研究学会会长陈田启向安子介提问："汉字如果要解决电脑机械输入的困难，就必须走拼音的道路。这是目前许多人的讲法，请问您有什么意见？"安子介回答："我不赞成拼音化，不管采用拉丁字母还是汉化字母，我认为都会遗弃汉字独有的优点，得不偿失。拼音化虽然可以逃避许多麻烦，但很不实际。日本已经做了几十年，结果也没有成功推行。'姓名'可被误解为'性命'，你看多危险？"[①]可见记录汉语，汉字最合适，舍此别无他途。追求汉字完全音化，既不适合汉字的特点，也不适合记录汉语。音化不是汉字发展的最终方向，更不能得出汉字要走世界共同的拼音化道路的结论。

三、 关于规范化

规范是相对于不规范而言的。简化、音化等汉字历时运动都可能导致不规范而最终需要对之进行规范。规范是对汉字简化、音化等历时运动的结果中的不规范现象进行干预，选择规范字体，淘汰不规范字体，并制定政策法规予以保证、实施。历史上汉字的每一次发展都以规范的确立为其终点，而每一次规范又都将对其后的汉字发展产生影响。现在的规范对今后汉字的发展照样会产生深刻的影响，这是毫无疑义的。规范虽然只是对现有不规范现象进行干预，建立标准，是阶段性过程，而不是持续性的发展过程，与简化、音化不是同一个层面的概念，但是，许多阶段性过程的叠加，就是一种持续性过程。汉字的发展过程，实际上就是不断规范的过程。

规范的程度在手写时代和键盘输入时代是完全不同的。随着现代科技的发展，人类进入信息时代，对汉字的规范程度的要求也越来越高。比如在电脑里，因为需要相同的内码，不仅要求字形规范，而且对每个笔画的长短，笔画与笔画之间的相离、相交等，都要有具体的规定。汉字如果不能规范化、标准化，就很难跟上时代的步伐。因此，规范化对于汉字充分发挥其功能有着重要的意义，把规范化作为汉字的发展方向是符合社会发展趋势的。

---

① 参见李敏生《汉字哲学初探》，社会科学文献出版社 1997 年，第 129 页。

四、关于汉字符号的抽象化

关于汉字的发展，除了规范化之外，还有什么发展趋势呢？从汉字的整个发展历史来看，汉字符号经历了很多变化，早期的象形字变得不象形了，容易会意的字变得不好解释了，部首从多变少了，弯曲线条变成笔画了，大小不等变成整齐方块了，等等。这些变化综合起来看，汉字作为表意体系的文字，汉字的形象性削弱了，表意性减少了，汉字符号变得更加抽象了。因此，我们可以把汉字从古到今的变化趋势叫作抽象化。

下面让我们来看看汉字符号抽象化的进程。

以象形之法创造出来的汉字，比较古老的字形一般都很形象，几与绘图无别。我们从族氏文字中可以看得很清楚。族氏文字多由块面构成，显示出浓厚的图画性和原始状态。随着时间的推移和书写工具的改变（如刻写在甲骨上），块面形态就被线条勾勒所代替。就金文而言，西周初期的金文和商代金文几乎没有什么区别，保留了许多块面形态，西周中期以后，除少数字还残留块面形态外，大多变成了线条形态。西周晚期，金文中已基本没有块面字形了。块面文字多是“画”出来的，而线条文字则是“写”出来的。由块面形态转向线条形态，是汉字从图画性向抽象化过渡的第一步。

汉字在原始图画性块面形态文字之后和小篆以前，笔画形态多以曲笔、圆笔为主，圆转的线条连绵不断，多少还保留了象形的意味。到了战国中晚期，逐渐产生了一种新的字体，后来形成为隶书。隶书把古文字的圆笔变为方笔，把曲笔变为直笔，把连笔变为断笔，把在以曲笔、圆笔为主要特征的古文字中所保留的象形意味破坏殆尽，使汉字的发展进入一个全新的阶段——今文字阶段。象形意味的消失，圆转笔画的平直化，是汉字抽象化的第二步。

汉字进入今文字阶段以后，字体没有大的变化，字形仍然还在继续简化，大体上可以分为两个时期，即繁体字时期和简体字时期（但所谓简体字并非全是后起字）。隶变虽然对古文字的结构有很大的调整，但也有不少保留了古文字的结构原型，隶书楷化形成的繁体字，有许多仍然可进行形义的分析，“六书”理论尚有广泛的用武之地。亦即说，汉字的符号形式与其意义内容之间还可以在一定程度上联系起来。如“難”“觀”“雞”“鄧”等字，其左边诸符号尚与诸字所表示之词的读音相联系，即还存在读音理据。这些字成为简化字以后，左边都变成了“又”，既不表形，也不表音，成了一个抽象的记号。所以，汉字由繁体字变成简化字，形义联系进一步丧失，变得更为简单或抽象，是汉字抽象化的进一步发展。

以上是从整体上看古今汉字的抽象化进程。就个体汉字而言，抽象化的进程也是相当明显的。个体汉字的演变，大体上可以分为“正变”和“讹变”两种。“正变”是指某个字从古至今在结构上是一种循序渐进的有迹可寻的正常的变化，我们沿流溯源，把各个时期的字形进行排列，其演变脉络，清晰可辨，不离本源，体现了古今汉字一脉相承的关系。如甲骨文字，金文或作，小篆作，楷书作“休”，只是笔势有所不同，偏旁部件均无变异。这是正变。关于“讹变”，上文说过，指的是某些汉字在演变过程中，使用者把本来是有理据的结构或构件偏旁误写成了与之相似而音义不相干的结构或构件偏旁，从而使得文字的形体结构丧失或脱离了原来的构形理据的错误现象。如“得”字古文本从“贝”从“又”，示有所得，《说文解字》“得”字古文作从“见”从“寸”，“见”乃“贝”之讹，“寸”乃“又”之讹；“射”字中的“寸”也是“又”之变，“身”则是“弓”之讹；①“奔”字中的“大”本是“夭”字，“卉”本是三“止（趾）”之形。讹变是一种超出常规的变化，往往造成古今字形联系上的中断。因此，在研究汉字的形体演变、讨论汉字的形义关系以及汉字抽象化等问题时，讹变现象应引起我们的注意。下面对这一现象再做进一步申论。

汉字在造字之初，用什么字形来表示什么意思，应该是清楚明确的。但随着文字使用的日渐广泛，层次水平各不相同的使用者也就多了起来。字学修养较高的人对字形的把握比较清楚，对文字的源流变化比较熟悉，对形义关系比较了解，就不容易写错字、讹字。反之，字学水平较低或比较粗心的使用者，不了解或不注意形义之间的关系，就容易写出形近而实误的字形。可见，书写者误解或忽视汉字的形义关系，是产生讹变的主观原因。

汉字中的象形字是“画成其物，随体诘诎”而形成的，而大千世界中的许多客观事物在外形上又多具有相似性，又由于书写时笔画线条的运用具有一定的灵活性，因此，用象形的方法以简单的线条创造出来的文字，必有许多是形状相近的，比如“山”和“火”、“月”和“肉”等在古文字里有时就比较接近，如果书写时不了解或不注意形义关系，不求精确而只求近似，就极易造成讹变。可见字形中存在形近部件是产生讹变现象的客观因素。

此外，讹变现象的产生与书写材料和书写速度也有一定的关系。甲骨文是刻上去的，直笔易刻而曲笔难成，圆形就易讹为方形。战国时期诸侯力征，战事频仍，书求急就，无暇求精，也就产生了大量的讹体。

由上可见，在汉字形体的演变过程中，讹变现象的产生是不可避免的。讹变现象产生之后，它的命运又将如何呢？

裘锡圭在《文字学概要》里根据构成汉字的符号把汉字字符分为意符、音符和记

---

① “射”字的讹变，宋元时期的戴侗最早指明。戴侗说：“手弓加矢，射（按戴作‘弢’）之义也。”“射字从身绝无义，考之古器铭识，然后得其字之正。盖左文之弓矢讹而为身，右偏之又讹而为寸也。”见戴侗《六书故・工事五》，上海社会科学院出版社2006年，第699页。

号三类。意符是指与文字所代表的词在意义上有联系的字符，音符是指在语音上有联系的字符，而记号则是在语音和意义上都与语言中的词没有联系的字符。[①] 讹变的结果除了一部分从其他的途径（比如附会词的引申义、假借义或者原意符变为形近的声符等）而重新获得形义、形音的联系外，大部分则变成了记号。按照常理，讹变既是一种超越常规的变化，又常常以失去理据为代价，使本来有理据的字符变成了没有表音或表意作用的记号，这在以表意为主要特征的汉字里本是一种应受到抑制的现象，不会有强盛的生命力。但事实却并非如此。讹变了的字形，除个别只是昙花一现以外，大部分则由于反复出现而积非成是，跻身于正字的行列，成为汉字家族中合法的正式成员。这种情况值得我们深思。

张桂光在《古文字中的形体讹变》一文中说：

> 讹变虽是发生了讹误的变化，但是，在反复的淘汰中有资格得到幸存、取得人们承认的讹变形体，一般来说，都是符合简化、声化、规范化的总趋势的要求的。讹变实际上是以特殊的方式，推动古文字朝简化、声化、规范化的方向前进；另外，不少讹变形体取得了合法地位这一事实，说明“积非成是”是汉字发展过程中的一个突出现象，文字作为一个符号，只要利于交际，便于使用，在结构上有些错误的变化也是允许的、可以得到人们承认的，而且讹变使得字义与字形更加脱离，使得文字更加符号化，也就更有利于文字向着更高级的阶段发展。[②]

这段话简要揭示了讹变现象之所以能积非成是的基本原因。但是，讹变字如果不讹变是否也可能朝着简化、声化、规范化的方向发展呢？答案是肯定的。因为所有正变的现象实际上也是朝着简化、声化和规范化的方向发展的，这是汉字发展过程中已经得到证明的事实。而且，某些字的讹体有时还比正体更加复杂，如上举“射”字的“身”旁系由“弓”字讹化而来，“寸”旁本是“又”字，讹体显然比正体繁复。[③] 这就不是简化所能回答的问题了。至于声化和规范化，“射”字也都挂不上钩：“寸”“身”都不是声符，从“弓”从“又”也未必不如从“身”从“寸”的“射”规范。这样看来，讹变之所以能积非成是，虽然与简化、声化、规范化不无关系，但更根本的原因恐怕还在于人们对汉字作为一种记录汉语的符号这一性质的有意无意的认识和肯定。亦即说，当人们接受那些已经讹变了的

---

① 参见裘锡圭《文字学概要》，商务印书馆 1988 年，第 10—21 页。

② 张桂光《古文字中的形体讹变》，《古文字研究》第 15 辑，中华书局 1986 年，第 175 页。

③ “射”字完整的形体作“”，按照正常的演变，既可以变为从弓从又，也可变为从弓从矢。战国楚系、燕系文字中的“射”字，多作从弓从矢，如郭店简作“”（参见汤馀惠主编《战国文字编》，福建人民出版社 2001 年，第 336 页）。戴侗《六书故》的“射”字就写作“弢”（参见《六书故》，上海社会科学院出版社 2006 年，第 699 页）。从弓从又或从弓从矢都比讹体“射”更为简单。

字形的时候，人们在意识里已经把它们当作某种意义的特定的硬性代码，不再考虑符号和意义之间原有的理据内涵，它们只不过是符号而已。只有这样，讹变现象才能被允许存在，才能够积非而成是，获得合法的地位。也可以说，汉字作为一个符号系统，各个符号之间只要能够保持一定的区别度，以便于人们的区别和使用，即使丧失了理据或者形义关系变得相当松散，人们也还是愿意接受它们。讹变现象之被接受，其内在原因也正在于此。这也是汉字符号可以抽象化、允许抽象化的根本原因。

文字学界对讹变现象的研究开始于古文字学界，这是由于古文字阶段汉字的规范程度低，异形异构现象突出，讹变的概率比较高，容易引起学者的注意。20 世纪 80 年代中期，林沄、汤馀惠、张桂光等都曾把“讹变”作为一个重要问题予以研究，所获甚丰。[①] 特别是张桂光对古文字中形体讹变的历史情况和具体类别以及研究这一问题的现实意义做了深入探讨，给我们以很多启发。根据张桂光的研究，讹变现象在殷商时期就已经出现，西周更甚，春秋战国最为激烈，秦初的“书同文”则起了集其大成和使讹变定形化的作用。就古文字阶段而言，张桂光的概括无疑是正确的。但是，我们对讹变现象的研究，还应该把眼光扩大到整个汉字的演变过程中，因为只要有演变，只要有变异与规范的矛盾运动存在，都可能有讹变现象产生。秦篆以前的古文字阶段，由于字少定形，讹变现象自然很突出，但是隶变楷化甚至于现在的规范汉字，也仍然存在不少讹变现象。特别是隶变，由于笔势的变化和笔画的形成，出现了大量的讹变现象，如“春”“秦”“泰”“奉”等字，就是明显的例子。楷化字以及新旧字形之间的变化，也都有讹变产生。如“及”字，旧字形为四画，多少还保留从“人”从“又”会意的影子，规范的新字形并为三画，就讹为一个抽象的符号了。总之，讹变现象在整个汉字的演变过程中不是个别的特殊的阶段性的现象，我们应结合汉字符号学对这一现象予以全面研究，从而对汉字符号的抽象化过程及其实质有更深刻的理解。[②]

总之，不管是“正变”还是“讹变”，由于汉字的不断发展，抽象化都在所难免。因为即使是正变，由于字形的不断演变，对于不熟悉字源的人来说，许多本来是有理据的字形到了后来也都变成了抽象的记号、半记号字。如“即”“步”“日”“月”等字，若不管其源流演变，其实都是一些无法进行形义联系的硬性代码。特别是对于一般的文字使用者来说，几乎所有的现代汉字，都是一个个的抽象代码，都是需要从小学起，反复记忆，然后才能熟悉使用的符号。看到汉字就如看到一个个活泼的小生灵，可以把汉字的形音义联系起来，说得头头是道，那只有对汉字的源流变化、对与汉字相关的学问都很熟悉的专家学者才能做得到。至于讹变了的字形，除了一部分通过附会词

① 参见林沄《古文字研究简论》，吉林大学出版社 1986 年；汤馀惠《略论战国文字形体研究中的几个问题》、张桂光《古文字中的形体讹变》，二文并载《古文字研究》第 15 辑，中华书局 1986 年。

② 参见林志强《关于汉字的讹变现象》，《福建师范大学学报》1999 年第 4 期。

的引申义、假借义或者原意符变为形近的声符等途径而重新获得形义、形音的联系外，大部分也都变成了抽象的记号。与“正变”一样，讹变来的字形，如果能附会上形义、形音的联系，那也是文字学家的本事，一般的使用者，都视其形为抽象代码，无法进行“有意义”的联系，做到“见形知音”或“见形知义”。

有一些字在演变过程中是“正变”与“讹变”混杂交替进行的，如“年”字，甲骨文作从“禾”从“人”，本是会意字。后在“人”字的竖笔上加点为饰画，此点拉伸为横画，“人”字遂讹为“千”，于是“年”就变成了从“禾”、“千”声的形声字，这是讹变。“年”字讹为从“禾”“千”声以后，隶书的繁体遂写作从“禾”从“千”(秊)，这又是正变。而隶书简体却把“禾”字的下部撇捺两笔并为一横，又把“禾”字的竖画和“千”字的竖画合为一竖，写成了𢆉，这似乎也可看作讹变。楷书“年”字即将此字的第一二两笔的相对位置稍做调整，第四笔短横变为短竖，就成了“年”字了，这个只是笔势的改变，可视为正变。这样看来，“年”字的历时演变是“正变”与“讹变”交替进行的，其最终的字形“年”，对一般人而言，显然也变成了一个无法进行形义联系的代码，是一个抽象的符号。

由上可见，单个汉字的发展演变，正变也好，讹变也好，其形义关系都会变得越来越松散，甚至完全丧失，都是朝着抽象化的方向发展，向汉字符号的高级阶段发展。

此外，汉字的字形常随着社会的发展而变化，这是一个方面；另一方面，汉字的字形又是相对稳定的，它与社会的发展并不同步。社会的发展、语言的变化与相对稳定的汉字构成了矛盾，这个矛盾也促使汉字走向抽象化。比如，形声字的声符在造字时代表音率是很高的，但时有古今，音有变化，乃势所必然。语音发展变化了，可是用于表示读音的声符却没有跟着变化，这就使得形声字声符的表音率逐渐降低，当它变得完全不能表音时，这个声符就形同虚设，成为抽象的符号了。

附：汉字的行废现象

汉字历史上有古文有今字，有正体有俗字，古今正俗之分，大抵根据时代标准及行用实际。从行用角度看，一般而言，新生者通行，古旧者废弃，规范者通行，别异者废弃，常用者通行，罕用者废弃；或行或废，或由行而废，或由废而行，其间情状，至为纷繁。以此观之，汉字之流变，亦行废之过程，[①]自殷商迄于现代，可论者多。限于才

① 这里的“行废”，当然是指汉字体系内部新旧特征、新旧要素或新旧成员的“行废”，是汉字体系内部的调整和优化过程，与作为汉语之记录符号的整个汉字体系的行废无关。本书关于行废字的概念，主要着眼于文字符号的行用与废弃，行废字之间，既包括音义相关的古今字，也包括音义不同的同形字，比如文中所举的“她”“胜”“找”“仪”“搞”等，都属于历时同形字。这是需要特别说明的。行废之“废”，只是就其现实的使用功能而言，并非无价值。

学与精力，本文只识其小，不及其大，以下略述数端，以乞正于同道方家。

一、宏观行废与微观行废

根据现有材料，成体系的汉字从殷商时期开始，历经西周春秋进入战国秦汉，从古文字隶变成为今文字；又经过楷化定形，繁简变换，汉字走进现代社会。从这个过程看，汉字的演变，经历了多种多样的变化，总的情况是旧的消亡和新的产生，推动了汉字的不断发展。消亡即废弃，产生即通行，在这个意义上的行废，可以有不同层面的内涵，既有宏观的行废问题，也有微观的行废现象，在汉字史的研究中，两个层面的研究都需要。

宏观的行废问题有不同的角度：因不同书写材质而形成的不同风格的汉字有行废的问题，比如甲骨文和金文在商代晚期和西周早期是并行同用的，它们主要的区别是书写材质的不同，当然也带来文字风格的差异，但不存在孰行孰废的问题。从西周中期开始，甲骨文退出历史舞台，金文却大行其道，这就产生了行废的问题。从发现的古文字材料看，春秋战国开始，汉字的书写材质变得更加丰富了，铜器、玉石、陶器、竹简、木牍、缣帛等都是汉字的书写载体，各呈风采，但随着纸张的发明和使用，它们作为书写材料也逐渐不再行用，"书于竹帛"也就成为历史话语，铜器铭文、玉石文字、简牍文字等也变成历史汉字研究的范畴。战国时期"文字异形"，各区各系各有特色，秦始皇统一中国，李斯上奏，"罢其不与秦文合者"，也形成了许多地域性行废之例。从汉字字体的发展角度看，不同书写体式的汉字也有行废的问题，比如先秦古文字多以屈曲笔画来书写汉字，战国中晚期开始出现隶变，其时正体之篆书和简率之隶体，大概只是使用场合的不同或不同地区的差异，也不存在行废的问题，经过一段时间的发展，到汉代隶变成熟形成新的书体——隶书，则篆书废而隶书行矣。后来的隶书楷化和繁简变换，大致也是如此——虽然从书法和学科分立的角度看，以前各种旧体汉字仍然有其表现的需要和存在的领域。因此也可以说，行废的问题不是一刀切的非行即废，行废问题的复杂性也表现在这里，宏观的问题也需要细致分析、辩证看待。

相对于宏观的行废问题，微观的行废现象更需要做扎实的工作。据研究，每个时代的常用字基本上都差不多，约在三五千之数，但汉字经过历代积累，其总数已不下十万，从行废的角度说，大量汉字属于废字。这就需要我们深入研究具体汉字的行废问题。微观的研究也有很多角度，比如某个新字的产生和某个旧字的消亡是一个行废的问题，某个新义的产生和某个旧义的消亡也是一个行废的问题，甲字取代乙字、甲义取代乙义也是一个行废的问题，等等。由于汉字的使用，领域众多，层次有别，再加上行废汉字间的字际关系相当复杂，确定行废的标准也因字而异、因时而异、因人而异，因此对于具体汉字的行废的判断，是一个十分复杂的问题。比如在特殊领域专用的行字，在大众视野中可能被视为废字，在特殊著作中使用的行字，在常见文本中可能被视为废字，因此对于具体汉字的行废的判断，也应该如宏观行废问题一样，只能就大体情况而言，不宜做简单绝对的断定。以下论及具体汉字的行废问题，也应做如是观。

二、对应行废与连环行废

如上所述，具体汉字的行废现象中的字际关系相当复杂，就表面对应情况而言，常见的有两两相对的一行一废，比较特殊的有三个字的连环行废。

两两相对一行一废的情况，是汉字行废的典型现象。对这种现象，古人在注释实践和字典编纂过程中已有所说明。古书注解及历代韵书字书中常见"某字古作某""某字今为某""某字经典通用作某"等注释条例，实际上都揭示了两两相对的汉字在某种程度上一行一废的情况，如：

桼，《玉篇·桼部》："桼，今为漆。"《广韵·质韵》："桼，经典通用漆。"

啚，《集韵·旨韵》："啚，通作鄙。"

上，《正字通·一部》："上，古文作二。"

ナ，《说文通训定声》："经传皆以左为之。"

但是把这类现象归结为"行废现象"的，似乎到了段玉裁才明确起来。段氏在《说文解字注》中用"某字行某字废"的程式性句式对这类文字现象进行解说，使得汉字行废现象凸显，行废关系明确，这是他的一个重要贡献。上举"桼""啚"二例，《段注》就明确标明"今字作漆而桼废矣""鄙行而啚废矣"。又比如：

《说文解字·麤部》："麤，行超远也。"《段注》："鹿善惊惧，故从三鹿。引申之，为卤莽之称……不精也、大也、疏也，皆今义也……今人概用粗，粗行而麤废矣。"

《说文解字·鱼部》："鱻，新鱼精也。从三鱼，不变鱼。"《段注》："释从三鱼之意，谓不变其生新也……死而生新自若，故曰不变。"又云："凡鲜明、鲜新字，皆当作鱻。自汉人始以鲜代鱻，如《周礼》经作'鱻'，注作'鲜'，是其证……今则鲜行而鱻废矣。"

对《段注》所揭示的这种行废现象，近年来颇引起一些学者的注意，笔者目力所及，已有三篇硕士学位论文专论此题，即杨怀源《〈段注〉"废、行字"研究——试探古汉语单音节词书写形式的更替》、[1]亓瑶《〈说文解字注〉行废字研究》[2]和张娟《〈段注〉"通行字"与"废弃字"研究》。[3] 由于方法和角度有所不同，各家统计《段注》行废字的字组数量也有所不同，杨文统计为228组，亓文统计为278组，张文统计为257组，其

① 杨怀源《〈段注〉"废、行字"研究——试探古汉语单音节词书写形式的更替》，广西师范大学硕士学位论文，2003年。

② 亓瑶《〈说文解字注〉行废字研究》，浙江大学硕士学位论文，2007年。

③ 张娟《〈段注〉"通行字"与"废弃字"研究》，福建师范大学硕士学位论文，2009年。

范围在二百到三百之间。但从汉字行废的实际情况看，行废字的数量当不止此数，《段注》显然没有穷尽举出行废现象。比如上举“上”之与二，“左”之与“𠂇”，《段注》并没有明言其行废关系。因此，对于汉字行废现象的梳理和挖掘，还需要我们做更多的工作。下面再举一个比较典型的例子：

“缁衣”之“缁”，就目前所发现的古文字材料而言，郭店简作“兹”，用的是借字，上博简作“紂”，当是专造的形声字，《礼记》作“缁”，则为后起形声字。就专用字而言，后世“缁”行而“紂”废，是一对明确的行废字组。上述三篇论文都没有把“紂”“缁”当作行废字来考察。《段注》“缁”条下也未明言“缁”行而“紂”废，需要具体分析段玉裁的注释语言，才能确定。《段注》云：

> 《玉藻》“大夫佩水苍玉而纯组绶”注：“纯，当为缁，古文缁字或作糸旁才。”又《周礼·媒氏》“纯帛”注：“纯，实缁字也，古缁以才为声。”《祭统》“王后蚕于北郊，以供纯服”注：“纯以见缯色。”《论语》“今也纯”，郑读为缁。郑意今之“紂”字俗讹为“纯”耳，然则许书当为紂篆，解云“古文缁，从糸才声”，而缺者，岂从今书不从故书之例与？

其中引《礼记·玉藻》注和《周礼·媒氏》注，实际上已经透露出“紂”“缁”为一古一今一行一废的关系。

其他字书中关于此字的记载，也需要具体分析。今本《玉篇·糸部》：“缁，黑色也。紂，同缁。”根据这条材料，缁、紂似乎是平行的关系，其行废关系并不明显。但《原本玉篇残卷》云：“《周礼》：‘入币纯帛’，郑玄曰：‘实缁字也，古缁以才为声。’”①则可推导出缁、紂二字的古今关系，一行一废。这也是原本《玉篇》胜于今本的一个例证。现今上博简“缁衣”之“缁”，正作紂，证明原本《玉篇》所引郑注完全正确，今本《玉篇》没有正确反映缁、紂的字际关系。

对应行废除了上述一行一废之外，《段注》中还揭示了一行对多废，或一废对多行的现象，如《段注》云：“调声曰龢，调味曰盉，今则和行而龢、盉皆废矣。”又如《段注》认为晐为晐备正字，“今字则该、赅行而晐废矣。《庄子》《淮南》作赅，今多作该”。② 此不备述。

与一行一废相关的比较特殊的行废现象，值得一提的是甲字取代乙字、丙字又取

① 原文作“实缁字字也，古作缁，以才为声”（梁顾野王《原本玉篇残卷》，中华书局 1985 年，第 145 页）。根据上引《周礼》注文，抄本此处前衍一“字”字，后衍一“作”字。当然也可能作“实缁字也，古作紂，以才为声。”

② 亓瑶《〈说文解字注〉行废字研究》第一章第二节“‘段注’行废字的说解形式和对应状况”对这些情况作了归纳总结，可以参看。

代甲字而形成的连环行废现象。这种现象中的甲字，处于行与废之间，需要具体分析。下面举一些这方面的例子：

“忧愁”之“忧”本作㥑，从页从心会意，徐锴曰：“㥑形于颜面，故从页。”而“憂”字，据《说文解字》，其义为“和之行也”，当指走路从容不迫。[①] 至于“忧”字，《说文解字·心部》云：“心动也。”[②]从行废的角度看，把简化字也算在内，后世“忧”行而“㥑”废，“憂”行而“忧”废。[③] 其中“忧”字，相对于“㥑”而言，是行字；相对于“憂”而言，又是废字。

“冰”本是“凝”字，后世以“冰”代“仌”，又以“凝”代“冰”。就“冰”字来说，相对于“仌”字，它是行字；相对于“凝”字，它又是废字。

“渴”本是“竭”字，口渴之“渴”本作“㵣”，段玉裁云：“今则用‘竭’为‘水渴’字，用‘渴’为‘饥㵣’字，而‘㵣’字废矣。”就“渴”字而言，相对于“竭”字，它是废字；相对于“㵣”字，它又是行字。

《说文解字·竹部》：“笨，竹里也。”《广韵·混韵》：“体，麤皃（貌），又劣也。”后世以“笨”代“体”，以“体”代“體”。相对于笨拙之“笨”，“体”是废字；相对于身体之“體”，它又是行字。

《说文解字·肉部》：“胜，犬膏臭也。从肉生声。一曰不孰也。”“腥，星见食豕，令肉中生小息肉也。”《段注》：“今经典膏胜、胜肉字通用腥为之，而胜废矣，而腥之本义废矣。”现行简化字又以“胜”代“勝”。相对于腥臊之“腥”，“胜”是废字；相对于胜利之“勝”，它又是行字。

《说文解字·隶部》：“隶，及也。从又从尾省。又持尾者，从后及之也。”《段注》：“此与辵部逮音义皆同，逮专行而隶废矣。”又《说文解字·隶部》：“隸，附箸也。从隶柰声。”相对于逮捕之“逮”，“隶”是废字，相对于隶属之“隸”，[④]“隶”又是行字。

这些行废字之间的字际关系比较复杂，需要一一分析。有的是同词异字，有的是借字借义。但就行废关系来说，不管是今字行而古字废，还是借字行而本字废，或借义行而本义废，都是行与废的对应交替。

---

① 徐灏《说文解字注笺》：“许云‘和之行’者，以字从夊也。凡言优游者，此字之本义。”

② 据《段注》本。大徐本《说文解字》作“不动也”。段玉裁据《玉篇》等改。见《段注》该字条下。

③ 当然繁体字仍有特定的使用领域，在适用领域，不算废字，下同。

④ 从文字学的角度说，“隸”字本身还有一个行废的问题。从有关文字材料看，“隸”字之右旁本是从“又”从“米”，作隸，无有从“隶”者。殆因古字“米”符竖笔延伸而与“又”符交叉，如高奴权作“隸”，秦简作“隸”，其右旁遂与“隶”形相近，后遂讹从“隶”。此讹变之体，经典相承，竟至“隸”行而“隸”废矣。参见林志强《汉碑隶体古文述略》，《古文字研究》第26辑，中华书局2006年。

三、由行而废与由废而行

汉字由行而废的情况，只要把历史汉字与现行汉字做一对比，情况就十分清楚。从汉字产生到现在，大量汉字贮存于字典辞书之中，或出现在出土文献之中，成为历史汉字，它们具有丰富的研究价值，但不作为现实行用的文字符号。从行废的角度说，它们曾经是行字，但随着时间的推移，这些汉字在某种意义上都变成了废字。也就是说，这些汉字是由“行”而变成“废”。与这种情况相反，个别汉字则由“废”而变成“行”，颇有理趣，值得探寻。下面谈谈“她”的问题。

现代汉字第三人称女性的“她”字的流行，与五四时期的白话文运动以及刘半农的提倡有密切的关系。在早年的白话文中，“他”的使用范围比较广，男性、女性及事物之称均用“他”。后来用“伊”称女性，分流了“他”字的一个职能，但似乎没有流行开来。1920 年，刘半农写了《“她”字问题》，发表在上海《时事新报・学灯》栏。他在文章中说：“一，中国文字中，要不要有一个第三位阴性代词？二，如其要的，我们能不能就用‘她’字？”[①]刘氏还用“她”字写了一首情诗，即著名的《叫我如何不想她》，对“她”字的流行起了推动作用。但是他对“她”字的由来并没有深入探究，他说：“要是这个符号是从前没有的，就算我们造的；要是以前有的，现在却不甚习用，变做废字了，就算我们借的。”[②]从汉字历史来看，刘半农的后半句说对了。他对“她”字的提倡，实际上是使得“她”从废字变为行字了。因为在《玉篇》《集韵》《字汇》等字书中，都记载有“她”字。摘录如下：

《玉篇・女部》：“她”，同“姐”，古文亦作“毑”。[③]《集韵・支韵》：“她，女字。”[④]《集韵・马韵》：“姐、毑、她、媎：之野切。《说文》：‘蜀谓母曰姐，淮南谓之社。’古作毑，或作她、媎。”[⑤]《字汇》：“她，兹野切，音姐，长女。又臧可切，音左，《博雅》：媁母也。”[⑥]

《康熙字典》除了综合了《玉篇》《集韵》等字书的材料，还引用了《六书故》。《康熙字典・女部》云：“她，《玉篇》：古文姐字。《说文》：‘蜀谓母曰姐，淮南谓之社。’亦作她，或作媎。又子我切。音左。《博雅》：‘媁母也。’又陈支切。音驰。女字。《六书故》：姐，古文或从也声，作她。或从者声，作媎。”[⑦]

可见古有“她”字，主要是作为“姐”字的异体存在。由于“姐”字已流行，“她”其实只是一个存于字典中的死字。但因为刘半农的提倡，“她”被用来记录女性第三人称，

---

① 《中国现代文学作品选・刘半农》，河南大学出版社 2005 年，第 102 页。

② 《中国现代文学作品选・刘半农》，河南大学出版社 2005 年，第 104 页。

③ 《大广益会玉篇》，中华书局 1987 年，第 18 页。

④ 《集韵》，上海古籍出版社 1985 年，第 30 页。此音陈知切，音 chí。

⑤ 《集韵》，上海古籍出版社 1985 年，第 409 页。“姐、她、媎”是声母不同的异体字。“毑”字从母，从女从母古文可通用。

⑥ 《字汇　字汇补》，上海辞书出版社 1991 年，第 101 页。

⑦ 《康熙字典》，世纪出版集团、汉语大词典出版社 2002 年，第 191 页。

与“他”“它”一起构成现代汉语第三称代词的完整体系，成为一个使用率极高的汉字。此为由“废”而“行”的一个典型例子。

“搞”字也是一个比较典型的例子。“搞”字最早见于《新书·过秦上》：“（始皇）执搞朴以鞭笞天下，威震四海。”四部丛刊本作“敲”，说明“搞”同“敲”，从语义分析，此处“搞”的意思应该是名词“棍棒”，作“执”的宾语。《集韵·爻韵》：“敲，《说文》：‘横擿也。’或作搞。”《集韵·号韵》又云：“搞”同“靠”。《康熙字典》：“搞，《集韵》《韵会》并丘交切。同敲。横挝也。或作摮。又《集韵》口到切。音犒。相违也。与靠同。”这些信息显示“搞”作为“敲”的异体，也可以作动词。但这些材料中的“搞”都与现在的“搞”字没有什么关系，只能算同形字。据研究，清光绪己亥（1899）刻印的短篇小说集《跻春台》有“门和窗都搞去卖了”“搞的满地是酒”“胆子越搞越大”等用例，意义与现代的“搞”字相近。《跻春台》是一部方言小说集，所用语言多是四川方言俗语。“搞”字最早出现在现代文学作品中的，是 20 世纪 20 年代叶圣陶先生的《倪焕之》，共用了 19 例，20 世纪四五十年代的文学作品以后大量使用，可见“搞”的现代意义可能是从方言进入共同语的。[①] 在现代汉语里，“搞”的使用率非常高，表示“做”“干”“弄”等意思，基本上什么都可以“搞”了。王乾荣在《钱学森造新词》[②]一文中说：

> 夏衍在《懒寻旧梦录》中说：“不久前胡愈之问我，你是不是在桂林‘造’了一个‘搞’字？我承认，这是我根据实际需要而试用的，但不久，这个一般字典上没有的新字，就被其他报刊接受了。”其实《康熙字典》即收有“搞”字，只是读音和词义跟夏衍的“搞”不一样。夏是剧作家、报人，将“搞”现代化，有创意。上世纪 40 年代以后，广为应用，凡“做”均可替代为“搞”，也是功绩。

如果夏衍所说属实，大概也跟刘半农用“她”的情况类似，即其字古已有之，本是废字，因机缘巧合，其形再被启用，虽意义不同，形体也算由废变行了。

像“她”和“搞”这样由废而行的例子，在汉字中并非个别现象。比如“仅”字曾作为“奴”字和“付”字的异体而存于字书之中，[③]实为废字，后因作为“仅”字简体而流行，

---

① 参见孟昭连《“搞”的造字者及其他——读〈金瓶梅词语溯源〉》，《中国语文》1999 年第 1 期；张春秀《动词“搞”的句法、语义、语用分析》，《大庆师范学院学报》2007 年第 3 期；杨丽君《动词“搞”在现代汉语中的语用考察》《语言文字应用》2002 年第 2 期。

② 王乾荣《钱学森造新词》，《群言》2010 年第 1 期。

③ 《篆隶万象名义》：“仅，乃都反，奴，耻累。”（中华书局 1995 年，第 20 页）《类篇》：“仅，农都切，奴婢，皆古之罪人。奴古从人，或作仅。”按《汉语大字典·人部》以“仅”为“奴”字异体，是，但引《说文解字·女部》“奴”字古文为证，曰“仅，古文奴，从人。”非。《说文解字》“奴”字古文乃从人从女，非从人从又。《正字通》：“仅，同付。”《六书故》：“仅，从又。授物于人，仅之义也。”按金文“付”字或作𠆣，正从又。

成为行字。“找”字在字书中只是“划”字的异体，[①]属废字，后又成为寻找之“找”，成为行字，例多不赘举。

随着网络信息技术的发展，某些用字现象也体现了汉字的行废变化。由废而行的例子，“囧”字就比较典型。据《说文解字》，“囧”字本是一个象形字，取象于窗棂，义为明亮，历来就颇为罕用，据说起码90%的中国人不知道怎么读。但这个字形比较形象奇特，可以把外框视为人的头部，把内“八”看成眉毛，把下“口”看作嘴巴，整个字看起来像一张富有表情的人脸，其音同“窘”，所以被用来表达“窘迫尴尬”一类意思，还引申出各种用法，正用反用都有。从“窘迫尴尬”这一主要用法来说，其形、音、义也颇为契合。从现有情况看，此字不仅在网络上流行，在平面媒体上也使用，就其“窘迫尴尬”这一意义来说，因为具备形音义相契合的条件，它从废字变为行字的可能性不是没有的，甚至“囧”行而“窘”废的可能性也存在。[②]

四、行废现象的产生原因

汉字行废现象的产生，从道理上说，应该都是有理由的。本文开头即已说明，汉字的流变过程，也是汉字的行废过程，因此汉字行废现象产生的原因，亦与汉字流变规律相关联。从宏观角度看，时代之演进，语言之发展，材质之变化，字体之革新，都是促使汉字行废变化的主要因素。汉字在发展过程中，简化与繁化、音化与意化、分化与同化、变异与规范等相互之间的矛盾和斗争，也是汉字或行或废的主要根据。大致而言，形声字较表意字易流行，形义关系清晰的字较形义关系模糊的字易流行，字形简单的字较字形复杂的字易流行，区别度高的字较区别度低的字易流行，适应社会需求的字较古旧过时的字易流行，等等，都是汉字主要演变规律的体现。也有一些行字较之其对应的废字，在构形理据和字用功能上未必都有优势，其之所以成为行字，大概只能归结为约定俗成的力量使然。汉字作为记录汉语的符号，社会约定的作用大于构形理据的力量，这是毋庸置疑的。具体探究汉字行废的原因，有助于我们了解汉字演变的具体规律和社会用字心理，为汉字的健康发展提供历史依据。本节所涉及的行废字例，也能体现上述某一方面的原因，下面略举数例：

上引《周礼·媒氏》“入币纯帛”注：“纯，实缁字也。”又《礼记·玉藻》“大夫佩水苍

① 《字汇》：“找，户瓜切，音骅，与划同，拨进船也。俗音爪，如找寻、找还等语。”见《字汇　字汇补》，上海辞书出版社1991年，第172页。

② 百度百科上有“囧文化”一条目，对“囧”字做了比较全面的分析，其中有一段话颇有意思，不妨引在这里：“第一个把“囧”和人脸联系起来的人已经不可考，他发明了一个新玩法，然后为大家所接受。也许一段时间之后，《新华字典》里会增加一条新的解释。而我们的后人在一千年后翻出这个字，他们能感受到我们现在的感受。想到那么久以后汉语（引按，当作“汉字”）还依然存在，让人觉得很宽慰。想到自己早已不在，让人觉得非常之囧。”参看 http://baike.baidu.com/view/1537126.htm。

玉而纯组绶”注：“纯，当为缁。”这说明古文“缁”字在传写过程中误为“纯”。“缁”字之所以误为“纯”，其实是与“缁”字的对应废字“紂”有关。因为“紂”字古文字作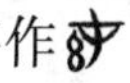，[1]其右边写法与“屯”相近，所以在转写过程中发生了错误。[2] 后来以“缁”取代“紂”，很可能是为了避免这样的相混而造了一个区别度比较高的后起字。“紂”比“缁”简单而遭废弃，当然是趋简律所不能解释的，“缁”行而“紂”废的原因，只能归之于避混。“上”“下”两字古文作𠄞 𠄟，以长横为标准线，短横表示位置在上或在下，但与数目字“二”易混，春秋战国之际异化为“上”“下”，结果“上”“下”行而𠄞 𠄟废，也是避混的结果。[3]

在连环行废现象一节中，其行废字产生的原因，有的可能是因为声符的易读易认，比如“憂”从“㥑”声，不如“忧”从“尤”声易读，“勝”从“朕”声，不如“胜”从“生”声易认。有的可能是因为字体简单而又表意明晰，比如“体”字以“人”“本”表麤劣，不如以“人”“本”表身体更为明白易晓，故以“体”代“體”而废其本义。

某些汉字由废而行，比如“她”字，其主要原因大概是使用的需要，当然也跟适时的提倡和积极的推动有关。至于“囧”字，除了表达的需要外，还与网民之爱新求异的取向有关。

总而言之，凡所造字，皆为使用。但在汉字流变过程中，所造非所用，所用非所造，某字行，某字废，某字由行而废，某字由废而行，有必然有偶然，其中种种因由理趣，有一目了然者，亦有非深思不能得者，更有虽深思而不可解者，有待我们不断地探索。

---

① 参见马承源主编《上海博物馆藏战国楚竹书（一）·图版·紂衣》，上海古籍出版社 2001 年。

② 顾野王《原本玉篇残卷·系部》“纯”字下云：“郑玄注《礼记》，古文缁字或作丝旁才，所以书家多误以缁为纯字。”说得非常正确。见《原本玉篇残卷》，中华书局 1985 年，第 124 页。

③ 𠄞 𠄟为了避混，可能先异化为丄、丅，在此基础上加饰笔形成上、下。《玺汇》4207“上”字或作“1”，为这种假设提供了证据（参见何琳仪《战国文字通论》（订补），江苏教育出版社 2003 年，第 56—57 页）。𠄞 𠄟为殷周古文，丄、丅和上、下都是战国古文，最后上、下行而𠄞 𠄟与丄、丅皆废。

第八讲
二维组合与三位一体：汉字的结构(一)

汉字的结构是指汉字的构成方式，它包括造字结构和书法结构。书法结构不考虑形音义关系，而是单纯从外形上看汉字各组成部分之间在空间上是什么关系，如上下结构、左右结构、品字结构、包围结构等。造字结构是指汉字体现其形音义关系的结构，如象形、指事、会意、形声等。这里所说的汉字结构是指造字结构。

汉字是通过点画线条或偏旁部件来合成的，点画线条和偏旁部件是在左右或上下两个维度上进行排列的，此即所谓“二维组合”。这种二维构形的外形特征可圆可方。总体而言，古文字有圆有方，但有的青铜器铭文把字写在画好的方格内，说明在古人的观念中，汉字还是以方块为其外形特征的；今文字由于线条的平直化，则完全偏于方正。因此笼统而言，我们可把古今汉字都叫作方块汉字。

李运富认为汉字“形音义三要素”说将语言的“音义”纳入汉字学，范围太宽，“文字学本来就是字形学”之说，又失之片面。他认为汉字本体应该具有形体、结构、职用三方面的属性，分别从这三个维度考察研究汉字现象和有关问题，可以形成汉字形体学、汉字结构学、汉字职用学三个系统，形成三维汉字学新体系。他把这种以汉字三维属性为依据而建立的学术体系称为“汉字学三平面理论”。[①] 此说颇有逻辑和新意，足资参考和深究。

汉字的“三位一体”或“三维一体”问题，其实很不简单，我们需要在有关理论的指导下才能进行科学的分析。

壹 “六书”理论述略

一、 汉代及其前的“六书”学说

“六书”理论是最传统的、影响最深远的一种关于汉字结构的学说。“六书”一词，

① 参见李运富《“汉字学三平面理论”申论》，《北京师范大学学报(社会科学版)》2016年第3期。

最早见于战国时期的《周礼》。《周礼·地官·保氏》云：

> 保氏掌谏王恶，而养国子以道。乃教之六艺：一曰五礼，二曰六乐，三曰五射，四曰五驭，五曰六书，六曰九数。

“六艺”是周代用来教育贵族子弟的六种科目，其中的“六书”，一般认为就是分析汉字结构的“六书”，但具体内容无从得知。汉代学者把这“六书”进一步细化，有的列出细目，有的加以解释，“六书”的内涵才逐渐明晰起来。东汉班固在《汉书·艺文志》中说：

> 古者八岁入小学，故《周官》保氏掌养国子，教之六书，谓象形、象事、象意、象声、转注、假借，造字之本也。

其后，郑众在《周礼解诂》中说：

> 六书，象形、会意、转注、处事、假借、谐声也。

稍后的许慎，在《说文解字·叙》中，给“六书”下了定义，并举了例子，做了比较详细的解说：

> 《周礼》：八岁入小学，保氏教国子，先以六书。一曰指事。指事者，视而可识，察而见意，“上”“下”是也。二曰象形。象形者，画成其物，随体诘诎，“日”“月”是也。三曰形声。形声者，以事为名，取譬相成，“江”“河”是也。四曰会意。会意者，比类合谊，以见指撝，“武”“信”是也。五曰转注。转注者，建类一首，同意相受，“考”“老”是也。六曰假借。假借者，本无其字，依声托事，“令”“长”是也。

上述班固、郑众、许慎三家“六书”之说，名称、顺序均有所不同。但根据有关学缘关系，我们推知三家之说同出一源，都是来自古文学家刘歆的《七略》。因为班固的父亲班彪是刘歆的学生，班固的《汉书·艺文志》就是根据《七略》编成的。郑众是郑兴的儿子，郑兴是刘歆的学生。同时，郑众又受业于杜子春，而杜子春也是刘歆的学生。许慎是贾逵的学生，贾逵的父亲贾徽也是刘歆的学生。同时，贾逵又是杜子春的学生。可见班固、郑众、许慎三人都与刘歆有渊源关系。他们的关系如下图（图 8－1）所示（“———”表示师生关系，“———→”表示父子关系）：

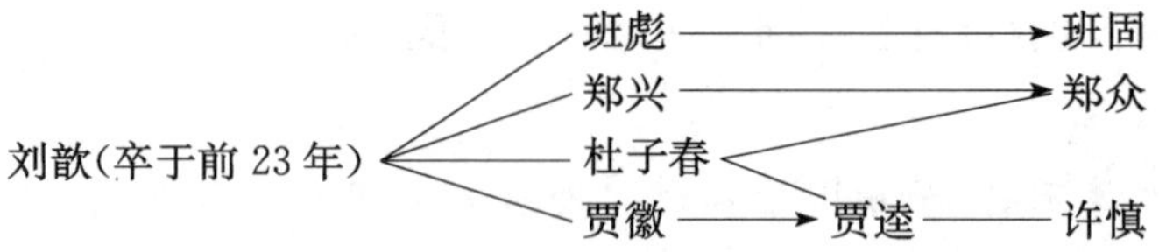

图8-1

这说明,传统的"六书"理论,渊源有自,也是一个不断发展的过程。汉代三家之说中,许慎后出,但后出而转精,备受重视,成为"六书"理论的经典论述。

后人讲"六书"时,名称及定义大多采纳许慎之说,顺序则依班固之说,所谓"名称以许为优,次第以班为胜"。比如许慎名曰"指事",谓字形所指者乃"事"之名,班固的"象事"意尚相近,郑众曰"处事"就差多了。又如"会意",说明此类字是会合偏旁而成意,名实相符,较之"象意",也稍胜一筹。"形声"一名,表明其字一半为形,一半为声,至为恰当;而"谐声""象声"二名,都是单举其声,不及其形,略为逊色。顺序方面,一般认为象形字产生较早,应居于"六书"之首。指事字产生的时间,总体上说可能与象形字相当,但有一部分指事字是在象形字的基础上形成的,因而列于象形字之后比较恰当。会意、形声为合体之字,当然要在独体的象形、指事之后,因为合体之字是由独体之文拼合而成的;会意、形声两者之间,当以会意居前,形声居后。因为早期的会意多是以形会意,与象形图画关系密切,而形声造字法已经从单纯的以形表意发展到字形与其所表示的词的读音的结合,显然要排在会意之后。至于转注和假借,一般认为是用字之法,自应排在"四书"之后。郑樵在《六书略·六书序》中说:"六书也者,象形为本。形不可象,则属诸事;事不可指,则属诸意;意不可会,则属诸声。声则无不谐矣,五不足而后假借生焉。"对"六书"的排列顺序,做了相当简要的说明。郑樵的理解,比较符合大多数人的想法。当然,"六书"的顺序,从不同的角度,还可以有不同的理解。

二、"六书"理论的贡献及其局限性

由于有了"六书"学说,汉字的分析才有了理论基础和理论依据,汉字构形的理据才可以进行理论上的阐释,汉字的系统性才得以显现。"六书说"在长期的汉字研究和汉字教学中得到充分重视和应用,它对于中国文字学的发展起了巨大作用,其功不可没,这是首先要肯定的。在传统汉字学的历史中,"六书学"实际上已成为汉字学中的专门分支。特别是宋代郑樵倡导专以"六书"来研究一切文字,其后研究者代不乏人,使得"六书学"大放异彩,出现了很多研究"六书"的著作,取得了丰硕的成果。但随着研究的深入,"六书"学说在为中国文字学提供丰富的理论支撑的同时,其本身的不足和粗疏也逐渐暴露了出来。

首先,"六书"中的象形、指事、会意、形声四书与转注、假借二书不处在同一层面上，把它们并列起来，可能会有逻辑上的问题。一般认为，尽管转注和假借可能促使新字的产生，但转注和假借主要还是用字的问题，与造字法的象形、指事、会意、形声并不相同，班固说“六书”是“造字之法”是许多人不同意的。“六书”前四书和后二书在逻辑分类上的不一致，促使学者对之进行新的解释，导致了“四体二用说”的产生。

明代杨慎在《六书索隐》中就把“六书”中的前四书视为经，后二书视为纬。他说：“六书，象形居其一，象事居其二，象意居其三，象声居其四。假借者，借此四者也；转注者，注此四者也。四象以为经，假借、转注以为纬。”这应该是“四体二用说”的前奏。到了清代戴震，就明确提倡“四体二用”之说，即认为象形、指事、会意、形声是造字之法，转注和假借是用字之法。他在《答江慎修先生论小学书》中说：

> 大致造字之始，无所冯依，宇宙间事与形两大端而已：指其事之实曰指事，一、二、上、下是也；象其形之大体曰象形，日月、水火是也。文字既立，则声寄于字，而字有可调之声；意寄于字，而字有可通之意，是又文字之两大端也。因而博衍之，取乎声谐，曰谐声；声不谐而会合其意，曰会意。四者，书之体止此矣。由是之于用，数字共一用者，如初、哉、首、基之皆为始，卬、吾、台、予之皆为我，其义转相为注，曰转注。一字具数用者，依于义以引伸，依于声而旁寄，假此以施于彼，曰假借。所以用文字者，斯其两大端也。六者之次第出于自然，立法归于易简。[①]

此说一出，深受推崇，如段玉裁说：“戴先生曰：‘指事、象形、形声、会意四者，字之体也；转注、假借二者，字之用也。’圣人复起，不易斯言矣。”[②]

以现在的眼光来看，“四体二用”说本身并不是没有问题，比如把转注和假借简单地归结为用字之法，其实也存在偏颇之处，但此说确实弥补了“六书说”前四书和后二书在逻辑分类上的不一致，就这一点而言，段玉裁的话也并非过誉。

其次，“六书”学说的另一个大问题是各书的定义过于简略，容易导致歧解。就以前四书而言，人们在分析汉字结构时，象形、指事、会意、形声常有纠缠不清的情况出现。比如“大”字，若着眼于其形象，则可归入象形；若着眼于其所指，又可归为“象意”（唐兰）。“上”“下”二字是许慎自己作为指事字的例子，似乎已没有什么争议了，但郑樵在《六书略》中却又把它们列为象形中的“象位”类，可见还有不同看法。又如“旦”字指的是“日之初升”，《说文解字》云：“明也。从日见一上。一，地也。”似乎是把它看

① 戴震《戴震集》，上海古籍出版社 1980 年，第 75 页。

② 《说文解字·叙》“保氏教国子先以六书”下注。

成会意字，而《六书略》却把它归入象形中的“天物之形”类。正因为各书的界限不够明确，后来的研究者只好采取兼类的办法，如象形兼形声、象形兼会意、指事兼形声、指事兼会意、指事兼象形等，一个字常常可以兼两书，有时甚至可以兼三书、四书，而兼类太多实际上就等于没有分类，象形、指事、会意、形声也就变得名存而实亡了。此外，转注的问题非常复杂，至今尚无定论，也反映了“六书”理论的模糊性。唐兰在《中国文字学》中说：“但是六书说能给我们什么？第一，它从来就没有过明确的界说，各人可有各人的说法。其次，每个文字如用六书来分类，常常不能断定它应属那一类。”①这个概括是有一定道理的。

再次，“六书”理论的局限性还表现在这一理论的适用范围上。大家知道，“六书说”主要是在对小篆进行分析的基础上总结出来的汉字结构理论，②用“六书”分析小篆自然是“理论符合实际”。由于汉字的演变是有序的渐变过程，古今字体之间大体上依然有着对应性和继承性，因此，“六书”在分析小篆之前和小篆之后汉字的形体时，仍然有它广阔的用武之地。但是，汉字的演变又是复杂的，小篆作为汉字发展过程中的一种字体，不能代表所有的古今汉字，因而以小篆为分析对象的“六书说”的适用范围也就受到一定的限制，它不能用来分析所有的古今汉字。

从古文字来说，比如甲骨文中有一类“部分表音的独体象形字”，如“麋”字甲骨文或写作，整个象麋鹿之形，但其头部即“眉”字，又兼表字音（颜师古注《急就篇》：“麋，似鹿而大，冬至则解角，目上有眉，因以为名也。”其说与甲骨文合）。“天”字古文字作大头人形，甲骨文为刻写方便，头部作方形，即古“丁”字。“丁”是“顶”的初文，故“丁”字可表示“颠顶”之义；古音“丁”“天”相通，故“丁”又表示“天”的读音。③ 甲骨文中还有一类“附划因声指事字”，这类字“是在某个独体字上附加一种极简单的点划作为标志，赋予它以新的含意，但仍因原来的独体字以为音符，而其音读又略有转变”。如“吏”字写作，甲骨文字形是把“史”字竖画上端分为两叉形，作为指事字的标志，但它仍以“史”字为声（古音“史”“事”相通，而“事”“吏”同字）。又如“尤”字甲骨文作，“系于字上部附加一个横划或邪划，作为指事字的标志，以别于又，而仍因又

① 唐兰《中国文字学》，上海古籍出版社 1979 年新 1 版，第 75 页。

② 根据比较文字学的研究，发现古代西亚的丁头字和北非的圣书字，也有同样的“六书”原理，这是比较文字学的一大发现。参见周有光《语文闲谈·上》，生活·读书·新知三联书店 1995 年，第 93 页。

③ 参见于省吾《甲骨文字释林·释具有部分表音的独体象形字》，中华书局 1979 年。关于部分表音的独体象形字，学界还有不同看法。黄德宽认为：“‘麋’的构形有部分象人眉目，是取‘麋’之‘眉’与人之‘眉’相似，二字有语源关系。至于‘天’……等是纯粹象形字，不存在某一部分兼表音的情形。从这些例子看，部分兼表音的情况在独体象形字中是否存在还值得研究，即使有些字的某一部分与字音相同或相近，也可能只是同源关系或偶合，数量是十分有限的。”参见黄德宽《汉字理论丛稿·形声起源之探索》，商务印书馆 2006 年，第 40 页。

字以为声”[①]。如果这两种新的类型可以成立，“六书”是囊括不进去的。

此外，古文字中还有“简省分化”字，即指截取一个文字形体的一部分，形成另一个文字形体，同时接受“母字”的读音作为记录语言的符号，比如“虍”形是截取“虎”字头部的一个字，同时也借用了“虎”的读音；“尒”形是截取“爾”字上部的一个字，同时也借用了“爾”的读音；“丌”形是截取了“其”字下部的一个字，同时也借用了“其”字的读音。[②] 这类“简省因声”的文字类型，也是传统“六书”所不能包括的。

从今文字来说，由于字形简化而形成的记号字和半记号字，也是“六书”无法分析的，比如“表”字篆书写作从衣从毛，可看成会意字，简化作“表”，就不知该属“六书”的哪一书了。“年”字甲骨文从禾从人，属会意（或会意兼形声）；小篆从禾千声，属形声；楷书写作“年”，就无法用“六书”分析了。“鸡”“难”“观”“邓”等字的“又”旁，“春”“秦”“泰”“奉”等字的“𡗗”形，都是由不同的偏旁变来的。原来这些字都可用“六书”进行分析，隶变简化后，就变得既非形声也非会意了。此外一些合音字如“甭”“覅”等也是“六书”所无能为力的。

正因为“六书”理论体系不够严密、不够完善，它的适用性也有所局限，因此“六书”理论也就需要不断补充和发展。随着文字学研究的不断深入，“六书”理论，更准确地说是汉字结构理论，一定会得到新的发展。

贰　20 世纪汉字结构类型理论的新发展

20 世纪中国古文字学的空前进步和作为传统小学的一般文字学的深入研究，为探索和建设新的汉字结构类型理论提供了丰富而又翔实的素材。20 世纪的文字学家，为了突破两千年来以小篆形体作为分析对象而归纳总结出来的“六书”理论框架，做了许多改造“六书”的尝试，为汉字结构类型理论的新发展做出了贡献。比如张世禄在 20 世纪 40 年代出版的《中国文字学概要》中用“写实法”“象征法”和“标音法”来概括中国文字的构造；于省吾在甲骨文中发现了“具有部分表音的独体象形字”和“附划因声指事字”两种条例，[③]突破了传统“六书”的范围；林沄在 20 世纪 80 年代出版的《古文字研究简论》中，对古文字现象进行了具体分析，认为汉字在形成体系时，使用了“以形表义”“借形记音”和“兼及音义”三种基本结构方法。王力主编的《古代汉语》

---

① 参见于省吾《甲骨文字释林·释古文字中附划因声指事字的一例》，中华书局 1979 年。陈剑认为甲骨文字当释为“拇”，是在“又”的起笔之处加一笔表示大拇指之所在，其说颇有道理。见《甲骨金文旧释“尤”之字及相关诸字新释》，《甲骨金文考释论集》，线装书局 2007 年。

② 参见刘钊《古文字构形学·第八章》，福建人民出版社 2006 年。

③ 于省吾《甲骨文字释林》，中华书局 1979 年，第 435—463 页。

把汉字分为没有表音成分的表意字和有表音成分的形声字；王元鹿在《汉古文字与纳西东巴文字比较研究》中提出五书说，即象形、指事、会意、假借、形声；王凤阳在《汉字学》中把汉字分为象物、象事、象意、标示、形声、会意六种；我国台湾学者龙宇纯在《中国文字学》中也提出了新的分类，有纯粹表形、纯粹表意、纯粹表音、兼表形意、兼表形音、兼表音意、纯粹约定七种。祝敏申则"从古文字学的角度，把'六书'作为一个随着文字的萌芽形成而发展的动态系统来描述"。他认为"六书"（不含"转注"）是文字如何形成的几种模式，它们不是在同一时间平面上形成的。"在文字萌芽到形成的阶段，主要是指事与象形两大要素，是为第一层次；到文字逐渐复杂，第二层次方法——形声（含假借）、会意——所构成的字有相当比重时，整个汉字系统可以说基本形成，进入古文字阶段；然后随着第二层次方法（主要是形声）的比重日益提高，文字系统也日益成熟，逐渐由古文字过渡到今文字。"①张振林分析了汉字在萌芽阶段、商代、西周、春秋和战国各个时期各种造字法所占的比例，认为汉字从萌芽阶段到春秋后期，其发展的任务是完善造字法，满足交际用字的需要。进入战国以后，文字发展的主要任务是改善文字符号，要求表示音义要明确，书写形体要简捷，也是从动态发展的角度来看待汉字结构。② 张玉金、夏中华的《汉字学概论》把汉字的结构类型分为六种，即意符字、音符字、意音字、意音记字、半记号字、记号字。③ 此外还有不少论著都对汉字结构类型做了具体的阐述，整个研究呈现出丰富多彩的局面。

回眸 20 世纪对汉字结构类型理论的研究，可以看出其角度是多样的，探讨是深入的，成果是丰富的。当我们进入 21 世纪的时候，需要对它们进行总结，以便在新的世纪里能更好地继承已有的成果，做出更好的成绩。但是全面的总结需要较大的篇幅，非本节所能胜任。这里只能以点带面，重点谈谈唐兰、陈梦家、裘锡圭的"三书说"和詹鄞鑫的"新六书说"，因为"三书说"和"新六书说"都与传统"六书说"有密切关系，各种新说之间互有联系又各不相同，比较清楚地体现了前后学者之间的继承和创新的关系，从中可以看出 20 世纪汉字结构类型理论的发展态势。

一、 唐兰的"三书说"

唐兰在 1935 年写的《古文字学导论》和 1949 年出版的《中国文字学》中都阐述了

① 祝敏申《〈说文解字〉与中国古文字学》，复旦大学出版社 1998 年，第 110—111 页。

② 根据中山大学 2000 级博士生课程"金文通论"的课堂笔记整理。

③ 张玉金、夏中华《汉字学概要》，广西教育出版社 2001 年，第 171 页。该书还强调造字法和结构类型要区别开来，"造字法是使用字符构成新字的方法，而结构类型是指对文字静态的结构进行分析后归纳出的类别；造字法只管它的初起，即最初造字的方法，而不管它的流变，结构类型是既管源也管流，一个字的结构类型往往带有时代性"（亦见该书第 171 页）。本书依传统做法，对造字法和结构类型未做细分。

他的“三书”理论。他的“三书”指的是“象形文字”“象意文字”和“形声文字”。象形、象意是上古期的图画文字，形声文字是近古期的声符文字。他认为形、意、声是文字的三方面，“三书”足以范围一切中国文字，不归于形，必归于意，不归于意，必归于声，这样可以避免按“六书”分析所造成的混乱。

唐兰的“象形文字”，包括“六书”中的独体象形字和指事字，他在《中国文字学》中说：

> 象形文字画出一个物体，或一些惯用的记号，叫人一见就能认识这是什么。画出一只虎的形象，就是“虎”字，象的形状，就是“象”字，一画二画就是“一二”，方形圆形就是“□○”。凡是象形文字：
>
> 一　一定是独体字，
>
> 二　一定是名字，
>
> 三　一定在本名以外，不含别的意义。
>
> 例如古“人”字象侧面的人形，一望而知它所代表的就是语言里的“人”，所以是象形字。古“大”字虽则象正面的人形，但是语言里的“大”，和人形无关。……由大人的“大”，又引申做一般的“大”，这个字已包含了人形以外的意义，那就只是象意字。凡是象形文字，名和实一定符合，所以我又把它们叫做“名”。①

他又说：“在三书说里，象形的界限是最谨严的，我们所谓象形文字，只限于段玉裁所谓独体象形一类，这就是王筠把它叫做象形正例，朱宗莱所谓纯象形的一类。这里既没有什么合体跟变体，也不取什么兼声和兼意……”②他把象形字分为四类：

> 一象身　就是郑樵所谓“人物之形”，《系辞》说：“近取诸身，远取诸物。”画图的人对于自己这一类描写得很多，所以五官四肢等几乎每一部分都有象形字。
>
> 二象物　包括郑樵所谓“天物之形”，“山川之形”，“草木之形”，“鸟兽之形”，“虫鱼之形”等类，凡是自然界的一切，只要能画出来的象形字，都属于这一类。
>
> 三象工　人类的文明，是建立在发明工具上的。远在旧石器时期，（如周口店猿人）就会制造工具，所以我把一切在人类文明里利用自然界万物所制成的器物都列入“象工”，这里包括了郑樵的“井邑之形”，“器用之形”，“服饰之用”等。
>
> 四象事　这一类就是班固的象事，也就是许慎的指事。因为这一类文字所画的都是抽象的形态、数目等，没有实物，所以前人要在象形外另列一类。许氏

① 唐兰《中国文字学》，上海古籍出版社 1979 年新 1 版，第 76—77 页。

② 唐兰《中国文字学》，上海古籍出版社 1979 年新 1 版，第 87 页。

举"上下"二字为例,郑樵已把它们归入象位了。郑樵虽把指事字解释错了,但把象貌,象数,象位诸类,都认为是象形字,却是很对的。我们认为玄名实名同是象形,其间界限,不容易分析。方形的□,是虚象,井字跟田字是实象,如但就图画的技术说,方形和井形,田形,有什么不同呢?[①]

唐兰的象形字与"六书"最大的不同,就是把指事字并了进来。这从以上所举的例子和他对"象事"的说明可以明白。他又说:

> 指事文字原来是记号,是抽象的,不是实物的图画。……由我们现在看来,这种记号引用到文字里,它们所取的也是图画文字的形式,所以依然是图画文字的一类,也就是象形文字。我们看见"一"字,就读出数目的"一",和看见"虎"字就读出"虎"字是一样的。所以我们无须单为抽象的象形文字独立一类。[②]

唐兰的"象意文字"则包括"六书"中的合体象形字和会意字。[③] 他说:

> 象意文字是图画文字的主要部分。在上古时期,还没有发生任何形声字之前,完全用图画文字时,除了少数象形文字,就完全是象意文字了。象意文字有时是单体的,有时是复体的。单体象意文字有些近似象形文字,不过象意字注重的是一个图形里的特点,例如古"尸"字象人蹲踞,就只注重蹲踞的一点,"身"字象人大腹,就只注重大腹的一点,此外可以不管,这是象形字和单体象意字的分别。复体象意文字有些近似形声文字,不过象意字的特点是图画,只要认得它原是图画文字,从字面就可以想出意义来,就是象意文字……象形和象意同是上古期的图画文字,不过象意文字,不能一见就明了,而是要人去想的……上古的象意字,相当于近古的形声字,数目是很多的,"物相杂谓之文,"所以我又把它们叫做"文"。[④]

因为唐兰把象意文字定为图画文字,因此他把"比类合谊"一类的会意字排斥在外,认为古时只有象意,没有会意。他说:

---

① 唐兰《中国文字学》,上海古籍出版社 1979 年新 1 版,第 87—88 页。

② 唐兰《中国文字学》,上海古籍出版社 1979 年新 1 版,第 70—71 页。

③ 需要注意的是,唐兰在《古文字学导论》中把象形字分为"象身""象物""象工"三类,不包括"象事",所以在《古文字学导论》中把指事字并入象意字,说象意字的范围,"包括旧时所谓'合体象形字','会意字',和'指事字'的大部分。"参见唐兰《古文字学导论》,齐鲁书社 1981 年,第 94—95、102 页。

④ 唐兰《中国文字学》,上海古籍出版社 1979 年新 1 版,第 77 页。

古文字只有象意，没有会意。象意字是从图画里可以看出它的意义的。“武”字从戈从止，止是足形，我们决不能把它当做停止的意义，因为停止的意义，在图画里是没有的。“武”字在古文字里本是表示有人荷戈行走，从戈形的图画，可以生出“威武”的意义，从足形的图画里，又可以看出“步武”的意义，可是总不会有“止戈”的意义。……“比类合谊，以见指撝”，这种会意字，在秦以前的古文字里，简直就没有看见过。①

对这种看法，文字学界不太同意，一般把会意分为早期会意和后起会意，早期会意字以图画表意，后起会意字则是比类合谊而成的。

唐兰的形声文字，比较强调声符的地位。他说：

形声字的特点是有了声符，比较容易区别。……真正的形声字都是近古期的新文字，是用声符的方法大批产生的。《说文》说：“形声相益，即谓之字，字者言孳乳而浸多也。”所以我们就把形声叫做“字”。②

总的来说，对于唐兰的“三书说”，后人并不是很满意，因为他的“三书说”并没有解决很多实际问题。但是，他是第一个全面系统地对传统“六书”进行改造的人，开风气之先，功不可没。

二、 陈梦家的“三书说”

陈梦家在《殷墟卜辞综述》第二章“文字”里阐述了他的“三书说”。他首先评述了唐兰的“三书说”。对于唐兰的“三书说”，陈梦家认为其有独到见解，但提出了以下几个不同的看法：

(1) 把形声字称为声符文字是不对的，因为在形声字中形符和声符居于同等的地位。

(2) 象形、象意是象形文字，称之为图画文字是不妥当的。

(3) 假借字必须是文字的基本类型之一。

(4) 对于唐兰所定的关于象形字的三个标准（即一定是独体字，一定是名字，一定在本名之外，不含别的意义），陈氏均不同意。第一，他认为象形字分为独体复体是人工的分析，如“有”字为从又从肉，然而它依然象手持肉之形；古“企”字从人足下有“止”（趾，脚），象人踮起脚来望远之形，后来分写成“人”“止”，它原来是象形。第二，

① 唐兰《中国文字学》，上海古籍出版社 1979 年新 1 版，第 71 页。

② 唐兰《中国文字学》，上海古籍出版社 1979 年新 1 版，第 78 页。

象形字不仅是名字而且可以是动字。如卜辞的“雨”字象掉下雨点之形，就其为雨点而言是名字，就其为雨点落下而言是动字，所以卜辞“不雨”“其雨”的雨是动字，“又大雨”“遘雨”之雨是名字。第三，一切象形字可以有形的分合（如企），义的引申（如“日”象太阳，引申为每日），声的假借（如羽象羽毛，假借为翌日），但是“企”“日”“羽”原来都是象形，所以象形字不能认为在本名之外，不含别的意义。[①]

（5）不同意唐兰“‘比类合谊，以见指撝’，这种会意字，在秦以前的古文字里，简直就没有看见过”的说法，比如甲骨文中一棵树为“木”，两棵树是“林”，是会意；“明”字是“日”和“月”相合，另一写法“朙”是月亮照在窗上，也是会意字。[②]

陈梦家提出了他自己的“三书说”，即象形、假借和形声。他说：

象形、假借和形声是从以象形为构造原则下逐渐产生的三种基本类型，是汉字的基本类型。象形字以它自己的形象表示意义，如“月”“虎”一看就是月亮和老虎；假借字把象形字或形声字当作一个音符，读出来的音相当于我们语言中的某个词，如羽毛的“羽”字的声音同于第二天的“翌”，女子的“女”字的声音同于第二人称“汝”；形声字的形符表示事物的类别，音符乃是事物在语词中的发音，如“河”字的水旁表示“河”是一条水而这条水的名字近于“可”的声音。此三者同样达到文字的目的，即表达出语言的某一内容（即意义），但用的方式是不同的……象形是由形而得义，形声是由形与音而得义，假借是由音而得义。……

我们所说的象形，大约包括了许慎所说的象形、指事、会意，也就是班固所谓的象形、象事、象意。不管它所象的是物是事是意，都是用形象（即形符）表达出语言的内容的。我们知道，事物的形象不一定是静止的，因此象形字所象者不限于事物在静态中是个什么东西（名字），也象它在动态中是怎样的活动（动字），也象它在动态和静态中是怎么样式的东西和活动（状字或形容字）。……

我们所说的假借，就是《说文·序》所说的“本无其字，依声托事”。甲骨文的假借字，严格说应该叫做“声假字”，以别于后来本有其字的“通假字”。字的意义有三种：一是本义，如牛之为牛，河之为河；二是引申义，如象太阳之形的“日”引申为今日明日之日；象人下山坡的“降”引申为降雨之降；三是假义，如“羽”象羽毛借用为明天之昱。凡假借字只能有假义，象形和形声有本义有引申义。……

我们所说的形声，是把《说文·序》“形声相益谓之字”解释为（1）形与声之相益，（2）形与形之相益，（3）声与声之相益。……[③]

① 参见陈梦家《殷墟卜辞综述》，中华书局 1988 年，第 76 页。
② 参见陈梦家《殷墟卜辞综述》，中华书局 1988 年，第 75 页。
③ 以上参见陈梦家《殷墟卜辞综述》，中华书局 1988 年，第 76—79 页。

总之，陈梦家的“三书说”是把唐兰“三书说”中的象形、象意合并为象形，多出假借，形声是一样的。

三、裘锡圭的“三书说”

裘锡圭在唐兰和陈梦家“三书说”的基础上构建了自己新的“三书说”，他在《文字学概要》一书中系统地阐述了他的“三书说”理论。

裘锡圭认为唐兰的“三书说”存在四个方面的问题：

一是把三书跟文字的形意声相比附；

二是没有给非图画文字类型的表意字留下位置；

三是象形、象意的划分意义不大；

四是把假借字排除在汉字的基本类型之外。[①]

裘锡圭认为陈梦家的“三书说”基本上是合理的，但应把“象形”改为“表意”。这样，裘锡圭的“三书”就是表意字、假借字和形声字。

陈梦家认为假借就是《说文解字·叙》所说的“本无其字，依声托事”，有别于后来本有其字的“通假字”。裘锡圭认为“从文字构造上看，通假字和本无其字的假借字的性质是完全相同的”，所以，“……三书中的假借不应该限制在本无其字的假借的范围里，应该把通假也包括进去”。[②]

裘锡圭认为，“三书”中的“表意字使用意符，也可以称为意符字。假借字使用音符，也可以称为表音字或音符字。形声字同时使用意符和音符，也可以称为半表意半表音字或意符音符字。这样分类，眉目清楚，合乎逻辑，比六书说要好得多”。[③]

裘氏对“三书说”中的表意字进行了更详细的分类，共分六类：

(1) 抽象字，指用抽象的符号造成的字，如一、二、三、□、○、凹、凸、丫等。

(2) 象物字，指象某种实物的字，相当于传统“六书”中的象形字。如日、月、山、水、鹿、马、鱼、象、龙、鸟、子、女、目、手、衣、舟等。

(3) 指示字，这类字是在象物字或象实物的形符上加指示符号以示意，如本、末、刃、亦等。

(4) 象物字式的象事字，这类字从外形上看很像象物字，但象物字所代表的词是“物”的名称，而这类字所代表的词则是“事”(如属性、状态、行为等)的名称。如“ナ”“又”是指方位的“左”“右”的本字，分别以象左手和右手的形符表示左方和右方的意

① 参见裘锡圭《文字学概要》，商务印书馆 1988 年，第 105—106 页。

② 裘锡圭《文字学概要》，商务印书馆 1988 年，第 107 页。

③ 裘锡圭《文字学概要》，商务印书馆 1988 年，第 107 页。

思。此外，大、夨等字也属于这类字。

（5）会意字，这类字是指会合两个以上形符来表示一个跟这些形符本身的意义都不相同的意义的字，大致就是传统“六书”中的会意字。按其会意方式的不同，又可分成六个小类：

① 图形式会意字，如宿、从、無（舞）、即、卿、及、寇、执、伐、取等。

② 利用偏旁间的位置关系的会意字，如之、正、韦、出、各、陟、降、逐、朝、莫、杲、杳、嬲、尖等。

③ 主体和器官的会意字，如见、监、欠、既、企、走、奔、臭、鸣等。

④ 重复同一偏旁而成的会意字，如玨、林、卉、森、淼、麤、轰等。

⑤ 偏旁连读成语的会意字，如凭（《段注》：“任几犹言倚几也。”）、劣、袒、苏、楞、孬、歪、拿、尘、籴、粜等。

⑥ 其他，指不能归入以上各类的会意字，如劓、删、扫、掰、邑、明、名、斌、灶、笔等。

（6）变体字，通过改变某一字的字形的方法来表意，有的是增减笔画，有的是改变方向。如片、孑、孓、甩、爿、叵等。

此外，裘锡圭认为还有少数字不能纳入三书的范围，它们包括：

① 记号字，如五、六、七、八等。

② 半记号字，如丛（“从”是音符，“一”是记号）、义（宋元时借“乂”为“義”，后世在“乂”上加一点形成“义”，专用作“義”的简体）。

③ 变体表音字，即改变某一字形形成新字，其读音与原字相近。如稍变“兵”字形成“乒”“乓”，稍变“刀”字形成“刁”等。

④ 合音字，指的是读音由用作偏旁的两个字反切而成的字，中古时期佛教徒为翻译梵音经咒所造的一些合音字，如“𪁒”（名养反）、“𠲹”（亭夜反）等，此外还有如“甭”“覅”等。

⑤ 两声字，即由都是音符的两个偏旁组成的字，如“牾”“貰”等。

⑥ 特殊来源字，如好歹之“歹”，据研究来源于藏文字母（与“死”“残”等字所从偏旁“歺”同形）。

四、 詹鄞鑫的“新六书说”

“新六书说”是詹鄞鑫提出来的关于汉字结构类型的一种新理论，其说见于《汉字说略》一书。

《汉字说略》不同意陈梦家和裘锡圭把假借字作为汉字的一种基本类型的做法，认为“分析汉字结构，就是分析孤立的汉字的造字结构，并不需要针对汉字在文献中的不同用法而作出不同的处理。……假借和引申问题只是在探讨某个字为什么产生、由什么途径产生的时候才可能涉及的问题，如果不考虑每个汉字的历史，就没有必要把假借作为一种结构类型来处理”。[1] 因此，詹鄞鑫以裘锡圭的三书系统为基础做了一些局部调整，形成他的“新六书”——象形、指示、象事、会意、形声、变体。

那么，这新六书的名目是如何来的呢？《汉字说略》是这么解释的：

> 我们以裘锡圭先生构建的三书系统作为基础而作一些局部调整：首先，我们仍按文字学界的一般处理法，把假借视为用字法（并不是与造字毫无关系），不列入结构类型之中。这样，三书中只剩下“表意”和“形声”两大类了。我们觉得，形声字尽管含表音符号，但很难把它完全排除于“表意”之外，这不仅由于形声字的形符具有一定的表意功能，就是声符也有相当一些同样具有表意功能……因此，在排除了“假借”之后如果仍把“表意”与“形声”对立起来就显得不很合理。于是，我们又将三书系统中属于“表意”的各类分开来与“形声”作为并列的结构类型。“表意字”中的“抽象字”，一方面由于数量很少，另一方面不论就表面特征（独体）而言还是就表意性质（表“事”）而言都与象事字没有本质的区别，因此把它归并到象事字中。在裘氏三书系统中属于“表意”的“变体字”，现在既然不再属于“表意”，就可以包含裘氏认为不能纳入三书范围内的“变体表音字”，甚至还可以包含“半记号字”及“记号字”[2]，最大限度地缩小无法归类的汉字的范围；同时，“变体”还包括形声字的变体，这样，在次序上就应该把“变体”排在最后。
>
> 名称方面，我们既考虑表述的科学性，又尽量与传统的名称相一致。例如“象物”其实相当于六书中的“象形”，尽管“象物”的名称更为明确一些，为着习惯，仍称为“象形”；又如“象物字式的象事字”，表述上固然很明确科学，但又嫌其累赘，而“象事”的名称在班固的“六书”中已经出现，所以我们用“象事”来代表“象物字式的象事字”。经过以上的调整，我们将汉字结构类型分为六类：象形、指示、象事、会意、形声、变体。……这六类正好也合“六书”，为了区别于传统的六书，姑且称之为“新六书”吧。[3]

“新六书说”中的象形字大体上相当于传统六书中的象形字。其特点是字形跟它所表示的物体的外形相像，许慎所谓“画成其物，随体诘诎”，俗谓之“按葫芦画瓢”。大致有以下几种类型：

---

① 詹鄞鑫《汉字说略》，辽宁教育出版社 1991 年，第 169—170 页。

② 按詹鄞鑫在以后的分析中并没有把“记号字”包括在“变体字”内，见《汉字说略》第 217 页，与这里所说有矛盾。

③ 詹鄞鑫《汉字说略》，辽宁教育出版社 1991 年，第 170—171 页。

（1）象单体全形。如山、人、目、行等。

（2）以部分代整体之形。如牛、羊等。

（3）象群体之形。如莽、林、珏等。

（4）附加形体的象形。如州、眉、血等。

“新六书说”中的指示字是指在象形符号（极少数可能是抽象符号）上加比较抽象的指示符号来表现字义的文字，大体相当于传统六书指事字中偏于“指”的那类字。如本、末、朱、上、下、中、亦、寸等。

“新六书说”中的象事字是指表面结构与象形字相似，但所代表的不是有形之物而是无形之事的名称的独体字，相当于传统指事字中偏于“事”的那一类。它还包括只像某种状态的字，即裘锡圭所说的“抽象字”。如大、夨、高、𠂇、又、□、○、凹、凸、小等。

“新六书说”中的会意字是指会合两个或两个以上的构字符号（即形符）来表示一个跟这些构字符号本身的意义都不相同的意义的字，包括以形会意、以义会意和会意兼声三类。以形会意的如無（舞）、毓、出、删、步、爨等。以义会意的如雀、嵩、劣、袒、尖、歪、尘等。会意兼声的如右、左、友、字、受等。

“新六书说”中的形声字是指由一个形符（个别由两个形符）和一个声符构成的字，与传统的形声字没有太大的区别。如结、松、雅、形、茅、管、基、裳、街、匮、问、哀、疆、哉、旗、徒等。

“新六书说”中的变体字包括裘锡圭所说的“变体字”和不能纳入其“三书”范围的变体表音字和半记号字。包括三类：① 取形变体字。如片、孑、孓、了等。② 取义变体字。如叵字。③ 取音变体字。如乒、乓等。

为了直观地比较各家之间大体上的异同，我们列表（表 8－1）如下：

表 8－1

<table>
<tr><th>传统六书</th><th>唐兰三书</th><th>陈梦家三书</th><th colspan="2">裘锡圭三书</th><th>詹鄞鑫新六书</th></tr>
<tr><td>指事</td><td rowspan="2">象形</td><td rowspan="6">象形</td><td rowspan="6">表意</td><td>指示字</td><td>指示</td></tr>
<tr><td>象形</td><td>象物字</td><td>象形</td></tr>
<tr><td rowspan="4">会意</td><td rowspan="4">象意</td><td>象物式的象事字</td><td rowspan="2">象事</td></tr>
<tr><td>抽象字</td></tr>
<tr><td>会意字</td><td>会意</td></tr>
<tr><td>变体字</td><td>变体
（包括裘锡圭不能纳入三书范围的变体表音字和半记号字）</td></tr>
</table>

续 表

传统六书	唐兰三书	陈梦家三书	裘锡圭三书	詹鄞鑫新六书
形声	形声	形声	形声	形声
转注				
假借 （本无其字）		假借 （本无其字）	假借 （包括本有其字的通假）	

对汉字结构类型的研究是一个理论性的问题，从不同的角度得出不同的结论是很正常的，也有利于学科研究的深入发展。从本节的论述可以看出，从传统“六书说”发展为三种“三书说”，从“三书说”又发展为“新六书说”，各位学者都力图以新的理论框架来概括汉字的结构类型。他们在研究中既有继承又有创新，大家的分析越来越趋于细致，逻辑上更加严密，系统性更强，理论色彩更加浓厚。比如陈梦家对唐兰象形字三个标准的批评，裘锡圭把陈梦家的“象形”改为“表意”，“新六书说”缩小了裘锡圭“三书说”中无法归类的特殊汉字的范围等，都明显体现了后出转精的态势。在注意理论建设的同时，大家都注意联系古今汉字的发展演变情况以及汉字与汉语的关系，努力挖掘汉字结构类型理论的合理性，提升它在汉字分析中的解释功能，因而也提高了其理论的实用价值。毫无疑问，20 世纪出现的“三书说”和“新六书说”，为汉字结构理论的进一步完善奠定了良好的基础。

同时我们也应该看到，20 世纪关于汉字结构类型理论的探讨，也有未臻至善之处，许多问题仍需我们继续努力。比如假借的问题就经历了一个否定之否定的过程，仍然未获得统一的认识：陈梦家否定了唐兰的做法，把假借作为汉字的基本类型列入其“三书”之中，裘锡圭承之而又有所订正，把本有其字的通假也包括在内，而詹鄞鑫又把假借排除在他的“新六书说”之外。这个问题在历史上的认识也不一致。东汉的班固认为“六书”是造字之本，假借当然也是造字之法。明代杨慎在《六书索隐》中则把“六书”中的前四书视为经，后二书视为纬，假借非经而是纬。清代戴震明确提倡“四体二用”说，假借被认为是用字之法而非造字之法，①影响很大。但由于假借的方法能促使新字的产生，因此又有人认为把假借归为单纯的用字之法也有偏颇之处。②今后这个问题如何处理，仍然值得我们进一步探讨。至于上述哪一种理论比较合理，它们能不能取代传统的“六书”，也仍然有待时间的检验。因此，在下面的章节中，我们仍按传统“六书说”进行汉字结构的分析。

① 戴震《戴震集·答江慎修先生论小学书》，上海古籍出版社 1980 年。

② 参见杨五铭《文字学》，湖南人民出版社 1986 年，第 53 页。

第九讲
二维组合与三位一体：汉字的结构（二）

壹　象形字与指事字

象形字与指事字，按照传统的说法，都是汉字中的独体之“文”，其结构应视为一个整体，不可拆分。象形字是汉字形成的基础，在汉字体系里地位重要，数量较多，指事字因为相对抽象，数量较少，但两者的总量在整个汉字大家族里，所占比例还是很小的，这里合为一节叙述。

一、 象形字释例

许慎《说文解字·叙》：“象形者，画成其物，随体诘诎，日、月是也。”“诎”通“屈”。“诘诎”即弯曲。许慎定义的大意是说，按照物体的轮廓，用弯曲的线条把它画出来，就是象形字。简单说，象形字就是“依样画葫芦”，其特点就是“随物赋形”。如日字写作⊙，月字写作。这就是象形字。

象形字源于图画，但又不同于图画。古人创造象形字，很善于抓住对象特点，寥寥几笔，形神俱现。“日”“月”本都可作圆形，但“日”字作圆形，“月”字作月牙形，一是为了相互区别，二也正是抓住了对象的主要特征，因为“月有阴晴圆缺”，而缺是经常的状态。又如“燕”字甲骨文作，燕子之剪刀似的尾巴、轻盈的体态，均跃然纸上。此外如犬之瘦身（）、豕之肥肚（）、象之长鼻（）、兔之短尾（）、牛角上翘（）、羊角下伏（）、虎之斑纹大口（）、鱼之鳞片歧尾（）等都是以特征来表现对象的。

象形的对象大多是人们生活中熟悉的、有形可象的物体。唐兰在《古文字学导论》中把象形字分为三大类：

一象身，属于人身的形，如“子”“女”“耳”“目”等；

二象物，是自然界一切生物和非生物的形，如“山”“川”“犬”“豕”等；

三象工，是人类智慧的产物，如“衣”“门”“舟”“车”等。

如果从取象的角度来对象形字进行分类，大致可分为：

（1）仰视。如“日”“月”“云”“雨”等；

（2）俯视。如“田”“川”“井”“舟”等；

（3）正视。如“山”“木”“口”“自”（鼻）等；

（4）侧视。如“人”“女”“鸟”“象”等。

从象形字的字形结构的单纯与复合的特点去分类，可以分为“纯体象形”和“复体象形”两类：

纯体象形如“子”“人”“目”“马”等；

复体象形如“眉”字，上象眉毛之形，下象眼睛之形，“目”是用来衬托眉毛的。又如“果”字，上象果实之形，下象树木之形，“木”是用来衬托果实的。

象形字的数量虽然不多，但象形字在汉字体系中的作用是很重要的。它所记录的大多是语言中的基本词汇，它是构成指事字、会意字和形声字的基础，因此，象形字是我们研究汉字结构的出发点。

由于汉字形体的不断演变，现在所谓的象形字其实只是徒有其名。但在商周古文字里，象形字个个宛然如绘，与图画差不多，可谓名实相副。到了小篆阶段，由于仍然用圆转的笔画，象形字的象形意味多少保留着。经过隶变，圆转的笔画变成了方折的笔画，象形的意味大大丧失，象形字就成了不象形的象形字了。因此我们分析象形字一定要用古文字材料，最好能追溯到最原始的写法。下面我们按照象身、象物、象工的分类，举一些象形字的例子，所用字形或用甲骨文，或用金文，或用小篆，以能说明问题为准。

子 甲骨文作，金文作，象婴儿之形，头较大，两手在外舞动，下肢裹在襁褓里。

人 甲骨文作，金文作，象侧立的人形。

大 甲骨文作，金文作，象正面而立的大人形。此字唐兰认为是象意字，因为它在语言里表示的不是大人的意思，而是表示一般的大。但从字形本身来看，应该是象大人之形的象形字。

老 甲骨文作，金文作，象老人长发拄杖之形。

女 甲骨文作，金文作，象女人敛手跪坐之形。

身 甲骨文作，金文作，篆书作，象人怀孕之形。《诗·大雅·大明》：“大任有身，生此文王。”闽地俗语谓怀孕为“带身（㚘）”，均可证其古义。“身”后来主要用于指身体，又造“娠”字和“㚘”[①]表示其本义，“娠”字已见于甲骨文，作（《合集》14070）。现“娠”行“㚘”废。

① 见《龙龛手鉴·女部》。

首　小屯甲骨文作，象人头侧面之形。后来发现的花东甲骨文字作(304)、(446)等形，[①]象人首正面之形，耳目口发毕具，更加形象。金文作，已经简化。此字如附带画出人身，就是(页)字。以页为形符的字，意义大都跟头部有关。如顾、领、颈、项、颠、顶、额、题等。表示“人头”的还有“元”字，此字甲骨文作，字从人从二(上)，会人上为首之意。《左传·僖公三十三年》：“狄人归其元，面如生。”《孟子·滕文公下》：“勇士不忘丧其元。”皆用其本义。“元首”一词亦可见其本义所在。“元”由“首”引申为开始，“元年”指开始之年，即第一年。“元旦”“元日”等皆此义。

耳　甲骨文作，金文作，象人耳之形。

眉　甲骨文作，金文作，小篆作，此为复体象形，字下的“目”是为了衬托眉毛而连带画出的。

目　甲骨文作，金文作，象眼睛之形。本为横写，小篆为了行款整齐，改为竖写，变成竖眼，形已失真。“臣”字甲骨文作，金文作，却真是竖眼之形。郭沫若慧眼，认出是人俯首时从侧视角度所看到的眼睛状态。这是家臣或奴隶头目向其主子低头时的一个重要特征。家臣或奴隶头目的地位比主子低，但又比一般奴隶高，故可引申为“官吏”。

须　甲骨文作、，金文作，小篆作，象人面垂须之形。“页”也是为了衬托胡须而连带画出的。《说文解字·须部》：“须，面毛也。从页从彡。”把它看作会意字是不对的(“须”字用作“必须”是它的假借用法，有人以为是引申，因为“在古人心目中，‘髭须’对男子是‘必须’的”，这显然是牵强附会的，不足为据)。表示胡须的象形字还有“而”字，小篆作，《说文解字·而部》：“颊毛也，象毛之形。《周礼》曰‘作其鳞之而’。”

自　甲骨文作、，金文作，象鼻子之形。此字被借作“自己”“自从”之“自”，表本义之字遂写作“鼻”，变成形声字。

又　甲骨文作，金文作，象侧视的右手之形。手的象形字还有𠂇，甲骨文作，象左手之形。手，金文作，为人手的正视形，五指俱全。此外还有“爪”字，古文字作，乃是向下抓取的手形。

以上都是所谓“象身”的象形字，这类象形字还有不少，如“口”“齿”“止”“足”“心”等，不备举。

鸟　甲骨文作、，金文作，篆书作，象鸟之形。此字繁体作“鳥”，简化作“鸟”，可以看出，即使是笔画已经平直化了的繁体字和简化字“鸟”，还依稀可见鸟的侧视之形的轮廓。英语“鸟”写作 bird，由形而知音，形义毫无联系；而汉字的“鸟”字，其形义关系至今还相当清晰，表意和表音两种文字体系的不同性质，由此可见一斑。

---

① 参见刘钊等《新甲骨文编》，福建人民出版社2009年，第502页。

象“鸟”的象形字还有一个“隹”字，甲骨文作，金文作，也是鸟的侧视之形。“鸟”和“隹”在用作表意偏旁时往往可以通用。

象 甲骨文作、，金文作、，小篆作，皆大象之形，突出其长鼻的特点。

龙 甲骨文作、，金文作，小篆作，是古人想象的一种神兽，本是象形，身首相连，小篆字形发生变化，《说文解字·龙部》解为“从肉飞之形，童省声”，已非造字本意。

龟 甲骨文作、，前者为正面形，后者为侧面形。小篆作，是从侧面之形演变而来的。

鹿 甲骨文作，金文作，象鹿之形，线条简洁，形象传神。

木 甲骨文作，金文作，象树木之形，上象枝干，下象树根。

来 甲骨文作，小篆作，象麦之形。假借为“来往”之“来”，假借义成为常用义。“麦”字甲骨文作，是个形声字，从夂，来声。从夂之字与脚的动作有关，故朱骏声《说文通训定声》认为“往来之来正字是麦，菽麦之麦正字是来”。花园庄东地甲骨34.5：“甲辰卜：于麦乙又（侑）于且（祖）乙宰（牢），用。”“麦乙”即“来乙”，指下一个乙日，可见“麦”也确有用作“来”的例子，保留了其本来的意义。

以上都是所谓“象物”的象形字，这类字也还有很多，如“云”“雨”“豕”“虫”等，不备举。

门 金文作，小篆作，象两扇门。“门”与“户”是同义词，一扇叫户，两扇曰门。《说文解字·门部》：“从二户，象形。”

弓 甲骨文作，金文作，小篆作，象弓形。

箕 本作其，甲骨文作，金文作，象簸箕之形。后“其”被借为代词、副词，表本义之字附加“竹”字头。

车 甲骨文作、，金文作、，象车之形，写法有详有略，多为俯视形。

鼎 甲骨文作、，金文作、，象鼎之形。鼎是古代炊具，三足两耳，多用青铜铸成。商代鼎文作形，更加形象。《左传·宣公三年》云：“昔夏之方有德也，远方图物，贡金九牧，铸鼎象物，百物而为之备，使民知神奸。”是说夏禹收九牧之金，铸成九鼎。这鼎后来就成为传国的重器和政权的象征。后因称建立王朝为“定鼎”，图谋王位为“问鼎”。

豆 甲骨文作，金文作，象一种盛食器。《说文解字·豆部》：“豆，古食肉器也。”后借为豆麦之“豆”。

衣 金文作，小篆作，象上衣之形。古代上曰衣，下曰裳。《离骚》：“制芰荷以为衣兮，集芙蓉以为裳。”

斤 甲骨文作，金文作，象古代的一种斧类工具，类似后代的锛。《孟子·梁惠王上》:“斧斤以时入山林,材木不可胜用也。”正用其本义。“斤”用作斤两义,是假借用法。

以上都是所谓的“象工”的象形字,这类字也很多,如“皿”“舟”“帚”“刀”“网”等都是,不备举。

二、 指事字释例

许慎《说文解字·叙》:“指事者,视而可识,察而见意,上下是也。”甲骨文“上”作二、二,“下”作二、二。长线表示水平线。短线在上者,表示位置在上,故为“上”;短线在下者,表示位置在下,故为“下”。由于这种“上”“下”的写法容易与数目字“二”相混,春秋时“上”“下”开始异化为上、下,与现在的“上”“下”很接近。

指事字的特点是用抽象符号指出字义,因而指事字是符号性很强的抽象汉字。由于太抽象,指事字的数量并不多。

关于指事字,一般分为两类。

(一) 纯符号的指事字(符号指事)

纯符号的指事字用不代表任何具体事物的抽象线条组成,除上举“上”“下”外,最典型的例子就数一、二、三等数目字了。此外如:

回(回) 字形以回转的线条表示回旋之意。

小(小) 甲骨文作小、小,以三、四个小点表示微小的意思。

(二) 在象形字的基础上增加指事符号的指事字(因形指事)

这类指事字是以象形字为基础,通过增加指事符号而形成。如:

亦(亦) 为“腋”的本字。在象大人之形的“大”的基础上增加两点,表示人的腋窝之所在。“腋”字已见于战国晋系文字。《玺汇》752“长腋”印作亦,上下结构。

刃(刃) 在象形字“刀”的基础上增加一个指事符号表示刀锋之所在。

寸(寸) 在象形字“又”的基础上增加一个指事符号,表示手臂上靠近手腕约一寸的部位。后引申为长度单位。

本(本) 《说文解字·木部》:“木下曰本,从木,一在其下。”本义是树根。木下的一点或一横表示树根之所在。后来“根”和“本”构成一个同义复合词,意指“事物的根源或最重要的部分”等。

末(末) 《说文解字·木部》:“木上曰末,从木,一在其上。”本义是树梢。点或横表示树梢的位置。引申为一般的末梢,指次要的部分。

朱(朱) 郭沫若《金文丛考·释朱》认为“朱”为“株”的本字,意为树干,在木中加一点指示树干之所在，写为一横是圆点的演变。用为赤色义是假借。《说文解字·木部》："朱，赤心木，松柏属，从木，一在其中。"若依《说文解字》对其本义之解释，则赤色义是引申。

明代赵古则说："象形，文之纯；指事，文之加……木，象形，文也。加一于下，则指为本；加一于上，则指为末；加一于中，则指为朱。"[①]可见指事字的字义与指事符号有密切的关系，指事符号指向哪里，字义就指向哪里。

三、 象形字和指事字的联系与区别

指事字与象形字既有相同点，又有相异之处。相同点是两者都是独体字，相异之处古今学者有很多不同的看法。如宋代郑樵在《通志·六书略》中说："指事类乎象形，指事，事也；象形，形也。指事类乎会意，指事，文也；会意，字也。"他认为指事字是独体之"文"，指事所指者乃事而非形。段玉裁在《说文解字注》中认为："指事之别于象形者，形谓一物，事晐众物，专博斯分。故一举日月，一举二 二，二 二所晐之物多，日月只一物，学者知此，可以得指事、象形之分矣。"其意谓指事乃概括众物之特征，而象形是专指一物之形状，指事博而象形专。这两人都是从指事和象形的对象上去区分两者的，当然不无道理，但要真正区分事与形、博与专，有时也颇费斟酌。如"大"字，象正面而立之人形，可谓专指一物，应是象形；而此字在实际语言的运用中则泛指一般大小的"大"，可谓事，亦可谓博，则又可归为指事。两种归类孰是孰非，从对象上去区分，是很难说清楚的。

其实从上举两类指事字来看，我们完全可以从指事和象形两类字的构形特征上去区分两者的不同。指事字或偏于"指"，如亦、刃等字；或偏于"事"，如上、下等字。偏于"指"者，需以象形字为基础；偏于"事"者，则全由抽象符号构成。它们都离不开指事符号。因此指事字的重要特征是它的指事符号。凡是能确定指事符号者，不管是偏于指还是偏于事的，都是指事字。而凡是以具体形象来构形的独体字，则为象形字。

贰　会意字与会意思维

一、 会意字释例

许慎《说文解字·叙》云："会意者，比类合谊，以见指撝，武信是也。""比""合"同

---

① 转引自胡朴安《中国文字学史》，上海书店1984年，第194页。

义，即“合并”之意；“类”的字面意思是“种类”，此当指字类（偏旁）；“谊”同“义”；“指撝”即“指挥”，意为“指向”。用现代的话来说，所谓会意，是指把两个或两个以上的构字符号（即通常所说的“偏旁”）合并在一起（即“比类”），并把它们的字义会合起来（即“合谊”），出现一个新义的指向（即“以见指撝”），记录一个新词。从这里可以看出，会意字有两个特点：

（1）会意字是合体字，是由两个或两个以上的偏旁组成的。一般而言，构成会意字的偏旁独立出来都是独体字，都可自由运用，比如“取”字从耳从又，而“耳”和“又”都是独立的文字。这是会意字和象形字、指事字的区别。

（2）会意字的字义是组成偏旁的意义的会合，出现一个新义，记录一个新词。这个条件可以把会意字和重复的象形字区别开来。如“森”是“渺”的本字，会意，而“沝”只是“水”的重复，是“水”的异体，不记录新词。①

会意字可以从不同的角度进行分类：

（1）从会意字产生的时间先后来分，可以分为比形会意和比意会意。比形会意是通过构字偏旁的形象来会意的，比意会意是通过构字偏旁独立成字时的字义来会意的。如“启”甲骨文作，用“又（手）”开“户”，以形象示意，是比形会意。“歪”字以“不”“正”二字之文字意义来会意，是比意会意。一般来说，比形会意产生的时间比较早，晚出的会意字一般都是比意会意。

（2）从构成会意字之偏旁的相同与否来分类，可分为同体会意和异体会意。如“林”是同体会意，“相”是异体会意。同体会意亦称“同文会意”，异体会意亦称“异文会意”。从数量上说，同体会意比异体会意要少。

会意这种造字法可以济象形、指事之不足。古人很成功地运用会意思维创造了大批汉字，一些比较复杂的动作、抽象的概念，如烧火做饭之“爨”、天寒地冻之“寒”等都可以通过会意的方法来造字，因此会意字的数量较之象形、指事要多得多。

为直观起见，下面我们以第二种分类的角度来举一些会意字的例子。

（一）同体会意

林　《说文解字·林部》：“平土有丛曰林。从二木。”又“森”，《说文解字·林部》：“木多貌，从林从木。”其实也可解为“从三木”。

友　甲骨文作，小篆写作，《说文解字·又部》：“同志为友，从二又相交。”按，“又”者手也。二“又”相交，即手牵手之意。《段注》：“《周礼》注曰：‘同师曰朋，同志

① 参见杨五铭《文字学》，湖南人民出版社 1986 年，第 69 页。按：“沝”是记录方言词“水”的字，《说文解字·沝部》：“沝，二水也。阙。”《集韵》在上声旨韵，之诔切，“闽人谓水曰沝”。今福州话“水”读[tsui˧]，与“之诔切”相符。参见陈泽平《福州方言研究》，福建人民出版社 1998 年，第 99 页。

曰友。’”

多 徐中舒主编《汉语古文字字形表》：“多象两块肉形，古时祭祀分胙肉，分两块则多义自见，说文以为从二夕实误。”按《说文解字·多部》：“多，緟（重）也。从緟夕，夕者相绎也，故为多。”拆字联语“此木为柴山山出，因火成烟夕夕多”，亦以重夕为多，不符合文字学的原则，不足据。

炎 《说文解字·炎部》：“火光上也。从重火。”

轰 繁体作“轟”，《说文解字·车部》：“群车声也。从三车。”

从 《说文解字·从部》：“相听也。从二人。”甲骨文有“从”字，后又加“辵”增繁为“從”。简化字作“从”，是恢复了古字。

步 甲骨文作，小篆作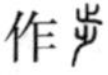，字从二“止”（趾）相承，表示走路时两脚一前一后。按，古代举足两次为一步，相当于现在的两步。《荀子·劝学》：“不积跬步，无以至千里。”“跬”相当于现在的一步。

北 甲骨文作，小篆作，字从两人相背，为“背”之本字。后假借为方位名词“南北”之“北”，另造“背”字以区别。《说文解字·北部》：“北，乖也。从两人相背。”字形分析是对的，但“乖”只是它的引申义。

“步”与“北”一类的会意字，或另立为“对文会意”。所谓“对文”，是指构字部件处于相对的位置，一正一反。但从单个部件来看，“对文”之“文”取象相同，古文字往往正反无别，因此“对文”也算同体。为简便起见，我们也把这类字归入“同体会意”。

（二）异体会意

武 甲骨文作（《合集》27151）、（《甲骨文合集补编》11074），金文作（𡚱钟），小篆作，《说文解字·叙》作为会意字的例子，在“戈”部“武”字下解曰：“楚庄王曰：夫武，定功戢兵，故止戈为武。”认为“武”字是会合“止”“戈”二字而成义，“止”有“停止”“制止”之意，“戈”指武力、战争，所以“武”字有禁暴止兵、安民定功的意义。其实，这是套用春秋时期“战以止战”的军事思想来说字，以“止”的文字意义来会意，并不符合造字本意。早期的会意字是以形象会意的，“止”是“趾”的本字，为足的象形。商承祚说：“非停止之止，而为足象，亦即人之意符，从人持戈，显其威武，为其本义。”[①] 唐兰说：“‘武’字在古文字里本是表示有人荷戈行走，从戈形的图画，可以生出‘威武’的意义，从足形的图画里，又可以看出‘步武’的意义，可是总不会有‘止戈’的意义。”[②]

① 商承祚《释武》，《商承祚文集》，中山大学出版社 2004 年，第 18 页。按商承祚该文发表于民国十七年(1928)中山大学《语言历史学研究所周刊》第二集第二十期（见《商承祚文集》，中山大学出版社 2004 年，第 19 页），唐兰的《中国文字学》1949 年由开明书店出版（见傅根清《中国文字学导读》，《中国文字学》，上海古籍出版社 2001 年，第 6 页），故商说早于唐说。

② 唐兰《中国文字学》，上海古籍出版社 1979 年新 1 版，第 71 页。

这种理解是比较符合造字本意的。

另按，“武”字马王堆帛书《老子》乙 208 下作“”，银雀山汉简《孙膑》21 作“”，《尹宙碑》作“”，《景北海碑》阴作“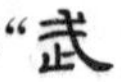”，三体石经作“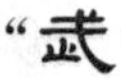”，从这些篆隶材料可以看出，楷体字“武”字的第一笔短横是“戈”字第一笔向左缩进而形成的，“武”字第二笔长横是“戈”字撇笔的横写，故“武”字所从之“戈”，不能再有一撇；或认为“武”字第一笔是“戈”字撇笔上移形成的，亦非。

信 “信”字也是《说文解字·叙》里作为会意字的例子。此字以人、言构成，本义是“诚”，但人、言何以会出“诚”义，却有不同的看法。徐锴在《说文解字系传·通论》中认为：“君子先行其言，然后从之……鹦狌能言，不离禽兽。言而不信，非为人也。故于文人言为信。”[①]段玉裁在《说文解字注》中则认为：“人言则无不信者，故从人言。”相比较而言，徐锴的说法更为精到，段玉裁的话则疏于深虑，因为人有高尚卑劣之分，人言未必都可信。此外，宋代的郑樵在《六书略·会意第三》中说：“信无所立，惟冯人言。”是从诚信如何体现的角度来立说的，也颇合“人言”的构成方式。黄伯思、袁文分别在《东观余论》和《翁牖闲评》中强调“信”为“使人”之意，即今之所谓“信使”。清代徐灏在《说文解字注笺》通过字形分析，把“信使”作为“信”的本义。他说：“使人传言，故从人言会意。信使既通，然后知其事实，因有诚信之义。又因之信使所赍之书谓之信也。”此说虽也符合字形结构，事理上也算畅达，但于先秦文献无征，不足以说明“信”之造字本意。“信”字结构还有形声说，已超出了会意范围，此不赘述。[②]

取 甲骨文作，金文作，小篆作，《说文解字·又部》：“取，捕取也。从又从耳。《周礼》：‘获者取左耳’。《司马法》曰：‘载献聝’，聝者，耳也。”《段注》：“称《周礼》，又称《司马法》释之，以说从耳之意。”按“聝”，又作“馘”，《说文解字·耳部》：“聝，军战断耳也。《春秋传》曰：‘以为俘聝。’”许氏所引《周礼》，出《周礼·夏官·大司马》：“(狩)大兽公之，小禽私之，获者取左耳。”郑玄注：“得禽兽者取左耳，当以计功。”所引《司马法》，是古代的一本兵书，约成书于战国时期，后亡佚很多，现仅存残篇。这些文献记载说明，古代打猎有获或战争杀敌，一般取下左耳作为计功的凭证，故字从又从耳会意，引申为一般的“拿取”“获取”。

妇 繁体作“婦”，甲骨文作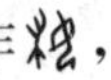，金文作，小篆作，从女从帚，表示妇女执帚从事家务劳动。《说文解字·女部》：“妇，服也。从女持帚洒扫也。”

爨 小篆作，本义是“烧火做饭”。上部之“臼”为两只手，其中之“同”为釜甑之类的炊具(《说文解字》古文作，省上部)，“冖”为灶台，“林”为木柴，“大”也是两只手的

① 《礼记·曲礼上》：“鹦鹉能言，不离飞鸟；猩猩能言，不离禽兽。今人而无礼，虽能言，不亦禽兽之心乎！……是故圣人作，为礼以教人，使人以有礼，知自别于禽兽。”徐锴之说，由此发挥。

② 参见林志强《说“信”》，《福建师范大学学报(哲学社会科学版)》1997 年第 2 期。

变化，最下边是“火”字。整个字形形象地表现了这样一个过程：双手把炊具放在灶台上，然后把木柴推进灶口中，点火燃烧，正是“烧火做饭”的意思。古时兄弟分家过日子叫“分居异爨”，或叫“分爨”，所谓“异爨”“分爨”，就是兄弟分开，各自煮饭吃。

寒 小篆作，字形是一个人在宀（房子）里面，以草莽（“茻”为“莽”本字）覆盖身体，脚底下有仌（冰），表示寒冷的意思。

执 繁体作“執”，甲骨文作、，金文作，小篆作，本义是抓捕罪人。《说文解字·㚔部》：“执，捕罪人也。从丮从㚔，㚔亦声。”“㚔”为古代手铐的形象，“丮”象下跪之人，双手被铐在“㚔”中。殷墟出土之双手被械陶俑（见图9-1，录自朱芳圃《殷周文字释丛·卷下》），其刑具的正面形象作“”形，与甲骨文“㚔”字的形状正相同。① 后来“执”字之“丮”变为弹丸之“丸”，“㚔”变为幸福之“幸”，那都是隶变形成的混同。按，幸福之“幸”，据《说文解字》，本是从屰从夭的会意字，夭，死之事，故屰夭为幸。

图9-1

劓 甲骨文作，从刀从自；古陶文作，《说文解字》小篆异体作，皆从刀从鼻。“自”为“鼻”本字，故从自从鼻意思相同。字形表示以刀割鼻，是先秦五刑（墨、劓、刖、宫、大辟）之一。《易·睽》：“其人天且劓。”陆德明《释文》：“截鼻也。”截鼻故事古来多有，下录二则以示之。

《战国策·楚策四》载：

> 魏王遗楚王美人，楚王说之。夫人郑袖知王之说新人也，甚爱新人；衣服玩好，择其所喜而为之；宫室卧具，择其所善而为之。爱之甚于王。王曰：“妇人所以事夫者，色也；而妒者，其情也。今郑袖知寡人之说新人也，其爱之甚于寡人，此孝子之所以事亲，忠臣之所以事君也。”
>
> 郑袖知王以己为不妒也，因谓新人曰：“王爱子美矣。虽然，恶子之鼻。子为见王，则必掩子鼻。”新人见王，因掩其鼻。王谓郑袖曰：“夫新人见寡人，则掩其鼻，何也？”郑袖曰：“妾知也。”王曰：“虽恶必言之。”郑袖曰：“其似恶闻王之臭也。”王曰：“悍哉！”令劓之，无使逆命。

又刘向《列女传·梁寡高行》载：

> 高行者，梁之寡妇也。其为人荣于色而美于行。夫死早寡，不嫁。梁贵人多

① 参见林志强《说“㚔”》，《古文字研究》第24辑，中华书局2002年。

争欲取之者，不能得。梁王闻之，使相聘焉。高行曰："妾夫不幸早死，先狗马填沟壑，妾守养其孤幼，曾不得专意。贵人多求妾者，幸而得免，今王又重之。妾闻妇人之义，一往而不改，以全贞信之节。念忘死而趋生，是不信也；贵而忘贱，是不贞也。弃义而从利，无以为人。"乃援镜持刀以割其鼻，曰："妾已刑矣。所以不死者，不忍幼弱之重孤也。王之求妾者，以其色也。今刑余之人，殆可释矣。"于是相以报，王大其义，高其行，乃复其身，尊其号曰高行。君子谓高行节礼专精。《诗》云："谓予不信，有如皎日。"此之谓也。

颂曰：高行处梁，贞专精纯。不贪行贵，务在一信。不受梁聘，劓鼻刑身。君子高之，显示后人。

法　"法"字原作"灋"，金文作，小篆作，构件不变，位置略有调整。许慎《说文解字》云："灋，刑也。平之如水，从水；廌，所以触不直者去之，从去。"形义关系十分清楚。但此字战国时期或省作，小篆作，只作从水从去，后世承之，"平之如水"的含义尚存，但省了"廌"，"去"的含义就不好理解了。因此要把"法"作为会意字来讲，应该要用"灋"这个字形。①

伐　甲骨文作，金文作，小篆作，字形本作以戈砍人头之形，表示杀伐之意。卜辞常有"伐若干人"的记载，即指杀人以祭祀。春秋战国以来，字形中之"人""戈"两字逐渐分开，砍人头之意隐晦不明，故《说文解字·人部》解为"从人持戈"，这是不对的。从形义关系看，汉字中真正"从人持戈"的应是"戍"字。甲骨文作，金文作，小篆作，《说文解字·戈部》："守边也。从人持戈。"另外，"戒"字甲骨文作，金文作，小篆作，表示两手持戈有所戒备。

毓　甲骨文作，金文作，小篆作，字形表示母亲生育孩子：从女（或从母，

---

① 一说"法"字是形声字，所从的"去"是声符。裘锡圭认为"去"有古音属于"叶"部的，与古音属于"鱼"部的"去"字有别。鱼部的"去"是离去之"去"，古文字作，从大从口，表示把嘴张大的意思，即"呿"字初文。张开与离去的意思相关。叶部的"去"古文字作器皿上有盖子之形，字作或，"盖"字中间的"去"就是这个字形，这个字应该读为"盍"，正是叶部字。过去认为是会意字的"灋"（法）字也可能是从"去"（盍）声的。有些从"去"的字有鱼部和叶部两读，这应该是后来的混乱现象（参见裘锡圭《说字小记·说"去""今"》，《裘锡圭学术文集·金文及其他古文字卷》，复旦大学出版社2012年，第418页；裘锡圭《谈谈古文字资料对古汉语研究的重要性》，《裘锡圭学术文集·语言文字与古文献卷》，复旦大学出版社2012年，第42页）。宋保《谐声补逸》亦曰："灋，从水、从廌、去声。重文作法，去声。《广雅疏证》'法'字注云'去声'。保谨案：法字去声，犹狯怯劫蜐从去声也。"（转引自丁福保《说文解字诂林·十上》"灋"字条，中华书局1988年，第9680页）日本学者白川静指出"灋"字从水，"廌"声，"廌"又以"去"为声，实际上亦以"去"与"灋"声相谐（白川静《汉字之起源》，引自周法高《金文诂林补》，台北"中央"研究院历史语言研究所1982年，第2649—2650页），清华简《命训》简12"灋"字作，以往未见，其字从廌，从盍，简15"灋"字作，从廌，从去，与从"盍"者为异体，说明"灋"读为盍（去）声是有根据的（参见颜世铉《说简本〈缁衣〉"灋"与"廌"的关系》，《中国古文字研究会第二十一届年会散发论文集》；刘伟浠硕士论文《〈清华大学藏战国竹简（五）〉疑难字词集释及相关问题研究》，福建师范大学2017年）。

或从每，或从人），从倒子，且伴有羊水等流出。后来倒子和表示血水的小点合并而成“㐬”形。“毓”字即《说文解字·㐬部》“育”的异体。“育”字从象倒子之形的“㐬”（读如突，他骨切），肉声。王国维认为甲骨文“毓”字诸形均象倒子在人后，故引申为君后之后。后字之“厂”为“人”字之讹变，“一”“口”亦倒子形之讹变，毓、育、后三字本一字。[①] 郭沫若说：“余谓后当是母权时代女性酋长之称。母权时代族中最高之主宰为母，母氏最高之德业为毓，故以毓称之也。毓字变为后，后义后限用于王妃，亦犹其古义之孑遗矣。”[②]

与“育”字相反的是“弃”字，也是一个会意字。甲骨文作（《合集》8451），又作（《合集》21430），有繁简二体。《说文解字》承之作（籀文）、（古文）。繁者从収从子从其（箕），表示把婴儿放在箕中抛弃掉；简者省略了“箕”，仍然可以会出弃子之意。现在的简体“弃”，也可谓渊源久远了。[③] 周始祖后稷名“弃”，就是因为出生后曾被抛弃而得名的。

莫 甲骨文作、，小篆作，字形以太阳落在草莽或丛林之中表示黄昏时分。《说文解字·茻部》：“日且冥也。从日在茻中。”经籍中常借为否定性无定代词，如《庄子·秋水》：“天下之水，莫大于海。”故另造“暮”字表示本义。

朝 甲骨文作、，金文作、，小篆作，甲骨文字形表示农历下旬时太阳刚出来而月亮尚未落山的清晨景象。此字甲骨文从“月”，金文“朝”大都从、，后讹为“舟”，小篆从“舟”，秦简的“朝”字也都从“舟”。与“朕”“服”等字所从的“月”旁本来也是从“舟”演变而来的情况相同，隶、楷“朝”字的“月”旁也是由“舟”字省变而成的。[④] 这样一来，倒与更古老的甲骨文字形相吻合了。

即 甲骨文作，金文作，字形表示一人席地而坐，靠近食器准备就食。故“即”有靠近之意。成语“若即若离”就是用的本义。戴侗《六书故》云：“即，就食也。引之则凡就之者皆曰即。”[⑤]与此字字形相关的字还有“既”“卿”二字。“既”字甲骨文作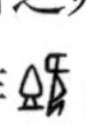，金文作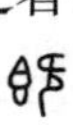，与“即”不同的是席地而坐的人不是面向食物，表示饭已吃完。戴侗《六书故》云：“既，食尽也。”[⑥]“既”在古代有“尽”“终了”的意义，又作副词“已经”等，都是从本义引申出来的。“卿”字甲骨文作，金文作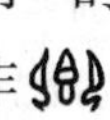，字形表示两人相向而食，是“飨”的初文。用它来表示卿大夫的“卿”，当是假借的用法。方向的“向”，甲骨文、金

① 见王国维《戬寿堂所藏殷墟文字考释》。

② 郭沫若《卜辞通纂考释》，见《郭沫若全集·考古编·2》，科学出版社1983年，第247—248页。

③ 裘锡圭以为简体的“弃”来源于六国古文，还不够确切。参见裘锡圭《文字学概要》，商务印书馆1988年，第55页。

④ 参见裘锡圭《文字学概要》，商务印书馆1988年，第71页。

⑤ 戴侗《六书故》，上海社会科学院出版社2006年，第677页。

⑥ 戴侗《六书故》，上海社会科学院出版社2006年，第677页。

文是用“卿”来表示，古书则多用“鄉”字来表示。“鄉”字小篆写作，是由“卿”字分化出来的。另有“向”字，是表示方向之“向”的专用字。①

射　甲骨文作（《合集》19476），花东甲骨文又加一手或双手，作（《花东》264）、（《花东》7），金文作，沿袭了花东甲骨文的结构，小篆作。甲骨文、金文字形表示以手张弓搭箭而射。此字中之“弓”作，古文字“身”字有作者，两者形近，后世“弓”遂讹为“身”。在此基础上，“射”字又往两个方向发展：一种省“又（手）”，变成从身从矢，这就是《说文解字》小篆“”字的来源。许慎解为“弓弩发于身而中于远也”，据讹变了的字形来解说，自然是不符合字源的。另外一种是省“矢”，“又”加点变成“寸”，这就是《说文解字》作为“”的异体的“射”，也就是现在通行的字形。“射”字的讹变，宋元时期戴侗最早指明，不过他认为是弓矢合起来讹为身。他说：“射之从身绝无义，考之古器铭识，然后得其字之正。盖左文之弓矢讹而为身，右偏之又讹而为寸也。”②

各　甲骨文作，小篆作，“夂”是倒写的“止（趾）”，字的下部是“坎”的本字。字形表示脚踏进门坎，是“洛”的本字。《方言》：“洛，至也。”此字经典常假借“格”字为之。如《尚书·汤誓》：“格尔众庶，悉听朕言。”“各”字作“各自”“各别”解当是假借用法。与“各”字相反的是“出”字。“出”字甲骨文作、，小篆作，字形表示脚跨出门坎。前举一对联的上联云：“此木为柴山山出。”把“出”字解为两个“山”，是据隶楷字形进行拆分，自然是不对的。

二、 会意思维

“会意”作为一种思维方式，是通过形象的整合和事理的推衍来表达一种意思，它是形象思维和抽象思维相结合的产物，是中国人所习惯的认识世界的一种方法，也是创造汉字、解释汉字的基本方法。③ 一般说来，通过形象整合的会意比较具体直观，而通过事理推衍的会意则相对抽象，但两者的最终目的都是“会”出“意”来。由于思维角度的不同，时代思想的变化，因而如何会意，便可因人而异、因时而变，具有较大的灵活性。会意的这种灵活性，使它与会意字字义的训释、“字说”现象的流行、流俗造

---

① 参见裘锡圭《文字学概要》，商务印书馆 1988 年，第 124、148 页。

② 戴侗《六书故》，上海社会科学院出版社 2006 年，第 699 页。戴书“射”作“䠶”。

③ 日本汉字也重会意。会意字是日本国字的基本类型。如“畑”字由“火”“田”合成，表示用火烧杂草然后播种的田地——旱地；“凧”由“下”“风”合成，表示由山上刮下来的风——山风；“峠”由“山”“上”“下”合成，表示山路由上山转为下山的最高处——山顶；“躾”由“身”“美”合成，表示使其身心美好——教养。汉字“麓”和日本国字“梺”都表示山脚下的意思，日本字将表音的“鹿”改为表意的“下”，把形声字改为会意字，正是日本国字重会意的表现。参见何华珍《日本汉字和汉字词研究》，中国社会科学出版社 2004 年，第 33—35 页。

字的兴盛、汉字教学的改革等问题都有密切的关系。下面就这些问题略做探讨。

(1) 许慎在《说文解字·叙》中说，会意字是通过“比类合谊”形成的，但某些会意字是何类相比何谊相合，却是见仁见智，时有歧说。如“美”字、“武”字，均有多种形义解释。这种情况给科学汉字学造成了一定的混乱。因而如何会意是汉字学摆脱猜谜射覆走向科学实证所必须解决的问题。要解决这个问题，就要重视字源学的研究。从字源学的角度看，一个会意字的产生，其取类合谊必定源于当时的价值取向，符合当时人们看待事物的思想观念。因此，当一个会意字有多种形义解释时，如能联系其产生时的社会情状和历史背景，就可排除后起的非字源学的各种解释，对汉字的科学化大有帮助。上举“信”字的形义关系，有代表性的说法就有徐锴、段玉裁和徐灏三家之说，这些说法，若从汉字文化学的角度看，我们不否认它们各自所具有的存在价值，但就科学汉字学的角度来看，就不得不做出取舍，而如何取舍，就要靠字源学的研究了。下面再行申论之。

《老子》云：“信言不美，美言不信。”《穀梁传·僖公二十二年》云：“言之所以为言者，信也，言而不信，何以为言？”《左传·襄公九年》云：“信者，言之瑞也。”又《左传·襄公二十七年》云：“志以发言，言以出信，信以立志。”《论语·子路》云：“言必信，行必果。”这些言论都是从语言的角度来说“信”的，从中可见“信”字从言之理据，其意即指言语不虚妄。由言语之不虚妄，进而可上升为一种道德要求，即“诚实不欺”。《礼记·礼器》云：“忠信，礼之本也。”《论语·学而》云：“信近于义。”《左传·僖公七年》云：“守命共时之谓信。”又《左传·哀公十六年》云：“周仁之谓信。”又《左传·文公元年》云：“信，德之固也。”这些言论是从道德规范的角度来阐释“信”字之义的，而所谓道德规范，无疑是对人而言的，故“信”字又从人。徐锴说：“鹦猩能言，不离禽兽。言而不信，非为人也。”正道出此中道理。把徐锴所说与上引《穀梁传》“言而不信，何以为言”和《论语》“言必信，行必果”结合起来看，所谓诚信指的是一种道德标准和要求，因此“信”字从人从言就必须从道德规范的角度来会意，即人言必须诚信，否则就跟禽兽差不多了。“信”字后来成为“仁义礼智信”五常之一，也正是因为它本属于道德的范畴。

从出土材料看，“信”字偶见于甲骨文、金文，[①]大量出现于战国时期，其时的铜器铭文和玺印文字中常可见到，典籍之中就更多了。众所周知，战国时期诸侯力征，不统于王，尔虞我诈，钩心斗角，其大背景便是“不信”。在这样一个社会里，强调人言必须诚信无疑是一个必然出现的道德理想和要求。一种道德的沦丧必然要呼唤这种道德的振兴，这也许就是社会发展的辩证法吧。“信”字在战国时期大量出现，应该也与

① 殷墟甲骨文未见，花东甲骨文 61(H3：212 反)有一字作，西周㝬叔鼎有字，都与《说文解字》“信”古文同构，当是古“信”字。

此有关。

战国时期，言语异声，文字异形，“信”字也有许多异构。除了从人从言之外，还有作（中山王方壶），从言从身；作（《古玺汇编》5381），从身从心；作（《古玺汇编》1149），从人从心；作（《说文解字》古文），从人从口；作（《说文解字》古文），从言从心等不同写法。这些异构可以分为两个系列：从人从言、从言从身、从身从心、从人从心和从人从口可为一列，从言从心另为一列。根据文字意符意义相近可以互换的原则，从身与从人可以互换，从心从口与从言亦可互换，则上述之前一系列的异构可以归并为从人从言。这样，“信”字的主要异构实际上只有两类：从人从言和从言从心。若“信”字只是单表言语不虚妄之意，则其字作从言从心最为恰切，因为心中之言即所谓肺腑之言，以此来表示“诚信”之义，自然明白而无疑义。可是流传下来的正字却是从人从言，这正是因为从人从言更能表达此字所必须包含的属于人的道德内涵。从这里也可以看出，要正确理解“信”的形义关系，就必须考虑“信”字从人的道德原因。

上引《穀梁传·僖公二十二年》的完整句子是：“人之所以为人者，言也，人而不能言，何以为人？言之所以为言者，信也，言而不信，何以为言？信之所以为信者，道也，信而不道，何以为道？”这段话其实很好地解释了“信”字从人从言以及“信”作为一种道德要求的内涵。

由此可见，“信”字是在一种道德要求的驱动下产生的。古人对“信”字的理解和运用，也多着眼于道德方面，因而对“信”字形义关系的解释也必须从道德的角度入手，“人言为信”应该被理解为一种道德的要求，即人言必须诚信。以此来验证上述徐锴、段玉裁和徐灏三说，可知徐锴之说最为精到，段玉裁之说则失之毫厘，应改为“人言须诚信，故从人言”。至于徐灏之说，乃以“使人传言”以会人言之意，改“信”之本义为“信使”，均于先秦典籍及社会情状无征，是一种非字源学的会意，舍之可也。

由“信”字这个例子可知，灵活的会意方法使得某些会意字的形义解释复杂化，而字源学角度的会意则可以厘清各种形义解释的是非得失，对会意字的字义训释，起了非常重要的作用。

(2) 字源学的会意使得某些复杂的形义解释分清了主次源流，这对汉字学的进一步科学化具有重要意义。但如果因此而放弃了其他的非字源学的形义解释，则对汉字文化的研究又是莫大的损失。从汉字文化学的角度看，所有的汉字形义解释都是对汉字文化的理解和诠释，都必须予以重视。在这一方面，我们就不能把汉字的形和义只看成一种僵硬的一对一的关系，而要把它们看成一种动态的结构，即一个形体如何表现它的意义，除了有字源学的解释之外，还可以随着社会历史的发展或思维角度的变化而产生其他的合理的解释。我们可以把这种解释叫作形义关系的重解。只有承认这一点，才有利于对汉字文化进行深入而全面的研究。汉字形义关系的动态结构是由多方面的原因共同促成的，但就其形义解释而言，却都离不开灵活的会意思维，上举“信”字的多种形义解释就说明了这种情况。这一点我们在最能体现汉字形义关系之动态结构的“字说”现象中可以看得更清楚。

所谓“字说”现象，是指单纯从字形出发而对字义作非造字本意的随意解释的现象。《颜氏家训·书证》篇载：“《春秋说》以人十四心为德，《诗说》以二在天下为酉，《汉书》以货泉为白水真人，《新论》以金昆为银，《国志》以天上有口为吴，《晋书》以黄头小人为恭，《宋书》以召力为邵，《参同契》以人负告为造。”诸如此类，皆依形妄释，均属“字说”现象。这种现象滥觞于《左传》“止戈为武”“反正为乏”“皿虫为蛊”诸说而集大成于宋代王安石之《字说》一书，是中国文字学史上一个富有特色而有趣的现象。[①]“字说”现象的一个重要特点便是不问“六书”，昧于形声之旨，把所有汉字都看成会意字，设想出种种人情物理来解释汉字形义之间的关系。会意思维的灵活性在这种现象中得到了淋漓尽致的表现。主要有下面几点：

第一，把形声字看成会意字来解释。如“讼者言之于公”“人为之谓伪”“分贝为贫”“与邑交则曰郊”（以上见叶大庆《考古质疑》引）“府之字从广从付。广则其藏也，付则以物付之”“徒之字从辵从土。徒，无车从也。其辵而走，则亲土而已。故无车而行谓之徒行”（以上见王安石《周官新义》卷一）“笼，虚而有节，虽若龙者，亦可笼焉”（见杨龟山《字说辨》引）“窳，懒人不能自起，瓜瓠在地不能自立，故字从瓜；又懒人恒在室中，故从穴”（见阳承庆《字统》）。这种形声字的会意化，是“字说”现象的一大特色。其说虽于字学有悖，但也常常言之成理，另有新意。如以“虚而有节，虽若龙者，亦可笼焉”来说“笼”，既合字形之从竹从龙，又表达了貌若虚空实则强劲的辩证思想，充分表现了会意思维在汉字形义解释中融会贯通的灵活特性。

第二，对会意字加以重新会意，表现某种新思想、新看法。如“武”字本义为持戈行进以示勇武，把它解释为“止戈为武”，意谓武者乃禁暴整乱，止息兵戈，则体现了春秋以来的一种军事思想——战以止战。又如“射”字本为张弓搭箭而射之形，由于字形的讹变，故《说文解字》释为“弓弩发于身而中于远。”妇女的“妇”字，繁体作“婦”，本为女人持帚洒扫之意，简化后，有人便释为“女人力量推倒‘山’”。可见这一类的“字说”式会意，往往与字形的变化有关系。

第三，把独体象形字看成会意字加以解释，也在其中融注了各种思想。这种情况也跟字形变化有关。如“水”字，本象流水之形，《春秋元命苞》释为“两人交，一以中出者为水。一者数之始，两人譬男女，言阴阳交，物以一起也。”蕴含了阴阳家思想。有如“王”字，本象斧形，董仲舒释为“三画而连其中，谓之王。三者，天地人也，而参通之者，王也”，则体现了“天人感应”“王权神授”等思想。

① 详林志强《论“字说”现象》，《福建师范大学学报（哲学社会科学版）》1995年第2期。

由上可见，几乎所有类型的汉字都可用会意法加以解释。虽然这些解释偏离了文字学原则，对科学汉字学有负面影响，但这些解释杂糅释老，贯穿儒学，附会阴阳，涵纳常情，大凡世间人情物理无所不包，或无稽，或有据，或高深，或浅显，非常生动地展现了汉字形义关系的动态世界，增加了汉字形体所承载的信息量，充分表现了汉字文化的丰富内容。“字说”现象对汉字文化的贡献可谓大矣，而灵活的会意思维则无疑充当了重要的角色。

（3）会意除了在字义解释中充当重要角色之外，还与另一种汉字学现象——流俗造字大有关系。

魏晋南北朝时期，政治分裂，社会动荡不安，文字的使用非常混乱，流俗造字之风也很盛行。《北史·江式传》载北魏江式《古今文字表》云：

> 皇魏承百王之季，绍五运之绪。世易风移，文字改变，篆形谬错，隶体失真。俗学鄙习，复加虚造，巧谈辩士，以意为疑，炫惑于时，难以厘改。乃曰追来为归，巧言为辩，小兔为𪊨，神虫为蚕。如斯甚众，皆不合孔氏古文、史籀大篆、许氏《说文》、石经三字也。

《颜氏家训·杂艺》篇亦云：“北朝丧乱之余，书迹鄙陋，加以专辄造字，猥拙甚于江南。乃以百念为忧，言反为变，不用为罢，追来为归，更生为苏，先人为老，如此非一，遍满经传。”除江式、颜之推所举外，尚有百升为“斛”，自反为“归”（后作“皈”），文子为“学”，明王为“圣”，不见为“觅”，美色为“艳”，囗王为“国”，不少为“多”，不长为“矮”，不明为“暗”，败门为“嫖”，初生为“嫩”，大衣为“宽”，两男夹一女为“嬲”，等等。[①]《魏书·世祖纪》载，始光二年，初造新字就达千余，可见规模还相当大。此风之盛，逮及唐初尚有遗留，如武则天以“曌”为“照”，以“埊”为“地”，正其余绪。

以上所举被造之字，就传统字形而言，约可分为三类：一为形声字，如归、蚕、苏、矮、暗、嫖、照等；二是会意字，如学、多、嬲等；三为象形字，如老。形声字虽有表音的明确性，但其形符一般只规定了意义范围，在表意方面还不够直接明了；而有些会意字如果没有专门的字源学知识，也难以会出其意；至于象形字也多由于字形的演变，失去了象形意味。总之，由于种种原因，不少汉字的形义关系变得隐晦难明，不能满足流俗对汉字形义统一性的要求，在当时社会风气的影响下，重造某些汉字似乎又是必然之举。而必须注意的是，在重造汉字时，人们使用的方法，几乎都是会意法，通过事理的推衍来构形表意，正说明了人们对会意方法的偏爱。也就是说，人们似乎觉得运用会意方法重新造字，比较容易体现汉字形义统一的原则，而形义统一正表明了一

① 可查阅释行均《龙龛手鉴》等书。

般民众对汉字作为表意文字之性质的直观理解。

诚然，这些新造字除了个别记录新词的文字外，大部分因种种原因只是昙花一现，不能成为后世的通用字。但这些俗字新字，对我们研究流俗对汉字的理解，探讨会意思维与汉字创造的内在联系，仍然有着重要的认识价值。俗文字的研究应该受到重视，而其中的会意法最具特色，尤须注意。

(4) 汉字教学是传播汉字文化的重要途径。在汉字教学中，会意法是一般人最容易理解和接受的方法。因此运用会意法来进行汉字教学可以收到良好的效果。比如“爨”字是“烧火做饭”的意思，但笔画繁多，结构复杂，要机械地记住其形义之间的关系，懂得写，懂得用，确实有一定的难度。但我们运用会意法来分析，却往往可以化难为易，同时也增加了学习汉字的兴趣。上文已经分析过，“爨”字上部之“臼”为两只手，其中之“同”为炊具，“冖”为灶门，“林”为木柴，“大”是两只手的变化，最下边是“火”字。此字篆书作，各部分之形体可以看得更清楚。整个字形形象地表现了这样一个过程：双手把炊具放在灶台上，然后把木柴推进灶口中，点火燃烧，正是“烧火做饭”的意思。这样一分析，其形义关系就很容易理解了。再如“卡”字，中间一横画为上下两部分所共有，若归上，则“下”字缺一画，若归下，则“上”字少一横，如此不“上”不“下”谓之“卡”，形义关系颇具意趣。此外如“尘”之以“小土”表示，“掰”之以两“手”相“分”，“耷”之以“大耳”取象，“歪”之以“不正”构成，均以会意之法极明白通晓地道出了形义之间的关系，如此而学，不亦乐乎！

会意法在汉字教学中还可以超越文字学的原则灵活运用。如上文所述的“字说”现象，专以会意之法说汉字，大都有悖文字学原则，但却是结合传统文化的方方面面来沟通形义关系，联系既广，方法亦活，大可增强学习汉字的兴趣。与“字说”现象相仿佛的，还有一种所谓“新会意析字法”。这种方法也是撇开文字学原则，不管造字本意，机械地把合体字分解成几个部分，设想出一些事理加以重新比合会意，从而把这些部分有机地联系起来，或以加深理解，或以增强记忆。如“裕”字从衣从谷，便可理解为“丰衣(衤)足食(谷)是富裕”，“海”字从水从每，便可理解为“海很大，‘每’个地方都是水(氵)”。① 此外，一些文字游戏(或称“字形文学”)也可利用。如《三国志·吴书·薛综传》：“综下行酒，因劝酒曰：‘蜀者何也？有犬为独，无犬为蜀，横目苟身，虫入其腹。’奉曰：‘不当复列君吴邪？’综应声曰：‘无口为天，有口为吴，君临万邦，天子之都。’”此以贬褒之意分析“蜀”“吴”字形，也见匠心独运。又如“此木为柴山山出，因火成烟夕夕多”“二人土上‘坐’，一月日边‘明’”，等等，对现行字形的认识和记忆都有帮助。当然，偏离文字学原则的灵活会意虽然有趣但却不甚科学，运用之后必须加以正确引导，否则便是因小失大，走上歧途了。

---

① 参见孙钧锡《中国汉字学史》，学苑出版社1991年，第346—347页。

总之,“会意”又与汉字学的诸多现象有密切关系,我们一方面要重视字源学的会意,使汉字学更加科学化,另一方面又不抹杀非字源学的灵活会意对汉字文化的重要贡献。全面看待会意思维与汉字学各种问题的关系,对加深理解汉字的表意性质,了解汉字文化的丰富内涵及其特色,均不无益处。①

① 以上参见林志强《简论汉字学中的会意思维》,《福建广播电视大学学报》2009年第5期。

第十讲
二维组合与三位一体：汉字的结构(三)

壹　形声字(上)

一、 形声字的定义和特点

许慎《说文解字·叙》："形声者，以事为名，取譬相成，江河是也。"段玉裁注："事兼指事之事，象形之物，言物亦事也。名即'古曰名今曰字'之名。譬者，谕也，谕者，告也。以事为名，谓半义也；取譬相成，谓半声也。江河之字，以水为名，譬其声如工、可，因取工、可成其名。"用通俗的话来说，形声字就是由形符和声符构成的合体字，其形符用与这个字所代表的词的意义相同或相类的字符来充当，其声符用与这个字所代表的词的读音相同或相近的字符来充当。比如"江""河"是水一类的事物，所以用"水"作它们的形符；"江""河"的读音如"工""可"，所以就用"工""可"作它们的声符。当然这里的读音指的是造字时代的读音。"江"在上古属见母东部，"工"在上古也属见母东部，两者同音，故"工"可作"江"的声符（闽方言保留古音，"江""工"两者在闽方言中至今尚为同音字，可帮助验证）。"河"在上古属匣母歌部，"可"在上古属溪母歌部，两者音近，故"可"作"河"的声符。由于形声字的声符与字音相同或相近，所以形声字又叫作"谐声字"。

由上可见，形声字的特点是：

(1) 它是合体字，这一点与会意字相同，与象形字、指事字相异。

(2) 它由形符和声符构成，形符表示意义类别，声符表示读音。有形符，说明形声字不单纯是表音字；有声符，说明形声字具有表音的优越性，这是象形字、指事字和会意字都没有的，是形声字的独特之处。

二、 形声字的优点

形声字的特点决定了形声字的优点。形声字的优点可以通过比较看得更清楚。

首先，把形声字与象形字、指事字和会意字进行比较，可以看出，象形字、指事字和会意字都没有用于表音的字符，形声字则有表音的声符，这使得字形与它所代表的词在读音上能够联系起来，不仅见形而知义，而且见形而知音，大大缩小了字形与它所代表的词在读音上的差距，这说明汉字在记录汉语时已经走上了音义兼表的路子。也就是说，形声字与象形字、指事字和会意字相比较，形声字具有表音的优越性。这是它的第一个优点。

其次，我们将形声字与假借字进行比较，可以看出，形声字的形符所起的指示该字意义范畴的作用，使得它能够保留汉字表意的特性，形义之间还能联系起来，而完全超越形义关系、只以语音为媒介来表词的假借字则不能进行形义联系。也就是说，形声字较之假借字，具有表意的明确性。这是它的第二个优点。

正因为形声字有这样的优点，所以汉字在发展过程中呈现出形声字越来越多的趋势，形声造字法也被认为是最能产的汉字造字方法。

三、 形声字的来源

当人们对形声结构有了清楚的理解之后，形声字的创造就可根据对象的意义取一个相当的形符，再根据对象的读音取一个相当的声符，构成一个新的形声字。如为“身”的本义而造的“娠”，为“亦”的本义而造的“腋”，都是取形取声创造的形声字。近代以来所创造的化学方面的专有名词，如“氧”“氮”“氢”“镭”“铀”等也都是这样的。这样造字的方法简单而实用，所造的字又能音义兼表，确实是一种能产的造字方法。但是汉字里的形声字，特别是早期的形声字，往往并不是以这种直接取形取声的方式创造出来的，而是通过某种特殊的途径和方式演化而来的。这是我们探讨形声字的时候，必须注意的一个问题。形声字的来源，归纳起来，大致有以下几种情况：

（一）增加声符

为了使表意字能够表音，就以原字为形符，通过增加声符形成形声字。这种情况也叫“增益”。如：

凤 本作，高冠修尾，象凤鸟之形，又加注声符“凡”而写成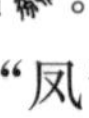。因凤属鸟类，凤形遂类化为鸟，声符“凡”移到上方，就成了“鳳”。现“鳳”简化为“凤”，成为一个记号字。“鷄”的演变过程与“凤”字相似。鸡本作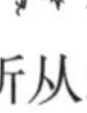，象鸡之形，后加注声符“奚”，再后来鸡形简化为“鸟”，就成了“鷄”（异体作“雞”，所从之“隹”与“鸟”同）。

齿 本作，象牙齿之形，后加声符“止”变成形声字“齒”。

宝 本作、，表示房子内有玉、贝，本是会意字，周代金文开始加声符“缶”作

，变成形声字。不过，现在的“宝”又变成会意字了。

虹 本作，象长虹横空之形，其形如虫。后加声符“工”，成了形声字。《金文编》附录上收录剌卣铭文亚形内有符，[①]从㫃从虹，其所从之虹，可视为字之形声化，是后世虹字之滥觞。《金文编》附录又有ナ钲铭文亚形内的符，父乙觯铭文亚形内的符，[②]从日从虹，《殷周金文集成》隶定为“𬀩”，是“虹”字的繁化，与“”“虹”及马王堆帛书《天文气象杂占》从“雨”“工”声之“”[③]皆有异曲同工之妙。“”“虹”着眼于其形象，从“日”从“雨”之“虹”则着眼于其成因，也说明古人对虹的现象已有了科学的认识。上举ナ钲铭文和父乙觯铭文，都是商周时期器物，说明虹与太阳有关的认识很早就有了。

闻 甲骨文作，表示一个人在侧耳倾听，中山王鼎作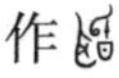，从“耳”，增加声符“昏”，小篆又改作从“耳”、“门”声，都是形声字。

（二）增加形符

这种情况是以原字为声符，通过加注形符而形成形声字。如：

暮 本作“莫”，是个会意字，表示太阳落到草莽中，意思是黄昏。此字被借作否定性无定代词，为了保留本义，增加形符“日”，成为形声字。

背 本作“北”，也是会意字，表示两人背靠背。后被借为“南北”之“北”，为保留本义，增加形符“肉”，成为形声字。

溢 本作“益”，是会意字，表示水满出来。引申为“增加”“利益”等，为明确其本义，增加形符“水”，形成形声字。

娶 本作“取”，以手取耳会意，引申为“拿取”“获取”“娶妻”等。为明确“娶妻”这个引申义，遂加形符“女”，成为形声字。

懈 本作“解”，以刀判牛角会意，引申为“解散”“松懈”等。后为其引申义“松懈”增加形符“心”，形成形声字。

贞 甲骨文借“鼎”为之，字作，周原甲骨鼎字上又加卜形，作、，成为形声字。后“鼎”又讹省为“贝”，如金文有作之形者，即后世贞字所本。《说文解字·卜部》：“贞，卜问也。从卜，贝以为贽。一曰，鼎省声，京房所说。”按，京房所说的“鼎省声”应该更符合古文字的实际。

避 古书多借“辟”为之。如《左传·隐公元年》：“姜氏欲之，焉辟害？”后增加形符“辵（辶）”，成为形声字。

---

① 参容庚《金文编》，中华书局 1985 年，第 1060 页。

② 参容庚《金文编》，中华书局 1985 年，第 1060—1061 页。

③ 其辞例云：“战从（虹），所胜得地。”参见陈松长《马王堆简帛文字编》，文物出版社 2001 年，第 465 页。

此类增加形符形成的形声字，大致可以分为以下几种情况：

一是为了明确本义。由于某些字常被借作他用，或者本字的引申义比较通行，为明确其本义，就为本义造了形声字。上举“暮”“背”二字就是因为其本字分别被借为否定性无定代词和方位名词，为明确本义而造的后起形声字。此类例子还有“箕”(本字为“其”)、“蛇”(本字为“它”)、“燃”(本字为“然”。注意：“然”本身就是形声字，《说文解字 · 火部》：“然，烧也。从火肰声。”“肰”音如延切，读 rán，《说文解字 · 肉部》：“肰，犬肉也。从犬从肉。读若然。”)、“熟”(本字为“孰”)等。上举“溢”字就是其本字“益”的引申义比较通行，为明确本义而造的形声字。这类例子还有“趾”(本字为“止”)、“腰”(本字为“要”)等。

二是为了明确引申义。某些字的引申义需要或可以通过增加形符使表意更加明确，就为这个引申义造了形声字。上举“娶”“懈”二字分别就是为明确“取”“解”的一个引申义而造的形声字。这类例子还有“影”(本字为“景”)、“座”(本字为“坐”)等。为明确引申义而分化的后起形声字与其所从出的字根(或称母字)之间有时不是一对一的关系。如“两”，可以引申为成对的鞋的单位，如《诗经 · 齐风 · 南山》“葛屦五两”中的“两”即用此引申义。又可引申为车辆之“辆”，如《诗经 · 召南 · 鹊巢》：“之子于归，百两御之”中的“两”就是作为车的单位词。后为“两”的这两个引申义分别加上“糸”和“车”，形成后起形声字。又如“昏”字，戴侗《六书故 · 六书通释》中说：“昏，本为日之昏。心目之昏犹日之昏也，或加‘心’与‘目’焉。嫁取者必以昏时，故因谓之昏，或加‘女’焉。”可见“昏”也有好几个以之为字根的后起形声字。这种情况或称“派生”，也叫“孳乳”，可以形成一个个“字族”，产生大量形声字。

如果字根表示的是其本义，那么为表示这个本义的引申义而分化的后起形声字一般都是会意兼形声字，亦即声符兼有表意的作用，它们与字根之间具有同源关系。从语言学的角度来说，这些形声字往往都是因为语言孳乳而派生出来的，上举诸字都是这种情况。但是，如果字根是个假借字，那么通过增加形符所造的后起形声字，就不能看成是兼声字了，其后起形声字与字根之间只有形体上的联系，语义上没有同源关系。如上举甲骨文借鼎为贞，字作，后来加“卜”形成，和之间就没有语义上的同源关系。“辟”和“避”的情况也是如此。

三是为了明确假借义。有些字假借义流行之后，就为它的这个假借义造了形声字。上举“贞”“避”分别就是为“鼎”和“辟”的假借义而造的形声字。这类例子还有“栗”(战栗之“栗”本借栗树之“栗”为之，如《论语 · 八佾》：“使民战栗。”后加形符“心”形成形声字。不过现在的战栗之“栗”又还原为“栗”了)、“眸”(瞳仁之“眸”本借牛鸣之“牟”为之，如《说文解字 · 目部》：“盲，目无牟子也。”后加形符“目”形成形声字)等。为明确假借义而分化的后起形声字与其所从出的字根之间有时也不是一对一的关系，如上举的“辟”字，在典籍中除了借为回避之“避”外，还借为开辟之“闢”(如《孟子·梁惠王上》:“欲辟土地,朝秦楚,莅中国,而抚四夷也。”)、①邪僻之“僻”(如《孟子·梁惠王上》:“苟无恒心,放辟邪侈,无不为已。”)、便嬖之“嬖”(如《论语·季氏》:“友便辟,友善柔,友便佞,损矣。”)、譬如之“譬”(如《礼记·中庸》:“君子之道,辟如行远,必自迩;辟如登高,必自卑。”),等等,后来分别为这些假借义增加了形符“门”“人”“女”“言”,形成形声字。亦即说,同是一个字根“辟”,却有“避”“闢”“僻”“嬖”“譬”等后起形声字。为明确假借义而分化的后起形声字与字根之间没有同源关系。

为明确引申义和假借义而加注形符分化后起形声字的现象很常见,是产生形声字的两个主要方法和途径。

(三)改换声符

这种情况可分为两类,一类是把表意字的偏旁改换成声符,另一类是把原有形声字的声符改换成另一声符。

把表意字的偏旁改换成声符的,如“囿”字甲骨文作或,本为会意字,表示供田猎用的园子内有很多草木。金文写作,改为从“囗”、“有”声的形声字。又如“圄”本作“圉”,也是一个会意字,表示监狱内以手铐拘禁犯人。“幸”是“㚔”的讹变,本象手铐之形。后来把“幸”换成了“吾”作为声符,“圉”也就成了从“囗”、“吾”声的形声字了。这是第一类情况。这种情况一般被视为汉字表音化的表现。

把原有形声字的声符改换成另一声符的,是指有一些字本身就是形声字,随着时间的推移,语音的变化,其声符变得不能准确表音或完全丧失表音作用,于是就以改换声符的方式恢复声符的表音作用。如“裤”本作“袴”,从“夸”得声,后改为从“库”得声,表音就更准确了。这种情况在繁体字变简化字的过程中多有出现,下面再举几个例子:

护,繁体作“護”,从言蒦声,改为“户”声。

态,繁体作“態”,从心能声,②改为“太”声。

惊,繁体作“驚”,从马敬声,改为“京”声。

桩,繁体作“樁”,从木舂声,改为“庄”声。

(四)改换形符

这种情况也可分为两类,一类是通过改换形符形成异体字,另一类是通过改换形

---

① 需要注意的是,开辟之“闢”现又简化为“辟”。从古文字材料来看,开辟之“闢”早有其本字,录伯簋作,中山王方壶作,郭店楚简《语丛三》作,皆作以手开门之形,与甲骨文“启”字构字原理相同。《中山王𰯼鼎铭文》云:“奋桴振铎,闢启封疆,方数百里,列城数十,克敌大邦。”用的就是本字本义。但是,《中山王𰯼壶铭文》又云“以左右厥闢”“以明闢光”,意指辅佐其君、彰明君王之荣光,则“闢”又借为君王之“辟”。

② 《说文解字·心部》:“意也。从心从能。”钮树玉校录:“当是从心能声。后人疑声不近,改为会意。”

符形成分化字。

通过改换形符形成异体字的，如“虹”，本从“虫”，“工”声，上举马王堆帛书《天文气象杂占》有一异构作，从“雨”，“工”声，把形符“虫”改换成了“雨”，从“虫”是着眼于其形象，从“雨”是着眼于其成因。又如“詠”，又作“咏”，把从“言”改换成了从“口”，那是因为从“言”和从“口”在表意上是相通的。这些都形成了异体字。

另一种情况是，由于词义的引申，某些形声字有了新的意义，就通过改换其原有的形符，形成新的分化形声字。如振起的“振”引申为赈济的“赈”，而赈济是需要钱财的，所以就把“振”的“手”旁改为“贝”旁，形成分化字。又如表示快走的“赴”，引申出奔赴告丧之义，古书中本用“赴”来表示它的这个引申义，如《仪礼·聘礼》：“赴者未至。”《仪礼·既夕礼》：“赴曰：‘君之臣某死。’”后来把“赴”字的“走”旁改换成“言”旁，分化出“讣”字。张开的“张”引申为肿胀的“胀”和帐幕的“帐”，就把“弓”旁分别改换成“肉”旁和“巾”旁，分化出“胀”和“帐”。帐幕的“帐”又引申出账簿的“账”，后来把“巾”旁改换为“贝”旁，分化出“账”字。

（五）讹变声化

讹变声化也称变形音化，指的是有些字本来不是形声字，但在字形的发展过程中，使用者把某个字的构件偏旁写成了另一个与之相似而意义不相干的构件偏旁，而这个有所讹变的构件偏旁，又恰好与这个字的读音相同或相近，就充当了这个字的声符，从而变成了形声字。如前面举到的“年”字，甲骨文本是从禾从人的会意字，后在“人”的竖画上加点为饰画，点拉伸为横，则变成“千”字，“年”便写作“秊”，《说文解字》就解为“从禾千声”，成了形声字。又如“奔”字，字的下部本从三“止”（“趾”本字），后三“止”讹为三“中”，与“卉”混同，于是《说文解字》也视其为形声字，解为“从夭，贲省声。”再如，“何”是负荷之“荷”的本字，甲骨文作，象人肩上荷一物，金文作，[1]加一“口”符，所荷之物与口符结合起来，便与“可”字相近，遂变成了从“人”、“可”声的形声字了。“羞”字本作，从“又”持“羊”，会进献食物之意。“又”与“丑”的篆文写法相近，“又”遂讹为“丑”，“羞”就成了从羊、丑声的形声字了。

最早注意到这一现象的学者是唐兰。他在《中国文字学》中说：“把物形的某一部分直接变作声符，应作为‘声化’的一类。例如‘狈’字本象一个兽，尾梢粗，后来就把尾梢改成‘贝’字，从犬贝声。……这种字的来源，大都由于形体的错误。”[2]

1981年裘锡圭在《释“勿”“发”》一文中说：“在汉字发展的过程中，把合体表意字的一个偏旁略加改造，使之转化成声旁，从而把原来的表意字改变成形声字的现象，

① 严志斌《四版〈金文编〉校补》，吉林大学出版社2001年，第96页。

② 唐兰《中国文字学》，上海古籍出版社1979年新1版，第103页。

是颇为常见的。"[①]

1991年,刘钊的博士论文《古文字构形研究》把这种现象称为"变形音化。"他在《古文字构形学》中说:"变形音化是指将象形字或会意字、指事字的部分构形因素,改造成与其形体接近的一个可以代表这个字字音的字。变形音化与一些讹变不同,常常是一种有意识的改造。但诱发这种改造的原因,则常常是因形体的讹变。"[②]

可见这种声化的过程,往往包含"积非成是"的因素,不一定都是偶然的错误,还有人为的有意促成。

贰　形声字(下)

一、　形声字形符和声符的位置

形声字形符和声符的位置关系比较复杂,归纳起来,大致可以分为以下八种情形:

(1) 左形右声。如:江、河、详、诛、物。

(2) 右形左声。如:视、锦、胡、期、鸠。

(3) 上形下声。如:蔚、箜、笳、落、萎。

(4) 下形上声。如:恭、黛、急、忠、堂。

(5) 外形内声。如:围、衷、阔、街、裹。

(6) 内形外声。如:问、哀、闻、闽、辩。

(7) 形占一角。如:修、疆、腾、颖、栽。

(8) 声占一角。如:旗、旌、徙[③]、徒、病。

在这八种类型中,形占一角和声占一角的情况相对较少,其中声占一角的情况,多集中于某些部首,如"㫃"部、"辵"部和"疒"部。形声字的构形,左右结构和上下结构为多,左形右声的构形为绝大多数。宋代王圣美提出"右文说",主张形声字"声中有义",认为凡同声符的形声字的意义都相近(详见下文),其所谓"右文",就是指形声字的声符,是借左形右声为多数的情况来概括所有形声字的声符,这其实是一种以偏概全的笼统说法,严格说来是不够确切的。但此说流行之后,"右文"指声符为大家所习知,约定俗成,也就没什么不可以的了。

---

① 裘锡圭《释"勿""发"》,香港中文大学《中国语文研究》1981年第2期。裘锡圭后来还多次谈到这个问题,参见裘锡圭《文字学概要》,商务印书馆1988年,第152—153页。

② 参见刘钊《古文字构形学》,福建人民出版社2006年,第88页。

③ "徙"字《说文解字》以为从辵止声,据篆隶材料,其实"止"乃由"少"讹变而来,"少"为"沙"省,徙、沙皆心纽歌部字。参见本书第六讲"隶变与隶书"一节。

在讨论形声字形符和声符的时候，还要注意“省形”和“省声”两种情况。省形和省声主要是为了字形的整齐和书写的方便，但也往往造成分析上的困难。下面举一些省形和省声的例子。

（一）省形

星，《说文·晶部》：“曐，万物之精，上为列星。从晶生声……星，曐或省。”“星”甲骨文本作“晶”，为象形字，又加“生”为声符，成为形声字，为求简便，把“晶”省为“日”。

屦，《说文解字·履部》：“屦，履也。从履省，娄声。”

耆，《说文解字·老部》：“耆，老也。从老省，旨声。”

耋，《说文解字·老部》：“年八十曰耋。从老省，从至。”按：“耋”现作“耊”，不省。

弑，《说文解字·杀部》：“臣杀君也……从殺省，式声。”“殺”字现已简化为“杀”，从简化字的角度来看，“弑”就不是省形字了。

屈，《说文解字·尾部》：“无尾也。从尾，出声。”此字篆书不省，隶变后省“尾”为“尸”，也是省形。

非形声字也有省形的情况，如“孝”字，《说文解字·老部》：“善事父母者。从老省，从子。子承老也。”这种情况与形声字无涉，此不赘述。

（二）省声

夜，《说文解字·夕部》：“从夕，亦省声。”从篆书看，“夜”字是省“亦”字的右边一点用来放置形符“夕”，楷书字形就很难看出这种省略了。

雪，《说文解字·雨部》：“凝雨说物者。从雨彗声。”此字篆书不省，隶变后“彗”省为“彐”，可认为“彗”省声。

產，《说文解字·生部》：“生也。从生，彦省声。”

徽，《说文解字·糸部》：“从糸，微省声。”

累，《说文解字·糸部》：“从糸，畾声。”此字篆书不省，但从简化字的角度来看，也可认为是“畾”省声。

《说文解字》对省形和省声的分析有一些是有道理的，如《水部》云：“漢，漾也，东为沧浪水。从水，难省声。”段玉裁以为“难省声”是“浅人所改”。但根据古文字材料，早期的“漢”字确是从难得声。现在所能看到的最早的“漢”字，在战国时期的鄂君启节上。节铭云：“自鄂往，逾湖，上滩……逾滩，就郢。”其中之“滩”，同“漢”，指汉水，字作，正是从水难声，可见许说不误。[1] 又如《说文解字·禾部》云：“秦，伯益之后所

① 参见陈炜湛《“汉”字漫议》，《汉字古今谈·续编》，语文出版社 1993 年。这种“汉”字也见于楚系简帛材料，如上博简一《孔子诗论》10、上博简二《容成氏》27—28、清华简二《系年》12 等处。

封国，地宜禾。从禾，舂省。一曰禾名。，籀文秦从秝。”根据上海博物馆收藏的秦公鼎和秦公簋，“秦”字作，[①]证明“秦”字不但确从“舂”省，而且籀文从“秝”也是渊源有自的，秦公簋作，史秦鬲作，秦石宗作，皆从二禾，可以证明。

“家”字的问题，也是一个很有名的备受争议的例子。《说文解字》以为“豭省声”，《六书略》已疑其非，段玉裁注云：“按此字为一大疑案。豭省声读家，学者但见从豕而已。从豕之字多矣，安见其为豭省耶？何以不云叚声，而纡回至此耶？”段氏在“哭”字下注中更明确指出：“许书言省声多有可疑者，取一偏旁，不载全字，指为某字之省，若‘家’之为‘豭’省，‘哭’之从‘狱’省，皆不可信。”但随着古文字材料的发现和研究，这个问题又有重新讨论的必要。考甲骨文“家”字作（《合集》3522 正），从宀豭（音 xiā）声。按豭象牡豕（腹下有生殖器之形），甲骨文作（《合集》900 正），小篆作，《说文解字》“读若瑕”，乃豭（牡豕）之初文。古文字豭旁或省生殖器作豕形，为小篆所承袭，并为《说文解字》所本。可见许慎以“家”为“豭省声”，犹存古义，当是可信的。[②]

另一方面，省形和省声，因为只取偏旁，不载全字，到底有无省略，或是何字之省，在分析时具有较大的随意性。《说文解字》中对省形和省声的分析也有不少是有问题的。于省吾曰：“《说文》有从𤇾之字而无𤇾字。从𤇾之字凡二十三见。或曰莹省声，或曰荧省声，或曰荣省声，或曰营省声，均不可据。”[③]下举从𤇾省之二例试做分析：

省形之例如“劳”字，《说文解字》以为“从荧省，荧，火烧冂，用力者劳。”其说甚迂曲。段玉裁《说文解字注》改为“从荧省，焱火烧冖，用力者劳。”注云：“焱，旧作荧，今正。此析荧字而释之。烧冖，谓烧屋也。斯时用力者最劳矣。或改‘冖’作‘冂’者，误。”亦未能畅其说。郑樵《六书略・会意第三》以为“从营省，言用力经营也”，与许说不同，但似较合理。[④]

省声之例如“榮”字，《说文解字》以为“从木，荧省声。”按“榮”字古作（井侯簋）、（盂鼎），变而为（五七字卫簋）、为（弭伯簋），已近“榮”字上部之“𤇾”形。旧释此字为“艾”字，非。方浚益首释为榮之古文，并谓其象木枝柯相交之形，其端从炏，木之华也，华之义为荣。[⑤] 因为字形变化，形义不显，后遂增“木”以足义。金文未见从“木”作者，战国时期有（《集证》182・717）、（七年仑氏令戈）、（《文字》5・50）、（云梦・日甲 81 背）等字例，当为完整之“榮”的早期资料。根据以上情况，“榮”上

① 参见王辉、程华学《秦文字集证》，艺文印书馆 2000 年，图版 7。

② 参见黄德宽主编《古文字谱系疏证》，商务印书馆 2007 年，第 1357—1359 页。

③ 于省吾《双剑誃古文杂释・释炏》，转引自《古文字诂林》第五册，上海教育出版社 2002 年，第 804 页。

④ 先秦的“劳”字，秦简从力作（《云梦・杂抄》29），楚简从衣作（《郭店・缁衣》6），中山王鼎从心作。其中从衣作者来源于𬨨镈之，渊源更早。从衣、从心之“劳”，则不能以“用力经营”解之。

⑤ 方浚益《缀遗斋彝器款识考释》卷二十七。裘锡圭认为先秦的字，象燋烛燃烧形，就是“荧”的初文，可以隶定为“𤇾”。参见裘锡圭《文字学概要》，商务印书馆 1988 年，第 162 页。

部之“𤇾”符实即“榮”之本字，“木”符为后增，因此《说文解字》谓“榮”为“荧省声”是不对的。

由上可见，我们对《说文解字》所说的省形省声，要审慎对待。段玉裁认为《说文解字》的省声多可疑，这是对的。但是他自己所说的省声字也未必可信。如“身”字，大徐本以为“从人厂声”，段玉裁认为“厂”非声，改为“从人申省声”。其实“身”字本是象形字，从“厂”声固然不对，从“申”省声也是错的。

形声字涉及声符的问题，最后值得一提的是与声符有关的一种特殊的文字类型，即“双声符字”。[①] 宋代郑樵《六书略》提出“子母同声”的概念，近代林义光《文源》提出“二重形声”的问题，都是现代学者所说的“双声符字”。所谓“双声符字”，就是两个偏旁都是声符的字。略举数例如下：

“㠱”字甲骨文作（《合集》9570）、（《合集》36524），林义光谓“己”“其”皆声，是公认的纯双声符字。

“戴”字见于战国时期，作（《十钟山房印举》），小篆同构。《说文解字》分析为从異，𢦔声，不误。按“異”为“戴”字初文。“異”甲骨文作（《英》314）、（《合集》17992），象人头上戴物、两手捧之之形。后累加声旁“𢦔”成“戴”字。林义光谓“異”“𢦔”皆声，按古音“異”在喻纽职部，“𢦔”在精纽之部，两字韵为阴入对转，声亦可通。

“𣢑”字最早出现在春秋战国间秦国石鼓文《銮车》上，也是双声符字。陈伟武指出：“王国维认为许慎‘盖不知古有𣢑字，实则螿以𣢑为声，若𣢑则次、朿皆声也。”[②]

“嘏”字音 gǔ（又读 jiǎ）。“嘏”是从“叚”字分化出来的一个双声符字。“古”“叚”“嘏”均为见纽鱼部字。

“啎”字，宋代郑樵就已指出其为两声字（即其所谓的“母子同声”）。林义光以为“午”“吾”皆声。裘锡圭也认为“啎”可以看作两声字，他说：“古代曾假借‘午’字来表示啎逆的{啎}，‘啎’是在假借字‘午’上加注音符‘吾’而成的一个字。”[③]

“静”字《说文解字》分析为“从青，争声”。林义光以为从“青”非义，“青”“争”皆声，其说可从。古音“青”“争”“静”都属耕部。

“䞫”字从员、云。《说文解字》以“物数”释之，殆缘于“员”字的解释。《说文解字·员部》：“员，物数也。”按“员”字甲骨文作（《合集》20592）、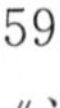（《合集》10978），以鼎口之圆表示方圆之圆，即“圆”之本字，无“物数”之义。《说文解字》所释当为假借义。“䞫”字之“员”既非义符，则“员”“云”皆声。陈伟武以曾侯乙墓竹简“园轩”与“圆

① 可参见陈伟武《双声符字综论》，《中国古文字研究》第一辑，吉林大学出版社 1999 年；叶玉英《论双声符研究中的若干理论问题》，《厦门大学学报》2005 年第 1 期。

② 参见陈伟武《双声符字综论》，《中国古文字研究》第一辑，吉林大学出版社 1999 年，第 330 页。

③ 裘锡圭《文字学概要》，商务印书馆 1988 年，第 108 页。

轩”异文证“员”“云”古同音，可信。[①] 楚简“诗云”之“云”每作“员”。

双声符字与汉字的表意特点有些远隔，数量不是很多，但值得注意。这类字在记录语言的功能上，主要着眼于表音。从形成的角度看，多数可能都是通过叠加声符的方式产生的。也有一些双声符字其实是讹变形成的。如“耻”字本作“恥”，从心，耳声。“耻”上古读音是透母之部，“耳”上古读音是日母之部，二字音近，故可以“耳”为声。但是“耳”“耻”两字后来的读音变得毫不相同，有人不知道“耳”是声符，又由于汉隶中“止”“心”的字形也很接近，于是就把“心”改成了读音与“耻”相近的“止”。这样一来，原来的意符变成了声符，“耻”就只能分析为双声符字了。[②]

二、 形声字形符的表意功能

形声字形符用于表意，其表意功能可以分为两类：一类是直接表意，如“趋”的形符“走”直接表示“趋”的意思，“夥”的形符“多”直接表示“夥”的意思，“躬”的形符“身”直接表示“躬”的意思。这类情况不是很多。另一类是表示意义范围，如从“木”的字都与植物有关，从“金”的字都与金属有关，从“邑”的字都与城镇地名有关，等等。这种情况占绝大多数。

分析形符，我们要注意下面几个问题：

(1) 如果涉及多义字，我们可以利用形声字的形符来推求字的本义，进而认识其引申义和假借义，掌握词义系统。如：

“过(過)”是从辵咼声的形声字，有许多义项。《论语·微子》：“楚狂接舆歌而过孔子。”《韩非子·外储说左上》：“乘白马而过关。”这两例中的“过”是走过、经过的意思。《战国策·齐策》：“于是乘其车，揭其剑，过其友曰：‘孟尝君客我。’”《史记·田叔列传》：“会(恰好)贤大夫少府赵禹来过卫将军。”这两例中的“过”是拜访、探望的意思。《左传·隐公元年》：“先王之制，大都不过参国之一。”《论语·公冶长》：“由也，好勇过我。”这两例中的“过”是超过、胜过的意思。《左传·宣公二年》：“人谁无过？过而能改，善莫大焉。”《论语·季氏》：“虎兕出于柙，龟玉毁于椟中，是谁之过与？”这两例中的“过”是过错、犯错误的意思，可作名词，也可作动词。《论语·季氏》：“求！无乃尔是过与？”中的“过”则是责备的意思。在这些意思中，哪些是本义，哪些是引申义？我们通过形声字形符的表意作用就可以大致清楚了。“过”字的形符是“辵

---

① 参见陈伟武《双声符字综论》，《中国古文字研究》第一辑，吉林大学出版社1999年，第329页。

② “耻”字例见裘锡圭《文字学概要》，但裘锡圭是把此例当作“……形声字的声旁由于语音的变化丧失表音作用，转化为记号”的例子，“‘耻’可以看作由记号‘耳’跟音符‘止’组成的半记号半表音字”。见《文字学概要》，商务印书馆1988年，第15页。

(辶)”,凡以“辵(辶)”为形符的形声字,其本义都与行走的意思有关。可见“走过”“经过”是本义,“拜访”“探望”与行走有关,也是比较早的意义。由“走过”“经过”引申为“超过”“胜过”;超过了规定的地方,就犯错误了;犯了错误,就要批评指责了。所以,“错误”“犯错误”“责备”等都是更远的引申义了。

“举(舉)”是从手與声的形声字,也有不少义项。如《孟子·梁惠王上》:“吾力足以举百钧,而不足以举一羽。”《盐铁论·刑德》:“千钧之重,人不轻举。”这两个例子中的“举”是举起、抬起的意思。《左传·僖公五年》:“晋不更举矣。”《韩非子·外储说左上》:“举兵而伐中山,遂灭也。”这两个例子中的“举”是举兵、发动的意思。《左传·庄公二十三年》:“君举,必书。书而不法,后嗣何观?”《史记·项羽本纪》:“国家安危,在此一举。”这两个例子中的“举”是行动、举动的意思。《论语·卫灵公》:“君子不以言举人,不以人废言。”《楚辞·离骚》:“举贤而授能兮,循绳墨而不颇。”这两个例子中的“举”是推荐、举荐的意思。《左传·哀公六年》:“僖子不对而泣,曰:‘君举不信群臣乎?’”《楚辞·渔父》:“举世皆浊我独清。”这两个例子中的“举”是全的意思。“举”字是从手、以手为形符的形声字,其本义当与手的动作有关。所以以上“举”字的各义项当中,“举起”“抬起”是本义,“举兵”“行动”“推荐”等都是引申义,“全”是它的假借义。

“防”是从𨸏方声的形声字,义项较多,如《周礼·地官·稻人》:“以防止水。”《商君书·算地》:“薮泽堤防足以蓄。”(湖泊池泽的堤坝可以蓄水)这两个例子中的“防”是堤坝的意思。《国语·邵公谏弭谤》:“防民之口,甚于防川。”《左传·襄公三十一年》:“然犹防川。大决所犯,伤人必多,吾不克救也。不如小决使道,不如吾闻而药之也。”这两个例子中的“防川”之“防”是堵水、防水的意思。《左传·襄公三十一年》:“我闻忠善以损怨,不闻作威以防怨。”《三国志·吴书·吴主传》:“夫法令之设,欲以遏恶防邪。”成语有“防微杜渐”“防患未然”。这几个例子中的“防”是堵住、防止的意思。“防”字是以“𨸏”(隶变后俗称左耳旁)为形符的形声字,以“𨸏”为形符的字,其本义都与山陵或高低不平的事物有关。因此,以上“防”字各义项当中,“堤坝”是其本义,引申为堵水、防水,再泛指一般的堵住、防止,其引申脉络就很清楚了。

(2) 有些形声字的形符所表示的意义范畴关系密切,可以相互替换,因此形成了很多异体字。如:

彳、辵、足、走等形符都表示与走路等动作有关,有时可以相互替换,如“征”又作“延”,“跡”又作“迹”,“趠”又作“逴”,“蹊”又作“徯”。

言、口、心、欠等形符都表示与心理言语有关,有时也可互换,如“詠”又作“咏”,“悊”又作“哲”,“悖”又作“誖”,“歡”又作“懽”。

(3) 社会发展了,物质生产和思想观念也发生了变化,可是字形仍旧是老字形,反映的是古代的社会生活和思想观念。以现在的眼光来看,有些形声字的形符在表意时已经失去了合理性。比如:

① 许多有关道德行为方面不好的字眼多从“女”，如奸(《说文解字·女部》：“犯淫也。从女从干，干亦声。”)、姦(《说文解字·女部》：“私也。从三女。”《玉篇·女部》：“奸邪也。”)妒、嫉、妖、妨、姘、婬(同“淫”)、娄、婾(同“偷”，苟且)、嫌、嬾(懒)、妄，等等，凡此诸字所表现的情感或行为，是男女都有的，以“人”为形符最为合适，但诸字都从“女”，显然是古代歧视压迫妇女之思想的反映。又如，媀(音 yù)，《广韵·遇韵》：“媀，媀妬也，女子妬(姤)男子。”[①]娼(音 mào)，《说文解字·女部》：“夫妒妇也。”女子遇男子，字从“女”理所当然，可是男子妒女子，字亦从“女”，偏见之心，显而易见。

② 人们所创造的物质对象，在质料方面也会不断变化，如“杯”“桥”“枕”“梳”等事物的制作材料已经不限于木材，或主要不是用木制了，这些字以“木”为形符就不一定很合理了。古代以青铜为镜，故“镜”字从“金”(原作“鑑”或“鑒”)，现代以玻璃为镜，从“金”也就不合理了。

③ 人类的科学知识日新月异，有些字反映的是古人的科学认识水平，随着科学的进步，其形符在表意方面也就不合理了。如“虹”是雨水折射太阳光而形成的一种自然现象，但其字从“虫”，显然反映了古人对它的认识。古人认为虹是天上的一种动物，《说文解字》释曰：“状似虫，从虫工声。”《山海经·海外东经》记载虹有两首，《释名·释天》谓虹是在“啜饮东方之水气”，《梦溪笔谈·异事》云：“世传虹能入溪涧饮水，信然……虹两头皆垂涧中。”甲骨文“虹”字的形体，正是长虹如虫下饮江河之形象的描绘，卜辞也有“亦有出虹自北，饮于河”的记载。古人既有此认识，“虹”字从“虫”也就顺理成章了。前面提到马王堆帛书《天文气象杂占》有一个“虹”字的异构，以上“雨”下“工”构成，大约以虹者为雨所致，故从雨。就科学理据而言，从“雨”更为合理，但此字并没有流传下来。所以文字作为一种符号，约定俗成的力量是不可低估的。

④ 由于材料缺乏，某些形声字的形符与它的本义之间的关系已经很难讲清楚了。如“笑”字为何从“竹”？人发笑与竹子有什么关系？《说文解字·新附》徐铉注：“此字本阙。臣铉等案：孙愐《唐韵》引《说文》云：‘喜也。从竹从夭。’而不述其义。今俗皆从犬。又案：李阳冰刊定《说文》，从竹从夭。义云：‘竹得风，其体夭屈如人之笑。’未知其审。私妙切。”唐玄度《九经字样》又引后魏阳承庆说：“竹为乐器，君子乐，然后笑。”李阳冰和阳承庆的说法，从文字学的角度来说，都嫌牵强，不足为训。也许，“笑”字的本义本来不是高兴发笑，后经反复引申或假借，本义已无从知晓，以高兴发笑之义来联系其形符“竹”，当然也就不合情理了。按战国楚帛书丙篇“取女，为邦笑”

① 据杨宝忠研究，“妬”字当为“姤”之讹，“媀”音遇、训姤，当是“遇”字之变，涉“姤”字从女而类化作“媀”也。故“媀”当释为“女子遇男子”。参见杨宝忠《疑难字三考》，中华书局 2018 年，第 130—131 页。

之“笑”作，郭店楚简《老子》乙“笑”字作，皆作从艸从犬。“笑”字还可追溯到甲骨文，《殷虚文字甲编》第 1798 片即有字，艸下所从亦为犬，字亦当释“笑”。曾宪通怀疑“笑字本从犬，从艸得声。何以从犬虽不易质言，后人不明艸为声符，复因古文字偏旁从艸从竹义近每互作，卒至易艸为竹作义符，讹犬为夭作声符”。[①] 陈炜湛认为“战国之笑本为形声字也。之所以从犬，则诚如段公所言，古人以犬事喻人事耳，本不足奇，后世易艸为竹，讹犬为夭，遂成莫可名状匪夷所思之笑，沿用至今”。[②] 据此，则从竹之“笑”乃是讹体，据以索解形义关系，自然很难得其真谛。

三、 形声字声符的表音功能

形声字的声符用于表音，其表音的准确率，总的来说，在先秦时期是比较高的，某个形声字声符的读音，与这个形声字的读音是相同或相近的。越往后，语音变化得越大，其准确率就越低。这其中的原因，是“文字终古不易，而音声有时而变”。[③] 就是说，形声字的声符是一个固定的字符，而语音是不断变化的，声符不能随着语音的改变而相应地变化，因而在后代，多数形声字的声符已不能准确表音，表音功能大大削弱，甚至完全丧失。因此，“秀才识字读半边”的办法已基本不能奏效了。比如，“攻”“贡”“空”“邛”“虹”“红”“缸”“杠”“江”“项”十个字都以“工”为声符，“工”在上古为见母东部，这十个字在上古的韵部也都是东部，现在则分读 ong（包括 iong）和 ang（包括 iang）。至于声母，“攻”“贡”“缸”“杠”“江”五个属见母，“红”“虹”“项”三个属匣母，“空”属溪母，“邛”属群母，虽略有差异，但都同类，同属“牙音”（舌根音），现在则分属“舌根音”和“舌面音”。[④] 叶楚强在《现代通用汉字读音的分析统计》中把《新华字典》里 7 504 个可以分析出偏旁的字（绝大多数是形声字）进行统计，声符读音与字的读音全同的形声字只有 355 个，占 4.7%；声母韵母相同而声调不同的只有 753 个，占 10%。两类相加还不足 15%。[⑤] 可见现代形声字声符的表音准确率是很低的。当然，从绝对数量来看，现代形声字声符的读音与本字的读音相同的例子还是相当多的，如“棋”“琪”“骐”“祺”“綦”“萁”“淇”“蜞”“麒”“旗”“鲯”等字的声韵调与声符“其”全同，“期”“欺”与“其”的声母韵母也都相同，只是声调有所不同。我们应尽量利用这个特点来帮助记音。

---

① 参见曾宪通《楚帛书文字新订》，载《中国古文字研究》第一辑，吉林大学出版社 1999 年，第 94 页。

② 参见陈炜湛《读〈说文〉小记（五则）》，中国文字学会第四届学术年会论文，陕西西安，2007 年 8 月。

③ 钱大昕《六书音均表 · 序》。

④ 参见杨五铭《文字学》，湖南人民出版社 1986 年，第 105—106 页。

⑤ 叶楚强《现代通用汉字读音的分析统计》，《中国语文》1965 年第 3 期。

四、形声字声符的表意功能和“右文说”

形声字的声符主要用于表示读音，但也有一部分形声字的声符不仅表音，还能够表意。这类形声字主要是指以字根为声符而分化派生出来的后起形声字，也就是一般所说的会意兼形声字，又叫作“亦声字”。同声符的亦声字、亦声字和它的字根，都是同源字。如“子”与“字”，“子”的本义为小孩，字的本义是生孩子，①“子”“字”具有同源关系，故《说文解字》将“字”归入“子”部，而不把它归入“宀”部。《说文解字》云：“字，乳也。从子在宀下，子亦声。”可见“字”中的“子”，既表这个字的读音，还兼表意义。在“形声字的来源”一节中举到的“娶”“懈”“辆”“婚”等字也都是声符表意的例子。

有时候，由同一字根分化派生出来的同源形声字还不止一个，如由“皮”分化出“被”“披”“帔”“波”等，由“中”分化出“忠”“仲”“衷”等，由“仑”分化出“论”“伦”等。这些后起形声字的声符除了表音，也都表意。上举从“皮”得声的诸字，其义都与表层、覆盖的意义有关，从“中”得声的字都有“中”字之义，从“仑”得声的字都有条理之义。

另外，还有一类后起形声字比较特别，如：

云—雲　　朱—株　　且—祖　　莫—暮　　其—箕

以上这组字中，后者是为保留前者的本义而造的后起形声字，也是以前者为声符，加注形符而形成新字。如“雲”是为保留“云”的本义而造的后起形声字，以“云”为声符，加注形符“雨”构成新字。余皆类推。这组例子中的后起形声字的产生，主要是因为其字根被借于表示别的意思，字根的借义与后起形声字的意义之间没有同源关系，从这个角度来看，其后起形声字的声符并不表意。但从其字根的本义来说，其后起形声字的声符还是具有表意的作用的。因此，对于这一类字，我们还是要作具体的分析。

总之，有一部分的形声字，特别是由一字根派生出来的同源形声字，其声符具有表意作用，这是一个事实。魏晋之际的杨泉著《物理论》，其中说：“在金石曰坚，在草木曰紧，在人曰贤。”意即“坚”“紧”“贤”三字皆从“臤”声，都有“臤”义（《说文解字・臤部》：“臤，坚也”），开“右文说”之绪。宋代王圣美根据形声字“声中有义”的特点，正式创立了“右文说”，认为凡字其类在左，其义在右，同声符的形声字，其意义都相通。沈括《梦溪笔谈》卷十四记载了他的学说：

① 王充《论衡・气寿》：“妇人疏字者子活，数乳者子死。”《山海经・中山经》：“其上有木焉，名曰黄棘，黄华（花）而员（圆）叶，其实如兰，服之不字。”都是用它的本义。

王圣美治字学，演其义以为右文。古之字书，皆从左文。凡字，其类在左，其义在右。如木类，其左皆从木。所谓右文者，如“戋”，小也，水之小者曰“浅”，金之小者曰“钱”，歹而小者曰“残”，贝之小者曰“贱”。如此之类，皆以“戋”为义也。

宋之张世南《游宦纪闻》卷九也说：

自《说文》以字画左旁为类，而《玉篇》从之，不知其右旁亦多以类相从。如“戋”有浅小之义，故水之可涉者为“浅”，疾而有所不足者为“残”，货而不足贵重者为“贱”，木而轻薄者为“栈”。“青”字有精明之义，故日之无障蔽者为“晴”，水之无浑浊者为“清”，目之能明见者为“睛”，米之去粗皮者为“精”。凡此皆可类求，聊述两端，以见其凡。

宋代主张“右文说”的还有王观国，他在《学林》卷五中说：

……亦如“田”者，字母也。或为畋猎之“畋”，或为佃田之“佃”。若用省文，唯以“田”字该之，他皆类此。

他不称“右文”，而以声符为字母，但其实质是一样的。

到了宋元之交，文字学家戴侗在《六书故·六书通释》中发挥了“右文说”，其解释要比前人圆满得多。他说：

夫文字之用，莫博于谐声，莫变于假借。因文以求义而不知因声以求义，吾未见其能尽文字之情也……

六书推类而用之，其义最精。“昏”，本为日之昏。心目之昏犹日之昏也，或加“心”与“目”焉。嫁取者必以昏时，故因谓之昏，或加“女”焉。“熏”，本为烟火之熏。日之将入，其色亦然，故谓之熏黄。《楚辞》犹作“纁黄”，或加“日”焉。帛色之赤黑者亦然，故谓之熏，或加“糸”与“衣”焉。饮酒者，酒气酣而上行，亦谓之熏，或加“酉”焉。夫岂不欲人之易知也哉？然而反使学者昧于本义。故言“婚”者不知其为用昏时，言日“曛”者不知其为熏黄，言“纁”帛者不知其为赤黑。它如“厉疾”之“厉”别作“疠”，则无以知其为危厉之疾；“厉鬼”之“厉”别作“禲”，则无以知其为凶厉之鬼；“梦厌”之“厌”别作“魇”，则无以知其由于气之厌塞；“邕且”之“邕”别作“癰”，则无以知其由于气之邕底；“永歌”之“永”别作“詠”，则无以知其声犹水之衍永；“璀粲”之“粲”别作“璨”，则无以知其为色犹米之精粲。[①]

① 戴侗《六书故》，上海社会科学院出版社2006年，第12—17页。

他正式提出“因声以求义”的方法，所谓“六书推类而用之”，就是用同声符的字加以类比，以充作声符的那个字的本义为纲，来解释同声符的众多形声字的字义，阐明初文与孳乳字之间的关系，这在当时是十分难得的。

到了清代和近代，学者们又继续对“右文说”进行了深入的阐发，使“右文说”得到进一步的发展，形成所谓的“右文学”。黄生、戴震、段玉裁、朱骏声、章炳麟、沈兼士、杨树达等著名学者都对此有所论述，对“右文说”的深入发展做出了重要贡献。

“右文说”应该说是宋代人的一个重要发现，它揭示了汉字孳乳过程中同源形声字的源流关系。从“以声为义”到“声近义通”“因声求义”，“右文说”对同源词的探索，对训诂学的研究，都起了积极的推动作用。但是，“右文说”就像其名称一样，也犯了以偏概全的错误。它从“声中有义”推到“声皆有义”，以“凡从某声皆有某义”这样全称肯定的说法，把形声字声符表意的作用不恰当地扩大化了，因而造成了许多谬误。因为第一，并不是所有的形声字声符都能表意，如“沐”从“木”声，“齿”从“止”声，“木”“止”都只是单纯的表音成分。第二，从同一声符的形声字不一定都有同源关系，因而在意义上就不一定有联系。沈兼士在其著名的论文《右文说在训诂学上之沿革及其推阐》中说：“夫右文之字，变衍多途，有同声之字而所衍之义颇歧别者，如非声字多有分背义，而‘菲’、‘翡’、‘痱’等字又有赤义；吾声字多有明义，而‘龉’、‘语’（论难）、‘敔’、‘圄’、‘铻’等字又有逆止义。”[①]王圣美引作右文例的从“戋”之字和张世南所引的从“青”之字，其实也有例外。如从“戋”得声的“践”（踏）、“諓”（善言）就不含小义，从“青”得声的“菁”（韭菜花）、“请”（请求）、“情”（感情）也都不含精明之义。[②]

此外，意义上有明显联系的同源字并不一定都有同样的声符，如“藩”和“屏”，《说文解字·艸部》：“藩，屏也。”《说文解字·尸部》：“屏，屏蔽也。”《诗经·大雅·板》：“价人维藩，大师维垣，大邦维屏，大宗维翰。”毛传：“藩，屏也。”孔疏：“藩者，园圃之篱可以屏蔽行者，故以藩为屏也。”“屏”的本义是屏蔽，藩篱也因屏蔽行人的特点而得名，两个字的意义相通，属同源字，但二字形符和声符都没有联系。这种情况并非个别现象，如“叔”与“拾”、“痛”与“肿”、“衡”与“横”等，都是声音相同或相近、意义相通的同源字。[③] 因此，若用声符来作为研究同源词的线索，而把眼光局限在同声符的形声字里，其实是不够的。“右文说”所重视的只是同声符的形声字，没有突破字形的约束，上升到同音异形、声近义通的层次，成了它的致命伤。

总而言之，“右文说”在研究以字根为声符而分化出来的后起形声字和具有共同声符的同源字的意义的时候，确实揭示了深刻的道理，有它的合理性，但它并不是“放

① 沈兼士《沈兼士学术论文集》，中华书局 1986 年，第 120 页。

② 参见杨五铭《文字学》，湖南人民出版社 1986 年，第 108 页。

③ 参见陆宗达、王宁《论字源学与同源字》，《训诂与训诂学》，山西教育出版社 1994 年，第 371 页。

之四海而皆准”的普遍真理，超出了它的适用范围，就会产生谬误。因此，对于“右文说”，我们应该辩证地看待。

叁　转注和假借

“六书”中的转注和假借，明代杨慎以为属于“纬”（前四书是“经”），清代戴震认为乃“用字之法”（前四书是“造字之法”）。也就是说，在“六书”体系内，它们跟“象形”“指事”“会意”“形声”是有所不同的。到底是不是如此，历来都有不同的争论。如果我们要对这个问题形成自己的倾向性看法，首先需要对转注和假借有一个基本的了解。

一、 转注

“六书”之转注问题，是“六书”理论中争论最大的问题，至今无定说。下面分两个方面略做介绍。

（一）对转注的通常理解

许慎在《说文解字·叙》中说：“转注者，建类一首，同意相受，考老是也。”通常的理解是把这里的“类”解释为部类。《说文解字》中的五百四十部，即五百四十类。“首”即五百四十部的部首。《说文解字·叙》云：“其建首也，立一为端。方以类聚，物以群分；同牵条属，共里相贯；杂而不越，据形系联；引而申之，以究万原。毕终于亥，知化穷冥。”这段话中，“方以类聚，物以群分”云云，指的就是“建类”的原则；“其建首也，立一为端”等，说的就是“一首”的问题。可见这段话其实就是对“建类一首”的最好的解释。清代学者陈澧在《书江艮庭征君六书说后》中说：“‘建类一首’之文，与下‘其建首也，立一为端，毕终于亥’之文相应，必非偶然相涉。”这是很有见地的。根据这样的理解，所谓“建类一首”，意思就是建立字类要统一它们的部首，如“考”“老”同部。所谓“同意相受”，意思就是同组转注字的意义可以互训，如《说文解字·老部》：“考，老也。”“老，考也。”据此，转注字要具备两个条件：

（1）同组转注字要有相同的部首。

（2）同组转注字的字义要相同或相近，可以相互解释。

作为转注字，这两个条件应该同时具备，缺一不可。如“松”“柏”同属“木”部，“福”“祸”同属“示”部，“铜”“铁”同属“金”部，但它们之间的意义不能相互解释，不能算转注字。又如“问”与“讯”可以相互解释，“杀”与“戮”意义也相同，但它们部首不同，也不应视为转注字。

前人对转注做如是解者，南唐徐锴是第一个，但有矛盾之处（详见下文）。其他如许翰在《六书举例》中说：“求转注必求诸《说文》本部，许氏所谓‘建类一首’也，部不同非转注；必求诸同部同义，许氏所谓‘同意相受’也，义不同非转注。”刘师培在《转注说》中指出：“《说文·序》言建类一首，同意相受，《周礼·保氏》正义引作‘口（阙文）类一首，文意相受，左右相注’。左右相注即彼此互释，则转注当指互训言，非以转注该一切训释也。其曰建类一首者，则许所谓转注，指同部互训言，不该异部互训言也。”这些意见都是比较中肯的。

下面举几个例子加以说明：

（1）舟：船。

《说文解字·舟部》：“舟，船也。古者共鼓、货狄刳（音 kū，挖空）木为舟，剡（音 yǎn，削尖）木为楫，以济不通。”《段注》：“《邶风》：‘方之舟之。’传曰：‘舟，船也。’古人言舟，汉人言船。毛以今语释古，故云舟即今之船也。”又《说文解字·舟部》：“船，舟也。”《段注》：“二篆为转注，古言舟，今言船，如古言屦，今言鞋。”可见舟、船为古今转注字。《方言》卷九：“舟，自关而西谓之船，自关而东或谓之舟。”那么舟、船也可算是方言转注字。

（2）多：夥。

《说文解字·多部》：“多，重也。”又：“夥，齐谓多也。”《段注》：“《方言》曰：‘大物盛多，齐、宋之郊，楚、魏之际曰夥。’……《史记·陈胜世家》曰：‘楚人谓多为夥。’”[1]“夥”是“多”的方言转注字。

（3）身：躬。

《说文解字·身部》：“身，躳也，象人之身。”又《说文解字·吕部》：“躳，身也。从身，从吕。躬，躳或从弓。”按：《说文解字·吕部》以“吕”为“脊骨也”，故以“躳”从身从吕为会意。《段注》认为从“弓”的“躬”也是会意，“弓身者，曲之，会意也”。其实，“躳”当是从身吕（“雍”本字）声的形声字，[2]“躬”当是从身弓声的形声字。《尔雅·释诂上》：“躬，身也。”郝懿行义疏：“躬从身，亦训为身。《周礼》‘身圭、躬圭’，其义同。故躬为身，身亦为躬，转相训也。”《尚书·牧誓》：“尔所弗勖，其于尔躬有戮。”孔传：“临敌所安，汝不勉，则于汝身有戮矣。”“鞠躬”之“躬”，尚存“身”之义，“鞠躬”即“弯身”。

（4）履：屦。

《说文解字·履部》：“履，足所依也。”《段注》：“履、依叠韵。古曰屦，今曰履，古曰履，今曰鞵，名之随时不同者也。引伸之训践，如‘君子所履’是也……”又：“屦，履也。

① 按《段注》所引“大物盛多”，《方言》卷一作“凡物盛多谓之寇”；“陈胜世家”当为“陈涉世家”。

② 参见于省吾《甲骨文字释林·释[illegible]、吕兼论古韵部东冬的分合》，中华书局 1979 年。

从履省,娄声。”《段注》:“晋蔡谟曰:今时所谓履者,自汉以前皆名屦。《左传》:‘踊贵屦贱’,不言‘履贱’。《礼记》:‘户外有二屦’,不言‘二履’。贾谊曰:‘冠虽敝,不以苴履’,亦不言‘苴屦’[①]。《诗》曰:‘纠纠葛屦,可以履霜’。屦舄者一物之别名,履者足践之通称。按蔡说极精,《易》《诗》《三礼》《春秋传》《孟子》皆言屦,不言履,周末诸子、汉人书乃言履。《诗》《易》凡三履,皆谓践也。然则履本谓‘践’,后以为屦名,古今语异耳。”

(5) 頟(额):题:頞。

《说文解字·页部》:“頟,頞也。从页,各声。”徐铉等曰:“今俗作‘额’。”又:“题,额也。从页,是声。”又:“頞,额也。从页,桑声。”《方言》卷十:“额,頞也。中夏谓之頟,东齐谓之頞。”《礼记·王制》:“南方曰蛮,雕题交趾,有不火食者矣。”孔颖达疏:“题谓额也。”《易·说卦》:“巽为木。其为人也,为寡发,为广頞。”孔颖达疏:“额阔为广頞。”

(6) 迎:逆。

《说文解字·辵部》:“迎,逢也。从辵,卬声。”又:“逆,迎也。从辵,屰声。关东曰逆,关西曰迎。”《国语·晋语四》:“乃归女而纳币,且逆之。”韦昭注:“逆,亲迎也。”

(二) 对“转注”问题的主要异见

关于转注的问题,是争论了一千多年的老问题,自唐以来,各抒己见者几近百家,至今尚无一个大家都乐于遵从的说法。下面介绍几个较有影响的看法。

1. 徐锴的转注说

南唐徐锴在《说文解字系传》卷一中说:

> 形声者,实也,形体不相远,不可以别,故以声配之为分异。若“江”“河”同“水”也,“松”“柏”同“木”也。“江”之与“河”,但有所在之别,其形状所异者几何?“松”之与“柏”,相去何若?故“江”“河”同从“水”,“松”“柏”皆作“木”。有此形也,然后谐其声以别之,故散言之则曰“形声”。“江”“河”可以同谓之“水”,“水”不可同谓之“江”“河”;“松”“柏”可以同谓之“木”,“木”不可同谓之“松”“柏”,故曰散言之曰“形声”。总言之曰“转注”,谓“耆”“耋”“耄”“寿”皆“老”也,凡五字,试依《尔雅》之类言之,“耆”“耋”“耄”“寿”,老也;又“考”“寿”“耋”“耄”“耆”可同谓之“老”,“老”亦可同谓之“耆”,往来皆通,故曰“转注”,总而言之也。

① 这句意思是说,汉代已经以“履”为“屦”了,但是有语病,好像说汉人已经不再用“屦”了。参见王力《中国语言学史》,复旦大学出版社 2006 年,第 95 页脚注②。

在《说文解字系传》卷三十九中又认为，用"转注"法所造出来的字，"义近'形声'而有异焉：形声'江''河'不同，'滩''湿'各异；转注'考''老'实同，'妙''好'无隔，此其分也"。从他所举的例子和所做的说明，可以看出徐锴的观点是，凡部首相同而不能相互解释的为形声，凡部首相同又可互训的是转注。此论形声字与转注字的区别，未必适当，但对转注的理解，应该是比较符合《说文解字·叙》"建类一首，同意相受"的原意的。

但是徐锴的理论是有矛盾的。他说："祖考之'考'，古铭识通用'丂'，于'丂'之本训转其谊，而加'老'注明之。犬走为'猋'，《尔雅》'扶摇谓之猋'，于'猋'之本训转其谊，则加'风'注明之。""属类成字，而复于偏旁加训，博喻近譬，故为转注。人毛匕(音化)为'老'，'寿''耆''耋'亦'老'，故以'老'字注之；受意于'老'，转相传注，故谓之转注。"(《说文解字系传》卷三十九)"转注者，建类一首，同意相受，谓'老'之别名有'耆'、有'耋'、有'寿'、有'耄'，又'孝'，子养老，是也。'一首'者，谓此'孝'等诸字，皆取类于'老'，则皆从'老'。若'松''柏'等皆'木'之别名，皆同受意于'木'，故皆从'木'。后皆象此。"(《说文解字系传》卷一)他论从"老"诸字为转注，本来都是不错的。但又把同从"木"但不能互训的"松""柏"也视为同类，那就是自乱其例了。

2. 戴震的转注说

戴震于"六书"，持"四体二用"之说，认为转注、假借是用字之法，因而把转注看成同义词互训。他在《答江慎修先生论小学书》中说：

> 考、老二字属谐声、会意(按"老"当是象形)者，字之体；引而言转注者，字之用。转注之云，古人以其语言立为名类，通以今人语言，犹曰互训云尔。转相为注，互相为用，古今语也。《说文》于"考"字，训之曰"老也"，于"老"字，训之曰"考也"，是以序中论转注举之。《尔雅·释诂》有多至四十字共一义，其六书转注之法欤？别俗异言，古雅殊语，转注而可知，故曰"建类一首，同意相受"……数字共一用者，如初、哉、首、基之皆为始，卬、吾、台、予之皆为我，其义转相为注，曰转注。[①]

主张"转注"为互训的学者还有段玉裁、王筠等人。互训之说，乃着眼于许慎定义中之"同意相受"一语，对"建类一首"的解释则未能落实。转注为文字问题，而数字同训，实为训诂之事；把文字问题转为训诂问题，也颇招人訾议，后人多不取。

3. 江声的转注说

江声的转注说，主要着眼于部首方面，故有人称为"部首说"。其主要观点是，《说文解字》同部首的字，都从部首得义，这就是转注。其《六书说》云：

① 戴震《戴震集》，上海古籍出版社1980年，第74—75页。

立老字以为部首，即所谓建类一首。考与老同意，故受老字而从老省；老字以外，如耆、耋、寿、耇之类，凡与老同意者，皆从老省而属于老；是取一字之意以概数字，所谓同意相受。叔重但言考，举一以例其余尔。由此推之，则《说文解字》一书，凡五百四十部，其分部即建类也；其始一终亥五百四十部之首，即所谓一首也；下云凡某之属皆从某，即同意相受也。

上引徐锴《说文解字系传》卷一说："转注者，建类一首，同意相受，谓'老'之别名有'耆'、有'耋'、有'寿'、有'耄'，又'孝'，子养老，是也。'一首'者，谓此'孝'等诸字，皆取类于'老'，则皆从'老'。若'松''柏'等皆'木'之别名，皆同受意于'木'，故皆从'木'。后皆象此。"可见江声的转注说，是承徐锴之说而来的。

江声的转注说对于解释"建类一首"颇为中肯，但把"凡某之属皆从某"附会于"同意相受"，则是很不全面的。罗汝怀《转注假借说》指出："或谓首即部首，如水为首，则以水注同部之字，木为首，则以木注同部之字，然以考老之互训例之，则从水者，江不能训为河，从木者，松不能训为柏。首则一而意不同，不得谓之转注矣。"

4. 朱骏声的转注说

朱骏声的转注说，可以说是另起炉灶。他在《说文通训定声》中给转注重新下了定义，也举了例子。他说："转注者，体不改造，引意相受，令、长是也。"就是说，当一个字由本义引申出另一意义时，不另外造字，就是转注。有人称这一派为"引申说"。清代江永曾也指提出这种观点，他说："就本义辗转引申为它义，或变音，或不变音，皆为转注。"（见黄式三《对朱氏转注问》）

朱骏声的转注说，完全离开许慎的定义，其创新精神值得肯定。但引申是词义的问题，转注是文字的问题。把转注看作引申，就把文字问题和训诂问题混同起来，于深入探讨《说文解字》所指的转注问题，并无帮助。

5. 林义光的转注说

林义光《文源》中有一篇《六书通义》，其中对转注的看法是很深刻的。他说："意有同类，建一以为首，后出之字受形焉，谓之转注。犹'考''老'同意，而'考'受形于'老'也。"扣紧许慎的定义做了很好的解释。他认为"转注不能无所兼，而兼形声者独多"。这与他在形声字部分所说的"凡造字以转注兼形声为最简易，后出之字多属之，《说文》九千，独此类字什居八九，学者但目为形声，而转注之谬解遂不可究诘矣"，可谓相互呼应。他的这种看法与徐锴、郑樵、赵宧光等人的看法有相似之处，应该是受到了先儒的启发，对后人也有深刻的影响。他还批评了戴震的"互训说"和许瀚、江声的"部首说"，分析很到位。

6. 孙雍长的转注说

孙雍长于 1991 年在岳麓书社出版了《转注论》，摒弃静止的结构类型分析法，着眼于汉民族创制文字的语言社会背景，通过对汉字的产生、发展和历史演变情况的考察，和对传统六书理论及其有关学说的系统研究，认为要正确认识“转注”，着眼点应当首先放在汉字创制的历史背景上，而不是首先放在汉字的形体结构上。结构类型与造字法并不是一种简单的对应关系。一般所说的形声字，只是就其共时的、静止的结构类型而言的，其实它们有着不同的来源。把结构类型上的形声字与“形声”造字法完全等同起来，认为形声字就必定是“形声”造字法所造出的，其实是一种误会。他认为大多数形声字是通过“加注意符”的方法创制出来的，而“加注意符”，就是所谓“转注”。因此，汉字孳乳之大法即最能产的造字法，并不是“形声”，而是“转注”。

孙雍长对许慎的转注定义是这样理解的，他说：

> 所谓“建类一首，同意相受”，其意义并不玄僻。“类”即谓事类，“首”即谓“类首”，也就是现在通常所讲的标志事类范畴的“意符”（有些人称之为“形符”）。“同意”即谓“转注原体”与“类首”的旨趣相同，也就是“转注原体字”所包含的某一词语或意义与“类首”所代表的事类范畴相符合。“相受”即谓“转注原体字”与“类首”的两相结合，若着眼于“转注原体字”，则是将它授附于某一“类首”；若着眼于“类首”，它则是收受某一“转注原体字”。所以，所谓“转注”，就是将“转注原体字”转移附注到“类首”上的一种造字之法，也就是笔者在《汉字构形的思维模式》一文中所归纳的、现在研究汉字的人谁都承认的、在汉字繁衍发展阶段所产生的“加注意符”这一极其重要的构形模式。①

他认为许慎所举的“考”“老”二字，“老”是类首，“考”是以“丂”为“转注原体字”，通过同意相受而被移附授注（转注）到“类首”“老”字身上后产生出来的一个转注字。

孙雍长的转注说，与前述林义光的看法应该有类似之处，他的研究是对前人研究转注之成果的继承和发展。

二、 假借

许慎《说文解字·叙》：“假借者，本无其字，依声托事，令长是也。”许慎给假借字所下的定义是十分清楚的，所谓“本无其字，依声托事”，就是说，语言当中有某个词，但是没有用来记录它的专用字，于是就从已有的文字中选择一个读音跟这个词的读音相同或相近的字来记录这个词，这就是假借。比如语言中有作为代词或语气词用的读作“qí”这个音的词，没有专用字，于是古人就从已有的文字中选择一个读音与之

① 孙雍长《转注论》，岳麓书社 1991 年，第 52 页。

相同的、本来是表示箕畚的“其”字来作为这个词的借用字，这样，一个“本无其字，依声托事”的假借字就产生了。戴侗《六书故・六书通释》云“所谓假借者，义无所因，特借其声”，“其”之所以能被借作表示代词或语气词，就是因为它的读音与要借它为记录符号的词的读音是相同的，所以假借的条件就是声音相同或相近，“依声托事”是很重要的。

语言中需要用假借之法来为之选择记录符号的词，往往都是意义比较复杂的或比较虚幻的词，为这些词语造字，往往显得比较困难。假借法借形表音，通过增加原有字的职能的办法，为那些意义比较复杂的词语尤其是虚词解决了记录符号的问题。从这个意义上讲，假借也应该被视为造字之法，只不过它是一种比较特殊的造字之法，有人称为“不造字的造字”。另外，某些字被借用后，借义成了常用义，为保留其本义，往往以原字为基础，通过增加偏旁形成新字，如“其”字被借用后，为保留其本义，后加“竹”旁形成“箕”字；“莫”字被借用后，为保留其本义，后加“日”旁形成“暮”字，等等，说明假借即使本身不造字，但通过假借，也可促使新字的产生。因此，“四体二用”说认为假借只是单纯的用字之法，也是有偏颇的。

许慎给假借字所举的例子是“令”“长”二字，一般认为这个例子是不妥当的。《段注》云：“汉人谓县令曰令、长，县万户以上为令，減万户为长。令之本义发号也，长之本义久远也。县令、县长本无字，由发号、久远之义引申展转而为之，是谓假借。”按令、长之有“县令”“县长”义，本是“发号”“久远”之义的引申，朱骏声把转注认为是引申，在他给转注字所下的定义中，就是以“令”“长”为例的。《段注》所谓“引申展转而为之”，本已把问题谈清楚了，可是后面又加了一句“是谓假借”，就把引申和假借混在一起了。引申是词义的问题，假借是文字的问题，两者混为一谈是不合适的。当然，这个问题关系到古人对假借的理解，我们下面再做讨论。

下面我们举一些假借字的例子：

我　甲骨文作，金文作，小篆作，字形原象刃部有齿的兵器。《说文解字・我部》：“我，施身自谓也。”王国维认为“我”字疑象兵器之形，作为第一人称代词是借义，应该是可信的。可能在上古时期，兵器“我”的读音与第一人称代词的读音是相同或相近的，故可借为表示第一人称。此字后来假借义成了常用义，本义倒废弃不用了。

你　古代汉语第二人称代词的一种形式写作“爾”，省作“尒”，“尒”也写作“尔”。“爾”字见于甲骨文，作、，金文作、，“尒”当是从金文字形简省而来，已见于中山王鼎及战国玺印，作、。由甲骨文而来的“爾”，《说文解字》释为“丽爾，犹靡丽也。”林义光《文源》认为“实檷（nǐ）之古文，络丝架也。象形。”马叙伦、高鸿缙看法亦同。[1] 徐中舒主编之《甲骨文字典》认为所象之形不明。不管“爾”之本形本义如何，

① 参见李圃主编《古文字诂林》第三册，上海教育出版社2001年，第772页。

它和它的省体“尒（尔）”作为第二人称代词和指示代词、语气词等，都是“因声托事”假借而来的，这一点是没有问题的。作为第二人称代词的“尒（尔）”，通过增加偏旁“人”孳乳为“伱（你）”，就是现代汉语第二人称代词“你”字的由来。历史上使用“你”字的时间也不晚，《隋书·五行志上》载童谣云：“狐截尾，你欲除我我除你。”就是一个例子。

他 与“你”字是由“尔”孳乳增繁而成的一样，“他”字也是由“它”孳乳增繁而成的。“它”原是“蛇”的本字，甲骨文作，西周春秋演变为、，小篆作。《说文解字·它部》：“它，虫也……上古艸居患它，故相问无它乎……蛇，它或从虫。”“蛇”字也作“虵”，是因为“它”与“也”古字近似而混。“它”在古籍中常被借为代词，如《诗·小雅·鹤鸣》：“它山之石，可以为错。”孳乳出“佗”，也写作“他”。《集韵·戈韵》：“佗，彼之称，或从也。”《正字通·人部》：“佗，与他、它通。”均可为证。需要注意的是，先秦时期的“他”，作为指示代词，主要是表示旁指，意即别的、其他的，如《左传·隐公元年》：“制，严邑也，虢叔死焉。佗邑惟命。”“他”作为第三人称使用，大约要到中古时期。如高適《渔父词》：“世人欲得知姓名，良久问他不开口。”作为第三人称代词，五四以前，“他”兼称男性、女性。五四时期刘半农提倡用“她”来指女性，使得“他”在现代书面语里，一般只用来专指男性。总而言之，“他”字乃由“它”孳乳而成，作为第三人称代词使用，是假借的用法。

而 金文作，小篆作，本象颊毛之形。《说文解字·而部》：“而，颊毛也。象毛之形。《周礼》曰：‘作其鳞之而。’”《段注》：“颊毛者，须部所谓髯须之类耳……盖‘而’为口上口下之总名，分之则口上为‘髭’，口下为‘须’。”“而”字经典常借为第二人称代词，如《论语·微子》：“且而与其从辟人之士也，岂若从辟世之士哉？”《史记·越王句践世家》：“我令而父霸，我又立若。”又常借为连词，如《左传·宣公二年》：“人谁无过，过而能改，善莫大焉。”“而”字作为连词，既可用于顺接，又可用于逆接，使用频率很高。为保留其本义，曾又另造“髵”字，但不常用。

易 “易”字本作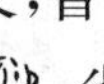，省为、，小篆作，是截取原字之一部分而形成的。其演变路径特殊，方法怪异，故“易”字之成，实不易也。一般认为，“易”是“赐”的本字，原字表示器皿中盛有鬯酒（古代祭祀用的香酒）用来赏赐人。① 郭沫若《文史论集》认为，甲文、金文“可以看出易字是益字的简化”，“益乃溢之初文，象杯中盛水满出之形”，“益既引申为增益，故再引申锡予”。赵平安通过字形的比较，认为“易”不是“益”的简化，而是截取“匜”字的一部分形成的，易是匜的分化字。易、匜古音相通，易的“赐予”义是从匜引申出来的。“匜为注水器，故有‘给予’之义……易的本义当为‘给

① 参见杨五铭《文字学》，湖南人民出版社 1986 年，第 82 页。

予'，引申为'赐予'。"[①]《说文解字·易部》："易，蜥易。"以"易"之本义为蜥易（后来写作"蜴"），这显然是有问题的。经典常借易为难易之"易"，如《孟子·滕文公上》："是故以天下与人易，为天下得人难。"与"易"相反的"难"字，《说文解字》从"鸟"，本是鸟名，作为难易之"难"，也是假借。

且　甲骨文作，金文作，一般认为是"祖"的本字，其字形当是祖宗神位之象形。甲骨文、金文中祖先之"祖"即写作"且"，如甲骨卜辞"高且"即"高祖"。典籍中常借为连词，如《左传·僖公二十四年》："以志吾过，且旌善人。"又借为副词，如《论衡·刺孟》："禹至汤且千载，汤至周亦然。"为保留本义，后加"示"旁形成"祖"字。

無　甲骨文作、，金文作，字形象人两手持物而舞，为"舞"之本字。《吕氏春秋·古乐》："昔葛天氏之乐，三人操牛尾，投足以歌八阕。"正是此字之写照。卜辞中的"無"均用本义，如"無，允从雨"，此"無"即求雨的舞祭。典籍常借"無"为有無之"無"，不毋之"毋"，为保留本义，另造从"舛"的"舞"字。

焉　金文作，秦篆作，《说文解字·鸟部》："焉，焉鸟，黄色，出于江淮。象形。"本是一种鸟名。《段注》："今未审何鸟也。"典籍中常借为疑问代词，如《左传·隐公元年》："姜氏欲之，焉辟害？"又借为兼词，如《左传·僖公三十二年》："余收尔骨焉。"《荀子·劝学》："积土成山，风雨兴焉；积水成渊，蛟龙生焉。"后借义成了常用义，本义已废。

自　甲骨文作，金文作，本象鼻子之形。《说文解字·自部》："自，鼻也。象鼻形。""自"之本义在典籍中未见，卜辞有"疾自"的记载，谓鼻子有毛病，用的正是本义。此字在古籍中常被借为代词，表示自己，如《易·乾》："天行健，君子以自强不息。"又被借为介词，表示自从，如《孟子·滕文公上》："有为神农之言者许行，自楚之滕，踵门而告文公。"假借义成了常用义，为保留本义，就以原字为形符，加上声符"畀"，形成"鼻"字。

关于假借，还有"本无其字"与"本有其字"之分，前面所举，都是"本无其字"的假借，也就是文字学上的假借。"本有其字"的假借，其实是古人写同音白字。在文字规范还不很严格的古代，这是允许的。不过，古人的同音替代也有一定的习惯，并不是凡同音或音近皆可通用。为了把"本无其字"的假借与"本有其字"的假借区分开来，通常把"本有其字"的假借称为通假。通假现象是比较纯粹的用字问题，与"本无其字"的假借其实是不同的，因为，正如上面所说，"本无其字"的假借本身虽不造字，但还能促使新字的产生，与文字的创造多少还有一些关系。

文字的意义，可以分为三大块：本义、引申义和假借义。当一个字被用作假借字时，它就在本义和引申义之外又多了假借义。从现代语言学的角度来说，假借义和本

① 参见赵平安《〈说文〉小篆研究》，广西教育出版社 1999 年，第 157—161 页。

义、引申义应该没有必然的联系。但是，有的学者对假借义和本义、引申义的关系并不是这样看的。他们认为假借可以分为两类：一类是有义的假借，另一类是无义的假借。如宋代的郑樵就在其《六书略・假借第六》中说："然就假借而言之，有有义之假借，有无义之假借，不可不别也。"

有义之假借的观点，实际上是把语义的引申和文字的假借混为一谈。这样，就容易导致把引申义说成假借义或把假借义说成引申义的错误。郑樵在《六书略・同音借义》中举例说："初，裁衣之始，而为凡物之始；基，筑土之本，而为凡物之本……"实际上是把引申义说成了假借义。前面说到，"令""长"二字之"县令""县长"之义，本也是词义的引申，许慎举为假借字的例子，也是把引申当成了假借。而反过来，在《说文解字》里，有些本来是假借的例子，许慎却当成了引申。《说文解字》有注明"故为""故以为""故借以为""故因以为"等字眼的字，常常都是这种情况。如"来"字本是表示"麦子"的象形字，用来表示来往之"来"，显然是假借，可是《说文解字》却认为瑞麦乃上天所赐，来自上天，"天所来也，故为行来之来"。"西"字本是鸟巢之象形，借为西方之"西"，可是《说文解字》却认为"日在西方而鸟栖，故因以为东西之西。"《段注》中也有这种现象，如"格"的本义是"木长貌"，[①]经典中常借来表示"各"字的本义，义为"至"。如《尚书・汤誓》："格尔众庶。"《礼记・月令》："（孟夏）行春令，则蝗虫为灾，暴风来格。"可是《段注》却说："木长貌者，格之本义，引申之，长必有所至，故《释诂》曰：格，至也。"显然也是把假借义说成引申义。

当然，古人有这种看法，是因为古人的语法观念与现代不同。大概在古人的观念里，假借与引申都是本义引发出来的用法，故为一类。我们现在既然对假借和引申有了明确的区别，就应该把这两者区分开来；[②]当然也不必苛求古人，毕竟时代不同了。

其实，古人中也已经有与现代语言学相当的"假借"思想了，至少有两个学者的观点值得我们重视，一是宋元时期的戴侗，二是清代的朱骏声。戴侗在《六书故・六书通释》中说：

> 假借多而义难求，古人谓令、长为假借，盖已不知假借之本义矣。所谓假借者，谓本无而借于他也。合（按当作"亼"）卩之令，本为号令、命令之令（去声），令之则令（平声）。长之本文虽未可晓，本为长短之长（平声），自稚而浸高则为长（上声），有长有短，弟之则长者为长（上声），长者有余也，则又谓其余为长（去

① 徐锴《说文解字系传》："亦谓树高长枝者为格。"王筠《说文解字句读》："盖谓枝条长也。"如庾信《小园赋》："草树混淆，枝格相交。"就是用本义。

② 典籍中跳蚤的"蚤"用于表示早晨的"早"，已是公认的假借，但还有人认为"蚤"之所以能用来表示"早"，是因为古代卫生条件差，蚤虱多，天明起床时就要捉杀蚤虱，"久而久之，捉杀蚤虱之时，便称为蚤时"，硬要把假借义说成引申义，其实是吃力不讨好的。

声)。二者皆有本义而生,所谓引而申之,触类而长之,非外假也。所谓假借者,义无所因,特借其声,然后谓之假借。若韦本为韦背,借为韦革之韦,豆本为俎豆,借为豆麦之豆……凡虚而不可指象者多假借,人之辞气印(抑)扬最虚,而无形与事可以指象,故假借者十八九。①

其说颇为精到。朱骏声在《说文通训定声》中说:

转注者,体不改造,引意相受,令、长是也。叚借者,本无其意,依声托字,朋、来是也。凡一意之贯注,因其可通而通之,为转注;一声之近似,非其所有而有之,为叚借。就本字本训而因以展转引申为他训者,曰转注;无展转引申而别有本字本训可指名者,曰叚借。依形作字,睹其体而申其义者,转注也;连缀成文,读其音而知其意者,叚借也。叚借不易声而役异形之字,可以悟古人之音语;转注不易字而有无形之字,可以省后世之俗书。叚借数字供一字之用而必有本字;转注一字具数字之用而不烦造字。②

朱氏这里所论的"假借",虽然是指本有其字的一类,③但把假借与引申(即朱骏声之"转注")分别开来,显然是一个进步;他论假借的原理,比如"本无其意,依声托字""一声之近似,非其所有而有之""无辗转引申而别有本字本训可指名""假借不易声而役异形之字"等,都是很有道理的。

---

① 戴侗《六书故》,上海社会科学院出版社 2006 年,第 15 页。

② 朱骏声《说文通训定声·转注》,中华书局 1984 年,第 11—12 页。

③ 朱骏声在《说文通训定声·通训》中说:"一则借其形而非有其意,一则借其声而别有其形"(《说文通训定声》,中华书局 1984 年,第 8 页),前者指本无其字,后者指本有其字。在《说文通训定声·假借》中讲到三种假借之原,第一种是"后有正字,先无正字之叚借,如爰,古为车辕,洒,古为洒扫"(《说文通训定声》,中华书局 1984 年,第 12 页),所谓"先无正字",其实也是"本无其字"。他在论假借时所举的语词习用之字,如者、矣、乎、哉等,也都是本无其字的假借。因此朱骏声虽然主要着眼于本有其字的假借,但也包括本无其字的现象。

第十一讲
汉字分析的理论探索

壹 汉字初文的“同象异字”现象

汉字“初文”或称“字原”，是汉字源流中“源”的部分，又是汉字系统中最核心的部分。这一部分汉字资格老，繁衍能力强，对后来汉字的演变以及整个汉字体系的形成起了重要的作用。

那么古人是如何创制初文的？《说文解字·叙》云：“盖依类象形，故谓之文……文者，物象之本。”[①]可见初文乃描摹物象而得。《周易·系辞下》说：“古者包牺氏之王天下也，仰则观象于天，俯则观法于地，观鸟兽之文与地之宜，近取诸身，远取诸物。”《说文解字·叙》里也有基本相同的说法。[②] 孔颖达解释说：

> 仰则观象于天，俯则观法于地者，言取象大也；观鸟兽之文与地之宜者，言取象细也。大之与细，则无所不包也。地之宜者，若《周礼》五土动物植物，各有所宜是也。……近取诸身者，若耳目鼻口之属是也；远取诸物者，若雷风山泽之类是也，举远近则万事在其中矣。[③]

系辞之文与孔氏之语虽然说的都是八卦的创制，其中还包含着哲学的意味，但也完全符合汉字初文的取象原则。也就是说，古人创制汉字初文，就是通过仰观俯察，近取诸身，远取诸物，用线条把有形可象的事物描摹下来，形成一个又一个汉字的初文，构拟出汉字系统的基本元素。

---

① “文者，物象之本”六字大徐本无，段玉裁据《左传·宣公十五年》正义补。见《说文解字注》，上海书店1992年，第754页。

② “包牺”之“包”，《说文解字》作“庖”，“观鸟兽之文”之“观”，《说文》作“视”。“包”“庖”通用，“观”“视”同义。

③ 《周易正义》，阮元校刻《十三经注疏》上册，中华书局1980年，第86页。

然而汉字作为以象形为基础的符号体系，它的具象性特点使它不可能像八卦符号那样具有抽象性和概括性——以非常抽象的阴阳两种符号来表示大小远近的天地万物，达到“通神明之德”“类万物之情”，汉字初文的远观近取一般都是有形可象的事物，其取象对象实际上还是比较有限的，亦即说，由异象形成异字的生成资源不够，必然造成汉字初文的生成能力不足，就必须解决有限的取象对象与汉字记录语词和表情达意的丰富性之间的矛盾。根据对汉字初文的研究，我们认为古人在这方面显示出了伟大的创造力。本节主要从“同象异字”①的角度谈谈汉字初文的创制及其在初文系统生成方面所具有的地位和作用，并就“同象异字”与“异字同形”“同象同字”的问题进行辨析。

所谓汉字初文的“同象异字”，可以分为广狭两种含义。狭义的“同象异字”，指的是汉字初文取象的对象完全相同，但由于取象动机、取象角度和取象焦点的不同，就形成不同的文字符号，代表不同的语词。比如同是取象于整个人形，或为“人”字，或为“大”字；同是取象于眼睛之状，或为“目”字，或为“臣”字，就是狭义的“同象异字”；广义的“同象异字”，是指汉字初文取象的主体对象相同，但由于主体对象的附加物等方面的差异，就形成不同的文字符号，代表不同的语词。比如主体对象是正面而立之人，腋下施点为“亦”字，臂下加人为“夹”字，头上加横为“夫”字，脚下加画为“立”字等，当归属于广义的“同象异字”。显然，从取象的角度来研究汉字生成的问题，狭义的“同象异字”体现了古人造字的机巧聪慧，但所受限制毕竟较多，而广义的“同象异字”则扩展了古人造字的思路视野，也给我们提供了更大的思考空间。本文在列举有关字例时，狭义、广义兼顾，不复细分。下面先以“近取诸身”和“远取诸物”为纲列举若干“同象异字”现象，然后再进行讨论。

汉字初文“近取诸身”的最直接体现，就是取象于人形，包括人的全形、局部或各具体的器官之形。对“近取诸身”的同象异字现象，《说文解字》已早有揭示。囟部“巤”字云：“毛巤也，象发在囟上，及毛发巤巤之形。此与籀文子字同。”按“此与籀文子字同”者，谓“巤”与籀文“子”（）都取象于小孩子“发在囟上”之形，然“巤”与籀文“子”象虽同而字为异。我们可以发现更多的例子。比如，在人的全形中，以侧面而立的人形为基本概念的“人”字，以“人”的反向为“匕”（如“牝”字所从），以“人”的倒转为“七”（如“化”字所从），突出头部为“元”字，以侧立之人而双举其手为“丮”（如“执”字所从），以侧立之人而稍曲其腿为“尸”（如“尾”字所从），又以两个侧立之人并列，右向者为“比”，左向者为“从”，相靠背者为“北”（即“背”之初文），加二横者为“并”，又以三个侧立之人为“众”（后变体作㐺，音 yín，只作偏旁，如“眾”“聚”等字所从），等等。又如，在人的全形中，以正面而立的人形“大”字为基本形体，突

① 这里所谓“同象”“异象”之“象”即物象之象，非图像之“像”。

出头部为“天”字，①弯曲其脚为“尢”字（即“尪”之初文，“尷尬”二字所从），交叉其腿为“交”字，倒立为“屰”字（即“逆”之初文），侧头为“夨”字，扬臂为“夭”字，上加一横为“夫”字，下加一笔为“立”字，两“夫”并排为“扶”字（即“伴”之初文），两“立”相连为“並”字，两“立”高低为“替”（中山王鼎“毋替氒邦”之“替”作竝）等。同样是正面而立之人，腋下施点为“亦”字（即“腋”之本字），臂下加人为“夹”字，双手持物为“無”字（即“舞”之本字），两脚上树为“乘”字，等等。此外，关于人形的取象，还有跪跽之人形为“卩”字，双手交叉为“女”字，两手理发为“若”字，胸前两点为“母”字，头上一中为“每”字。又有象长发者为“长”字，象拄杖者为“老”字，象双臂挥舞者为“子”字，等等，都是在一象之中，衍生不同文字。

在取象于人的具体器官的文字中，也有不少“同象异字”的现象。如“首”“页”“囟”“皃”（即“貌”之本字）等字都取象于人的头部，“目”“臣”（如“朢”字所从）“眉”等字都取象于人的眼睛，“须”“而”（后作“髵”）都取象于人的胡须，“手”“又”“爪”“叉”都取象于单手之形，“友”“収”（如“兵”字所从）、“𦥑”“臼”（如“学”字所从）、“𠬪”（如“受”字所从）则取象于双手之形。“止”取象于脚趾，两“止”上下则为“步”，左右则为“癶”（如“登”字所从）；反“止”为“夂”（如“各”字所从），两“夂”上下则为“夅”（如“降”字所从），左右则为“舛”（如“舞”字所从），皆取象于脚而各成文字也。

汉字初文既“近取诸身”，又“远取诸物”，其所取之物，即《说文解字·叙》和《周易·系辞下》所说的“观象于天”“观法于地”“鸟兽之文”与“地之宜”，即天象、地象、动物、植物之类。从这些取象来看，同象异字的现象也十分普遍。以天象言，“日”“旦”都取象于太阳，“月”“夕”都取象于月亮，“星”“晶”都取象于星星，“申”“电”都取象于闪电；以地象言，“水”“川”“永”“𠂢”（即“派”之初文）都取象于流水，“泉”“原”都取象于山泉，“丘”“阜”都取象于土堆，“仌”（即“冰”之初文）、“冰”（即“凝”之本字）都取象于水凝结等；以动物言，“它”“虫”“禹”都取象于蛇形，“鸟”“隹”“雚”都取象于鸟形；以植物言，“中”“生”“屯”“才”“端”都取象于初生之草木，“木”“本”“朱”“未”“末”都取象于成形之大树，“来”“麦”取象于麦穗，“秝”（历历在目之“历”的本字）、“齐”取象于禾苗，等等。又如，同是取象于以手持禾，单禾为“秉”，双禾即“兼”；同是取象于以手开门，或为“启”，或为“辟”；同是取象于古人穴居之室，或为“复”，或为“良”；同是取象于古代高台建筑，或为“高”，或为“京”；同是取象于房屋门窗，或为“向”，或为“囱”，或为“囧”；同是取象于护卫城邑，或为“或（国）”，或为“或（域）”；同是取象于城郭两亭相对

① 甲骨文的“天”在具体的例子中又用同“大”，如“天邑商”即“大邑商”，“天庚”即“大庚”，则“天”与“大”不能算是“同象异字”。类似情况不再说明。

之形，既是“郭”字，又作“墉”字……类例众多，不能尽举。[①]

下面我们再具体分析一些例子。

(1) 古文字中有几个同是取象于两手（一般是一作“爪”，一作“又”，多数是上下结构）、中间有简单点画的字，后来发展为“𠬪”“寽”“爰”“争”等不同的字，可以看作同象异字的例子。下面试做分析：

“𠬪”字金文作（格伯簋）、（鬲攸比鼎），象一手交付一物于另一手。格伯簋铭云：“格伯𠬪良马乘于倗生。”鬲攸比鼎铭云：“女𠬪我田。”“𠬪”即“交付”之义。小篆省略了两手之间的表示物件的笔画，写作，《说文解字》云：“𠬪，物落，上下相付也。从爪从又。凡𠬪之属皆从𠬪。读若《诗》‘摽有梅’。”饶炯《说文部首订》认为“𠬪”只有“相付”义，没有“物落”义。他说：

> 炯案：说解当云：相付也。从爪从又，象上下相付之形，与廾同意。“爪”下说：丮也，覆手曰爪。此篆从之，象覆手持物以与人也。“又”下说：又，手也。此篆从之，象以又手承其物也。一与一承，其义为相付……意与物落义固无涉。如部中所从，多取两手意，不取物落意，亦可证。而说解讹为物落者，据读若《诗》义改之，谓𠬪即《诗》之摽字，而不知从爪从又，无物落之义。[②]

林义光认为“𠬪”字的本义是“付”，“物落”是引申义。他说：“𠬪”字“象两人手相付形，本义为‘付’。引伸为‘落’。‘落’犹从上付于下也”[③]。按，饶炯是从本义的角度否定“物落”之义，林义光将“物落”作为引申义来理解，应该算是解决了问题。要之，“𠬪”表示交付义，是没有疑义的，古文字的形义关系很明确。

“寽”字金文作（商尊）、（毛公鼎），也是上下两手之间有一笔画，或点或横，其构形与上举“𠬪”作者近同。郭沫若《两周金文辞大系考释》曰：“金文均作一手盛一物，别以一手抓之，乃象意字。”小篆变为，《说文解字》云：“寽，五指持也。从𠬪，一声。”林义光在《文源》中认为“‘一’非声。‘寽’，‘捋’之古文，取也。从爪，从寸，‘寸’亦‘又’也（篆从‘寸’之字古多从‘又’）。盖与‘𠬪’同形而声义异，故变‘又’为‘寸’以别之耳”。[④] 裘锡圭认为林义光之说有理，“‘寽’和‘𠬪’这两个词，应曾混用过相同的字形”。他认为格伯簋中左右结构的“𠬪”字改为竖写，就与金文中作的“寽”字无别了。他又举《说文解字》中的“𡕥”字说“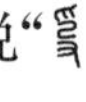”字：

① 曾宪通、林志强《汉字源流》（中山大学出版社 2011 年）设有“汉字初文”一章，列举较多初文字例，以上有关例子多数即归纳自该书，请读者参看。

② 转引自丁福保《说文解字诂林·四下》“𠬪”字条，中华书局 1988 年，第 1688 页。

③ 林义光《文源》，中西书局 2012 年，第 188 页。

④ 林义光《文源》，中西书局 2012 年，第 188 页。

> 篆形与“叉”字作的写法接近。小徐本篆文作，“从已”作“乙声”，其形与更为相似。但此字读音为“力辍切”，与从“寽”声之“锊”“埒”等字相同。徐灏《说文段注笺》以为“叟与寽音同义近，已象所撮物”。则此字似与金文用来表示“锊”的“寽”字相当。也就是说，“叟”字从字形看应与“叉”为一字，从音义看则应与“寽”为一字。这也可以看作“叉”“寽”二字曾经相混的一个痕迹。①

要之，“寽”字的取象构形及其意义，都与“叉”字有密切关系，后来一作“寽”，一作“叉”，字形才变得不同。

“爰”字甲骨文作（《合集》13555 正）、（《合集》6413 正）、（《合集》22247），象二人以物相援引之形，乃“援”之初文。后表示援引物的线条逐渐变化，金文作（虢季子白盘），中间所从近似于“于”形，小篆相承作，《说文解字》分析为“从于”。按甲骨文的“爰”字与上述“叉”“寽”皆属同构，所以也是同象而异字。“爰”与“寽”形近而混，典籍中“锾”与“锊”每每混用即是证明；旧时学者亦往往把金文中的“寽”字（容庚《金文编》第 275—276 页）认作“爰”字。

“争”字甲骨文作（《合集》3037）、（《合集》5234），从叉，象两手相争持，中间之象所争之物。这种曲线与前述三字已有较大不同，可能就是为了别异。金文或变作，为小篆所本。小篆作，整体看起来与“叉”“寽”等字已完全不同，这是文字变化的结果。

以上“叉”“寽”“爰”“争”四字，就其原始结构而言，都是取象于两人之手，中间笔画表示付与、援取或争持之物，所以其取象是大致相同的，但表示的意思则有所区别，形成的字是不同的。如果把这一类的“同象异字”再放宽些，其实“受”字、“屬”字也可以归并在内，只不过此二字两手之间的“物”的笔画更为复杂一些而已。②古文字取象于双手形的字，似乎还有两人之手和一人之手的区别，“叉”“寽”“爰”“争”“受”“友”等应该都是表示两人之手，“屬”“収”“廾”“臼”等则应该都是一人的双手，把与这些偏旁相关的字进行分析，“同象异字”的现象应该还有一些。

(2) “韦”“围”“违”“卫”：甲骨文有字作（《花东》195），从口，从两止。“口”表古人聚居之城邑，“止”在城周围环绕之，可隶定为“韋(韦)”。就形义关系而言，此字又或释为“圍(围)”，或释为“違(违)”，或释为“衛(卫)”。其实“韦”“围”“违”“卫”当皆同源而分化，实即同象而异字。《汉语大字典》按云：“‘韦’‘卫’‘围’实本一字。殷爵文有四止环绕城邑之‘卫’字，即‘韦’字之繁作，口象城邑，守城者环绕之即为‘卫’，攻城

---

① 裘锡圭《释“叉”》，《裘锡圭学术文集》3，复旦大学出版社 2012 年，第 80—81 页。

② “受”字两手中间古从“舟”，甲骨文作（《合集》27 287），从叉，从舟，舟亦声。小篆及后来字形省略为一曲笔，与“叉”“寽”等字更像“同象异字”。

者环绕之即为‘围’，省左右或上下之止作‘韦’，表相隔相背之意则为‘违’。”其说从不同角度来理解汉字的形义关系，对同象异字现象的研究颇有启发，可从。当然，“卫”字甲骨文或作（《合集》28009），与“防”又构成同象异字现象（详下），说明很早就已分化。

（3）“束”“东”“橐”“柬”：“束”字甲骨文作（《合集》27590）、（《合集》30381），“东”字甲骨文作（《合集》25362）、（《合集》33068），“橐”字甲骨文作（《合集》9430）、（《合集》9423 反）。从甲骨文字形来看，“束”“东”“橐”三字皆取象于囊橐并有绳索捆绑收束之形，故三者有同源关系，后则分化为三字，是为同象异字。李孝定曰：束“象囊橐括其两端之形……引申为凡束缚之偁”。[①] 林义光曰：“‘东’与‘束’同字。‘东’（东韵）‘束’（遇韵）双声对转。‘束’声之‘竦’亦转入东韵。四方之名，西、南、北皆借字，则东方亦不当独制字也。”[②]其识甚卓，其说甚是，唐兰《释四方之名》、于省吾《甲骨文字释林·释古文字中附画因声指事字的一例》皆从之。另外，“柬”字也是取象于囊橐之形。金文作（盂鼎“谏”字偏旁），从“束”，以两个点为分化符号。林义光认为“柬，束也。与‘束’义同音异……‘柬’从束，注二点，以别于‘束’。亦省作‘束’，盂鼎‘谏’或作‘’”。[③] 其说非常符合文字分化的道理，深得同源理论之精髓。季旭升认为“林说甚是，唯柬与束当有不同。束唯有约束义，柬则有柬择然后约束义。故从柬之字亦有柬择义，如揀”。[④]

（4）“制”与“折”：“制”字甲骨文作（《合集》7938），[⑤]从刀从木，会以刀断木之意。金文或作（制鼎，据刘钊《〈金文编〉附录存疑字考释》）、（子禾子釜），后者为小篆所本，作，变为从“未”。按朱骏声已经指出“制”字是“以刀断木，从未犹从木也”，[⑥]其说甚确。《淮南子·主术》：“是故贤主之用人也，犹巧工之制木也。……无小大修短各得其宜，规矩方圆各有所施。”“制”正用其本义。“制”的构形理据与“折”字相同。“折”字甲骨文作（《合集》7924），从斤，从断木，会以斤断木之意。又有作者，[⑦]则木旁已讹作上下两中矣。金文作、《说文解字》古文作，皆相承作两中之形，故有“从斤断艸”之说。由上下两中的中竖相连而成“手”形，即《说文解字》小篆之作者，隶变作，成为后代通行之字。林义光曰：“古‘制’‘折’通用。《论语》‘片

① 李孝定《甲骨文字集释》，台湾“中研院”历史语言研究所 1970 年，第 2105 页。

② 林义光《文源》，中西书局 2012 年，第 277 页。

③ 林义光《文源》，中西书局 2012 年，第 278 页。

④ 季旭升《说文新证》，福建人民出版社 2010 年，第 528 页。

⑤ 此字或释“刻”，参见刘钊主编《新甲骨文编（增订本）》，福建人民出版社 2014 年，第 273 页。

⑥ 朱骏声《说文通训定声·泰部第十三》，中华书局 1984 年，第 675 页。

⑦ 此字形见《京都大学人文科学研究所藏甲骨文字》3131，见《甲骨文编》，中华书局 1965 年，第 22 页。

言可以折狱者'，《鲁论语》作'制狱'，'制'盖即'折'之或体。"[①]其识断可谓卓巧。裘锡圭指出"制""折"古音也极为接近，两者具有同源关系。[②]

(5)"髟"与"耑"：甲骨文有字作（《合集》14294）、（《合集》14295），金文作（《集成》9810）、（《史墙盘》），象人长发飘飘之形。此字旧或释"耑"，亦有学者释"髟"。"耑"即"微"之初文。"髟"，《说文解字》云："髟，长发猋猋也。从长、彡。"按释"耑"者着眼于发丝细微，释"髟"者着眼于长发飘飘，同一对象，着眼点不同，当可视为同象异字的现象。

(6)"防"与"卫"："卫"字甲骨文作（《合集》33235）、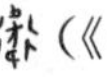（《合集》28009），会众人在路口护卫城邑之意。甲骨文"方"有四方或方国之义，因此"方"可指方国城邑。"方"亦表音，此字亦可释为"防"字，刘钊等的《新甲骨文编》即把此字置于"防"字之下，在"卫"字下则注明"卜辞或用'防'为'卫'"。可见甲骨文的"防""卫"也是同象异字的一个例子。"防""卫"义近，两者同象，乃自然之理。"防"字后改作从阜方声，"防""卫"才完全分化。

(7)冘("荷"与"儋")：甲骨文"何"(担荷之"荷"的初文)字作（《合集》6787）、（《合集》274 正），象人担荷之形。其省体作（《合集》26975）、（《合集》27064）、（《合集》29363），金文作（沈子它簋"沈"字偏旁），后世相承，即"冘"字。杨树达以为甲骨文的写法"象人荷担，两端有物，以手上扶担木之形，始悟此字为儋字之象形初文也。《说文》八篇上人部云：'儋，何也(何下云：儋也)。从人，詹声。'今字作担。按詹声、冘声古皆闭口音阳声字，音最相近。从冘声之字，如眈耽紞酖音读，今皆与儋同，故知其为一字矣。异者，冘为象形，儋为形声耳"。[③] 李孝定在《甲骨文字集释》中认为"杨氏释冘以为儋之初文，其说极是"。[④] 季旭升曰："担与荷后世形音不同，但在甲骨文中不妨为同形字。上古文字常来自象意字，象意字在原始阶段近于图画的时候，一个形可能有两个以上的读音。如女/母、月/夕、立/位、卜/外、示/主，林沄称之为古文字的转注，其说见《古文字转注举例》。"[⑤]按此亦即同象异字现象，以上诸家之说皆可从。

(8)产("危"与"瞻")：战国文字"产"字作（《玺汇》3171）、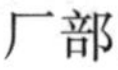（《郭店·六德》17）、（《货系》544），以从人在山或厂上会意。按这种结构的"产"字，《广韵》有鱼毁、职廉二切。鱼毁切者乃"危"之本字，字形表示人在厂上有危、高之义；职廉切者乃"瞻"之本字，字形表示人在厂上，会瞻望之意。《篆隶万象名义·厂部》云："产，之严

---

① 林义光《文源》，中西书局 2012 年，第 282 页。

② 裘锡圭《说字小记·说"制"》，《裘锡圭学术文集》3，复旦大学出版社 2012 年。

③ 杨树达《释冘》，《积微居甲文说 卜辞琐记》，中国科学院 1854 年。

④ 李孝定《甲骨文字研究》，台湾"中研院"历史语言研究所 1970 年，第 1824 页。

⑤ 季旭升《说文新证》，福建人民出版社 2010 年，第 462 页。

反。仰。”林义光《文源·卷六》“⺈”字条云：“按，仰视也，象人登厂仰望形。经传以‘瞻’为之。”故“⺈”作为“危”“瞻”二字的初文，亦同象异字之例也。后来表示危、高义的，在“⺈”下加“卩”；表示瞻望义的，则另造从目詹声的形声字，二字遂分化。

（9）隻（“只”与“获”）：“隻”字甲骨文作（《合集》10344 反）、（《合集》37363），金文作（师隻卣）、（禹鼎），象以手捕鸟形，乃“获”之初文，甲金文亦用为捕获义。罗振玉《增订殷虚书契考释》云：“此从隹从又，象捕鸟在手之形，与许训‘鸟一枚’之隻字同形。”①李孝定《甲骨文字集释》按语曰：“卜辞隻字字形与金文小篆并同，其义则为获，捕鸟在手，获之义也，当为获之古文，小篆作获者，后起形声字也。罗谓与训‘鸟一枚’之隻同形，其说未谛。‘鸟一枚’者，隻之别义也。”②按从李说，“隻”字既是“获”字，又具“鸟一枚”之义，当属同象异字。

（10）疾病之“疾”与疾速之“疾”：目前古文字学界一般认为甲骨文中“疾”有两类字形。一类作（《合集》13788）、（《合集》13652），象人卧床以示疾病之意。这类字形后来演变成“疒”。《说文解字》：“疒，倚也，人有疾痛也，象倚箸之形。”另一类字形作（《合集》21054）、（《合集》21053），金文相承作（毛公鼎），王国维曰：“象人腋下箸矢形。古多战争，人箸矢则疾矣。”③卜辞“肩凡有疾”或“肩凡疾”，“疾”字就有上述两种形体（见《合集》709 正、《合集》21054），可见这两类形体表示的意义是一样的。要之，甲骨文表示疾病之“疾”，有两种写法，一作象人卧床形，一作象人腋下著矢形，此乃异象同字之例也。但从字的字形看，飞矢还可表示疾速之义，卜辞“归于牢”（《合集》36766），表“急”义；上举毛公鼎字所在句子为“敃天畏”，即《诗经·大雅·召旻》之“旻天疾威”，郑笺云：“疾，犹急也。”此皆表明甲金文从大从矢之字亦表“疾速”义。如此看来，形既表疾病之“疾”，又表疾速之“疾”，则当属同象异字之例也。

金文还有字作（上官鼎），这就是后来的“疾”字，它可能是在“疒”上加注形符“矢”而形成的，也可以认为是和的糅合。从甲骨文和均可表示疾病之“疾”而形又可表示疾速之“疾”的情况来看，由和糅合而成的“疾”，既表疾病义，又表疾速义，可谓顺理成章，因此糅合说似乎颇有理趣。《说文解字》训“疾”为“病”，朱骏声以为当训“急速”，其实两者结合才算周全。

由上可见，汉字作为表意体系的文字，特别在初文创制阶段，通过有限的取象对象创造更多的汉字是古人的一种聪明且必然的选择，所以裘锡圭说：“在早期汉字里，

---

① 罗振玉《增订殷虚书契考释》，艺文印书馆 1981 年，第 71 页。

② 李孝定《甲骨文字集释》，台湾“中研院”历史语言研究所 1970 年，第 1254 页。

③ 王国维《王国维遗书·观堂古今文字考释》，上海古籍书店 1983 年。

一形多用曾经是相当普遍的一种现象。”①以上所举的例子只是随机获得的，显然不成系统。但我们如果能够全面系统地考察和梳理早期汉字的同象异字现象，一定可以更深刻地体会古人造字的思维方式和所体现出来的聪明智慧，有助于我们更好地理解汉字的性质以及汉字与汉语之间的内在关系。

汉字初文象与字之间的关系，从理论逻辑上说，可以分为“同象同字”“异象同字”“同象异字”“异象异字”四种类型。其中“同象同字”和“异象同字”现象，虽然可以用来观察古人造字思维的差异和研究汉字文化的内涵，但无益于汉字表词能力的增加和汉字系统的完善，②从文字符号经济性的角度说，是一种冗余。也就是说，对汉字体系的初步形成起着奠基作用的，主要靠“异象异字”和“同象异字”两种方法。靠这两种方法所生成的文字符号，可以基本满足记录语言中的核心词汇。③ 但若再进一步追问，我们又会发现，“异象异字”和“同象异字”两者在汉字体系初步形成的过程中所发挥的作用其实还是不一样的。“异象异字”基本上是简单的仿象，比如取象于水流表示“水”，取象于山峰表示“山”，一象一字，简单对应，只是汉字符号生成的初级形式。这样简单的随物赋形，不可能创造出非常多的符号，因为真正有形可象又相互区别的事物并不是很多，资源有限。因此，由异象形成的文字只构成了汉字系统的基本框架和底层基础，还难以形成比较完整的体系，实现基本的字词对应。而“同象异字”则包含着造字者的角度选择、焦点移动和主客体配合等创造性的思维。④ 如上举“囧”字，王筠《释例》云：“案此字之形，与囪相似，皆是外匡内棂，而不得与囪同为象形者，取义于丽廔闿明也。”⑤可见“囪”“囧”二字，取象虽同，字义有别，再加上方向之“向”，同取窗户之形，也另表一义。这样，同一对象“窗户”，就形成三个不同的文字，这就打破了“异象异字”的局限，可以从有限的取象对象中创制出尽量多的符号形体来记录语词，象与字之间不再是一对一的关系，而是一对多的关系。朱骏声在《说文通训定声·颐部》“巳”字条下说：“巳，似也。象子在包中形，包字从之。孺子为儿，襁褓为子，方生顺出为㐬，未生在腹为巳。”说的是同为子象，而字各别，也是近似的例子。从符号生成的角度看，“同象异字”实现了体、用辩证的飞跃，符合语言文字的经济性原则，因而它是汉字系统初步生成的一个重要的关键环节。如把假借因素也考虑在内，如

① 裘锡圭《文字学概要》，商务印书馆 1988 年，第 213 页。

② “同象同字”，如取象于头，形成“首”和“百”，后者不能独立成字；“异象同字”，如甲骨文“牢”或从“羊”作，形成异体。

③ 汉字在初文系统基本完成后，再经过形声相益（或称“子母相生”）、转注假借等环节，系统更加完善，可以实现字词对应，准确记录汉语。

④ 通过直接取象和加减取象，创造不同的符号，形成不同的文字，建立起“象”与“符号”的内在联系，体现了古人的哲学思辨精神，也说明“人不仅是理性和道德的动物，亦是符号的动物”。参见饶宗颐《符号·初文与字母——汉字树》，上海书店出版社 2000 年，第 2 页。

⑤ 见王筠《说文释例·卷一》，中华书局 1987 年，第 17 页。

鼻子之“自”借为自从之“自”，胡须之“而”借为而且之“而”等，一象多字就更多了。从这个角度看，“同象异字”的生成机制在汉字系统的建立过程中，具有重要的地位和作用。

当然，由于汉字系统和汉字演变的复杂性，在象与字的简单对应框架内观察到的同象异字现象，在汉字系统框架内可能又有不同的表现；在共时平面系统内观察到的同象异字现象，在历时系统内可能也会有不同的表现。这就需要我们进一步研究“同象异字”现象在不同条件下的具体问题。下面我们主要就“同象异字”与“异字同形”以及“同象异字”与“同象同字”两个问题略做申论。

甲骨文“目”和“臣”字均取象于眼睛，属于同象异字。作为异字，甲骨文在写法上有所区别：横者为“目”，竖者为“臣”，但由于取象相同，在有些情况下，它们的写法又容易混淆，如《京都》2359 小臣之“臣”作横目之形，《明》99 地名之“目”又作竖目之形，乃属于“异字同形”现象，需要认真分辨。“母”与“女”、“从”与“比”、“月”与“夕”等也存在类似情况，需要根据具体的语境进行具体辨析。① 亦即说，“同象异字”是物象与文字的关系问题，“异字同形”是文字与书写的关系问题，本来分属于两个不同的层面，但后者中的部分例子，由于取象来源一致以及早期文字写法上的不固定，可能使得本是异字而趋于同形，这样，两个不同层面的问题就产生了内在联系，需要借助语境做出判断。②

“异字同形”的现象当然不止上述写法偶然混同的情况。“异字同形”或称“同形字”“一形多用”，显然是从字形着眼结合音义所做出的命名；也有叫“一字歧读”或“一形多读”的，主要是从音义着眼结合形体所给的命名。两者角度虽然不同，但所指也有很多相通之处。

裘锡圭《文字学概要》中有一节专门讨论同形字，分为四种类型：一是文字结构性质不同的同形字，如表“粗笨”义的形声之“体”（音 bèn）和表“身体”义的会意之“体”（音 tǐ）、表“老妇”义的会意之“姥”（音 mǔ）和表“姥姥”义的形声之“姥”（音 lǎo）等；二是同为表意字的同形字，如表“获”义的“隻”和表“只”义的“隻”、表“𠂢”义的𠂢和表“永”义的𠂢等；三是同为形声字的同形字，如当树名讲的“椅”（音 yī）和当桌椅讲的“椅”（音 yǐ）、当木名讲的“棹”和当桌椅讲的“棹”（即现在的“桌”）等；四是字形变化而成的同形字，如作人名用的“适”（音 kuò）和由“適”简化而来的“适”（音 shì）、表“腥

---

① 参见陈炜湛《甲骨文异字同形例》，原载《古文字研究》第 6 辑，中华书局 1981 年；收入《甲骨文论集》，上海古籍出版社 2003 年。

② 有些古文字，如商代金文和，《金文编》入“集”字下（见《金文编》第 264 页），何琳仪则以为“枭”字（《战国古文字典》第 297 页），黄德宽主编之《古文字谱系疏证》既归为“集”字（见第 3897 页），又以为“枭”字（见 804 页）。像这种情况，到底是同象异字还是异字同形，疑不能定，需要进一步研究。

臊”义的“胜”(音 xīng)和由“勝”简化而来的“胜”(音 shèng)等。[①] 以上现象从音义的角度来说，一个字形都有不同的读音或意义，因此都属于“一字歧读”或“一形多读”。刘信芳曰：

> 所谓“异读”“一形多用”“一形多读”的说法大致可以归入汤炳正先生讨论的“歧读”范围；至于“异字同形”(“同形字”与“异字同形”类)，汤炳正先生说：“以造字或书写者言之，或为异字同形，而从读者言之，则显系一字歧音。此乃字形与字音之关系尚未固定时之必然现象。”(原注：汤炳正.《说文》歧读考源[M]//香港中文大学中国文化研究所. 中国语文研究：第九期. 香港：中文大学，1987：95—113)已经指出“异字同形”与“歧读”是一个问题的两个方面。[②]

其说得之。本节所论之“同象异字”现象，主要着眼于取象，如果取象相同而字形又没有差别，则与裘锡圭所说的“同为表意字的同形字”相当；但“同象异字”的现象还有更多的字形差别，如同是取象于眼睛之状，或为“目”字，或为“臣”字，同是取象于双手持物，或为“叉”字，或为“爰”字，则不能归入同形字的范畴。而同形字主要着眼于形体，取象不同、结构不同、源流不同的字都可能变得形体相同，也就是说，同象有可能同形，但同形不一定是同象。所以“同象异字”与“同形字”还是属于不同的范畴。

至于“同象异字”与“同象同字”的关系，我们举个例子说明：甲骨文“子”字有繁简二体，繁者作、，简者作、，从象与字的关系来看，两者都取象于小孩之形，但在干支用法上，却分为两系：作、者用为地支第一位，即子；作、者则用为地支第六位，即巳。在早期金文系统里，来源于甲骨文、一系的，仍用作地支之“子”(如利簋“甲子”之“子”作)，与甲骨文同；来源于甲骨文、一系的，金文多见，除多用作子孙字外，还用作地支之“巳”(如辛巳簋“巳”字作)，继承了甲骨文的用法。[③]而到了《说文解字》系统，来源于甲骨文、一系的，就是籀文之字，来源于甲骨文一系的，就是小篆之字，两者繁简不同，但都是“子”字，与甲骨文、金文的分用不同。也就是说，与在甲骨文阶段是分流的，在记词功能上各有所专，是真正的“同象异字”，金文继承了甲骨文用法，《说文解字》则完成了合流，变成了“同象同字”。

---

① 参见裘锡圭《文字学概要》，商务印书馆 1988 年，第 208—219 页。

② 刘信芳《古文字歧读释例》，《安徽大学学报》2008 年第 5 期。

③ 甲骨文简写之“子”字，也用作子女之“子”。参见陈炜湛《甲骨文异字同形例》，原载《古文字研究》第 6 辑，中华书局 1981 年；收入《甲骨文论集》，上海古籍出版社 2003 年。金文“子”字使用情况，参见《金文编》，中华书局 1985 年，第 981—982 页。

像和这样由“同象异字”变为“同象同字”的情况，在独立的汉字中恐不多见，但在汉字偏旁的使用上，则是比较常见的。

汉字作为表意体系的文字，意义范畴相同或相近的独体字，在合体字中充当偏旁的时候，往往可以通用，这是一般的规则。由同象而产生的异字，其意义范畴自然是相同的，因此在充当合体字的偏旁的时候，相互通用也就顺理成章了。也就是说，由于表意作用是相同的，本来是“异字”，现在则成了“同字”了。[①] 古文字的例子中，比如甲骨文的“焚”字，既可从林作（《合集》10408 正），也可从艸作（《合集》10408 正）；既可从木作（《合集》10685），也可从屮作（《合集》34495）。[②] 又如金文的“对”字，既可以从又作（《颂鼎》），又可以从丮作（《盠尊》），还可以从収作（《燮簋》）。[③] 这种现象在古文字中是很常见的，延续至后代文字，仍然是形成异体字的主要原因之一。如“鸟”与“隹”本是同象异字，但在“鷄”和“雞”字中，它们是可以通用的偏旁，起着同样的表意作用，没有区别。同样的例子还有“口”与“言”之于“詠”与“咏”，“足”与“辵”之于“跡”与“迹”，“广”与“厂”之于“廚”与“厨”，“又”与“手”之于“攴”与“扑”，等等。

要之，汉字形、用之间的关系十分复杂，从取象角度上观察到的“同象异字”现象，在进入汉字系统，并随着汉字的发展而发展的情况下，需要根据具体的情形具体分析，也就是说，“同象异字”的关系在不同的条件下是会发生变化的，有的可能变为“异字同形”，有的可能变为“同象同字（符）”。认识到这一点，我们才能对“同象异字”现象有一个更为全面的看法。

贰　汉字偏旁的切分与汉字的分析

汉字是表意体系的文字，形体和意义有密切的关系。汉字结构又有“六书”之说，结构类型也与形体有密切的关系。汉字的形义关系和结构类型都是基于对汉字形体的分析，因此形体分析是汉字分析的基础。许多文字学家都主张研究汉字首先要研究形体，这是很对的。但由于某些汉字的原始构意湮没无闻，汉字的形体又经历了许多变化，我们对某些字的结构以及它的形义关系，往往有许多不同的说法。翻开诸多“诂林”“集释”类的著作，很多字的解释，都是众说纷纭的，便可见一斑。这一方面固

① 在这种情况下，独立的字变成了偏旁部件，因此我们也可以把“同象异字”和“同象同字”分别表述为“同象异符”和“同象同符”。

② 参见刘钊等《新甲骨文编》，福建人民出版社 2009 年，第 562—563 页。

③ 参见容庚《金文编》（张振林、马国权摹补），中华书局 1985 年，第 155—158 页。

然体现了汉字结构的复杂性和汉字文化的丰富内涵，另一方面也给人们带来困惑，特别是使得初学者往往感觉无所适从。形成这种现象的原因是非常多的，比如远古造字信息的缺失、汉字演变的复杂性、汉字形义关系的动态结构形成分析结论的多样化，[①]等等。但如果就汉字本身而言，则与汉字偏旁的切分有密切的关系。切分不同，分析结构类型和形义关系的结果就有可能有所差异。

汉字有独体和合体之分，偏旁切分的问题，一般只涉及合体字，但由于对古文字的认识不同，对有些独体字，也可能存在错误切分的问题。合体字由偏旁组合而成，以二维方式展开，但并不是规规矩矩地按照左右上下的方位来排列的，偏旁之间或有穿插交叉，又有省略借笔之类，因此偏旁切分就有许多差异。汉字偏旁切分不同形成的分析差异，由于我们对某些文字的造字理据并不十分清楚，可能存在模棱两可的情况，多种说法可以并存；但如果有证据证明偏旁切分有误，从理论上可以分为两种情况：一是误分，二是误合。误分即整体误切为分体，误合即分体误合为整体。整体误切为分体的情况，如“染”字：

《说文解字》云：“染，以缯染为色，从水，杂声。”徐铉注云：“徐锴曰：‘《说文》无杂字。’裴光远云：‘从木，木者所以染，栀茜之属也；从九，九者染之数也。未知其审。’”[②]段玉裁认为当分析从水、木，从九，裴说近是。[③] 林义光曰：“‘杂’字无考。‘染’从木在水中。木所以染，即栀茜之属；从九（转注），缯布置染中皆揉曲之，九，揉曲也。”[④]按林氏从木之说本裴氏，从九之说则有所新创，但都未能揭示真相。按汉代简帛和金文“染”字作（马王堆帛书《养生方》49）、（平安侯家染炉），从水从朵。陶安、陈剑在《〈奏谳书〉校读札记》中指出：“‘染’字结构旧时说文学家虽众说纷纭，但皆不得其解。《说文》篆形作，右半已经断裂为‘九’和‘木’两部分。上举诸形尚较《说文》篆形原始，右半显然就是从‘朵’的，‘朵’应分析为声符。‘染’（谈部）从‘朵’（歌部）得声，与‘那’（歌部）从‘冉’（谈部）得声相类。”[⑤]其说甚确，可从。可见“染”字只能切分为“水”和“杂（朵）”两个偏旁，《说文解字》以“杂”为声旁，从偏旁切分的角度看，其实是对的，只不过还不明其为“朵”的讹误，裴光远、段玉裁、林义光都把偏旁“杂”切分为两个部分，则是错误的。要之，他们对“染”字的错误分析，是因为字形演变而又切分错误导致的。

又如“并”字甲骨文作（《合集》32107）、（《合集》33174），从二人之形（从），从

① 参见林志强《略论动态的汉字形义关系》，《福建论坛》1996年第2期，收入《字学缀言》，人民出版社2014年。

② 许慎《说文解字》，中华书局1963年，第237页。

③ 参见段玉裁《说文解字注》，上海书店1992年，第565页。

④ 参见林义光《文源·卷六》，中西书局2012年，第268页。

⑤ 陶安、陈剑《〈奏谳书〉校读札记》，《出土文献与古文字研究》第四辑，上海古籍出版社2011年。

一或二，象二人相连并立之形。秦权量“皇帝尽并兼天下”，“并”皆作，与甲骨文同。《说文解字》云：“幷，相从也。从从，幵声。一曰从持二为幷。”按大徐本后半句所说的“从持二为幷”，其实颇合“并”之古形，但《段注》本改篆作，明显分为上下两部分，上从从，下从二干，并把“一曰”的内容改为“一曰从持二干为幷”，增一“干”字，并注云：“干，旧夺，今依《韵会》本补。上言形声，此言会意。干，经典用为竿，如孑孑干旄是也。二人持二干，是人持一干幷合之意。”[①]此是把整体误分为二体而导致的重解。林义光在《文源》中指出“幵”非声，“二人各持一干，亦非‘并’义”。他据秦文字之形，以为“从二人并立，，并之之象”，[②]其说甚是。

“徵”字《说文解字》归“壬”部，大徐本作“召也。从微省。壬为徵。行于微而文达者即徵之”。《段注》本改作“召也。从壬，从微省。壬微为徵。行于微而闻达者，即徵也。”[③]朱骏声云：“壬微者，自微而之著，微者㣲也，当以明信应验为本义。”[④]各家都把中间的𡈼形分为两部分。按“徵”字金文作（曾侯乙钟）、（公史征簋），其主体部分即甲骨文之（《合集》3286 正）、（《合集》4242），象背部有扉子为饰的刀。[⑤] 其字从“刀”，与“人”形易混，而“人”变为“壬”，则是古文字演变的常例。如此说可从，“徵”字中间的𡈼应该是一个完整的形体，不宜把它切分开来。许、段、朱诸家所释，皆系重解。

黄德宽在《汉字理论丛稿·古文字考释方法综论》中说：

> 分析偏旁要像庖丁解牛，因循自然之理，防止主观臆断，割裂字形。如果我们分析时，不以偏旁为单位进行，将同一偏旁肢解，或切割为不成偏旁的笔画，违背汉字构形的基本程序和规则，就难于得出正确的结论。古文字考释中因割裂字形而致误的也不在少数。如《捃古录金文》所收《日壬卣》有字，为人名，吴式芬引许印林说：“即，既字从之，象举手，从手既声，乃摡字，此又省其皀。《集韵》摡、旡同字，注云：‘《博雅》：取也，一曰拭也，或作抚。’正其字矣。”其实这个字是“何”（担“荷”本字）的古体，象一人肩有所荷。许氏将人形分割为两部分，又将所荷之物与人头部视为一体，字形割裂分解，只得以省某自圆，又引后世字书材料论证，虽然煞费苦心，结论仍然难以成立。割裂字形的分析法，缺乏科学

① 段玉裁《说文解字注》，上海书店 1992 年，第 386 页。

② 参见林义光《文源·卷七》，中西书局 2012 年，第 292 页。

③ 段玉裁《说文解字注》，上海书店 1992 年，第 387 页。

④ 朱骏声《说文通训定声》，中华书局 1984 年，第 70 页。

⑤ 参见裘锡圭《古文字释读三则》，《裘锡圭学术文集 3·金文及其他古文字卷》，复旦大学出版社 2012 年。

的依据和基础，自然是要失败的。[1]

黄德宽上举许印林的例子，“将人形分割为两部分，又将所荷之物与人头部视为一体”，既有误分，亦有误合，因而导致分析错误。下面举些误合的例子：

《说文解字》云：“羅，以丝罟鸟也。从网，从维。”按“羅”字甲骨文作（《合集》880正），从网，从隹。隹者，鸟之象形。会以网罟鸟之意。战国文字作（睡虎地秦简《日书乙》223）、（包山简24），增加“糸”旁，为后世所承。所增“糸”符，当用于表示系缚之义。根据“羅”字的源流情况和形义关系，其字形当分析为从网，从糸，从隹。《说文解字》的“从网，从维”，是误合糸、隹为“维”，虽然还能体现“网罟”的意义，但客体“鸟”被合并了，“以丝罟鸟”的意义就不显了。

“寇”字的情况也是如此：

《说文解字》云：“寇，暴也。从攴、完。”按，甲骨文有字作（《合集》559正）、（《合集》580正），象人持械入室扑击，或以为即“寇”字。[2] 金文“寇”字作（曶鼎），会于室内持棒击打别人之意。又作（虞司寇壶），人形作“元”，小篆相承。“元”与“宀”合为“完”，故《说文解字》释为从“完”。《说文解字》：“完，全也。”“攴、完”虽然勉强体现了“寇暴”之义，[3]但隐藏了“寇”的击打客体为人的造字本意。林义光在《文源》中说：“象人在宀下，或攴击之之形。”[4]容庚云：“从人从攴在宀下，会意。”[5]皆甚确。

又如“發”字：

“發”字甲骨文作（《合集》20238）、（《合集》4734）、（《合集》26899），象弓弦被拨后不断颤动之形。又作（《合集》10405正），增“攴”旁以示动作义。金文从弓作（鄘平钟），春秋时期又加声符址（癶）作（工獻大子剑），变成形声字。再后来，“攴”符改为“殳”，才形成小篆的写法。[6] 从“發”字的演变情况看，其字形当分析为从弓、从攴、址（癶）声，《说文解字》分析为“癹”声，乃据小篆为说，合二体为一体。其说虽无不可，只是不符合“發”字的演变序列，“攴”旁被合并，动作义不显。

再如“叜”字，甲骨文作（《合集》2670）、（《小屯南地甲骨》1024）。从宀，从火，从又，会以手持火于室内搜求之意。林义光《文源》引朱骏声说，认为乃“搜”之古文，

---

① 黄德宽《汉字理论丛稿》，商务印书馆2006年，第260—261页。“《集韵》摡、无同字”之“无”，当作“抚”。参见《集韵》，中国书店1983年，第1004页。

② 参见于省吾主编《甲骨文字诂林》，中华书局1996年，第2008—2011页。该字刘钊等编撰《新甲骨文编》已收为“寇”字，《新甲骨文编》，福建人民出版社2009年，第192页。

③ 段玉裁《说文解字注》在“攴、完”后加注云：“此与败、贼同意。”大概是说把完好之物破坏了，就是寇暴、败坏等意思。

④ 林义光《文源》，中西书局2012年，第241页。

⑤ 参见容庚《金文编》，中华书局1985年，第219页。

⑥ 参见裘锡圭《释“勿”“發”》，《裘锡圭学术文集·甲骨文卷》，复旦大学出版社2012年。

可从。《说文解字》云："，老也。从又，灾。阙。"其所释之"老"，乃其假借义，后起字作"傁"；分析为"从又，灾"，乃切分之误，把"宀""火"合为"灾"，故不得其解。

由于汉字构型的复杂性，汉字偏旁的切分问题，不仅仅简单表现为上述整体误切为分体，或分体误合为整体的情况，还表现分合交迭或当属此而误属彼等各种情况。分合交叠的情况，上举黄文所引许印林说即是一例，再如：

"疑"字甲骨文作（《合集》13465）、（《合集》32908），象人扶杖旁顾犹疑不前之形，小篆之，即其讹变之形。又作（《合集》12532 正），增加"彳"符。金文作（伯疑父簋）、（齐史疑觯），加声符"牛"；秦简作（睡虎地简《效律》33），小篆作，右上所从之"子"当是"牛"形之讹，亦可理解为改从"子"声（子、牛、疑同在"之"部），左下所从之"矢"则为人之身手足所变。要之，"匕"即"疑"本字，后世字形增繁而有讹变。大徐本《说文解字》释"疑"为"从子、止、匕，矢声"，《段注》云："此六字有误。匕、矢者皆在十五部，非声。疑、止皆在一部，止可为疑声。《匕》部有'匕，未定也'，当作从子，匕省，止声，以子匕会意也。"[①]他是把"匕""矢"合起来的"矣"认为是"匕"的省略。林义光《文源》所录《说文解字》作"从子、止，矣声"，其所谓"矣声"者，乃因竖排而把"匕""矢"二字合为"矣"字。[②] 按"矣"即"矣"，从古文字看，其实就是人形之变，诸家或分为"匕""矢"，或合为"矣"字，都不正确。此属分合交叠之例。

当属此而误属彼的情况，理论上似可分为"当属下而误属上""当属上而误属下""当属左而误属右""当属右而误属左"等不同类型，其中有的类型可能多些，有的类型可能少些。如：

"言"字《说文解字》解为"从口，辛声"，其实非是。按"舌"字甲骨文作（《合集》14949）、（《合集》9472 反），"言"字甲骨文作（《合集》3685）、（《合集》440 正），是在"舌"上加一横为指事符号，表示言语所自出。郑樵《六书略·指事第二》云："言，从二、从舌。二，古文上字。自舌上而出者，言也。"[③]他指出"言"字从舌，可谓卓识。若按照古文字的结构来切分，"言"字当分析为从舌，从一（指事符号）。但由于作指事符号的一画与舌字上部合而为"辛"，故《说文解字》误析为从口、辛。此是误切而导致本属下而误属上之例。

又如，《说文解字》云："瞢，目不明也。从旬，从苜。旬，目数摇也。"按，甲骨文有（《合集》39332）字，或以为即"瞢"字。[④] 睡虎地秦简作（《日书甲》40 背），辞云："室人皆疫，多瞢米死"，"瞢米"读为"懜迷"。从古文字结构看，"瞢"字似当分析为从

① 参见段玉裁《说文解字注》，上海书店 1992 年，第 743 页。
② 参见林义光《文源》，中西书局 2012 年，第 345 页。
③ 参见郑樵《通志·二十略》，中华书局 1995 年，第 254 页。
④ 参见黄德宽主编《古文字谱系疏证》，商务印书馆 2007 年，第 410 页。

目，从𦫳，𦫳亦声。《说文解字》把“𦫳”的下部与“目”相连而切出“旬”，分析为“从旬，从首”。此为当属上而误属下之例也。

林义光《文源》卷十列有“猷”字，《说文解字》无之。林义光以为此即“贙”的本字，并以金文“甗”和“獻”的偏旁来证明其存在。[1] 其实从古文字材料来看，“甗”和“獻”的偏旁“鬳”才是自成一字的，本为象形字，作（《合集》4827）、（《合集》4830），象上甑下鬲之形；又作（《合集》26954）、（见甗），加“虍”旁，即“鬳”字。《说文解字》以为“从鬲，虍声”。沈涛《古本考》：“《六书故》云：‘唐本虔省声。’林罕亦曰：‘虔省声。’大徐本音牛建切，小徐本音俱愿切，皆与虔声相近，则今本作虍声者误。”总之，“鬳”字古已有之，“甗”“獻”皆与之同源而分化。从源流来看，“甗”字当切分为“鬳”“瓦”，“獻”字当切分为“鬳”“犬”。而林义光所说的“猷”字，则是把“獻”字切分为“鬲”和“猷”而得出的，其中的“虍(虎)”，当属左而误属右，显然不符合上述“獻”字源流的分析。林义光所引之，好像是独立的“猷”字，实则不然。在金文中仅偶见，实即“獻”之省。[2] 即是说，“猷”在古文字中是不存在的一个字，是林义光误分出来的。

“穆”字甲骨文作（《屯南》4451）、（《合集》28400），象禾穗下垂有芒颖之形，其本义当为禾的某种状态，《说文解字》训为“禾也”，倒是不离本义范畴。金文作（曶鼎），加“彡”符。所以“穆”字当把“彡”独立切分出来，象禾穗下垂部分为其初文。《说文解字》切分为“从禾，㣎声”，其中的“㣎”是把表示禾穗状态的整体中切分出“㚖”，又与后加的“彡”合并而成的。也就是说，从古文字的情况看，“㚖”符当属右边，[3]不应切到左边。此为当属右而误属左也。

从以上例子可以看出，汉字偏旁的切分对汉字的分析产生了重要的影响。切分不同，对结构类型和形义关系的解释都可能不同。远古造字理据的缺失、汉字演变过程的复杂以及汉字偏旁的交叉穿插，使得准确切分汉字偏旁变得更加不易，如果缺乏源流演变视角的观照和丰富出土文字材料的支撑，仅仅从共时静态的角度进行切分，有时就不符合汉字的实际情况。因此，根据汉字的造字本意和古文字形体材料，因循汉字流变的自然之理和汉字构形的基本程序来切分汉字的偏旁，是分析汉字结构和汉字形义关系的科学方法，也是取舍众说和判断是非的一把钥匙。

当然，由于视角的不同或条件的差异，不同的切分之间，孰是孰非还可以进一步讨论。我们从汉字的本来构意与汉字源流演变的角度来讨论偏旁切分，可能纠正一部分不符合汉字实际情况的分析，但答案并不一定是唯一的。因为汉字形义关系和

---

① 参见林义光《文源》，中西书局 2012 年，第 354—355 页。

② 参见容庚《金文编》，中华书局 1985 年，第 684 页。

③ “穆”字中的“㚖”符属右边，是就古文字结构来说的，就小篆和后来的汉字而言，“㚖”符则当属左边。从切分的角度看，此例亦属整体误切为二体的情况。以上所举例子在类别的归属上容有交叉。

结构类型是一种动态结构，可以有不同的解释，我们很难说一定非此即彼。比如“蔑”字甲骨文作（《合集》20449）、（《合集》6610 正），象以戈加诸人胫，表示伐灭之意。西周金文多承袭甲骨文而有所变化，至小篆则上下割裂，变异尤甚。关于“蔑”字的构形解释，诸说纷纭，或以为会意，或以为形声（从戈，苋声，或从伐，眉声），也都有一定的道理。[①] 又如“贼”字，《说文解字》就有两种分析：《戈部》云：“贼，败也。从戈，则声。”《攴部》“败”字下云：“败，毁也。从攴、贝。败、贼皆从贝，会意。”前者为形声，后者为会意。段玉裁在“败、贼皆从贝”下注云：“二字同意。古者货贝，故从贝会意。《戈部》云：贼‘从戈则声’，与此不合。”[②]在“贼”字条下注曰：“此云则声。《贝部》又云：‘败贼皆从贝，会意。’据从贝会意之云，是贼字为用戈若刀毁贝会意，非形声也，说稍不同。以周公誓命言，则用戈毁则，正合会意。”[③]《段注》既指出所释形声、会意前后不合，又为许慎的会意说阐释理据，其实仍摇摆于两说之间。今按散盘“贼”字作，若解为“用戈若刀毁贝会意”，似无不可。《左传・文公十八年》：“（周公）作誓命曰：‘毁则为贼，掩贼为藏。’”杜预注：“毁则，坏法也。”据此，段氏“用戈毁则”之训亦有理据。若此说可从，则不妨将“贼”字析为“从戈从则，则亦声”，当可弥缝两说之缺失。[④]这样看起来，“贼”字起码有三种形义关系解释，同时也呈现三种结构类型：一是从戈则声，形声结构；二是从戈从刀从贝，会意结构；三是从戈从则，则亦声，会意兼形声结构。汉字结构和形义关系的有理据重解，更需要我们掌握充分的材料和科学的分析方法，才能在更高的层次上甄别评判。

总而言之，汉字偏旁的切分关系到我们能否对汉字结构和形义关系有正确的理解和认识。充分利用出土的古文字数据和先进的汉字分析理论，对汉字做出合乎科学的分析，避免随意拆分、望形说字，是汉字学科学化的重要任务。

叁　汉字理据的显隐与汉字和汉语的内在关系

通常认为，汉字是表意体系的文字，主要表现为汉字的构形和汉字的音义有密切的关系。从这一角度看，汉字确是一种很有理据的文字。分析汉字理据，不仅是汉字学的核心内容，也是汉字学与其他文字学明显的区别性特征。同时，汉字表意的最显著功能，表现在汉字直接记录汉语的词义，特别在以字词相互对应为基本格局的古汉

① 参见季旭升《说文新证》，福建人民出版社 2010 年，第 301 页；黄德宽主编《古文字谱系疏证》，中华书局 2007 年，第 2524—2525 页。

② 参见段玉裁《说文解字注》，上海书店 1992 年，第 125 页。

③ 参见段玉裁《说文解字注》，上海书店 1992 年，第 630 页。

④ 参见曾宪通、林志强《汉字源流》，中山大学出版社 2011 年，第 132 页。

语里，字义即词义的现象相当普遍，因此对汉字理据的分析，也就成了训释词义的最基本思路，历史上训释词义的各种方法，不管是形训、音训还是义训，都与汉字的理据密切相关。所以，汉字理据的显明抑或消隐，就与汉字表意或汉字表词有着密切的关系，也可以看出汉语和汉字在发展的过程中如何互动和协调，以达到言文的完美结合。这样看来，理据研究既是汉字研究的固有内容，又是汉语字词关系研究的必然课题，因此从汉字理据的角度来观察汉字与汉语的内在关系，无疑是一种比较切合实际的出发点。

汉字据义以构形，其理据是客观存在的。但汉字的理据并不是一成不变的，而是一个动态的发展过程。从汉字的发展演变情况看，汉字的理据性总体表现为前显后隐、时显时隐。

汉字理据的前显后隐，指的是古文字阶段汉字理据比较明显，今文字阶段汉字理据则趋于消隐。

汉字初文的构形取象，大多来源于现实样态，近取诸身，远取诸物，画成其形，随体诘诎，形象生动，理据显明，几乎无须思索，便可据形知义，这是早期汉字的显著特征，也是早期汉字和汉语进行形义结合的结果。从甲骨文开始，到战国中晚期隶变发生，以屈曲线条为主的古文字，其形象性以及用形象进行表意的明确性，都是后来的文字所无法比拟的。然而随着隶变的发生，汉字开始进入今文字阶段，平直方正的今字逐渐取代了屈曲圆转的古字，汉字的形象性大打折扣，表意性亦随之逐步削减。隶变产生了大量的混同、分化、讹变等现象，汉字的符号系统几乎被重新洗牌，旧质为新质所取代，抽象性大大增强，理据性明显削弱。隶书之后形成的楷书，特别是现在大陆推行使用的简化字，其理据性较之古文字，是不可同日而语的。至于草书之类，与构形理据已了不相涉，视之为线条艺术可也。因此从总体上看，今文字的理据或消失，或隐匿，是汉字发展变化的必然结果。古文字的理据强，今文字的理据弱，此即所谓“前显后隐”。

如果说汉字理据的前显后隐是一种古今不同的趋向性特征，那么汉字理据的时显时隐则是一种古今均有的经常性现象。这是因为古文字阶段的汉字理据虽然比较强，但也不是所有汉字的理据都是明白清楚的，从古文字的研究情况看，至今不能解释的形义关系仍然不少；今文字阶段的汉字理据虽然比较弱，但也有不少汉字仍然保留着比较明显的理据内涵，汉字的表意性还是主要的特征。也正因为如此，汉字至今仍然被认为是表意体系的文字。

汉字理据时显时隐的原因很多。古今汉字理据都显明的情况，是汉字形体及其形义关系以及有关的汉字文化内涵在古今传承中稳定发展、变化不大的结果，这里就不多说了。古今汉字理据不显的情况，则有着不同的原因：

古文字的理据不显，主要原因是今人之知古代不如古人来得清楚深切。依常理推测，汉字据义以构形，造字时应该都是有理据的。可是时隔久远，形经变化，有些字的初形溯义，就容易湮没在历史的烟尘之中，致使后人难得其详。然而一时不显的理据，并不等于永远不显：有些是材料不足造成的悬疑，将随着新材料的发现而涣然冰释；有些是初始理据虽然消失不见了，但还可能进行不无根据的理据重解（详见下文）；还有的则与用字主体的汉字学修养有关——一些人（比如一般的汉字使用者）觉得某字构形毫无理据，另一些人（比如汉字研究者）则可能深谙其中道理所在。

今文字的理据不显，主要原因当然是汉字经历了太多的变化。有些字的古今变化之大，不啻天壤之别，特别是那些完全抽象化了的符号，比如由草书楷化而来的一些字，其原有理据已经荡然无存，只是一个硬性的代码，根本没有道理可言。然而理据不显的今文字，如果能够利用出土文字资料和相关文献材料，以今推古，沿流溯源，则上述古文字"一时不显的理据，并不等于永远不显"的种种情况，亦完全可以发生在今文字的历史视野中。

可见，不论是古文字还是今文字，其理据的显明或消隐，都不是固定不变的，而是动态的、变化发展的，此即所谓"时显时隐"。

汉字理据的显隐，除了与汉字自身的发展变化有关之外，与其所记录的语言——汉语的古今发展变化也有着密切的关系。从汉字记录汉语的角度看，形义统一是一种理想追求，理据消隐又是一种必然趋势。但不管情况如何，汉语和汉字仍然保持着互动和协调，这是一种内在的机制使然。

古汉语词义即字义，联绵词亦称联绵字，都透露出字词一体的信息。汉字作为记录汉语的符号系统，是集形音义三位于一身的，因此传统的"小学"亦以形、音、义相互推求为治学根本。从学科分类的角度来说，这实际上是文字学、音韵学、训诂学相互交叉、杂糅的系统，跨越了文字学和语言学的界限，使得字义和词的音义联系贯通。这表明，汉字在记录汉语的过程中，言文对应理据显明，一直是汉字创造者和使用者自觉不自觉的内心追求，看山像山，看人即人，就是一种思维定式。因此，当语言的变化或汉字的变化导致形义关系或形音关系疏离或缺失的时候，人们就要想方设法让汉字理据再度显现。历史上许多特殊的汉字学现象都与追求形音义统一协调有关，从中也可以看出汉语和汉字互动协调的内在关联机制。下面略举数例：

（1）理据重解。

理据重解亦称理据重构，狭义的理据重解是指当某一汉字原有的构形理据变得隐晦难明时，人们重新对这个汉字的形义关系进行解释。这种解释往往结合词义的新变化和思想观念的新发展来进行，如《说文解字》释"王"字，引董仲舒说："三画而连其中谓之王。三者，天地人也；而参通之者，王也。"又如《说文解字》释"武"字，以楚庄王之"止戈为武"立说，强调其定功戢兵之功效。但从初文的构形看，"王"乃斧钺之形，"武"则为荷戈行进之象，均与后说无关。然而由于形体的变化，其初文溯义已难显现，而新的解释则结合了新的思想观念重新构建了它们的形义关系，人们也乐于接受，甚至在特定的历史时期里成为主流看法。

（2）字形再造。

字形再造是指随着时间的推移和字形的变化，某一旧有字形被认为不能满足形义统一的要求，因而重新进行造字来体现形义关系的现象。江式《古今文字表》及颜之推《颜氏家训》所记魏晋南北朝时期的流俗造字情况，大抵以形义相协为旨归，如百念为忧、巧言为辩、先人为老、追来为归等皆是，说明理据的观念深入人心。至如武则天造字，虽有不少奇形怪状，但以曌为照，以埊为地，仍然体现了这一原则。

字形再造还应包括为新词新义而创造的文字。语言是不断发展的，旧词旧义的消亡和新词新义的产生，都是十分常见的现象。随着新词新义的产生，汉字也必然要做出反应。在大多数情况下，新词新义可以用旧字来分担承载，这体现在汉字字义的古今变化之中，亦即说，汉字字义有古有今，有本义、引申义，有近引申、远引申，都体现了词义的发展变化。但也有部分新词新义则以改变旧字形或创造新字形来承担，而所改变之旧字形或创造之新字形，也都是根据有关理据来进行的，并非随意。戴侗在《六书故·六书通释》中说："昏，本为日之昏。心目之昏犹日之昏也，或加'心'与'目'焉。嫁取者必以昏时，故因谓之昏，或加'女'焉。"由"昏"派生出"惛""睧"和"婚"，是谓同源字，形音义都有关系，理据明显。又比如以"买"加"出"为"卖"，以"受"加"手"为"授"，也是形音义相因袭；变"刀"为"刁"，拆"兵"为"乒""乓"，虽无意义上的联系，但也是形音相承。再如南北朝时，出现了桌、椅等新事物，起先分别借用卓、倚记录，就其理据而言，卓有高义，倚有靠义，与桌、椅之特点还是有联系的，只是还不够明显。后来为了突出其木制的特点，又分别在卓、倚的基础上创造出了桌、椅二字，其形义关系就更加清晰了。[①] 至如近世之氧、氢、氕、氯等字，与旧时氤、氛等字造字之法同出一辙，也是形声兼具，意义明显，理据朗然。可见，汉字有古形、有今形，有古音、有今音，有古义、有今义，都是与时俱进、与汉语相协调的结果。

（3）音化现象。

形义关系是一种理据，形音关系也是一种理据。汉字作为表意体系的文字，注重形义关系纯属自然，但汉字更主要的是作为记录汉语的符号系统，记录语言需要音义兼顾，因此如何表音是汉字必须解决的一个技术性问题。应该承认，象形、指事、会意三种造字法在这一方面是有缺陷的，因为这些方法创造出来的汉字不能在字形中显示其所对应之词的读音，形音关系不能显现，其理据性自然也就不能得到充分展示。为解决这个问题，聪明的古人想出了办法，假借法的使用就是以形表音的重要创造。假借法解决了很多虚词无字、新词无字的问题，弥补了表意体系汉字的先天不足，为

① 参见王贵元《汉字与文化》，中国人民大学出版社2005年，第160—161页。

汉字更好地记录汉语立下了汗马功劳。但假借法纯粹是借形表音，也难免走向另一个极端，即照顾了表音却又丢失了表意，因此古人还必须寻找更为完美的造字之法，这就是形声造字法。形声字形符用于表意，维持了汉字表意的基本特点；声符用于表音，缩短了汉字与其所记录之词在读音上的距离。其音义兼表的路子，成为一种沟通汉语字词关系的最完美的格局。因其完美而影响甚巨，变形音化、表意字变形声字等现象层出不穷，也就不难理解了。总之，假借字也好，形声字也好，都是汉字音化的重要表现，是汉字在表意之外，为更加完美地沟通字词之音读关系而做出的努力，体现了汉字与汉语之间的相互影响、相互协调的内在关系。

以上所列之理据重解、字形再造和音化现象，都表明汉字在记录汉语时追求理据显明，努力保持字形和词的音义在内涵上的对应关系。但汉字作为一个符号系统，其本身不仅数量庞大，内在关系也十分复杂，而语言又是不断变化和发展的，因此要求所有汉字都能理据显明，字词对应，显然是不现实的，也是不可能的。特别是汉字经过隶变后，象形表意的意味大都消失，又随着汉语语词向多音节（主要是双音节）化发展，古汉语的字词对应关系被打破，见形知义就更为困难；又随着语音的不断变化，形声字的见形知音也并不容易。因此就汉字记录汉语的整体情况看，就理据显隐而言，显是少数的、次要的，隐是多数的、主要的。也就是说，随着社会的发展变化，理据消隐又是一种必然的趋势。那么，在汉字理据不显的情况下，汉语和汉字的内在关系是否会被冲淡或被破坏呢？

我们认为，在汉字理据不显的情况下，汉语和汉字的内在关系依然深入人心，这是因为汉语和汉字的内在关系不是一朝一夕形成的，而是有着深远的历史传承和广泛的社会约定的，体现在我们悠久的文明历史和深厚的文化背景中。现代汉字很多字符简单抽象，能指和所指之间的联系在表面上不容易看得出来。但从历史来看，很多简单抽象的汉字都是不断演变的结果，都有其发展演变的具体过程，而且这个过程随着出土材料的增多，基本上都可以得到重新再现，历史的足迹连接了现代汉字及其古体的源流关系，其形义关系完全可以从历时的角度获得认识。双音节的汉语语词以两个汉字来记录，虽然很难保证字义和词义的一一对应，但双音节词的词义往往与作为词素使用的各个字的字义有关，与文字的表意性质仍有一定的关联，其中存在很多历史的传承因素，比如“朋友”“道路”“抛弃”“阻挡”之类的双音节词，其词义与字义仍然具有比较直接的联系；有些复音词中，汉字纯属记音性质，如“琵琶”“葡萄”“枇杷”“琉璃”“崆峒”等，但其中的偏旁珏、艹、木、玉、山仍然标记着该词的类别或属性。[①] 时有古今，音有转移，见形知音虽然很不容易，但辅以古音知识，形音关系依然可以窥见一斑。这说明，汉字的使用者虽然现在用的是简单抽象的字符，但这个字符原有的

① 参见陈炜湛《关于汉字的性质》，《汉字古今谈·续编》，语文出版社1993年。

演变过程及其内在理据其实都积淀在我们的文化背景里，潜伏在我们的思想意识中，在历史传承中约定俗成，在日常学习中潜移默化。无须解释，自然接受；若加解释，更为明白。这是汉字悠久的历史使然，是汉字深厚的文化使然，是汉字和汉语的内在关联机制使然。

历代传承下来的纸本汉字典籍，甲骨文、金文、简帛文等出土资料，都忠实地记录了它们所属的那个时代的社会生活和历史文化，记录了当时的语言面貌，为我们留下了丰富的遗产。随着历史跨入新的时代，汉字也将随着汉语的变化而变化，随着时代的发展而发展。特别是进入信息时代后，汉字仍然适应新技术的要求，完全可以与时俱进，这体现了汉字符号体系内部的科学性。古代日本、韩国、越南等中国周边国家也曾借用过汉字来记录他们的语言，但毕竟不够适用，不得不进行改造甚至放弃，也从反面证明了汉字乃为汉语而生，汉字和汉语有着天然的一致性和协调关系。历史和现实都表明，汉字不仅本身富有民族特点，是适合记录汉语的符号系统，同时汉语也需要汉字这样的符号系统来记录它，两者相互依存，共同发展。旧言汉字落后，实属无稽，未可信据。汉字应该继续保留，为传承民族文化和交流现代信息做出新的贡献。

第十二讲

文中日月，字里乾坤：汉字与汉字文化（一）

汉字的创制和演变过程包含着丰富的文化内涵，这是毋庸置疑的。但包含在汉字中的文化内涵，也不是自然呈现的，它们需要后人的不断阐释。阐释作为人类解读外在世界和人类自身种种现象之间关系的一种文化活动，任何客观或主观因素的差异，都可能导致不同的结论。对汉字的阐释，也是如此。汉字是形音义的结合体。汉字的外在形式是字形，内在因素是字形所记录的词的读音和由这个读音所表示的词义。其字形一般都是根据它所表示的词义进行创造的，其中的形声字还能表示读音。体现在汉字中的形音义关系往往是错综复杂的，对具体汉字形音义关系的阐释也往往难以一致。汉字学研究汉字的形体及其形体与声音、意义之间的关系，形的演进、音的转移、义的变化，时刻都在影响着人们对汉字所做的阐释。汉字形音义关系的问题还不仅仅是汉字学本身的问题，它还与文化学有密切的关系。旧时“小学”研究的主要内容，一般认为就是探讨汉字的形音义问题，即通常所说的文字学、音韵学、训诂学。实际上“小学”除了这三者之外，还涉及与汉字有关的文化学内容。因此汉字的形音义的问题实际上是汉字学和汉字文化学的共同的核心问题。如果说，单纯的汉字形音义关系是一个动态的结构，那么与文化学结合在一起的汉字的阐释必然也是动态的过程。因为研究材料的取舍、时代思想的变迁、文化观念的不同、社会风情的差别、思维角度的变化等，都使得汉字的阐释见仁见智，各不相同。因此汉字的阐释是一种具有灵活特性的文化活动。

汉字的形音义关系可以拆分为形义关系、形音关系和音义关系，形是音义的视觉符号，音是义的听觉符号。汉字以形表意，而形体如何表达意义也往往受到文化观念的制约和影响。比如汉文化强调人本精神，以人为立足点和出发点，因此在表达某些基本词汇的意义的时候，在字形的选择上往往就以人为主体，从人看事物的角度进行构建。长短的“长”是用长发人形来表示的，光亮的“光”是以人头上有火来构形的，方位词“左”“右”都以人手来表示，动作词“倾”“化”也用“人”作为形符，等等，因此所谓汉字的形义关系问题实际上是与汉字学和文化学都有联系的问题。它不同于汉字形体学，也不是单纯的意义解释。至于汉字的形音关系则比较单纯稳定，但由于语音是不断变化的，而很多字形却不随着语音的变化而变化，因此对形音关系的理解也时有歧说。同样，语音变化的复杂性和古音研究的不完善，也使得对汉字音义关系的阐释，常常表现出很大的随意性。但如果着眼于某种特殊的文化背景，某些看似比较随意的或相互矛盾的解释，可能也包含着一定的合理因素。总的来说，对汉字形音义关系的探讨，如果仅仅从阐释学的角度来说，应该持一种比较宽容的态度，不宜把不符合汉字学的解释一概斥为异端邪说。把汉字学和文化学有机结合起来，将使汉字的阐释走上一条更为宽阔的道路，呈现出一个更新的境界。

壹　汉字阐释的新学科——汉字文化学

关于汉字的学问，从先秦到现在，已经有了两千多年的历史了。过去关于汉字学的著作，可谓汗牛充栋，举不胜举。现在和将来，关于汉字的研究，仍然是一个永具魅力的历史课题，它将与中国文化一起走向世界，走向未来。由于汉字形音义关系的复杂性以及汉字与汉文化的交融汇合，单纯的汉字学的研究已经不能满足人们追求汉字文化之深刻内涵的愿望，而结合历史和现实、语言与文化，在更为广阔的时空视野中对汉字进行更新更深的阐发，全面系统地探究汉字的信息功能，考察汉字与中国文化的种种关系，已经成为新时代的要求——汉字文化学应运而生，是一种历史的必然。

汉字文化学的产生是多年来汉字研究的进一步升华，何九盈、胡双宝、张猛在《汉字文化学简论》中说："如果说汉字学有如一棵根深叶茂的大树，那么汉字文化学便是这大树分蘖出来的新枝。"①现在，有关汉字文化学的论著已相当丰富，这新枝正显示出旺盛的生命力，它正在开花、结果，沁人心脾，新人耳目，吸引了越来越多的学者来培植它、呵护它。

汉字文化学的根基是在汉文化的影响下创造出来的汉字所具有的无比丰富的内蕴和无限旺盛的生命力。从汉文化中孕育出来的汉字，"体现了天—地—人的三元存在，包含着自然—社会—宇宙的三维空间，涵盖了过去—现在—未来的三维时间，沟通了源头—发展—创新的三重创造"②。汉字是历史的活化石，汉字中所蕴含的信息是极其丰富的，有人说汉字的信息量就像集成电路，为汉民族文化心理的阐释提供了系统的依据。汉字体现了中华民族的心理特点、思维方式和审美创造，从汉字中可以

① 何九盈、胡双宝、张猛《中国汉字文化大观》，北京大学出版社 1995 年，前言第 1 页。

② 李人凡、臧克和《汉字研究——永具魅力的历史课题(总序)》，见赵平安《〈说文〉小篆研究》，广西教育出版社 1999 年。

窥见中国传统文化的方方面面，因而汉字文化学的内容是丰富多彩的，汉字文化学的生命力也将是旺盛和持久的。

1995年，北京大学出版社出版了何九盈、胡双宝、张猛主编的《中国汉字文化大观》，[1]这是第一部大规模地介绍汉字文化的专书，对汉字文化做了全面的论述，内容相当丰富，对促进汉字文化学的建设很有益处，对科学了解与研究汉字与汉字文化具有十分重要的参考价值，被誉为"第一部汉字文化的百科全书"。此书分上下编，上编主要是汉字学的内容，既介绍汉字的产生、发展及主要特点等，也介绍对汉字的研究和应用。下编是全书的重点，主要探讨汉字与其他文化现象之间的关系，主要内容有：① 唇齿两相依——汉字与汉民族文化，讨论汉字文化的研究界域、汉字与文化的关系、汉字文化研究的基本观点等；② 文语结良缘——汉字与汉语及兄弟民族文字，包括汉字与汉语、汉字与方言、汉字与女书、汉字与各兄弟民族文字等；③ 神韵夺天工——汉字与文学艺术，探讨汉字与诗歌、汉字与书法、汉字与篆刻、汉字与音乐舞蹈、汉字与色彩、汉字与对联、汉字与谜语等；④ 必也正名乎——汉字与年号、姓氏、避讳，论述汉字与年号、谥号、庙号，汉字与姓、氏、名、字，汉字与避讳等；⑤ 斯文存古道——汉字与意识形态、思维方式，探讨汉字与传统意识、汉字与传统思维方式、汉字与家族宗法制度、汉字与神话、汉字与经学、汉字与佛教、汉字与翻译、汉字与数等；⑥ 竹帛血泪痕——汉字与兵、法、吏，探讨汉字与刑法、汉字与军事、汉字与职官等；⑦ 点画解民生——汉字与衣食住行，讨论汉字与民俗、汉字与婚姻制度、汉字与服饰、汉字与烹食文化、汉字与人体和疾病、汉字与医疗、汉字与建筑、汉字与交通、汉字与地理等；⑧ 字说农工商——汉字与经济活动，包括汉字与农业、汉字与手工业、汉字与贸易、汉字与度量衡等；⑨ 究源法自然——汉字与动物、植物，讨论汉字与动植物的种种关系；⑩ 四海有遗泽——汉字在海外，包括汉字在朝鲜半岛、汉字在日本、汉字在越南等。面对此书，我们仿佛置身于浩瀚的汉字文化的海洋之中，感受着汉字与中国传统文化的博大精深以及它特有的韵味。

汉字文化学的内容是如此丰富，这里不能备述。下面我们只举一些特别的例子，来看看汉字是如何体现汉民族特有的文化传统和文化韵味的。比如近体诗和对联都是中国传统的艺术，也是汉字的艺术。汉字的方块形状、一字一音节和结构上可分可合等特点，与近体诗和对联讲究对偶和平仄的艺术形式正好配合得天衣无缝，因而可以创造出许多非常奇巧的艺术作品。近体诗的上下句和对联的上下联要求字数相等，在视觉形式上要求整齐对称，而汉字不管笔画多少，都组合成一个方块，这就为近体诗和对联形式上的整齐对称创造了条件。某些汉字用篆书来写正反无甚差别，因而像"金简玉册自上古，青山白云同素心"这样的对联，写在玻璃上，正面看反面看都

① 此书由人民教育出版社于2009年再版，名为《汉字文化大观》。

差不多，可谓别具风味。汉字一字一音节，组词能力很强，回文诗和回文联也因此显示出它的独特魅力，可谓中国传统文化之一绝。回文诗如：“枯眼望遥山隔水，往来曾见几心知？壶空怕酌一杯酒，笔下难成和韵诗。途路阻人离别久，讯音无雁寄回迟。孤灯夜守长寥寂，夫忆妻兮父忆儿。”此诗顺读是“夫忆妻”，倒读是“妻忆夫”，真是独具匠心。又如：“潮随暗浪雪山倾，远浦渔舟钓月明。桥对寺门松径小，巷当泉眼石波清。迢迢远树江天晓，霭霭红霞晚日晴。遥望四山云接水，碧峰千点数鸥轻。”正读反读都是一首风景优美的诗。回文联如：“客上天然居，居然天上客；僧游云隐寺，寺隐云游僧。”（此联还有“人过大佛寺，寺佛大过人”“人来交易所，所易交来人”等不同对法，也都是运用回文的方式显示技巧。）厦门鼓浪屿的回文联“雾锁山头山锁雾，天连水尾水连天”，非常巧妙地描绘了山雾迷蒙、水天相连的海滨景色。类似的回文之作还有“上海自来水来自海上”“西湖绿柳堤柳绿湖西”“中山落叶红叶落山中”等，虽系游戏之作，亦见匠心独运。汉字组词能力强的特点，还可以作出许多其他的漂亮文章。如旧时茶壶上绕壶写着“可以清心也”几个字，任你从什么地方读起，都可以读通：“以清心也可”“清心也可以”“心也可以清”“也可以清心”，充分表达了品茗清心的清雅情调，可谓奇妙无比。汉语音节有限，因而形成很多同音字。这种特点又给对联等传统艺术样式提供了新的素材，利用同音字可以创造出许多俏皮有趣的对子，如“贾岛醉来非假倒，刘伶饮尽不留零”“眼珠子，鼻孔子，珠子还在孔子上；眉先生，须后生，后生更比先生长”“暑鼠凉梁，提笔描猫惊暑鼠；饥鸡盗稻，呼童拾石打饥鸡”“画上荷花和尚画，书临汉帖翰林书”等。而拆字联的创造则完全得益于汉字字形上的可分可合。如“此木为柴山山出，因火成烟夕夕多”“二人土上坐，一月日边明”“人曾是僧，人弗能成佛；女卑为婢，女又可为奴”“冻雨洒窗，东两点西三点；切瓜分客，横七刀竖八刀”等，都显示了汉字的奇妙之处。甚至汉字笔画的形态也可以大做文章，有一对联是“若不撇开终是苦，各能捺住即成名”，利用“若”和“苦”、“各”和“名”的笔画区别，道出了深含哲理的人生内涵。其横批作“撇捺人生”，很好地概括了对联的内容和所蕴含的道理。

当然汉字的妙处不仅体现在传统文化样式中，她还体现在其他各个方面。比如在翻译域外作品时，汉字也体现了奇妙之处。《汉字文化大观》在介绍汉字与翻译的内容时，作者特举周良沛所译的一首法国诗来说明汉字之“妙”：

天阴
秋雨
一滴
　滴
　滴

滴
滴
滴
滴地
滴在
头顶

“滴”字在汉语中既是一个拟声词又是动词，同时在字形结构中使用了意符“氵”，又用分行的方式排列了“滴”，这样使得雨水滴下的意象非常形象，可谓声态相合，形意俱佳，令人感到趣味盎然。①

关于汉字文化学的有关理论问题，目前还需要继续探讨。《中国汉字文化大观》书前有一篇《前言》，题为《汉字文化学简论》(下称《简论》)，论述了诸如什么是汉字文化学，汉字文化学要研究什么内容，如何研究，它与汉字学和文化语言学等相关学科有什么关系，汉字文化研究的症结何在等。下面转述部分内容，以期对有关汉字文化学的理论问题有一个大概的了解。

什么是汉字文化学呢？正如《简论》所言，现在还不能下一个完整的、得到大家认可的定义，因为什么是“文化”，意见就相当分歧。根据他们对文化的理解，他们认为：

> 文化有四个方面的内容，即物质文化、精神文化、社会文化、语言文化。当我们谈汉字文化学的时候，就是从这四个方面对文化进行整体上、系统上的把握。这也可以说明：汉字文化学是一门以汉字为核心的多边缘交叉学科。尽管研究工作还有待于深入，但这门学科的总任务已非常明确。一是阐明汉字作为一个符号系统、信息系统，它自身所具有的文化意义；二是探讨汉字与中国文化的关系。也就是从汉字入手来研究中国文化，从文化学的角度来研究汉字。

汉字文化学的研究方法是多种多样的：“汉字文化学根据研究对象的不同，或采用经验方法，或采用历史方法，或采用结构方法。经验方法重考据，重事实；历史方法重古今联系，重发展过程；结构方法要求对汉字文化进行结构处理和分析，探索汉字文化内部及外部的结构。”“汉字既是一个封闭系统，又是一个开放系统。作为开放系统，就要与别的相关学科沟通。目前，已有不少人正在利用语言学、文字学、人类学、民族学、社会学、考古学、哲学、历史学、心理学、系统论、信息论等等科学的知识，对汉字系统进行多侧面考察、论证、并已取得了相当的成果。”

① 参见何九盈、胡双宝、张猛《中国汉字文化大观》，北京大学出版社 1995 年，第 209 页。

《简论》认为："汉字文化学与汉字学的关系最为密切，但它又不等于汉字学。汉字学，也叫中国文字学……研究汉字形体的发展、演变、结构类型，以及汉字的起源、性质等，是汉字学的主要任务。汉字文化学无疑要充分利用汉字学的研究成果，但更重视汉字作为一个文化系统与整个汉民族文化制度的关系，通过古代汉字和现代汉字了解汉民族的古今文化模式、习惯行为模式、思维模式。"

至于汉字文化学与文化语言学的关系，《简论》说："汉字文化学与文化语言学也有密切关系，二者有一个共同关心的课题：文化。文化语言学，有些学者也称之为人类学语言学，罗常培写的《语言与文化》就属于这种性质的著作。我们列举该书若干章的标题，读者就可以大体上知道文化语言学的内容了。如：从语词的语源和演变看过去文化的遗迹，从造词心理看民族的文化程度，从借字看文化的接触，从地名看民族迁徙的踪迹，从姓氏和别号看民族来源和宗教信仰，从亲属称谓看婚姻制度。这些标题所涉及的文化内容，汉字文化学也会涉及。不过，所依据的材料有别。前者以语言作为材料，后者以文字作为材料，且只以汉字为材料。文化语言学还可以分为不同的层面，可以是研究语言和文化的一般性关系，也可以是研究某一种语言和某一种文化的关系，而汉字文化学只能是研究汉民族所使用的汉字与汉民族的文化以及与之有关的某些民族文化的关系。从理论上来说，语言和文字是两个不同领域，界限很清楚，具体材料的运用却很难绝然分开。"①

最后应该提到的是，可能由于"文化"的涵盖面过于广泛，汉字文化学作为一门学科还不够成熟，在目前的汉字文化学或与之相关的诸多论文和著作中，有些论著存在着分析汉字过于随便的倾向。他们分析汉字的唯一标准是一切为我所用，类似猜谜射覆，随便拆解，随意联想，天马行空。这种做法表面上看起来是从分析汉字入手来研究文化，但实际上恐怕并没有多少根据，算不上是科学的汉字文化学。科学的汉字文化学的建立，还需要我们不断地努力。

贰　汉字知识的普及与传统文化的继承

中国的传统文化博大精深，其中有很多精华值得我们继承发展，这是大家普遍认同的道理。但如何继承中国的传统文化，却是见仁见智，各不相同。有主张通过诵读经典来体味传统文化韵致的，有主张通过开展民俗活动来挖掘传统文化内涵的，有主张通过恢复繁体字来与传统文化接轨的，等等。应该承认，近年来所开展的有关继承传统文化的活动或提出的有关主张，对促进人们加深了解传统文化，或多或少都起了

① 参见何九盈、胡双宝、张猛《中国汉字文化大观》，北京大学出版社 1995 年，前言第 5—11 页。

一定的作用,但与我们预期的目标还有不少差距。我们觉得,要真正继承中国的传统文化精华,不能急功近利,不能浮于表面,而是要沉潜其中,精微体察,凝神涵泳。要做到这一点,就必须静下心来,先从基础的修养做起,并推动普及工作,以求水到渠成之效。

文字是形音义的结合体,是记录语言的书面符号系统。文字学是传统“小学”的主要内容,是阅读和理解古代经典文献的基础学科。我们许多人天天面对汉字,以为平常,其实对文字之学所知甚少,以致有许多似是而非的认识,缺乏辨析是非的能力。本节想从汉字学的角度来谈谈汉字与中国传统文化的关系,希望有助于普及汉字知识之重要性的认识。

一、 汉字是中国传统文化的主要载体

传统文化的呈现方式很多,有寄寓于物质形态的,有相传于民俗风情的,有记载于经典文献的等,其中最为主要、内容最为丰富的应该属于经典文献,而经典文献的记录符号,就是汉字,因此汉字是中国传统文化的主要承载者,这是毋庸置疑的。许慎在《说文解字·叙》中指出,汉字是“经艺之本,王政之始”,具有“前人所以垂后,后人所以识古”的功能,又有人认为,汉字具有镜像功能:“在静态形体中汩汩流淌着民族文化心理的潜流,映照着历史演进的浩浩雄姿,袒呈着先人智慧的灵光异采,在其深层的文化积淀中,既可折射出政治、道德、宗教、艺术等多种文化外在因素,又能反映出不同时代人们的文化心理,它(们)自身宛若一颗颗历史的活化石,细加玩味,即可从静态的形体走入古人动态的文化意识圈中去。”①我们通过阅读汉字记录的文化经典,来体味包含在经典中的各种文化信息及其意义,潜移默化中习得传统文化的精髓,是系统继承传统文化的最佳途径。因此对于汉字的认知,即对汉字形、音、义的准确理解,是继承和发扬传统文化精华的必要前提。中国古代的学校教育,八岁入小学,教之六艺,礼、乐、射、驭、书、数,其中之“书”,即是文字之学,②故传统上以文字之学为“小学”,说明传统教育对于文字学之重视。后世学者亦多有主张由小学而通经学者,以小学为经学之根基也,根基固实,则对经义之理解既正确又有据,故其经解信实可从,所以汉字学又被誉为国学之根底。没有这样的根底,游谈无根,随意发挥,自然就容易出问题,更谈不上取其精华,发扬光大了。这是一个总的看法,也就是说,汉

① 詹绪左、朱良志《汉字的文化功能》,《天津师大学报》1994 年第 1 期。

② 《周礼·地官·保氏》:“保氏掌谏王恶,而养国子以道。乃教之六艺:一曰五礼,二曰六乐,三曰五射,四曰五驭,五曰六书,六曰九数。”其中“六书”之所指,学界有不同意见,一般认为即写字认字之类的浅显实用之文字学。

字是中国传统文化的主要载体，汉字学乃国学之根基，根基不实，枝叶果实就难免出现病态。强调汉字知识对于继承传统文化的重要性，从这一点来说，是不为过分的。

然而汉字学这样一种根基之学，在现有的教育体制和教学框架内，其实根本没有得到足够的重视。中小学语文老师的汉字学知识，难以完全胜任传播传统汉字文化的重任，大学文科也没有把汉字学作为必修课来开设，有的学校甚至还开不出这样的课程。随着电脑技术的广泛运用，键盘输入代替了人工书写，提笔忘字的现象越来越普遍；由于汉字学知识的缺失，判断是非的能力下降，随意解字的著作反而得以流行。至于汉字形音义之间的复杂关系和汉字流变的复杂现象，更是没有人去细心探究；面对古文如同面对天书，一知半解走上歧途的解读作品随处可见。在这样的情况下，国学成了曲高和寡的奢侈品，当人们注意到要重视国学的时候，似乎找不到一个恰当有效的途径去实现，各种流于表面的做法虽然热闹非凡，但收效甚微。面对现实的种种窘况，我们觉得汉字学知识的普及工作，值得我们花更多的工夫去做。其实，汉字学界的许多学者，早已意识到这个问题，并且有著作行世，堪为典范。比如李学勤说："为青年朋友们写一点东西，是我多年以来的心愿……这些书，必须充分反映学科的最新水平，同时要用现代语言编写，使这门学科的知识迅速普及开来。"[①]陈炜湛说："由于多年来忽视普及工作，缺乏普及性的著作，能看懂有关甲骨文（及其他古文字）方面的论著的读者也就不多，它的'群众基础'远不如文学等学科的广博深厚……所以，日后如何做好甲骨文（及其他古文字）的普及性工作，把研究成果采取通俗易懂的形式，介绍给广大人民群众，从根本上培植基础、肥沃土壤，确实是颇关重要的问题。"[②]李学勤的《古文字学初阶》，陈炜湛的《古文字趣谈》，早在20世纪80年代就出版了，对古文字学知识的普及，起了很好的作用。由曾宪通和林志强合作撰写的《汉字源流》，[③]被列为普通高等教育"十一五"国家级规划教材，也将会对推动汉字学知识的普及起积极的作用。但从整体上看，这些努力所产生的影响还是有限的，还难以产生全民性的推动力，因此其他形式的普及工作仍需加大力度。令人高兴的是，国家在这一方面也很重视，有很多重要的举措，比如2009年经国务院批准而建成的中国文字博物馆就是重要的象征。该馆是国家级博物馆，集文物保护、陈列展示和科学研究功能为一体，通过现代化的技术手段，展示历代中国文字样本精华，展现古汉字的构形特征和演化历程，同时坚持"贴近群众、贴近生活、贴近实际"的三贴近原则，增强参与性、趣味性、互动性，生动地阐述了中国文字的历史源流与现代价值，使每个参观者随着中国文字的发展步伐而前行，感受几千年来中国文字的魅力，展现中国文字的生

---

① 李学勤《古文字学初阶·序》，中华书局1985年。

② 陈炜湛《甲骨文研究的过去、现在及今后的展望》，载《古文字研究》第9辑，中华书局1984年，第199页。

③ 曾宪通、林志强《汉字源流》，中山大学出版社2011年。

命力、凝聚力和影响力，努力使中国文字博物馆成为汉字文化科普基地，其所产生的影响力无疑是巨大而深远的。

二、 汉字源流知识与繁体字功能论

如上所述，汉字是中国传统文化的主要承载者，这是肯定无疑的。但光有这样宽泛的认识，还是不够的，对有些具体问题的认识还可能不够准确和清晰。近年来社会上有通过恢复繁体字来继承中国传统文化的主张，就是一种比较典型的例子。

通过恢复繁体字来继承中国传统文化的主张，主要有两点理由：一是繁体字蕴含了中华文化的“全部信息”，[①]二是繁体字可以与中华传统文化“直接对接”。[②] 我们从汉字源流的角度来说，这两点理由都需要一分为二地辨析。

汉字从成体系的商代甲骨文算起，已经走过了三千多年的历史。在这三千多年的漫漫岁月中，汉字经历了很多变化。从大的方面分，汉字有古文字阶段和今文字阶段。古文字阶段从商代、西周、春秋、战国直至秦汉，从载体上看，有甲骨文字、钟鼎文字、简牍文字、玉石文字、货币文字、陶玺文字、绢帛文字等。古文字阶段的汉字，主要特点是线条弯曲圆转，但不同时期的文字也有不同的特点，不同载体的文字也有不同的风格，不仅有文字结构的变化，也有笔势特征的差别。今文字阶段从汉代开始直至现代，字体有隶书、草书、楷书、行书等。今文字阶段的汉字，主要特点是笔画平直方折，字形结构上仍有繁简的变化，字体风格也有新的发展。上文所指的“繁体字”，是指在今文字阶段与简体字相对应的一种笔画较多的字体，特别是指汉字简化后被简化字所代替的原来笔画较多的汉字。在这个意义上的繁体字，只是汉字源流演变过程中今文字阶段里的一种字体，不等于简化字之外的所有汉字（如甲骨文、金文等），这是我们从汉字源流的角度首先必须明确的一个理解。

在这个前提下，我们来看繁体字与中国传统文化的关系，就比较清楚了。上文说过，传统文化最集中的体现就是经典文献。传世文献中的汉字，就是通常所说的繁体字。上古时期流传下来的诗书礼乐、诸子百家，都是以繁体字作为记录符号。从这个

---

① 2009年2月2日新浪网发表的兔子老愚的博客《季羡林老人谈国学》：“读古文必须读繁体字，中国文化的信息都在那里面。”（http://blog.sina.com.cn/s/blog_46dedccd0100cljl.html? tj=1）把季羡林的这句话概况为“繁体字蕴含了中国文化的‘全部信息’”，其实也是有失偏颇的，因为从整句话来看，他的“中国文化的信息都在那里面”所指的也可以是“古文”，至少是指“繁体字的古文”，不一定是仅指“繁体字”。不过把繁体字与中国传统文化联系在一起甚至混同起来的模糊认识还是比较常见的。上引网络文字，亦见费锦昌、徐莉莉《简繁字与继承中华传统文化》，载《中国文字学报》第三辑，商务印书馆2010年。

② 2009年4月15日南方周末网：《终将要回归繁体字？——专访〈汉字五千年〉总策划兼撰稿指导麦天枢》：“简体字与传统有距离，而繁体字与传统直接对接。”（http://www.infzm.com/content/26982）。亦见费锦昌、徐莉莉《简繁字与继承中华传统文化》一文所引，载《中国文字学报》第三辑，商务印书馆2010年。

角度看，认为繁体字是中国传统文化的载体，不能说完全没有道理。但如果联系中国汉字的源流演变过程，同时联系中国经典的流传方式，我们还要进一步分析繁体字与中国传统文化的关系。如上所述，繁体字只是汉字发展过程中的一种字体，是今文字阶段的产物，不能包括所有的古文字；上古的文献，是经过历代传抄传承下来的，以繁体字作为记录符号的上古时期的典籍，所呈现的是汉字发展到今文字阶段的面貌，不是真正的古书的原貌。[①] 中国历史上有所谓今古文之争，撇开各种内在的因素（比如政治上的因素）不谈，表面上就是因使用文字的不同而发生争议。古文经用古文字，今文经用今文字，相互之间难免有由古今字、通假字、正俗字的种种不同而引发的对经文经义的不同理解，当然也包括对传统文化的不同解读。因此就传世文献而言，繁体字不能代表所有典籍的记录符号，因而也不能代表典籍所传载的传统文化。随着地下考古资料的不断被发现，我们的典籍又有与传世文献相对应的出土文献，汉代有孔子壁中书，魏晋有汲冢古书，现代有睡虎地秦简、郭店楚简、上海博物馆所藏战国楚竹书、清华大学所藏战国竹简等，都是用先秦古文字书写的典籍，它们所传达的关于先秦时期的各种文化信息，都不是以后世的繁体字作为载体的。它们对于研究中国的传统文化，同样具有重要的价值，但却与繁体字没有关系。我们认为，繁体字所包含的传统文化的信息是很丰富的，但不可能包括全部信息；繁体字与传统文化的对接，最多也只是间接的对接，而不是直接的对接。因此把繁体字等同于中国传统文化，认为繁体字包含中国文化的全部信息，可以与中国传统文化直接对接，显然是一种以偏概全的说法，其根本的误区，在于把繁体字等同于全部汉字，对汉字的流变缺乏全面的认知，对古书的流传和文献的形态没有深刻的认识，对汉字如何承载传统文化的内涵没有真正的理解。

把繁体字与中国传统文化联系在一起探讨的时候，必然要涉及简化字与中国传统文化的关系问题，故一并在这里做简单讨论。如果只是简单地从笔画的多少来观察汉字的形体，那么在汉字发展的过程中，每一阶段都可以有繁体字和简体字，因为汉字的异体繁多，从结构或笔画数量上看，都会有繁简之别。但我们这里所说的简体字，与上文所说的繁体字一样，不是这个意义上的概念。这里的简体字，指的是大陆目前所推行和使用的简化字。总起来看，今文字阶段的繁体字和简体字，从不同的角度看，各有优缺点，平心而论，简体字的缺点比较明显比较多，是需要进一步改进的。在与传统文化的联系上，繁体字是古书抄写和印刷的常用正规字体，是我们进入古书世界、探究古代文化宝库必须跨入的一道门槛，因此繁体字与传统文化的关系，比起简化字来，要更加密切一些，这是肯定无疑的；繁体字的造字理据较强，所蕴含的文化

---

① 比如《尚书》，应先有古文字的写本，然后有隶古定的写本，后来又经过所谓的“改古从今”，才是现在的面貌。参见林志强《古本〈尚书〉文字研究》的相关内容，中山大学出版社 2009 年。

信息较多,这也是简化字难以做到的。但由于简化字有很多来源于更古老的古字和社会上曾经流行过的具有约定俗成意义上的俗体字,汉字的表意性质并未完全丧失,用简化字印刷古籍,并不影响我们的阅读和理解,因此简化字也并没有完全割断与传统文化的联系,说简化字割断了历史,其实也是一种偏见。也就是说,繁简汉字都能体现部分传统文化信息,我们不能以偏概全,偏执一方。如果要从文字的角度来讨论传统文化的问题,不是在繁简之间进行非此即彼的争论和选择,而是要从根本上去了解汉字的发展演变过程以及汉字与传统文化的内在关系,通过汉字形音义的深入研究,解读传统文化的深刻内涵,达到继承和发扬传统文化之精华的目的。

三、 汉字源流知识与书法篆刻艺术

跟汉字知识联系紧密的书法篆刻是传统文化的典型表现形式之一,书法篆刻又与传统国画形影不离,所谓"书画同源",相辅相成,相得益彰,历来颇受重视。毫无疑问,是否具备充分的汉字知识,特别是汉字源流演变的知识,直接影响到书法篆刻的艺术成就。

在《汉字源流》首发座谈会上,①陈永正、张桂光都指出,书法界存在书法家写错字(特别是古文字),缺乏文化修养的问题。有的书法家认为书法是线条艺术,字写得对不对无关紧要,还有的书法篆刻家把不同时期的汉字混在一起,这些都是缺乏汉字源流知识的表现。陈炜湛曾经写过多篇有关这方面的文章,他在《请正确书写古文字——向书法家进一言》一文中,指出书法界存在随意书写古文字的倾向,表现在三个方面:① 不循规矩,以意为之;② 沿袭误说,以讹传讹;③ 滥用通假,杜撰字形。其结果是不少标明"甲骨文""钟鼎文""大篆"的作品,连甲骨文专家、古文字学家也无法辨认,更不用说一般的读者和观众了。② 为了避免这样的现象,作者提出了书家学者化的主张。所谓书家学者化,就是要求书法篆刻家们要加强理论研究,加强文史知识的学习,而不仅仅只停留在会写字的阶段。他说:"为了扭转书家非学者化倾向,可能做到也值得着重提倡的倒是,书家学者化,鼓励书法家们把临池实践与案头研究结合起来,除了书法之外,还能成为某一学科的学者。研究的方向、内容当然因各人志趣而异,不必求同。但对书法家或想当书法家的人来说,学习和研究文字学,对自己的书写对象——汉字作一番研究,以期'明源流',应该说是共同的,也是十分必要的。

① 2011年5月14日在广州中山大学举行,由中山大学古文字研究所和广州美术学院书法篆刻研究室主办。

② 参见陈炜湛《请正确书写古文字——向书法家进一言》,原载《书法》1988年第5期,收入《陈炜湛语言文字学论集》,上海古籍出版社2005年。

如能学点古文字学，对古文字作番研究，从中汲取营养，当然更好。这样的研究必能反过来促进临池实践。文字学、古文字学的修养如何，与书家的艺术水平有莫大的关系。古今许多书法家的成功经验业已证明了这一点。"①他在《古文字与篆刻》一文中又说：

> 几乎可以这样说，一个人有无古文字修养，决定着他篆刻水平的高低……有了这方面的修养，起码可以做到：一、有鉴别能力，不刻错字，不会跟在别人后面将错就错，以讹传讹。二、文字结构匀称悦目，内部一致，不致于东拼西凑，杂乱无章。三、可以不落窠臼，逐渐形成自己的风格。书契书契，总是书佳契方妙，书拙契必劣。缺乏古文字修养，书法一塌糊涂而居然能成为篆刻家、有所成就者，古来无有，今后大概也不会有。②

我们觉得，这些看法都是很切实际、很有道理的，文字学和古文字学的知识，确实与书法篆刻艺术互为表里，关系密切。

前文已指出，汉字从古到今走过了三千多年的历史，每个时期都有其特殊的风格和特点，又由于汉字是偏旁可分可合的表意体系的文字，在进行书法篆刻作品创作的时候，为作者提供了广阔的素材背景和思维空间，因此书法篆刻虽然延续千年，但代有创新，人富个性，具有永恒的生命力，成为最富特色的传统艺术样式之一。我们应该承认，书法篆刻的艺术与线条处理的艺术关系密切，通过线条的粗细、浓淡、疏密、正欹、刚柔等各种各样的表现力来体现个人的艺术个性和创造性思维，是书法篆刻家努力追求的艺术境界，认为书法篆刻是线条艺术本身并没有错，但是，书法篆刻的对象是汉字，如果缺乏汉字结构的知识、汉字形音义关系的知识以及汉字源流演变的知识，仅仅从线条上去考虑问题，就容易出现写错字、写别字、写不古不今风格杂糅之字等现象，割断了历史渊源，就会使作品的丰富内蕴消失殆尽。笔者观书，有一种非常明显的感觉，就是有些字初看起来，龙飞凤舞，确实给人一种新颖甚至震撼的感觉，但细观之，总觉得缺少了点什么，不耐看；而有些字，虽然中规中矩，但韵味隽永，久看不厌。其中缘由，我想就是所谓线条的意味吧。这意味包括文字内容、线条形态、结构安排、空间布局以及书家倾注在每个文字之中的感情等综合的因素，当然还包括不写错字别字，若有结构与众不同、形式有所创新之字，也必定渊源有自，是书家汉字知识

① 陈炜湛《书家与学者》，原载《中国书法》1989年第2期，收入《陈炜湛语言文字论集》，上海古籍出版社2005年，第134—135页。

② 陈炜湛《古文字与篆刻》，原载《字词天地》1984年第4期，收入《陈炜湛语言文字学论集》，上海古籍出版社2005年，第127—128页。

的运用与表现。所以清代朱和羹《临池心解》云："学书须先明源流，次谙法度，次明传习之异同。"[①]陈永正说："书法家如能懂汉字源流，则不但可避免错误，而且能使所写的字更含感情、更有生命。"[②]可见书家学者化，除了要加强一般文史知识的修养外，特别要加强汉字学知识的修养，懂得汉字演变的来龙去脉，懂得汉字偏旁结构的合理布局，懂得省略穿插的恰当与否，懂得变异求新的学理依据，才能创造出既有内涵又富个性的艺术作品。

当然，上文所涉及的汉字知识，不是一朝一夕就可以学好的，因为有关的知识相当丰富，汉字学本身也还比较深奥，非有一段较长时间的研读并能持之以恒不断积累，是不能够奏效的。不过也不必过于畏难，只要我们有重视汉字学的思想，克服浮躁心理，从较好的普及性和通论性著作入手，日积月累，一定会不断提高自身的汉字学修养，继承和发扬优秀的传统文化。

---

① 转引自陈炜湛《书法美学漫谈》，《陈炜湛语言文字论集》，上海古籍出版社 2005 年，第 124 页。

② 2011 年 5 月 14 日陈永正在"《汉字源流》首发座谈会暨汉字・书法文化研讨会"上的发言，亦作为《汉字源流》之专家推荐语见于网络，如 http://book.ifeng.com/shuxun/detail_2011_05/25/6602441_0.shtml。

第十三讲

文中日月，字里乾坤：汉字与汉字文化（二）

壹　汉字形义关系的动态结构与文化阐释

汉字是表意体系的文字，形体和意义有密切的关系。从文献记载来看，中国人远在春秋战国时期就已经很有意识地利用汉字的形体来说明其意义了，《左传》"止戈为武""反正为乏""皿虫为蛊"诸说开启其端，此后这种传统绵延不断、世代相传，对汉字学和汉字文化学都产生了极为深远的影响。在浩如烟海的古今书籍中，只要涉及汉字的话题，都特别注重对汉字形义的分析。由于文字学和文化学的共同关注，汉字的形义关系变得相当复杂，有时候一个字形如何体现字义，往往有许多种不同的解释。比如"武"字，楚庄王以为"止戈为武"，①这种理解中的"止"为"制止"或"禁止"之意，"戈"借指"武力""战争"。而商承祚和唐兰则根据古文字字形认为"武"字之"止"即"足"，其形象即表示人在行走。商承祚说："从人持戈，显其威武。"②唐兰说："'武'字在古文字里本是表示有人荷戈行走，从戈形的图画，可以生出'威武'的意义，从足形的图画里，又可以看出'步武'的意义。"③又如"信"字，汉代的许慎、清代的段玉裁都认为其本义为"诚信"，人言可信，故从人言。④ 而宋代的袁文、清代的徐灏则认为其本义是"信使"，"使人传言，故从人言"。⑤ 这两种意见都是把"信"当作会意字来分析的，而唐兰则把它看作形声字，先认为它是从人言声，⑥后又改为从言人声。⑦ 上举"武"

---

① 见《左传·宣公十二年》。

② 商承祚《释武》，《商承祚文集》，中山大学出版社 2004 年，第 18 页。

③ 唐兰《中国文字学》，上海古籍出版社 1979 年新 1 版，第 71 页。

④ 见许慎《说文解字》及段玉裁《说文解字注》。

⑤ 见袁文《翁牖闲评》卷四（《考古质疑　翁牖闲评》，上海古籍出版社 1985 年）、徐灏《说文解字注笺》卷三（上海古籍出版社 2002 年）。

⑥ 见唐兰《古文字学导论》，齐鲁书社 1981 年，第 263 页。

⑦ 见唐兰《中国文字学》，上海古籍出版社 1979 年新 1 版，第 71 页。

"信"二字的诸种形义解释，都从不同的角度说出了各自的道理。"武"字的"止戈"之说，是春秋时期所谓"战以止战"之军事思想的反映，正如楚庄王自己的解释："夫武，禁暴戢兵，保大定功，安民和众丰财者也。"《汉书·武五子传》亦承其说而讲得更明白："仓颉作书，'止戈'为'武'。圣人以武禁暴整乱，止息兵戈，非以为残而兴纵之也。"因此说由来已久，影响颇大，故《说文解字》亦予采纳，成为解释"武"字形义关系的流行观点。商承祚和唐兰以"止"的形象意义(表示步行前进)来解释"武"字的形义关系，与楚庄王以"止"的后起的文字意义(表示"制止")来解释迥然不同，但却是被文字学界所普遍接受的一种新说法，因为早期会意字是以形象会意的。至于"信"字，许慎、段玉裁以人言为信，故以"诚信"为其本义，自然不为无据；袁文、徐灏则从信使传言以证事实可信的角度进行分析，认为"信"的本义为"信使"，单就形义分析的角度来说，也是言之成理；至于认为"信"是从人言声或从言人声的形声字，也都能找到音韵学上的根据，其解释也算融通，因为"信"为心母真部字，"言"为疑母元部字，"人"为日母真部字，三字的韵部是相同或相近的。总而言之，以上诸说，角度不同，说法各异，但都能自圆其说，可见汉字的形义关系绝不是简单的一一对应关系。汉字以形表意就如同庄子用寓言故事说理一样给人以多角度多层次的思考空间；庄子寓言所蕴含的思想博大精深，汉字形体所表现的意义丰富多彩。所以汉字的形义关系是一种动态的结构。

汉字形义关系的动态结构，在《说文解字》中也多有体现。《说文解字》在为某些字的形义关系进行解说之后，往往用"一曰""一云"或"某某曰"引出另一解释。如：

《说文解字·示部》："祏，宗庙主也……一曰大夫以石为主。"

《说文解字·辵部》："選，遣也。从辵、巽。巽，遣之。巽亦声。一曰選择也。"

《说文解字·王部》："王，天下所归往也。董仲舒曰：古之造文者，三画而连其中，谓之王；三者，天地人也，而参通之者，王也。孔子曰：一贯三为王。"

《说文解字·卜部》："卜，灼剥龟也。象灸龟之形。一曰象龟兆之纵横也。"

……

汉字形义关系的动态结构是由多方面的原因共同促成的。首先，汉字形体的世界是一个充满动感的世界。第一，从共时状态看，汉字存在许多变体异构，它们有的是地域性的不同，所谓"言语异声，文字异形"，比如"厨"字，秦国从"广"，楚国从"肉"，意符各不相同；有的是构形理据不同，比如"匜"字，古文字或从"金"，或从"皿"。从"金"者，以"匜"为金属所造也，从"皿"者，以"匜"为器皿之用也。又如"星"字，甲骨文一作"晶"，象群星之形，一作加"生"声，为形声字；还有的是因为书写不规范而形成字形讹误变化，如《后汉书·马援传》注引《东观记》云，同县令吏，印文各不相同，"成皋令印，'皋'字为'白'下'羊'；丞印'四'下'羊'；尉印'白'下'人'，'人'下'羊'。"诸如此类，均为共时性的变体异构，若据形释义，必多歧说。第二，从历时状态看，汉字形体的发展也是一个动态的过程。从成体系的甲骨文算起，汉字已经经历了甲骨文、金文、大篆、小篆、隶书、楷书等不同的字体，这些字体在结构和笔势方面都在不断地发生或大或小的变化。汉字的发展过程，一如人的成长过程，其面貌肌肤手脚器官无时不在发生变化。这些变化，除了正常的演变以外，还包括一些非正常的讹变，一些积非成是的历史误会。但不管怎么变，只要形体不同，形义解释也就不同。比如“龙”字，在甲骨文、金文中，都是完整的一个象形字，篆书的“龙”则身首分离了，所以许慎不释作“象龙之形”而释以“从肉飞之形，童省声”。又如“射”字，古文字正象张弓搭箭而射之形，后来象弓箭的那一部分讹变成了与之相似的“身”字，写作“䠶”，故《说文解字》把它释作“弓弩发于身而中于远”，与原来的形义关系变得风马牛不相及了。第三，汉字深于取象，近取诸身，远取诸物，同时又善于托物寄意，比类合义，各取所爱。正如绘画作文可以从不同的角度下笔一样，造字也有各不相同的造法，亦即说，造字的心理和思维角度是多样变化的。这种变化，既有共时的，也有历时的，上述两点，也都跟造字思维不同有关。由思维角度的差异而形成的变体异构，自然也引起了形义解释的变化。比如“明”字，甲骨文里有从“日”从“囧”两种写法，我们据形释义，从“日”者不妨说成“日、月，光明之所生，故日、月为明。”从“囧”者则可说成“月照窗牖（即“囧”），故明。”两说均不违碍事理。又如“虹”字，甲骨文作长虹如虫下饮江河之状，故《说文解字》入“虫”部，释曰：“状似虫，从虫工声。”马王堆帛书《天文气象杂占》有一异构以上“雨”下“工”构成，不妨释为“虹者雨所致，从雨工声。”前者取其形象，后者取其成因，异曲而同工，可谓各有千秋。由上可见，汉字的形体从产生到发展，无时不在变化之中，那么，对汉字形义关系的解释必然不可能一成不变。

其次，汉字是表意文字，汉字的线条是在象形的基础上进行“写意”的线条，具有极广泛的象征性。比如一横画，在“上、下”二字中，它代表水平线；在“元”字中，它代表人头；在“旦”字中，或说表示地平线，或说表示海平面；在“曰”字中，它表示词从口中说出；在“王”字中，则分别表示“天地人”（见《说文解字》“王”下引）……又如囗字，在“或(国)”中它表示都邑或国土；在“圃”中它表示菜园范围；在“囚”中它表示监狱；在“囿”中它表示苑囿范围……客观生活中有许多事物同中有异，异中有同，具有象征意味的汉字线条，极容易比附上与之相关的具体事物的形象，通过联想让人觉得形也似，神也似，于是乎据形释义便有歧说纷出，变动不居。

再次，汉字既记录汉语，也记录汉文化，是一种紧扣时代脉搏、切合时代精神、反映各种思想、包含丰富信息的文字（详见下文）。时代不同了，思想变化了，据形释义时也必然打上这些烙印。比如“婦”字，《说文解字》的解释是：“服也。从女持帚洒扫也。”这无疑是封建社会歧视妇女思想的反映。“婦”字简化作“妇”后，有人便释作“女人力量推倒‘山’”，虽系笑谈，却也道出了新时代对“半边天”力量的肯定和欣赏，是新时代男女平等思想的反映。春秋时期流行“战以止战”之说，故楚庄王把本是持戈行进的“武”字说成“止戈为武”。汉代流行“天人感应”“王权神授”的思想，故董仲舒把本是由大斧形线条化而成的“王”字说成“三画而连其中，谓之王。三者，天地人，而参通之者，王也”(《说文解字》“王”下引)，神学特征很明显。宋人重理学，故以会意的方式把“忠”“恕”两个形声字解释成“中心为忠”“如心为恕”(叶大庆《考古质疑》卷三引王安石说，朱熹亦用此说)。可见时代精神的变化发展，也是形成汉字形义关系变动不居的一个原因。

最后，汉字历史悠久，漫漫岁月湮没了许多字学材料，大量汉字的造字本意无从知晓，许多字形的演变过程找不到中间环节，因而据形释义也免不了半猜半测，比如“笑”字从“竹”本是讹变的字形，[①]根据从“竹”之“笑”字来探讨其形义关系，当然免不了臆测之辞：有人以为“竹得风，其体夭屈如人之笑”(《说文解字·新附》徐铉注引)，有人以为“竹为乐器，君子乐，然后笑”(唐玄度《新加九经字样》引阳承庆《字统》)。这样的猜测，虽难免“射覆”之讥，但毕竟也是基于其形义之关系而提出的说法，单从以形索义而言，也可聊备一说。此外，民间的文字游戏、测字神算，如“此木为柴山山出，因火成烟夕夕多”“魏为千八女鬼”等，虽都是非常肤浅的望形生义，但也都是着眼于形义分析。所有这些，无疑都丰富了汉字的形义解释，增强了形义关系的动态感。

既然汉字学作为一门科学文字学，据形释义作为中国文字学的核心内容，而据形释义又显得如此灵活多变，见仁见智，异彩纷呈，那么，如何解释汉字的形义关系才算科学文字学就成为一个值得我们深加思考的问题了。有人认为凡是据形释义，就是在讲中国文字学。这种看法是不严密、不科学的，因为它没有考虑到汉字形义关系的动态结构。

从理论上讲，就字源学的角度而言，文字学作为一门科学，在解释其形体如何体现字义时，其解说应该符合文字学原则，符合造字本意。但如上所述，由于种种情况，汉字的形义关系呈一种动态的结构，一种字形常有多种形义解释并存，这些解释，有的偏离了文字学原则，超出了文字学的范围，有些甚至是谬说或迷信，如“鸠者九鸟”“诗为寺人之言”“董为千里草”等，都不是文字学的解释。如果我们把汉字的形义解释等同于文字学，势必使得我们在就形义关系来谈中国文字学的时候处于一种十分尴尬的境地。因为众说纷纭，矛盾互见，若是兼收并蓄，此说可据，彼说有理，就会令人莫知所从，时遭“射覆”之讥，因而大大降低了文字学作为一门科学的可信度。由此可见，汉字形义关系的动态结构对科学文字学具有负面影响。

为此，我们首先要在观念上把汉字的形义关系与科学文字学区别开来，不宜将两者混为一谈。其次，也是更重要的，是要加强字源学的研究，尽量弄清某些文字形义

① 战国楚帛书“笑”字作从艸从犬，可能以从“犬”为意符，从“艸”得声，后讹为从“竹”“夭”声。参见曾宪通《楚帛书文字新订》，载《中国古文字研究》第一辑，吉林大学出版社 1999 年，第 94 页。

关系的来龙去脉。近代以来，随着古文字学研究的深入，在这方面已经取得了很大进展。如上举“武”字，商承祚、唐兰以古文字字形为证，“持戈行进以示勇武”之说，自然比“止戈为武”之说更符合文字学原则。又如“也”字，曾经也有三说：象“匜”的俯视形、象女阴之形、从“它”（“蛇”本字）字分化而来。由于金文里有许多“匜”字都写作“它”，典籍里的“池”字金文都作“沱”，此外，“陀”与“阤”、“佗”与“他”、“蛇”与“虵”等也都是曾经通用的异体字，所以旧多以为“也”字是从“它”字分化而来，并非象“女阴”或“匜”之形。随着古文字材料的增多和研究的深入，现在一般认为“也”字的构形是从口从乙，写作（曾侯乙钟）、（栾书缶）、（上博简），表示语气提顿，与同样表示语气的“只”字关系密切，是专门创造的一个表示语气停顿的字。通过加强字源学的研究，我们相信许多有歧说的汉字形义解释都能得到纠正，实在无法取舍的不妨存疑，等待新材料的出现，这样做，对提高汉字学的科学性无疑是很有益处的。

汉字形义关系的动态结构对科学汉字学有负面影响，但对我们正确认识汉字的性质却也不无积极的作用。汉字形义关系的动态结构显示汉字体系是一个内部充满活力、可以为适应社会历史的发展而进行自我调整的文字体系，汉字从古至今几经沧桑依然屹立于世界东方这一事实有力地证明了这一点；汉字形体和意义之间多途径的通释性表明汉字即使改变（有时甚至是讹变）自身容貌也仍能通过各种方式实现其形义上的相互吻合，使得汉字的表意性质从古至今保持不变。所以，从汉字发展的角度看，汉字形义关系的动态结构至少可以给我们这样一个启示：汉字可以在不改变其表意性质的前提下通过不断改革优化以适应社会历史发展的需要，汉字的发展有其固有而独特的方向，不一定要走拼音化的道路。

如果说汉字形义关系的动态结构使得许多汉字的形义解释超越了文字学的范围从而对科学汉字学产生负面影响的话，那么这种超越对于汉字文化学却恰恰是极大的贡献。

众所周知，汉字“著明万事，记往知来，名言诸无，宰制群有”（唐张怀瓘《书断》上），是“六艺之本，王政之始”，是“前人所以垂后，后人所以识古”（《说文解字·叙》）的一整套符号体系，它们在记录了汉语的同时也记录了汉文化，它们是汉文化的主要根基，这主要表现在两个方面：第一，博大精深的中国文化，不管是刻铸于金甲、书写于简帛还是记载于书籍，都离不开汉字。汉字是中国文化的主要承载者。第二，汉字形体本身就是中国文化的一面镜子，具有镜像功能，反映着中国文化的古往今来、方方面面。因此所谓汉字的形义关系，客观上就不能单指严格意义上的文字学的形义关系，形义的解释完全可以超越文字学的原则而在更广泛的范围内表现汉民族的思想文化，诠释汉文化的丰富深刻的内涵。正因为如此，每当人们需要借用汉字来进行某些思想主张、伦理道德、生活常理甚至荒诞迷信等非文字学的观点的说明时，都可以从汉字的形和义之中找到合适的角度进行“有理”的解释，而这些解释无疑就是我们探讨汉字文化学的宝贵资料。历史上字书和其他典籍中存在的相当丰富的关于汉字形义关系的非文字学的解释，如果囿于正统文字学的观点而把这些解释大都视为毫无价值的无稽之谈，显然是一种偏见，应该纠正过来。

对汉字形义关系作非文字学的解释，“止戈”“反正”诸说启其端，至宋代王安石《字说》一书集其成。此书的主要特点，是不管“六书”，把一切文字都看成会意字，单纯从通行字形出发而对字义作随意的解释，穿凿附会，多荒谬之论。从科学的角度看，《字说》对于中国的文字学，其价值是很低的。但是，《字说》式解说文字的现象，在中国文字的研究中，却又不是个别的偶然的现象，值得探究。为便称说，笔者曾撰文把诸多非文字学的形义解释统称为“字说”现象。总的来说，“字说”现象杂糅释老、贯穿儒学、附会阴阳、涵纳常情，大凡世间人情物理无所不包，或无稽、或有据、或精深、或浅显，非常生动地展现了汉字形义关系的动态世界，可以挖掘出丰富多彩的汉字文化学的内容。比如《左传·宣公十五年》伯宗所说的“故文反正为乏”，虽不能算是真正文字学的解释，但却说明了“反德”(反正)就该灭亡“乏绝”的传统观念。又如《韩非子·五蠹》中说：“古者仓颉之作书也，自环者谓之私，背私谓之公。”这也不尽符合文字学原则，但却包含着这样一种政治思想：“不相容之事不两立”，“公私同利”，弊害无穷。再如《春秋元命苞》中说“两口衔土为喜”，是中国人重土观念的反映；又《春秋说题辞》云：“西米为粟。西者金所立，米者阳精，故西字合米而为粟。”《春秋元命苞》云：“两人交一以中出者为水……两人譬男女，言阴阳交物以一起也。”《邵氏闻见后录》载王荆公晚喜说字，霸字从西，荆公以西在方域主杀伐，诸如此类，显然包含了阴阳五行说的内容；又阳承庆《字统》云：“窳，懒人不能自起，瓜瓠在地不能自立，故字从瓜；又懒人恒在室中，故从穴。”“麤，警防也。鹿之性相背而食，虑人兽之害也，故从三鹿。”王安石《字说》云：“人为谓之伪”“位者人所立”“讼者言之于公”“伶非能自乐也，非能与众乐乐也，为人所令而已”。周有光《语文闲谈·上》载：两个轿夫抬着一顶轿子，里面坐着一位贵夫人。轿夫问：“夫人的‘夫’字和轿夫的‘夫’字，有什么分别?”夫人答：“夫人的‘夫’是‘一大’；轿夫的‘夫’是‘二人’。”[①]凡此种种，均可谓“新而不诡于理”，[②]都有人情事理可以寻绎。此外，上文所举的“武”字之楚庄王说，“王”字之董仲舒说，“忠恕”之王安石说等诸多例子，都属于汉字文化学的形义解释，反映了文字学以外的文化思想。“字说”现象对汉字文化学之贡献于此可见一斑。

总而言之，汉字形义关系的动态结构使得汉字的形义解释超越了文字学的范围而进入文化学的层面，成为我们探讨汉字文化学的重要内容。为进一步了解汉字精华，弘扬中华文化，我们对此应有充分的认识，并予以高度重视。

---

① 周有光《语文闲谈》，生活·读书·新知三联书店1995年，第126页。

② 马国翰辑本《字统·序》，收入《玉函山房辑佚书》。

贰 汉字音义关系的探求与文化内涵

对汉字音义关系的探求，就是我们通常所说的“音训”，也叫“声训”，主要是从声音的角度，根据音同或音近的原则，来探求字义。义与音分别是语言的内容和形式，而字形是记录这个音义结合体的符号。虽然事物的名称与事物的本质没有必然的联系，声音和意义在开始的时候都是约定俗成的，但同源派生词的音义关系可以追索，却又是一个语言事实。在特定的范围内探求语义的发展变化，应该主要依托于声音而不是依托于字形，离开声音这个因素，则不可能通过形、音、义的统一来正确解释古代语言。因此因声求义有着深刻的语言学根据。

对音义关系的探求，在先秦时期就有了萌芽。《论语·颜渊》云：“政者，正也。子帅以正，孰敢不正？”《孟子·滕文公上》云：“庠者，养也；校者，教也；序者，射也。”《周易·说卦》云：“乾，健也；坤，顺也。”《荀子·大略》：“礼者，人之所履也。”诸如此类，都是以声同或声近之字来解释字义，探求音义关系。

这种方法到了汉代，得到了很大的发展，许多著作中都有体现。《淮南子》《史记》《汉书》的个别地方运用了声训，《春秋繁露》《白虎通》《风俗通》和《春秋元命苞》等的声训就更多了。文字学家许慎在对汉字进行阐释的时候，也常用音训，有“《说文》列字九千，以声训者十居七八，而义训不过二三”之说，①如“佼，交也”“帝，谛也”“旁，溥也”“礼，履也”“天，颠也”“月，阙也”“鬼，人所归为鬼”等。其中有的是同音为训，有的是双声为训，有的是叠韵为训。许慎对干支字之意义的解释，全用音训，如《子部》：“子，十一月阳气动，万物滋，人以为称。”《丑部》：“丑，纽也。十二月万物动，用事。”《卯部》：“卯，冒也。二月万物冒地而出。”《辰部》：“辰，震也。三月阳气动，雷电振民农时也，物皆生。”都体现了阴阳五行的思想。汉代音训的专著，是刘熙的《释名》。释名的意思，就是“以同声相谐推论称名辨物之意”，即想从语言声音的角度来推求事物所以这样命名的由来。他的解释，保存了古代有关名物、典章制度、风俗习惯等方面的资料和东汉末年宝贵的语言资料，对后来的“右文说”和“音近义通”“因声求义”的训诂方法都产生了重要的影响。但他单纯从声训的角度来探索语源，也难免有臆想的成分在内，其中某些解释，于科学可能属于无稽之说，但从汉字文化学的角度来说，也不是完全的无根之谈。如《释采帛》：“锦，金也。作之用功重，其价如金。故其制字从帛与金也。”“锦”字据《说文解字》是“从帛金声”的形声字，《释名》以声训解之，显然不合形声结构，但他的解释，实际上反映了当时社会对“锦”的重视。因为“锦”在汉代

① 黄焯编《文字声韵训诂笔记》，上海古籍出版社1983年，第194页。

非寻常之物，汉人以"衣锦还乡"为人生幸事，《汉书·项籍传》云："富贵不归故乡，如衣锦夜行。"王先谦《释名疏证补》据清叶德炯查考，列举了汉代诸多锦名，有"斜文锦""蒲桃锦"，见《西京杂志》；有"云锦""紫锦"，见《汉武内传》；有"虎文锦"，见《汉官仪》；有"走龙锦""翻鸿锦""云凤锦"，均为甘泉宫、招仙灵阁之物，见郭子玄《洞冥记》；有"鸳鸯万金锦""蛟龙万金锦"，均为西汉成帝赐后宫之物，见《博物要览》，从中可见"锦"是当时很贵重的东西，"锦"价如金，理所当然。[①]

以声训来探求音义关系的传统，在徐锴的《说文解字系传》中也有充分的体现。如《通释》第一："祯，祥也。从示贞声。臣锴曰：祯者贞也。贞，正也。人有善，天以符瑞正告之也。《周礼》曰：'祈永贞。'"《通释》第十二："赏，赐有功。从贝尚声。臣锴曰：赏之言尚也，尚其功也，赏以偿之也。"此类例子甚多，都是运用"因声以求义"的方法。

宋代对汉字音义关系的探求，突出表现在王安石《字说》和王圣美"右文说"上。王安石的《字说》，用会意法解释所有汉字的意义，随心所欲，方法灵活。其中，他把形声字会意化，实际上就是对音义关系的探讨。如"波者水之皮""位者人所立""人为谓之伪""讼者言之于公"等，所建立起来的音义关系，从一般的人情物理的角度来看，也不失为一种有趣的解释。"右文说"比王安石的《字说》式的解释，在理论上有更大的进步。其说明确提出形声字"声中有义"，认为凡字其类在左，其义在右，同声符的形声字，其意义都相通。其说见沈括《梦溪笔谈》卷十四：

> 王圣美治字学，演其义为右文。古之字书，皆从左文。凡字，其类在左，其义在右。如木类，其左皆从木。所谓右文者，如"戋"，小也，水之小者曰"浅"，金之小者曰"钱"，歹而小者曰"残"，贝之小者曰"贱"。如此之类，皆以"戋"为义也。

宋代张世南《游宦纪闻》和王观国的《学林》也都有相同或相似的说法。此说经过后来的学者继续深加阐发，旁征博引，已发展成为"右文学"，对于证古书之违误，判训诂之得失，探求语根，阐发音义关系，都起了重要作用。

宋元时期的文字学家戴侗很重视探求音义关系，明确提出了"因声以求义"的说法。他认为"夫文生于声者也，有声而后形之以文"，象形字、指事字、会意字都是有声的，但此三者虽不求诸声，还可从其形、其事、其意中求其义。"至于谐声，则非声无以辨义矣……至于假借，则不可以形求，不可以事指，不可以意会，不可以类传，直借彼之声以为此之声而已耳。求诸其声则得，求诸其文则惑，不可不知也……夫文字之用，莫博于谐声，莫变于假借。因文以求义而不知因声以求义，吾未见其能尽文字之

① 参见胡奇光《中国小学史》，上海人民出版社 1987 年，第 108 页。

情也。”[①]这么先进的观念，在当时是十分难得的。

明代方以智所著的《通雅》是一部水平很高的著作。在音义探求方面，方以智发展了戴侗的“因声以求义”的理论。他明确提出“欲通古义，先通古音”（卷首“音义杂论”），“经传方言者，自然之气也，以音通古义之原也”（《疑始》），“因声求义，知义而得声”（卷六）。他不仅有理论，也有实践。如《通雅》卷四释诂：“偲德，犹偝德也。偝与背、倍、北、悖皆通。《史记·三王世家》‘毋偲德’，注：偲，败也。其实与‘背’字通。”又卷五释诂：“霝始霝终，即令始令终。令命即令名，令闻即令问。古盖‘令’‘灵’‘霝’并通。”[②]

“因声以求义”的方法，到了清代和近代，发展成为训诂学的重要方法。如戴震认为“故训音声，相为表里”，说：“疑于义者，以声求之；疑于声者，以义证之。”（《转语二十章序》）段玉裁在《说文解字注》中则进一步创立了形、音、义三者互求的理论。王念孙著《广雅疏证》，“就古音以求古义，引申触类，不限形体”。章太炎在《文始》中运用声音通转的规律归纳同源字，是对“因声以求义”方法的更为系统的应用。黄侃治学主张以《说文解字》《广韵》为根基，强调以音韵贯穿文字训诂，认为形音义三者之中，以声为先，义次之，形最为后，非常重视声的因素。他说：“凡声之起，非以表情感，即以写物音，由是而义傅焉。声义具而造形以表之，然后文字萌生……如日、月之字未造时，已有日、月之语。更分析之，声则日、月，义表实、阙；至造字时，乃特制日、月二文以当之。”[③]这些语言学大师的理论与实践，使得对汉字音义关系的探求，更趋系统，更为科学。

以上是从历史发展的角度对汉字音义关系的探求进行的简单梳理。总的来说，对汉字音义关系的探求，有两方面的价值：

一、有语言学的科学价值

王力在《中国语言学史》中说：“事物得名之始，固然是任意的；但到了一个词演变为几个词的时候，就不再是任意的，而是在语音上发生关系的了。”[④]也就是说，词在产生之初，其音义关系是任意的，但也是约定俗成的。随着社会的发展，词汇不断丰富，就要从旧词中分化出一批又一批的新词。这些新词的词义是旧词词义的引申，新词的音读则承袭旧词的音读或按照一定规律进行改变。这样，源词和派生词之间就有

① 戴侗《六书故》，上海社会科学院出版社 2006 年，第 10—12 页。

② 参见何九盈《中国古代语言学史》（新增订本），北京大学出版社 2006 年，第 228—229 页。

③ 黄侃《声韵略说》，转引自陆宗达、王宁《训诂与训诂学》，山西教育出版社 1994 年，第 63 页。

④ 王力《中国语言学史》，山西教育出版社 1981 年，第 51—52 页。

历史的渊源关系，声近义通就可因声求义，因此声训对揭示语源和探讨词义的发展都有重要作用。《释名》运用声训，是“以同声相谐推论称名辨物之意”，就是要探讨语源，因声求义。如《释名·释亲属》云：“父之弟曰仲父，仲，中也，位在中也；仲父之弟曰叔父，叔，少也。”《释长幼》云：“三十曰壮，言丁壮也。”《释言语》云：“智，知也。”“勒，刻也。”“纪，记也。”《释天》云：“异者，异于常也”等，这些解释都接触到了语源学。《释名·释天》云：“景，竟也。所照处有竟限也。”可见“景”的本义是日光；《释名·释形体》：“眼，限也。童子限限而出也。”可见“眼”的本义是眼珠。这些解释都有益于词义的探索。声训对考证古音系统也有重要价值，如《白虎通义》以“迁方”训“西方”，《尚书大传》以“鲜方”训“西方”，可见“西”字上古收音于[-n]，《说文解字》以“毁”训“火”，可见“火”在上古属微部；以“准”训“水”，以“推”训“春”，可见古韵文微对转，如此等等，都保存了古音研究的重要材料。①

二、 有文化学的参考价值

众所周知，历史上的声训方法，并不是建立在科学的语源学之上的，而仅仅从表面上着眼于声音的相同或相近，容易流于主观臆测。因此从科学语源学的角度来说，很多声训材料是不足为据的。上举刘熙的《释名》，就有不少主观的看法。王力指出：“刘熙的声训，跟前人一样，是唯心主义的。他随心所欲地随便抓一个同音字（或音近的字）来解释，仿佛词的真诠是以人的意志为转移的。方言的读音不同，声训也跟着改变（如“天”“风”）[按：《释名·释天》：“天，豫司兖冀以舌腹言之，天，显也，在上高显也；青徐以舌头言之，天，坦也，坦然高而远也。”“风，兖豫司冀横口合唇言之，风，泛也，其气博泛而动物也；青徐言风，踧口开唇推气言之，风，放也，气放散也。”]；方言的词汇不同，声训更必须跟着改变（如“绡头”“幅”）[按：《释名·释首饰》：“绡头，绡，钞也，钞发使上从也。或谓之陌头，言其从后横陌而前也。齐人谓之帩，言敛发使上从也。”《释衣服》：“幅，所以自偪束。今谓之行縢，言以裹脚，可以跳腾轻便也。”]。同一个词可以有两个以上的语源（如“剑”）[按：《释名·释兵》：“剑，检也，所以防检非常也；又敛也，以其在身拱时敛在臂内也。”]他的声训甚至达到了荒唐的程度（如“痔”）[按：《释名·释疾病》：“痔，食也。虫食之也。]。”②郭沫若在《甲骨文研究》中也曾说道：“同时汉人之说，而歧出如是，其故盖同依转注之法以附会己见，子丑之同音字如有一百，即可有一百种异说成立。”③这一百种异说中，其中绝大部分肯定不能从语源

① 参见王力《中国语言学史》，山西教育出版社 1981 年，第 50—52 页。

② 参见王力《中国语言学史》，山西教育出版社 1981 年，第 50 页。

③ 郭沫若《甲骨文字研究》，载《中国现代学术经典·郭沫若卷》，河北教育出版社 1996 年，第 339 页。

上得到科学的证明。那么我们如何对待声训材料中不符合语言学的那些说法呢？我们觉得应该从汉字文化学的角度加以利用。从汉字阐释的角度来说，这些材料应该都是有存在价值的。黄丽丽《说声训》指出："语义是自然现象、社会现象、心理现象在语言中的反映，语义的这种反映会受到历史与社会的制约。声训也一样，它不能不反映一定的民俗文化。"又说："语言是人类的思维工具和交际工具，从某种程度上也可以说是人类社会的一面镜子。人们研究语言的方法同样具有时代性和社会性，声训自然也不例外。由于当时科学水平的限制，它具有无庸讳言的流弊。但不管人们是把它用得恰到好处，还是滥用以至皮傅穿凿，它都曲折地体现了人们的思想观念和一定的文化传统。"[①]何耿丰在《声训研究》一文中总结了声训在文化史研究上的价值，他指出，有些声训反映了古代社会生活、文化礼俗和思想观念，可以作为研究文化史的参考。下面参考转述其中部分内容，以窥见声训的文化学价值：[②]

（1）古代席地而坐，臀部靠在脚后跟上，脚在人后，故《释名・释形体》云："脚，却也。以其坐时却在后也。"（"却"有后退、向后的意思）。

（2）古代作战，以金鼓令进退。擂鼓进攻，鸣金收兵，故《释名・释兵》云："金，禁也。为进退之禁也。"

（3）古代娶妇，婚礼通常在昏夜进行，故婚礼之"婚"，原字作"昏"。《释名・释亲属》："妇之父曰婚，言婿亲迎用昏，又恒以昏夜成礼也。"

（4）西汉时期，阴阳五行之说大盛，训诂学家也往往把阴阳五行思想附会在词义训释上。如五行中的"金"，在五方中主西，在四时中主秋。秋天寒风萧瑟，草木凋谢，万物呈现萎滞状态，所以《释名・释天》："金，禁也。气刚毅能禁制物也。"

（5）从汉武帝罢黜百家、独尊儒术之后，儒家思想成为居统治地位的正统思想，于是训诂学家就站在正统立场上，运用声训，力图从语义训释中宣扬儒家思想：

① 宣扬儒家"君权神授""王权至上"思想，如：

《说文解字》："王，天下所归往也。"《韩诗外传》："王者，往也。天下往之谓之王。"《春秋・元命苞》："王者，往也，神之所输向，人所乐归也。"《春秋繁露・灭国》说："王者，民之所往；君者，不失其群也。故能使万民往之，而得天下之群者。"《白虎通义》："君，群也，群下之所归心。"此皆以"往"释"王"，以"群"释"君"，谓君王为一国之尊，万民之首，是人民所向往归附之人，是使群下归心之人。

② 反映儒家的政治思想和治国理念。

儒家重礼，一切都要遵循礼的规范，包含三纲五常为核心的礼治纲领和日常社会生活中实行的具体礼仪礼节。《释名》："礼，体也，得事体也。"说明礼在社会、政治、文

① 黄丽丽《说声训》，《中国语文》1995 年第 1 期。

② 参见何耿丰《声训研究》，载《艺文述林・语言学卷》，上海文艺出版社 1999 年，第 210—214 页。

化生活中的重要性，只有遵循礼的规范，才能"得事体"。"礼"还要求人们非礼勿听，非礼勿言，非礼勿视，非礼勿动，具有鲜明的实践性，所以《说文解字》云："礼，履也。""履"本是鞋子，引申为"踩""踏""实践"。

儒家重视"礼"，也重视"乐"。对为政者来说，"礼""乐"是相辅相成的两个方面。因为"乐者，通伦理者也""知乐则几于知礼""审乐以知政，而治道备矣"。礼、乐皆得，方为有德之君，故曰："德者，得也。"

儒家提倡为政以德，其治国思想总是着眼于为政者内在的道德修养，为政者必须以自己端正的道德行为去感化百姓，正人之所不正，故《周礼·夏官·序官注》云："政，正也。政所以正不正者也。"统治者道德行为的端正，还可以产生积极的政治效应，"其身正，不令而行；其身不正，虽令不行。"(《论语·子路》)故《论语·颜渊》云："政者，正也。子帅以正，孰敢不正？"《释名·释语言》云："政，正也，下所取正也。"这些解释，很多地方都是运用声训的方法。

③ 宣扬儒家伦理道德观念。

在男尊女卑的封建社会中，男权至上，而妇女受封建礼教束缚，处于从属地位。《白虎通义·嫁娶》："男者，任也，任功业也。"《释名·释长幼》："男，任也。典任事也。"《白虎通义·嫁娶》："妇者，服也，服于家事，事人者也。"《释名·释长幼》："女，如也，妇人外成如人也。故三从之义，少如父教，嫁如夫命，老如子言。"由此可见，男人"任功业"，妇女则"服家事""少如父教，嫁如夫命，老如子言"。这是利用声训，从语言上论证男尊女卑和封建礼教的合理性。

由上可见，对汉字音义关系的探求，与对汉字形义关系的探求一样，都同样有着丰富的相当灵活的阐释，语言文字学的解释和汉字文化学的解释杂糅其中，需要我们进行鉴别和利用。如果着眼于语言文字学的解释，我们应该借助文字学、音韵学、训诂学的研究成果，并找出"信而有征"的佐证，避免主观臆测，以讹传讹；如果着眼于汉字文化学的解释，我们不妨结合历史背景，努力挖掘表面上看来似乎是随意的解释中的合理因素。存在即合理，一种解释的出现，总有它的原因。如果无正理而有妙义，也不妨从另一个角度加以阐发，以获得另一种意义上的价值，丰富汉字文化学的内容。

第十四讲

文化的使者：汉字的域外传播和文化引进

汉字是记录汉语的书面符号系统，这是汉字的基本功能，除此之外，汉字还有扩展性的功能，比如汉字书写体现的书法美、汉字结构体现的对称美等。仅就记录语言的功能而言，汉字也有扩展功能，这就是汉字的域外传播和对外来文化的引进功能，也就是说，汉字是很出色的文化使者。本讲拟就这个问题进行简要的阐述。

壹 汉字的域外传播与汉字文化扩散波

历史上汉字曾传入朝鲜半岛以及日本、越南等国家，在不同时期曾作为正式的文字使用。也就是说，汉字曾经走南闯北，遗泽海外，在中国的周边，汉字的域外传播形成了以中国为中心的汉字文化扩散波，[①]阵阵涟漪，渐行渐远。

朝鲜半岛何时开始使用汉字，还没有一致的看法。但有资料证明，大概在公元1世纪，朝鲜半岛已经在使用汉字。比如盖马大山一词中的“盖马”就用汉字记录朝鲜词汇KAMA。在朝鲜三国时期中的公元4世纪前后，出现了用汉字标记朝鲜语的规则，即“吏读”。“吏读”也叫“吏吐”“吏道”，“读”“吐”“道”都是助词含义的朝鲜语THO的汉字转写，“吏读”意为带有朝鲜语助词的官方文字。大约在公元5世纪初，汉字在朝鲜半岛的使用就已经很普遍，551年所立的昌宁碑、568年所立的咸州黄草岭碑和利原的摩云岭碑等，其碑文都是用汉字写的。13世纪高丽朝僧人一然所写的《三国遗事》，也全用汉字书写。在使用汉字的过程中，人们还仿照汉字的样式创制了一些朝鲜独有的汉字来表现一般汉字无法记写的词语和助词。一般词语如表示“水田”之义NON的“畓”，表示“梯子”之义SATARI的“橵”，这两个字的造字方式很像

① “汉字文化圈”是日本学者开始使用的，有时其地理范围包括中国及周边曾经使用汉字的国家，这样把中国在汉字与汉字文化方面的地位和周边国家等同起来是不合适的。本书使用“汉字文化扩散波”，意指汉字与汉字文化是以中国为中心或源地向邻域空间扩散出去并产生影响的。

汉字的会意法。助词如表示“的”之义 HAN 的“㖪”等。由于汉字是为记录汉语而造的，朝鲜语与汉语肯定存在差别，在借用汉字记录朝鲜语的过程中，一定也有不适应的地方，这就需要进一步改造。1444 年，朝鲜进一步仿照汉字的笔画创制了自己的文字，王朝世宗李祹诏书称为“训民正音”，意即教导百姓以正确字音，正式名称即“谚文”。但谚文产生后并没有完全抛弃汉字，而是谚文与汉字并用，文人在作文写诗时，仍然完全使用汉字，可见汉字在文化人的圈子里还是很受欢迎的。1945 年日本投降，朝鲜半岛分成南北两个国家，虽然北部的朝鲜废止了汉字，但古代书籍和文化的研究仍然离不开汉字，而韩国则一直沿用至今，汉字的教育仍然很受重视，汉字的使用，还一直被认为有古雅和深奥的韵味。从文化的角度看，朝鲜半岛的古文献几乎都是借助汉字才得以保存和流传，文学艺术的发展都离不开汉字，所以汉字在朝鲜半岛的地位还是根深蒂固的。同时汉字的传入也直接传播了中国传统文化，促进了文化交流。①

汉字是随着汉文典籍一起传入日本的。据日本现存最早文献《古事记》《日本书纪》记载，在公元 3 世纪日本应神天皇时期，百济国（今朝鲜半岛）王室派遣贤人赴日本，献上《论语》《千字文》等汉文典籍，是为汉字传入日本之始。汉字传入日本后，善于学习的日本人一方面利用汉字来记写日语，另一方面也在逐步改造汉字以更好地适应日语。改造汉字的结果就是“假名”的出现:“假”的意思是“借用”，“名”的意思是名号，即“汉字”。所谓“假名”，就是借用汉字字形的部分笔画作为符号来表示日语的音节单位的文字体系，包括“平假名”和“片假名”。“平假名”是利用汉字草书字体的简略形式来标记日语语音，如“あ”“い”“う”“け”“か”就是利用汉字“安”“以”“宇”“计”“加”的草体进行改造而成的，是一种比较通俗方便的文字形式（“平”的意思就是通俗平易），大约形成于安平时代初期（8 世纪末），开始时主要流行于女性间，用于写和歌、日记等，直到 905 年《古今和歌集》问世，才受到全社会的承认。“片假名”则是利用汉字楷书的简略形式来标记日语语音，如“ア”来源于“阿”的偏旁，记录“a”音，“イ”来源于“伊”的偏旁，记录“i”音，“ウ”来源于“宇”的偏旁，记录“u”音，“カ”来源于“加”的偏旁，记录“ka”音，“ホ”来源于“保”的偏旁，记录“bo”音。这种假名只采用汉字开始的笔画或结尾的笔画，是不完整的。“片假名”之“片”，就是不完整的意思。片假名的形成是在平安时期的中期（10 世纪），主要是由经常阅读汉文典籍的僧侣和知识分子使用。可见不论是平假名还是片假名，都与汉字有密切的关系。汉字曾经对日本的文化和学术传统起过至关重要的作用，虽然在现代社会，日本对汉字的使用已有所限制，但仍然有近 2 000 字是日本的当用汉字或常用汉字（日本在 1981 年公布的

① 参见韩振乾《汉字在朝鲜半岛》，载何九盈、胡双宝、张猛主编《中国汉字文化大观》，北京大学出版社 1995 年，第 374—384 页。

《常用汉字表》有 1 945 字)。日本人对古汉字的研究、对汉字书法的喜爱,都深深映射出汉字文化对他们内在精神的吸引力和影响力。[①]

越南与中国山水相连,自古以来交往密切,汉语汉字自然传入。据记载,秦始皇在公元前 214 年平定南越后设南海、桂林、象郡。其中的象郡就包括今越南的北部和中部。939 年越南自立为国,但越南的历史文化、社会生活与汉语汉字仍然有着广泛而深刻的联系,直到 19 世纪下半叶越南沦为法国殖民地,汉语汉字在越南的影响才逐渐衰微。

秦代开发南越地区之时,汉语汉字已经传入越南,现代越语中有些汉语借词还保留着上古汉语的读音。东汉后期,士燮任交趾太守,大力推广文化教育,汉字开始系统传入越南,直至隋唐时期,越南一直都在使用汉字,同时吸收了大量的汉语词汇。公元 939 年,吴权击败中国五代六国时期中的南汉军队,建立了独立政权。968 年,丁部领以武力建国,并接受宋太祖册封,越南成为宋朝的藩属国,直至 19 世纪下半叶,越南的封建王朝一直与中国的封建王朝保持着藩属与宗主的关系,以汉字汉学为基础的文化教育,不断普及和深化。这一时期,越南封建王朝一直把汉语汉字作为官方的语言文字,是颁布政令、传播思想和交流信息的唯一工具。所以越南虽然独立,但汉字汉学的影响不仅没有减少,反而得到加强和巩固,大量用汉字书写的文学作品和用汉字记录的历史文献,成为越南民族重要的文化遗产和精神财富。

当然,汉字是记录汉语的符号系统,越南与朝鲜、日本一样,在利用汉字记录他们语言的时候,难免也有不适应的地方,所以改造汉字的举措也是势在必行的。越南改造汉字的结果是"喃字"的出现。约在 12 世纪,越南开始使用喃字。喃字是一种半表音半表意的越南民族文字,是仿照汉字的假借、形声、会意等造字方法改造而成的方块字。其假借是直接借用汉字来作为喃字,形声和会意的结构与汉字类似。其会意字的会合成义,也颇有意思,如以"歪"表示"天"之义,"仐"表示"头领"之义,等等。"喃字"之"喃"即是汉字"南"的越化字,含有"通俗"之意,"喃字"其实是一种辅助性的文字系统,所以越南在创制和使用喃字时期,汉字仍然是占主导地位的文字。阮朝时期(1802—1945)越南的一位学者吴德继曾说:"我越南国,千年以来,学汉学,遵孔道,汉文即为国文,孔学即为国学,虽江山朝代几经变易,危险变乱多次,而正学不衰;人心、风俗、道德、政治皆由此而出;国家种族,亦由此而固。"(《越南诗文合选》第四集,第 560 页)可见汉字汉学对越南民族影响至深。20 世纪初,由于法国人在越南的殖民统治,法文成为官方文字,同时发展了由早期传教士创制的拉丁化拼音文字作为国语字。这种国语字在越南抗法斗争胜利后成为越南的通用文字,汉字和喃字都被弃而

① 参见张猛、于敏《汉字在日本》,载何九盈、胡双宝、张猛主编《中国汉字文化大观》,北京大学出版社 1995 年,第 384—391 页。

不用了。虽然如此,在越南存在千年之久的汉字以及由汉字带来的文化内涵,仍然深深地影响着这片土地。[①]

由朝鲜、日本、越南的历史情况来看,汉字作为文化使者,确实给周边国家和人民带去了文明和福祉。汉字的域外传播所形成的汉字文化扩散波,是历史上中国与周边国家文化交流、和平往来的重要成果,值得我们深入研究,发扬光大。

贰　汉字对外来文化的引进

如果说汉字的域外传播形成了汉字文化扩散波,传播了汉字文明,那么,汉字对外来文化的引进则实现了文化的交流,丰富了自身的内涵。汉字对外来文化的引进主要是指汉字作为译语文字来翻译别族语言,引进外来文化。这种活动可以追溯到东汉明帝时的佛经翻译。佛经原为梵文,佛经翻译要实现表音文字与表意汉字的对应转换,绝非易事。从鸠摩罗什开始,无数的高僧耗尽了心力,形成了音译和意译两种主要用字传统,其用字的情形大致也与汉字在别国记录别族语言的情形相似,有借用,也有改造。以下以音译用字为例,从文字学的角度讨论汉字如何记录外语以及如何进行调整和改造,以实现对外来文化的引进,达到文化交流的目的。

所谓音译,就是用音同或音近的方法来对译外来语词。在翻译实践中,如果所译对象属于新出的或者陌生的事物,在汉语中一时难以找到内涵对等的词汇,音译就是最好的办法。如对佛经中的“菩萨”“菩提”之类词语的翻译,对近代西方的许多声光化电新概念的翻译,音译都发挥了重要的作用。音译实现了原语文字和译语文字在读音上的对应转换,其主要特征在于体现原语语词的读音色彩。这种译法,对于原语的记录符号为表音体系的文字来说,是最为直接和简便的方法。

从文字学的角度来看,音译以音同音近为原则,实际上继承了中国传统“六书”中的假借机制,即“本无其字,依声托事”。所不同的是,汉字假借是用于记录汉族语言的语词,而音译则是用于记录别族语言的语词。音译实际上是汉字记录功能的一种扩展,表现为以下几种情况:

(1) 利用现成汉字来记音。

如果汉语音节和外语音节能够对应或基本对应,就可以利用现成汉字来记录外来语词。如用“赛因斯”记录“science”,用“德律风”记录“telephone”,用“梵婀玲”记录“violin”,用“沙发”记录“sofa”,用“幽默”记录“humor”,用“奥林匹克”记录

① 参见马克承《汉字在越南》,载何九盈、胡双宝、张猛主编《中国汉字文化大观》,北京大学出版社 1995 年,第 391—401 页。

“olympic”，用“罗曼蒂克”记录“romantic”等。这种翻译是假借机制的最直接表现，犹如借“蚤”表早晨之“早”，借“馈”表归还之“归”。

（2）改造现成汉字来记音。

比如佛典“bodhisattva”（菩萨）旧译作“扶薛”，“薛”字俗体写作“薩”，后为了避免与“薛”字混同，就把“薩”字右下部分改为形近的“產”，就成了“薩”字，今类推简化作“萨”。[①] 梵语“Māra”的音译省称为“魔”，意思是“扰乱”“破坏”“障碍”等，指烦恼、疑惑等妨碍修行的心念。汉字里本无“魔”字，在翻译“Māra”时，先是借“磨”字来记录，属于音译。南朝梁武帝改“磨”的偏旁“石”为“鬼”，变成了“魔”。宋法云《翻译名义集》卷二《四魔篇》引《摄辅行》云：“古译经论魔字从石，自梁武来谓魔能恼人，字宜从鬼。”说出了“魔”字从“鬼”的理据。[②]

（3）另造新字来记音。

另造新字是本无其字，直接造字。有的外语音节与汉语音节无法对应，找不到相应的汉字来记录，就需要另外造字。佛经音译字中有一类很特别的“反切字”，就是利用中国传统的反切法而创造的新字，如“丁夜切”的“㖶”字、“名养切”的“䒌”字。[③] 又如，许慎《说文解字》中所收的“塔”字，以前未见于汉字系统，是徐铉新附上去的。据说此字是为翻译梵文的“stūpa”而创造的，初见于东晋葛洪的《字苑》和南朝梁顾野王的《玉篇》。唐慧琳《一切经音义》卷二七云：“古书无塔字。葛洪《字苑》及《切韵》塔即佛堂，佛塔庙也。”在近代声光化电传入的时候，另造新字的现象更多，很多记录化学元素的字，如氢、氧、氖、锂、钠、镁、钾等都是新造出来的，为汉字大家族增添了不少新成员。

作为表意体系的汉字，其特点是形义关系十分密切。浸润在汉字世界里的人，受汉字形义统一观念的影响，在潜移默化之中往往会不自觉地根据字形或偏旁所提供的信息来理解字义，有“望文生义”或“见形知义”的认知心理。纯粹的音译用字，如果所选择的字形和它所要表达的意义存在着偏离的现象，就会促使人们进行改造，使得形义之间能联系起来，符合汉字表意的特点。因此，音译用字的“汉化”现象也是必然的趋势。下面两种情况都表现了音译用字的“汉化”。

（1）音译为意译所取代。

音译为意译所取代，是音译词最纯粹、最彻底的“汉化”。由于音译是纯粹的“谐音”，可能音节冗长，或词不达意，“陌生感”很突出，就需要进一步改造，使之符合汉语汉字的表达习惯。比如清朝时把“president”译为“伯里玺天地”，音节多，意思不明，

① 张涌泉《汉语俗字研究》，岳麓书社 1995 年，第 170—171 页。

② 何九盈、胡双宝、张猛主编《汉字文化大观》，北京大学出版社 1995 年，第 202 页。

③ 陈五云《从新视角看汉字：俗文字学》，河南人民出版社 2000 年，第 98 页。

意译为“总统”，就很本土又自然了。“international”原译“英特纳雄耐尔”，用字多却不知所云，意译为“国际”，则语意明白。“violin”音译“梵婀玲”，只见其音不见其意，意译“小提琴”，则见文而知义。又如“microphone”从“麦克风”变为“扩音器”，功能清楚了；“husband”从“黑漆板凳”改为“丈夫”，角色明白了；“massage”从“马杀鸡”变为“按摩”，手法清晰了。这些意译词，或来自传统古词，或利用汉字组合，可谓文从字顺，自然而然。

（2）音译用字的意化选择。

音译用字的意化选择，一是依音赋义，直接选用既能表音又能表意的汉字来记录外语词，是一种十分巧妙的翻译，充分表现了译者的聪明和智慧。比如以“可口可乐”对译“Coca-Cola”，既合其音，又表达出“可口美味，饮中生乐”之意；以“百事可乐”对译“Pepsi-Cola”，音既相符，又包含着“百事顺利，心中快乐”之意。又如以“奔驰”译“Benz”，汽车的速度迎面而来；以“脱口秀”译“talk show”，优秀的口才直接感知。这些都是依音赋义、音义相谐的的范例。

还有有些音译兼意译的词，也体现了译者的匠心。如以“金利来”对译“Goldlion”，“金”对应“Gold”，是意译，“利来”对应“lion”（狮子）的读音，是音译，整个译名所表达的财源滚滚之意，很符合人们的求财愿望。又如以“保龄球”对译“bowling”，“保龄”二字对应原名“bowling”之音，其字面的意思却可以理解为“保持年龄”，很好地宣传了这种运动的功效。

在音译实践中，有很多同音汉字可供选择，加上译者的方音不同、时代有别，选字自然就很不一样，因此，同一个词有很多近似的音译用字，就不可避免了。音译用字意化选择的第二种情况，就是通过甄选，淘汰形义不相关的音译字，选择形义相关的形式。比如对译梵语的“mallikā”，就有“抹莉”“没利”“末丽”“末罗”“茉莉”等不同写法；对译马来语的“pinang”，也有“宾郎”“宾根”“槟门”“槟榔”等；对译英语的“mini”，可写作“弥尼”“靡拟”“谜拟”“迷你”等。面对这些不同的用字现象，人们会自觉不自觉地根据形义统一原则和构词理据来进行意化选择，比如在李时珍的《本草纲目》里，“茉莉”和“槟榔”分别被确定为标准样式。因为“茉莉”二字从艸，“槟榔”二字从木，有利于标示其作为植物的类别意义。“mini”中的“弥尼”“靡拟”和“谜拟”，只是单纯的表音，缺乏理据，而“迷你”则表达出因其小巧而使你迷恋之意，大家都乐于接受。①

罗常培说：“外国语词借到中国后，本国的文人想把它们汉化，于是就着原来的译音再应用传统‘飞鸟安禽，水族著鱼’的办法硬把它们写作谐声字。”②汉字“飞鸟安禽，水族著鱼”的方法，是汉字表意特点的重要体现。翻译，特别是音译，如果只是从谐音

① 以上参见龚雪梅《音译用字的文字学考察》，《福建师范大学学报（哲学社会科学版）》2006 年第 4 期。

② 罗常培《语言与文化》，语文出版社 1989 年，第 29 页。

的角度来选择汉字，很多音译词会呈现浓厚的外来语色彩，但是，中国文化强大的自我认同功能，也使得相当一部分外来语色彩浓厚的音译外来词，在用字方面被逐步调整和改造，逐渐融入汉字的表达习惯，最终实现“汉化”，成为汉语字词的有机部分。音译外来词“汉化”的现象，说明表意汉字在引进外来文化的过程中，仍然主要按照形义统一的原则实现记录语言的功能。这是汉字记录汉语的特点，也是汉字记录外语的主要特点。

第十五讲

前辈心得,后学津梁:古代汉字学研习方法述略(一)

学习知识的方法有许多共性,比如循序渐进、积少成多、肯钻研多思考等,但涉及具体的学科,内容就各有区别。学习汉字学,与其他学科相比,有共性也有个性。汉字学又分古代汉字学和现代汉字学,也各有其共性和个性。古代汉字是现代汉字的源头,在学习上比现代汉字要难,这是肯定的。本讲侧重于谈古代汉字研习方法的问题。在这方面,许多前辈学者已经给我们做出了很好的榜样,有的还把自己的研究心得和宝贵经验写出来供初学者参考,这是功德无量的事。比如商承祚有《怎样研究古文字》,[①]李学勤有《谈自学古文字》,[②]裘锡圭有《谈谈学习古文字的方法》,[③]陈炜湛有《如何学习和研究古文字》[④]和《我如何研究古文字(甲骨文)》[⑤]等,这类文章都是前辈学者的经验总结,很值得我们认真学习和思考。下面综合前辈学者的经验,分若干小专题来谈,作为初学的阶梯,进学的津梁。

壹　打好基础,研读经典

古代汉字学是一门比较难的学科,素称绝学,又是一门与考古学、历史学、文献学、语言学等学科相关联的边缘学科,涉及面很广,需要各方面的基础知识。李学勤

---

① 商承祚《怎样研究古文字》,《中国文物报》1988 年 6 月 10 日第 3 版。按,陈炜湛云:“商老有篇文章《怎样研究古文字》讲得最详细,在《文物报》上发表,那是我奉命代师立言,经商老审定认可后发表的。”见陈炜湛《我如何研究古文字(甲骨文)》,载陈伟武主编《古文字论坛》(第二辑),中西书局 2016 年。

② 李学勤《谈自学古文字》,《文史知识》1981 年第 6 期。

③ 裘锡圭《谈谈学习古文字的方法》,《语文导报》1985 年第 10 期,收入《古文字论集》,中华书局 1992 年。

④ 陈炜湛《如何学习和研究古文字》,《语文世界》2003 年第 3 期,收入《陈炜湛语言文字论集》,上海古籍出版社 2005 年。

⑤ 陈炜湛《我如何研究古文字(甲骨文)》,载陈伟武主编《古文字论坛》(第二辑),中西书局 2016 年。

曾引用唐兰的一句名言，即“古文字学的功夫不在古文字”，其实就是陆游所说的“功夫在诗外”的意思，就是说，如果想学好古代汉字学，必须掌握与之相关的外围相关知识，包括语言学、文献学、历史学、考古学等。当然这些知识不一定要在学习古代汉字学之前就全部具备，可以先掌握一些基础常识，然后再随时弥补，不断积累有关知识，聚少成多，渐成系统。

首先需要的是古代汉语的知识，包括文字、词汇、语法、古音的知识，也包括古文献、古文化的一些常识。其中的古音知识是难度更大的。这些知识可以先通过课程的学习来获得，比如大学本科的古代汉语课程，基本都包括这些知识。王力主编的《古代汉语》是我国高校较多采用的教材，其中的通论值得初学者好好学习。把通论知识学好了，古汉语的知识就比较有系统了，语言学的基本修养也就具备了。当然仅通过课程和通论性著作的学习还是不够的，还要选一些好的专题著作来阅读。比如文字方面的知识，可以看陈炜湛、唐钰明的《古文字学纲要》；词汇、语法和古音方面的知识，可以看王力的《汉语史稿》和《汉语音韵》；古音方面的知识，还可以看李新魁的《古音概说》；训诂学方面的知识，可以看洪城的《训诂学》、陆宗达的《训诂简论》等。裘锡圭认为，熟悉古代汉语的主要方法就是踏踏实实读古书，对学古文字的人来说，最适合精读的古书是《左传》，可以用《十三经注疏》里的《春秋左传注疏》，不仅读本文，连注和疏也要精读，同时可以把杨伯峻《春秋左传注》当作参考书。他认为读《左传》不但能熟悉先秦语言，而且能得到很多先秦历史、社会、典制、风俗、思想等方面的有血有肉的知识，这些知识对学习、研究古文字是非常有用的。[①] 李学勤认为：“在学古文字时读古书，最好能以古文字材料与同时代的文献对照阅读。例如学西周金文，同时读《尚书》《逸周书》及《诗经》中西周作品，必能收左右逢源之效。”[②]这些都是非常有效的提高古汉语水平的方法和途径。

作为一门边缘学科，古代汉字学的学习和研究与历史学和考古学（包括古器物学）也有密切的关系，所以裘锡圭建议：“学殷墟甲骨文，应该有一些商代史和殷墟考古的知识。在殷墟考古方面，初学者可以看胡厚宣《殷墟发掘》。学金文，应该有一些商周史和青铜器研究方面的知识。在青铜器方面，初学者可以看容庚、张维持的《殷周青铜器通论》。”李学勤指出：“考古学和古文字学相辅相成，把文字考释与考古学方法结合起来，常能解决单凭前者不能解答的疑难问题。研究青铜器，不仅注意铭文，还应观察其形制、纹饰、功能和冶铸技术。研究甲骨，也应该兼顾甲骨品种，修治方式及钻凿的形态。”这些也都是很好的建议。

对学习和研究古汉字的人来说，另一个很重要的基础就是《说文解字》。这也

① 裘锡圭《谈谈学习古文字的方法》，载《古文字论集》，中华书局 1992 年，第 652 页。

② 李学勤《谈自学古文字》，《文史知识》1981 年第 6 期。

可以说是专业基础。《说文解字》是东汉许慎所著的一本文字学的经典著作。以现在的眼光来看,《说文解字》确实存在时代的局限,但并不影响它的经典性和重要性,没有哪个研究文字学或古文字学的学者不强调《说文解字》的重要性。因为《说文解字》是连接古文字和今文字的桥梁,从《说文解字》小篆上溯战国文字、西周金文和商代甲骨文,很多汉字的演变过程就非常清晰(当然也有很多汉字区别很大甚至完全不同),《说文解字》对万把字的结构和意义都做了很简明的解释,没有它的指引,我们对古文字更是难以理解。总之,《说文解字》是学习古文字的最重要的基础,甚至是研究古代学问的重要基础,这一点怎么强调都不过分。清代学者王鸣盛说:"《说文》为天下第一种书,读遍天下书,不读《说文》,犹不读也;但能通《说文》,余书皆未读,不可谓非通儒也。"此说前半句虽然有失偏颇,但后半句却是很有道理的。

当然要读好《说文解字》是很不容易的,裘锡圭说:"按照我的经验,在开始学古文字的时候,可以先很粗地翻阅一下《说文》,了解一下大概的情况,能精读一部分当然更好,但不必急于通读全书。对学古文字的人来说,最重要的是要养成勤查《说文》的习惯。不但在学习、研究古文字的时候一碰到有关问题就要去查,就是在阅读书报的时候碰上了一个记不起它的小篆写法的字,也应该去查一查。查《说文》并不是很轻松的事。即使有索引可以使用,也还是会有查了半天还查不到字的情况。我们决不能因为怕麻烦就少查《说文》。勤查《说文》能减少以至消灭由于对《说文》不够熟悉而犯错误闹笑话的可能。而且通过不断翻查,对《说文》无疑是会逐渐熟悉起来的。""读不懂《说文》的时候,可以参看段玉裁《说文解字注》(一般简称《段注》)。有必要的话,还可以查阅《说文解字诂林》所收的其他各家的解释。"李学勤说:"开始学古文字,不可不读《说文》,但不要单看大徐本本文(如最近影印的一字一行本),应当兼读注释。大家喜欢读段玉裁《说文解字注》,这是对的。如果觉得《段注》卷帙浩繁,一时读不完,建议先读王筠的《说文句读》,比较简明。此外,徐灏的《说文解字注笺》,对读《段注》很有帮助。"

上述很多书籍都是经典著作,我们要从事一个学科的学习和研究,一定要爱上这个学科的经典。每一个学科都有它的必读经典,比如中国传统经学有所谓"十三经",是历代传承和积淀下来的十三部经典著作。经典之所以成为经典,就是因为它具有科学的体系、精彩的表达、独特的思想、深刻的内涵和历久弥新的魅力。学习经典能获得真知,提升素养。学经典的效力肯定比泛读滥读要好得多。因此我们宁愿花更多的时间来学习经典,精读深思,切磋琢磨,一定会获益良多。李学勤说:"我建议把要读的书分为两类,一为精读,一为泛览。精读的书,必须是对本人确属必要的好书,不管卷帙多寡,一定要读通读懂。这样的书,一年能读一两种,已经获益不浅。"古代汉字学的经典很多,有通论性质的,有专题性质的,有的深入浅出,有的广博精深,初学者先选择深入浅出的通论著作进行学习，然后再读精深的专题研究论著，循序渐进，登堂入室，一定会学有所成。下面我们再列若干种，供初学者选择阅读：① 唐兰《中国文字学》（上海古籍出版社 1979 年）。② 唐兰《古文字学导论》（齐鲁书社 1981 年）。③ 李学勤《古文字学初阶》（中华书局 1985 年）。④ 高明《中国古文字学通论》（北京大学出版社 1996 年）。⑤ 林沄《古文字研究简论》（吉林大学出版社 1986 年）。⑥ 刘翔、陈抗、陈初生、董琨《商周古文字读本》（语文出版社 1989 年）。⑦ 裘锡圭《文字学概要》（商务印书馆 1988 年）。⑧ 陈炜湛、唐钰明《古文字学纲要》（中山大学出版社 2009 年修订版）。⑨ 陈炜湛《古文字趣谈》（上海古籍出版社 2005 年）。⑩ 曾宪通、林志强《汉字源流》（中山大学出版社 2011 年）。

贰　学习理论，重视材料

学习经典的内容之一，就是要学习经典理论。古代汉字学的经典理论，就是与汉字起源、汉字演变、汉字结构以及汉字形音义相关的理论，有传统的，也有现代的。比如关于汉字结构的理论，最传统的就是“六书”理论，“六书”理论在历代都有不断的传承和发展，后来又有所谓“三书说”和“新六书说”等。这些理论各有所长，我们学习的时候不妨取长补短，去粗取精，形成自己思考问题的基本素养。有理论素养和没有理论素养是完全不同的。面对同样一份材料，有没有理论的支撑，看问题的方式方法和思考的结果都会全然不同。

面对复杂的各种理论，学习古代汉字学首先要掌握传统的“六书”理论。“六书”理论渊源久远，至汉代已然成熟，许慎即有系统论述，又有《说文解字》一书予以佐证，因此成为最传统的汉字结构类型理论。尽管后来的学者不断地修正或批评“六书”理论，甚至另起炉灶，但都不能否认传统“六书”理论的核心价值。传统“六书”理论是针对汉字，特别是针对小篆系统而建立起来的汉字结构理论，它的科学性和基本的适应性都是值得肯定的。我们以这样的一种理论为基础，然后再学习别的理论，进行提升和改造，就能做到学有本源，为学习打下坚实的根基。所以初学者首先要熟悉传统“六书”理论。

商周、战国古文字与小篆又有不同，古文字学的一个核心任务就是考释文字，因为在一切材料的解读中，识字为第一要务。考释古文字是一个难度很大的工作，也要有理论的指导。前人关于古文字考释的理论方法，有许多论述，各有侧重，我们也应有所了解。比如罗振玉在《殷虚书契考释》中说：“由许书以溯金文，由金文以窥书契。”即由已知推未知，通过比较来识字。王国维的做法大体相同，但更重视辞例和文义的研究，特别提倡和擅长“二重证据法”。郭沫若考释文字能从大处着眼，重视文例比勘和同辞互证。于省吾不仅考字，而且释词，既强调考据，又强调思辨，其特点是善于联系文献来考释古文字，注意形音义的联系。唐兰在《古文字学导论》中对考释古文字的理论方法有专门的论述，有对照法、推勘法、偏旁分析法和历史考证法，理论建设成绩卓著。杨树达在《积微居金文说·新识字之由来》总结识字方法，云："1. 据《说文》识字；2. 据甲文识字；3. 据甲文来定偏旁识字；4. 据铭文识字；5. 据形体识字；6. 据文义识字；7. 据古礼俗识字；8. 义近形旁任作；9. 音近声旁任作；10. 古文形繁；11. 古文形简；12. 古文象形会意字加声旁；13. 古文位置与篆文不同；14. 二字形近混用。"看起来比较烦琐，但不失其真知灼见。结合文法和训诂来考释古文字，是杨树达的特点。徐中舒的特点是运用民俗学考释古文字，强调考释文字要了解古人的生产生活情况，探索字源要和语源联系起来，代表作有《耒耜考》。下面我们对古文字的基本考释方法略做说明。

一、 形体分析法

此即唐兰的"偏旁分析法"。但有些古文字是独体字，无所谓偏旁，故改称"形体分析法"更为妥切。其实许慎《说文解字》就是用的形体分析法。宋人考释金文，亦见使用。清末孙诒让在考释古文字时，已明确提出并自觉运用此种方法。唐兰认为这种方法是近乎科学的方法。从具体操作来看，这种方法是先把已识字分析成若干独体，再把每个独体的不同形体结合起来考察它们的变化和关系，然后上推来识字。也可以倒过来，先把不认识的字分析成偏旁，再与已识字相比较。比如唐兰由（斤）入手，认识了（新）、（兵）等二十多个字，是形体分析法的成功运用。①

运用形体分析法首先要认清古文字偏旁的组合规律。总的来说，古文字的偏旁位置不固定，或偏旁移位，如甲骨文"物"作或；或上下颠倒，如甲骨文"帝"作或；或左右不居，如甲骨文"卜"作或等。但有些字是靠偏旁的方向和相互关系来表示字义的，就不能随意变动。如"陟"作""，两"止"向上，"降"作"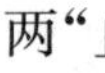"，两"止"向下；"出"作""，"止"朝坎外，"各"作""，"止"朝坎内，等等。

实践证明，在认清形体和偏旁切分的情况下，形体分析法是行之有效的，但运用形体分析法时，必须结合其他方法，切忌望文生义，看图识字，否则难免出错。如甲骨文为"五十"的合文而不是"十五"的合文，干支字的""是"巳"而不是"子"，只有通过辞例和文义的推勘才能正确认出。

① 见唐兰《古文字学导论》(增订本)，齐鲁书社 1981 年，第 189—192 页。

二、 历史比较法

所谓历史比较，就是将不同阶段的古文字材料进行历时的比较，即将考释对象放在汉字发展的历史长河中加以考察。这种比较考察可以是由早到晚式的顺推，也可以是由今及古式的逆推。汉字的历史传承不断，进行历史比较有着得天独厚的条件。比如《说文解字》收入古文、籀文、小篆，就可以进行历史比较。三体石经分列古文、小篆和隶书，也便于进行历史比较。在古文字考释中，历史比较也是最常用的方法之一。如王国维《释旬》一文，通过与《说文》、金文的比较，考定甲骨文□、□即"勹"，也就是"旬"字。他说："卜辞有□、□诸字，亦不下数百见。案使夷敦云'金十□'，□敖敦盖云'金十□'，考《说文》，'钧'之古文作'銞'，是□、□即'銞'字，□即'旬'字矣。卜辞又有'□之二日'语见《铁云藏龟》第六叶，亦可证□、□即'旬'字。余遍搜卜辞，凡云'贞，旬无𡆥'者，亦不下数百见，皆以癸日卜，知殷人盖以自甲至癸为一旬，而于此旬之末卜下旬之吉凶。云'旬无𡆥'者，犹《易》言'旬无咎'矣。日自甲至癸而一遍，故旬之义引申为遍。《释诂》云：'宣、旬，遍也。'《说文》训'裹'之'勹'，实即此字，后世不识，乃读若包，殊不知勹乃旬之初字。'军'字从车从勹，亦会意兼形声也。"①又如《中山王壶》"载之□□"，于豪亮认为曾姬无恤壶"閒"字作"□"，《说文解字·门部》中"閒"的古文作"閈"，因知"□"字乃是"簡"的省文，即"简"字。"□"字从竹从片斤，即"策"字。《老子·第二十七章》："善数者无筹策。"马王堆帛书甲本《老子》作"善数者不以梼箣"，乙本作"善数者不用梼芹"，可见"箣""芹"都是"策"字，则"□"也是"策"字。因为片为半木，"片斤"或"析"都是表示以斤劈木的会意字，故"片斤"也是"析"字，因此"□"字就是"箣"字，"芹"字则为箣、□之省。亦即说，"箣""芹""□"都是"策"字的不同写法。② 这样，中山王壶的铭文就是"载之简策"，可谓文从字顺。这个例子就是将"简策"二字与相关的文字材料进行历时的比较，才得出正确的结论的。

三、 辞例推勘法

文字是用于记录语言的，文字只有放在具体的语境中才能确定它所表达的意义。所谓辞例推勘，就是把该字置于一定的语言环境中，依靠上下文或同类的文例进行推勘以见其义。如前举甲骨文□为五十，而不是十五，只有通过辞例的分析才能正确认出。如《前》4·8·1："狩获禽鹿□㞢六。"罗振玉释为"十五之六"，郭沫若释为"五十

① 参见王国维《释旬》，《观堂集林·卷六》，中华书局1959年，第285—286页。

② 见于豪亮《中山三器铭文考释》，《考古学报》1979年第2期。

又六”，郭释是对的。因为“十五之六”不成辞，“五十又六”则符合古汉语对于零数和整数关系的表达习惯。又如上例中的“㞢”字，孙诒让、罗振玉、王国维等人都以为是“之”字，但其形与甲骨文“之”字又有明显不同，胡小石在《说文古文考》《甲骨文例》两书中，根据此字所在的语境和辞例，认为它与“又”“有”等义相同。他说：“考卜辞用㞢之例，或以为‘又’，如‘俘人十㞢六人’（菁华六页），即‘俘人十又六人’。‘自今十年㞢五’（簠室殷契征文十一第六十一页），即‘自今十又五年’也。或以为‘有’，如‘允㞢来艰’（菁华一页），即‘允有来艰’也。”①再如，甲骨文刚发现时，刘铁云、孙诒让均认为甲骨文干支字独“巳”“午”未见，罗振玉根据干支表的排序以为“”即“巳”，“”即“午”，用的就是辞例推勘法。

四、 假借破读法

旧时因字少而词丰，有音无字的情况很常见，因此假借字的使用非常普遍。在古文字的考释过程中，常有字已识而义不明的情况，这时候可能就要以声求义，破其假借之字而读以本字，则有涣然冰释之效。如般甗有“王商作册般贝”之语，作册大鼎有“王赏作册大白马”，两相比较，可知般甗的“商”当读为大鼎的“赏”。又如《天亡簋》：“不克乞衣王祀。”“衣王”即“殷王”，正如《尚书·康诰》“殪戎殷（灭掉大殷国）”，《礼记·中庸》作“壹戎衣”，皆阴阳对转之例。再如侯马盟书“麻夷非是”，字面很难懂，朱德熙、裘锡圭释读为“灭夷彼氏”，意思明白了，靠的全是假借破读。当然，假借破读，当以严格的音理和证据为前提，不可滥用，否则无所不通，无所不转，就过于主观了。

五、 文献互证法

古文献就是从古文字转写传抄而来的，古文献和古文字有着天然的联系。有些古文字材料所记载的文辞，在古文献中也存在，就可以通过古文献来证明。纸上的材料与地下出土的材料相互印证，就是王国维提倡的“二重证据法”。比如金文有一个字作（国差𦉜）、（姬鼎）、（薛侯盘）、（鲁伯匜）、（陈逆簠）等，繁简不一。此字以形论，象人洗浴之形，皆“湏”（亦作“沬”，大徐本《说文解字》荒内切，《集韵》呼内切，音 huì）字。《说文解字》云：“沬，洒面也。从水，未声。湏，古文沬从页。”但金文中此字常与“寿”字连用，证以《诗经·七月》“以介眉寿”等文献用语，知此字相当于“眉”，乃音近假借之字也。又如秦公簋有“高弘有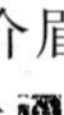”（《金文编》摹作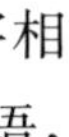）一语，末字不识。

① 胡小石《甲骨文例》卷一，南京大学中文系 1982 年刻印本，第 1 页。转引自黄德宽《古文字学》，上海古籍出版社 2015 年，第 29 页。

容庚释“庆”，曰：“有庆，成语，经传常见之。”[①]这也是根据文献用语来推定的。[②]

以上各种方法各有利弊，成功的考释其实都是科学地运用各种方法，取其长而避其短，进行综合考虑的结果。比如以上所举各例，假借破读也包括文献互证和辞例推勘，形体分析的结果也必须靠辞例和文义的验证。杨树达在《积微居金文说·自序》中说：“每释一器，首求字形之无牾，终期文义之大安，初因字以求义，继复因义而定字。义有不合，则活用其字形，借助于文法，乞灵于声韵，以假读通之。”这就是综合考虑形音义，运用各种方法进行研究。他概括得非常到位，值得我们细细体会。

随着地下出土古文字材料的增多和考释古文字水平的不断提升，古文字考释方法的科学性也在不断完善。陈剑在为裘锡圭《释殷墟甲骨文里“远”“𤞷”(迩)及有关诸字》所写的《导读》中提出古文字考释的“精密化”，他说：

> 所谓“精密化”，大致说来，总的趋势有几点：对字形同异的辨析越来越精细，考虑到的因素越来越多、越来越全面[如时代的不同、地域的不同(战国文字区系之别造成的文字异形与用字习惯的异同等)，写、刻方式的不同，载体材料、资料的性质的不同，卜辞类组的不同，等等]；对不同历史时期各字演变序列及其相互关系的细节不断地揭示得越来越清楚；对古文字发展中各种复杂的情况、文字学上各种复杂关系认识得越来越清楚，各种特殊现象不断得到揭示和积累(如一形多用、字形讹混、形体糅合、同义换读、特殊简化、特殊用字习惯等等)；坚持从语言学的观点考虑问题，“比较充分地考虑到古文字和所表示的词的种种关系，考虑到它们在句子中的用法，把字形、词义、语法几方面的线索结合起来研究，把古文字资料和古书中的有关资料结合起来研究”(作者自注：《古文字研究五十年》，《文集·金文及其他古文字卷》，507页)；考释中对各个方面的分析越来越严谨、周延、细密，越来越强调各个环节的论证“无征不信”；等等。[③]

这种精密化的趋势其实就是传统方法的综合运用并且更加精益求精的结果。

讲究科学性的前提是对古文字形体及其使用情况的准确认识和分析。只有真正认清了古文字的形体及其构成方式，以及它的使用情况，才能准确地进行比较和分析，所以材料是第一位的。傅斯年曾说：“上穷碧落下黄泉，动手动脚找东西。”找什么

① 容庚《金文编》，中华书局1985年，第716页。“有庆”语见于《诗经》《尚书》等，如《诗·小雅·楚茨》有“孝孙有庆”，《尚书·吕刑》有“咸中有庆”。

② 以上有关古文字研究方法的论述，主要参考陈炜湛、唐钰明《古文字学纲要》第四章，中山大学出版社1988年。

③ 陈剑《〈释殷墟甲骨文里“远”“𤞷”(迩)及有关诸字〉导读》，载《中西学术名篇精读·裘锡圭卷》，中西书局2015年，第295页。

东西呢？就是材料和证据。我们学习和研究古代汉字，在重视理论的同时，更要重视原始材料，重视有关证据。古代汉字学是讲究证据的学科，它是一门实证的科学。我们必须在掌握材料的基础上进行分析，有一说一，有二说二，坚持“知之为知之，不知为不知”的态度，提倡“阙疑待问”的精神，不做没有根据的推想和猜测。只有这样，综合运用各种方法进行精密化的研究，才能得出正确的结论。很多古文字研究者都非常重视原始资料，商承祚说：

应该把主要精力用在“古文字”原材料上，阅读第一手资料，予以研究，从中发现问题，加以探讨。研究古文字必须以甲骨文、金文等原材料为出发点，其理之显，有如观火。不研究原材料而只读别人的论著，就容易被人牵着鼻子走，遇到有争议的问题便会觉得“公说公有理，婆说婆有理”，无法辨别是非……如能广泛阅读原材料，且肯动脑想问题，必能有所发现，有所进步。事实证明，研读第一手资料，为研究工作的关键。①

裘锡圭说：

我们知道学外文不能从读字典入手。要想学好一种外文，必须大量阅读这种文字的书和文章。使用汉字的人学古汉字，情况跟学外文当然有所不同。在开始学一种古文字的时候，先粗读一遍有关的文编，是完全可以的。但是要想学好古文字，主要不能靠读文编，而得靠大量读原始资料。脱离了古文字的使用环境，孤立地一个字一个字地去学习，是不可能真正掌握古文字的。在这方面，学古文字跟学外文有很大的共同性。

在开始学古文字的时候，只能读有考释或释文的原始资料……有了基础以后，就应该去读没有考释和释文的原始资料。如果离开了别人的考释、释文就不能利用古文字资料，就是没有学好古文字。②

陈炜湛说：“从第一手的古文字资料中间去熟悉字形、结构，发现问题，研究问题。极端重视对原始材料的阅读、钻研，以此为研究之出发点，至关重要。”③这些看法都是颇具指导意义的。

---

① 商承祚《怎样研究古文字》，《中国文物报》1988 年 6 月 10 日第 3 版。

② 裘锡圭《谈谈学习古文字的方法》，载《古文字论集》，中华书局 1992 年，第 658 页。

③ 陈炜湛《我如何研究古文字(甲骨文)》，载陈伟武主编《古文字论坛——中山大学古文字学研究室成立六十周年纪念专号》(第二辑)，中西书局 2016 年，第 18 页。

第十六讲

前辈心得，后学津梁：古代汉字学研习方法述略（二）

壹　了解历史，关注现状

任何一个学科，都有它的历史。不了解历史，很难知道这个学科的来龙去脉，学习就没有头绪和重点。古代汉字学，其实应该包括传统文字学（即"说文学"）和古文字学。传统文字学主要研究《说文解字》。《说文解字》是文字学的经典著作，它的出现，标志着传统文字学的建立，当然也不应忘记此前的萌芽和积淀，比如秦汉时期对汉字的零星分析和初步整理。"说文学"的研究，围绕着小篆和"六书"理论，自《说文解字》面世之后一直到现在，历代皆有著述。唐代李阳冰刊定《说文解字》，修正笔法，别立新义，南唐二徐兄弟（徐铉和徐锴）校订和研究《说文解字》，留下了大徐本《说文解字》和小徐本《说文解字系传》。宋代的郑樵对"六书"的研究有转轨之功，在他的带动下，"六书"研究异常热闹，如宋元时期戴侗的《六书故》，明代赵宧光的《六书长笺》等，都是很有名的著作。王安石的《字说》和王圣美的"右文说"，也都给人耳目一新的感受。宋代的"金石学"是对传统文字学的新拓展，因为它更多研究小篆以前的钟鼎彝器铭文，孕育着真正的与传统文字学相辅相成的"古文字学"。传统文字学到了清代，形成了鼎盛局面，这一方面不能否认宋元以来的学术积累，另一方面也要充分肯定清人的科学方法和卓越见识。"说文学"的研究在清代可谓名家辈出，著作繁多。最著名的有所谓"说文四大家"，即段玉裁的《说文解字注》、桂馥的《说文解字义证》、王筠的《说文解字句读》和《说文释例》、朱骏声的《说文通训定声》，皆体大思精，成就超凡。此外如徐灏的《说文解字注笺》等也都有独到之处。[1] 至于近现代，传统文字学

---

[1] 据近人丁福保《说文解字诂林》所附《引用诸书姓氏录》统计，有清一代研究《说文》并有著述传世者 200 余家，其中著名者有 50 余家。其《自序》云：清代"《说文解字》一书，沉霾千载，复发光辉。若段玉裁之《说文注》，桂馥之《说文义证》、王筠之《说文句读》及《释例》，朱骏声之《说文通训定声》，其最杰著也。四家之书，（转下页）

的研究一直都保持旺盛的生命力，学者之著述，都在继承和创新中发展，内容丰富而专深，给初学者提供了源源不断的学术资源和启示。章炳麟、黄侃、陆宗达、马叙伦、周祖谟等，举不胜举，这里就不一一论列了。

真正意义上的古文字学，一般认为从20世纪初才开始形成，即甲骨文发现之后，特别是有了唐兰的《古文字学导论》这样一部系统阐述古文字学理论的著作之后，科学体系才开始构建。但如果要追根溯源，其实也可以追溯到宋代的金石学，只是那时候还处于不自觉的时代。清代和近代的学者对金文和其他古文字的研究，也是很有成就的，像孙诒让等学者在考释古文字方面也都提出了科学的方法，为科学古文字学的构建奠定了基础。1898年殷墟甲骨文发现之后，为古文字学的研究开辟了一个全新的领域。随着甲骨文、金文、简帛文字等各种品类的先秦古文字材料的不断发现，随着许多著名学者的不断开拓和研究，古文字学以新的风姿进入新的世纪，甲骨学、金文研究、战国文字研究等分支蓬勃发展，展示了旺盛的生命力。

古文字学形成之后，研究古文字与研究传统文字学呈现合流融汇的状态，因为研究古文字也是以传统文字学为基础的，同时古文字的研究也可以看作传统文字学的拓展。古文字学的著名学者，都有非常深厚的传统文字学的根基。罗振玉、王国维、董作宾、郭沫若、容庚、商承祚、唐兰、于省吾、胡厚宣、徐中舒、杨树达、朱芳圃、林义光等前辈学者以及他们之后的许多专家，共同为传统文字学和古文字学的发展做出了极大的贡献，他们的著作，都是我们学习的范本。

我们简述传统文字学和古文字学的历史，在于提醒初学者，对于一个自己想从事学习的学科，要清楚它的历史源流，不仅要对历史上著名的学者和著作有很清楚的了解，还要对历史上并不著名的学者和著作也予以关注，这样才能形成全面的看法，说不定一些学术史的问题，正是从一些前人忽略的地方得到的启发。著名学者的著述

（接上页）体大思精，迭相映蔚，足以雄视千古矣。其次若钮树玉之《说文校录》，姚文田、严可均之《说文校议》，顾广圻之《说文辨疑》，严章福之《说文校议议》，惠栋、王念孙、席世昌、许梿之《读说文记》，沈涛之《说文古本考》，朱士端之《说文校定本》，莫友芝之《唐说文木部笺异》，许溎祥之《说文徐氏未详说》，汪宪之《系传考异》，王筠之《系传校录》，苗夔等之《系传校勘记》，戚学标之《说文补考》，田吴炤之《说文二徐笺异》等，稽核异同，启发隐滞，咸足以拾遗补阙，嘉惠来学。又有订补《段注》而专著一书者，如钮树玉之《段氏说文注订》，王绍兰之《说文段注订补》，桂馥、钱桂森之《段注钞案》，龚自珍、徐松之《说文段注札记》，徐承庆之《说文段注匡谬》，徐灏之《说文段注笺》等，皆各有独到之处，洵段氏之诤友也。此外，又有钱坫之《说文斠诠》，潘奕隽之《说文通正》，毛际盛之《说文述谊》，高翔麟之《说文字通》，王玉树之《说文拈字》，王煦之《说文五翼》，江沅之《说文释例》，陈诗庭之《说文证疑》，陈瑑之《说文举例》，李富孙之《说文辨字正俗》，胡秉虔之《说文管见》，许棫之《读说文杂识》，俞樾之《儿笘录》，张行孚之《说文发疑》，于鬯之《说文职墨》，郑知同之《说文商义》，萧道管之《说文重文管见》，潘任之《说文粹言疏证》，宋保之《谐声补逸》，毕沅之《说文旧音》，胡玉缙之《说文旧音补注》等，不下数十家，靡不殚心竭虑，索隐钩深，各有所长，未可偏废。六书之学，浸以备矣"。此外丁氏还述及研究《说文》引经问题和《说文》新附字与逸字问题的诸多著作（见《说文解字诂林》，中华书局1988年，第67—72页），可见清代《说文解字》研究学者之多与著作之富，可谓盛况空前。

被关注和研究得比较多，研究成果丰富，初学者可以作为学习的对象，对于一些有一定价值但不那么有名的著作，因为关注度不高，不妨将其作为研究的对象进行探索，说不定还会有所发现。每个历史阶段都有其个性特点，每个学者都有治学的经验，我们积极从历史中吸取营养，一定会在现实中获得回报。总之，了解历史就是了解家底，了解家底才能做出有效的规划。对古代汉字学而言，了解历史不妨读几本学科史的著作，比如黄德宽、陈秉新的《汉语文字学史》、[①]胡朴安《中国文字学史》、[②]孙钧锡《中国汉字学史》[③]等。

除了学术史，我们还要了解古文字本身的发展历史。古文字的上限可以从汉字萌芽算起，但甲骨文之前的材料还难以完整呈现，因此只能把甲骨文作为成体系的古文字的上限。古文字的下限有人主张算到小篆，但由于古隶还保留着古文字的结构，篆隶资料对古文字的研究还有重要的作用，因此可以把到西汉前期的古隶看作古文字的下限。古文字按照时代划分，可以分为商代文字、西周春秋文字和战国秦汉文字。战国文字又可以按照地域的不同，分为东西方文字，即秦系文字和六国文字。现在又把战国文字进一步细分为五系，即秦系、楚系、燕系、齐系和晋系。古文字的分类也可以按照载体品类来分，如甲骨文、金文、简帛文字、石刻文字、玺印文字、货币文字、陶器文字、兵器文字等。裘锡圭说：

学习、研究古文字的人，可任意选择自己的主攻方向。但是不管你如何选择，对古文字发展的过程都必须有一个全面的认识。各种古文字之间都是有联系的，如果专攻一种不及其余，所专攻的那种古文字决不可能研究得很深很透。李学勤在《谈自学古文字》里说他起初"是先学甲骨和战国文字的，到六十年代不得不补学青铜器，说明不管先学什么，想要在古文字学范围内有所建树，还得认识古文字发展的全过程。"这是经验之谈，值得我们重视。

但是我们强调认识古文字发展全过程的重要性，并不是要求学古文字的人对各种古文字都平均使用力量，更不是要求他们不分主次地同时学几种古文字。人的精力总是有限的，如果齐头并进地同时学几种古文字，往往不能收到良好的效果。我们最好先集中力量学一种古文字，在基本掌握了这种古文字之后，再集中力量去学另一种。所谓集中力量学一种古文字，并不意味着在学这种古文字的时候对其他各种古文字一点也不能管。我们只要做到主次分明就可以了。至

① 黄德宽、陈秉新《汉语文字学史》(增订本)，安徽教育出版社 2006 年。

② 胡朴安《中国文字学史》，商务印书馆 1937 年。

③ 孙钧锡《中国汉字学史》，学苑出版社 1991 年。

于究竟先学哪一种，后学哪一种，可以按照自己的兴趣和需要去决定。[1]

当然，历史与现实总是相关联的。强调熟悉历史并不等于不关注现实。关注研究现状，关注学术前沿，并不一定能够马上在热点问题上发表自己的看法，但有助于保持清醒的头脑，跟上时代的步伐，不至于掉队，陷入书呆子的境地。目前古文字学各个分支的研究，都不断有新的成果出现。战国文字由于重要材料的集中发现，研究的局面显得更为活跃，影响也更为深远。有关网站，如复旦大学出土文献与古文字研究中心网、清华大学出土文献研究与保护中心网，简帛研究网站等，都不断有新的成果展示，有关学术会议的召开，有关新书的出版，都能及时报道，有志者不妨多予以关注。

关注现实还有一个方面就是关注汉字的现实问题。我们的研究如果能够跟现实生活联系起来，当然会更有意义。比如汉字的书写问题，汉字的认读问题，汉字的教学问题，汉字的规范问题，汉字文化的传播问题，汉字发展的前途问题等，都是与现实息息相关的。随着技术的进步，汉字的信息处理也是一个极其重要的方面。陈炜湛很重视这个问题，所以他强调"研究古文字，不忘今文字""以古为监，用之于今"。[2] 总之要善于联系，多方结合，才能把学问做好做活。

贰　动手动脑，尝试研究

在打基础、学习经典性著作及其理论、了解学科发展历史等过程中，我们就要学会积极思考。思和学是相辅相成的，学而不思或思而不学都不利于学业的进步；在学中思，在思中学，能力才会不断提高。裘锡圭说："我们在使用古文字工具书和阅读古文字方面的著作的时候，一定要善于动脑，不要无条件地接受别人的说法。"因为"不管多高明的古文字学者，他的意见总不可能一点没有错误，各种古文字工具书更是免不了有较多的错误"，[3]我们善于动脑，就有可能发现一些问题。有问题，不妨尝试做一些小课题的研究。进入研究状态时，所做的思考是相对细致和深入的，极有利于培养自己处理材料的能力、分析问题的能力和语言表达的能力。因此动手动脑，尝试研究是学习者不可或缺的阶段。李学勤说："我觉得练笔是很重要的，学到一定程度，能

① 裘锡圭《谈谈学习古文字的方法》，载《古文字论集》，中华书局1992年，第657页。

② 陈炜湛《我如何研究古文字(甲骨文)》，载陈伟武主编《古文字论坛——中山大学古文字学研究室成立六十周年纪念专号》(第二辑)，中西书局2016年，第22—23页。

③ 裘锡圭《谈谈学习古文字的方法》，载《古文字论集》，中华书局1992年，第660页。

产生一些见解，就应该试写论文。过于矜慎，长期不肯开笔，容易陷于眼高手低的弊病。”①

任何一个课题的研究，首先要对本课题的研究状况有一个全面的了解，这就需要我们去搜集资料，研读其他学者的成果，形成自己的判断。在这个基础上，尝试把自己的意见表达出来，有条不紊，以理服人，其实需要很好的书面表达能力。心中所思，口中所说，笔下所写，是三种不同层次的状态，只有高超的书面表达能力，才能把意见说清楚。如何处理文章的结构？同样的意思，用什么样的句子来表达更合适？用哪些词语更准确贴切？也就是常言所谓“谋篇布局”“遣词造句”，说起来简单，做起来可不容易。陈炜湛说：“作文著书讲究篇章结构，哪句话先讲，哪句话后讲，对此需要费脑筋，都要斟酌。作文也要重视文法修辞，我始终记住孔子一句话‘言之无文，行之不远’，所以作文要尽量使读者愿意看，吸引读者，抓住读者。”“有文章做就要经过反复思考、酝酿，下定决心把它做好，就是废寝忘食，也要把它写好，写到满意为止。”②这也是强调写作的不简单，必须加以重视。总之，实践可以全面锻炼人的能力，我们尝试做一些研究，从查找资料、研读判断到形成看法并进行书面表达，其治学途径、思维方式和语言表达各个方面都得到了训练，在此基础上如果再得老师指点，进步就快了。如果在研究的过程中发现有些知识还不够，也可以及时弥补，有助于完善自己的知识结构。

初学者通常会觉得大专家的说法都很有道理，各种说法之间孰是孰非难以判断，因此无法找到合适的课题进行研究。其实这也是很正常的，因为初学者的学识还不够，没有自己的主见，自然觉得无所适从。但随着阅历的增加，思考的深入，判断是非的能力也会随之增强，慢慢地就会对某些问题形成自己的看法，研究的课题可能就会出现。有人说，找题目就像谈恋爱，要广泛接触，重点培养，抓住一个，死也不放，确实也有一定的道理。如果一时没有合适的课题也没有关系，可以随便选一些单字进行研究。因为初学者的研究，更重要的意义在于训练——一种学术规范和学术研究过程的训练。陈炜湛说，先从单字研究起，“看看你想研究的字是什么时候在汉字体系中开始出现，它的形音义的关系是什么，在典籍中有哪些用法。选题不好选的话，就选自己的名字吧，从姓名研究起。姓王的从‘王’研究起，姓李的从‘李’研究起，看看它在古代是怎么写的……这个字什么时候出现……利用工具书，利用古文献材料、类书把它研究清楚”。他还讲述了一个故事，说他曾指导过一个未曾谋面的学生，也只研究一个字。那个学生看到江苏茅山一个道院墙上的“道炁长存”四字，对其中的

① 李学勤《谈自学古文字》，《文史知识》1981 年第 6 期。

② 陈炜湛《我如何研究古文字（甲骨文）》，载陈伟武主编《古文字论坛》（第二辑），中西书局 2016 年，第 23—24 页。

"炁"字感兴趣，遂在陈先生的指导下查找资料，从哲学、宗教、文字、文学各个方面进行综合研究，写了一篇好文章，得到陈老师的称赞。[①] 可见即使单字研究，做得好也有其价值。

在动手动脑方面，最后还应强调写字的重要性。写字是古文字研究的基本功，也是一个重要的传统。陈炜湛引用容庚的话说："学习古文字，我不要你讲得天花乱坠，开口甲骨文如何如何，闭口金文如何如何，你写几个字给我看看。"[②]商承祚也是同样的看法，他说："研究古文字，以识字为先，这就必须有小篆作基础，作为沟通古今文字的桥梁，进而摹写甲骨文、金文。摹写，是很重要的基本功。现在有些人开口甲骨文，闭口金文，讲得头头是道，天花乱坠，可是拿起笔来，却写不了几个象样的古文字……从五十年代起，我和老友容希白教授指导研究生，即深感此事之重要，故规定他们必须用很大的力气来加强自己的基本功训练，重视古文字的临摹工作。"[③]陈炜湛曾经按照他的老师容庚和商承祚的要求，认真抄写了《说文解字》《金文编》等书。他强调说："为什么我的摹写功夫不差，这跟当年容先生、商先生的指导有关，张（振林）、孙（稚雏）也都不错，目前海内都有一定的地位。在科技发达、电脑普及之今日，望诸君莫忘此'写'字。"[④]古文字结构比较复杂，各个时期各有特点，通过写字能够充分体会字形结构及其偏旁组合的道理，体会各个时期汉字的特点，同时也可借写字来记忆字形。"写"包括"摹写"和"临写"。摹写就是用透明纸覆盖在拓本或照片上依笔画描摹，尽量呈现原来的样貌。临写即参照范本，按照古文字的字形来写，也要尽量体现其意蕴。比如甲骨文，古人用刀刻，可谓运刀如笔，我们用笔临，可谓运笔如刀，就要写出刀刻字的味道。写字应该用毛笔写，这样才能体会古人运笔的过程，充分体现古文字的意蕴。所以写字不仅有助于准确理解和研究古文字，同时还可以提高自己的书法水平，这可是一个额外的收获。

---

① 参见陈炜湛《如何学习和研究古文字》，《语文世界》2003 年第 3 期；《陈炜湛语言文字论集》，上海古籍出版社 2005 年，第 231—232 页。

② 参见陈炜湛《如何学习和研究古文字》，《语文世界》2003 年第 3 期；《陈炜湛语言文字论集》，上海古籍出版社 2005 年，第 230 页。

③ 商承祚《怎样研究古文字》，《中国文物报》1988 年 6 月 10 日第 3 版。

④ 陈炜湛《我如何研究古文字（甲骨文）》，载陈伟武主编《古文字论坛》（第二辑），中西书局 2016 年，第 17—18 页。

参考文献

一、普通图书

[1] 陈初生.金文常用字典[M].2版.西安：陕西人民出版社，2004.

[2] 陈复华，何九盈.古韵通晓[M].北京：中国社会科学出版社，1987.

[3] 陈梦家.殷墟卜辞综述[M].北京：中华书局，1988.

[4] 陈松长.马王堆简帛文字编[M].北京：文物出版社，2001.

[5] 陈炜湛，唐钰明.古文字学纲要[M].广州：中山大学出版社，1988.

[6] 陈炜湛.汉字古今谈[M].北京：语文出版社，1993.

[7] 陈炜湛.三鉴斋甲骨文论集[M].上海：上海古籍出版社，2013.

[8] 陈五云.从新视角看汉字：俗文字学[M].郑州：河南人民出版社，2000.

[9] 陈泽平.福州方言研究[M].福州：福建人民出版社，1998.

[10] 戴侗.六书故[M].上海：上海社会科学院出版社，2006.

[11] 戴家祥.金文大字典[M].北京：学林出版社，1995.

[12] 戴震.戴震集[M].上海：上海古籍出版社，1980.

[13] 邓福星.艺术前的艺术[M].济南：山东文艺出版社，1987.

[14] 丁度，等.集韵[M].上海：上海古籍出版社，1985.

[15] 段玉裁.说文解字注[M].上海：上海书店，1992.

[16] 高亨.周易杂论[M].济南：山东人民出版社，1962.

[17] 高明.中国古文字学通论[M].北京：北京大学出版社，1996.

[18] 高文.汉碑集释[M].2版.开封：河南大学出版社，1997.

[19] 顾蔼吉.隶辨[M].北京：中华书局，1986.

[20] 顾颉刚，顾廷龙.尚书文字合编[M].上海：上海古籍出版社，1996.

[21] 顾野王.原本玉篇残卷[M].北京：中华书局，1985.

[22] 郭沫若.中国古代社会研究[M].北京：人民出版社，1954.

[23] 郭沫若.中国现代学术经典：郭沫若卷[M].石家庄：河北教育出版社，1996.

[24] 何华珍.日本汉字和汉字词研究[M].北京：中国社会科学出版社，2004.

[25] 何九盈,胡双宝,张猛.汉字文化大观[M].北京：北京大学出版社,1995.
[26] 何九盈.中国古代语言学史[M].新增订本.北京：北京大学出版社,2006.
[27] 何琳仪.战国文字通论[M].补订本.南京：江苏教育出版社,2003.
[28] 洪适.隶释　隶续[M].北京：中华书局,1986.
[29] 胡朴安.中国文字学史[M].北京：北京市中国书店,1983.
[30] 胡奇光.中国小学史[M].上海：上海人民出版社,1987.
[31] 黄焯.文字声韵训诂笔记[M].上海：上海古籍出版社,1983.
[32] 黄德宽,陈秉新.汉语文字学史[M].增订本.合肥：安徽教育出版社,2006.
[33] 黄德宽.古文字学[M].上海：上海古籍出版社,2015.
[34] 黄德宽.汉字理论丛稿[M].北京：商务印书馆,2006.
[35] 黄德宽.古文字谱系疏证[M].北京：商务印书馆,2007.
[36] 季旭升.说文新证[M].福州：福建人民出版社,2010.
[37] 蒋善国.汉字形体学[M].北京：文字改革出版社,1959.
[38] 蒋善国.汉字学[M].上海：上海教育出版社,1987.
[39] 荆门市博物馆.郭店楚墓竹简[M].北京：文物出版社,1998.
[40] 柯斯文.原始文化史纲[M].北京：人民出版社,1955.
[41] 空海.篆隶万象名义[M].北京：中华书局,1995.
[42] 李乐毅.简化字源[M].北京：华语教学出版社,1996.
[43] 李敏生.汉字哲学初探[M].北京：社会科学文献出版社,1997.
[44] 李圃.古文字诂林[M].上海：上海教育出版社,2001.
[45] 李学勤.古文字学初阶[M].北京：中华书局,1985.
[46] 林志强.古本《尚书》文字研究[M].广州：中山大学出版社,2009.
[47] 梁东汉.汉字的结构及其流变[M].上海：上海教育出版社,1959.
[48] 列维-布留尔.原始思维[M].丁由,译.北京：商务印书馆,1981.
[49] 列维-斯特劳斯.野性的思维[M].李幼蒸,译.北京：商务印书馆,1987.
[50] 林义光.文源[M].上海：中西书局,2012.
[51] 林沄.古文字研究简论[M].长春：吉林大学出版社,1986.
[52] 刘翔,陈抗,陈初生,等.商周古文字读本[M].北京：语文出版社,1989.
[53] 刘钊,洪飏,张新俊.新甲骨文编[M].福州：福建人民出版社,2009.
[54] 刘钊.古文字构形学[M].福州：福建人民出版社,2006.
[55] 陆宗达,王宁.训诂与训诂学[M].太原：山西教育出版社,1994.
[56] 罗常培.语言与文化[M].北京：语文出版社,1989.
[57] 罗福颐.古玺汇编[M].北京：文物出版社,1981.
[58] 马承源.上海博物馆藏战国楚竹书：三[M].上海：上海古籍出版社,2003.

[59] 马承源. 上海博物馆藏战国楚竹书：一[M]. 上海：上海古籍出版社，2001.
[60] 孟世凯. 甲骨学小辞典[M]. 上海：上海辞书出版社，1987.
[61] 摩尔根. 古代社会[M]. 杨东莼，译. 北京：商务印书馆，1987.
[62] 裘锡圭. 古代文史研究新探[M]. 南京：江苏古籍出版社，1992.
[63] 裘锡圭. 裘锡圭学术文集[M]. 上海：复旦大学出版社，2012.
[64] 裘锡圭. 文字学概要[M]. 北京：商务印书馆，1988.
[65] 饶宗颐. 符号·初文与字母：汉字树[M]. 上海：上海书店出版社，2000.
[66] 容庚. 金文编[M]. 张振林，马国权，摹补. 北京：中华书局，1985.
[67] 容庚. 金文续编[M]. 上海：上海书店出版社，2000.
[68] 阮元. 十三经注疏[M]. 北京：中华书局，1980.
[69] 沙利·安什林. 宗教的起源[M]. 北京：生活·读书·新知三联书店，1964.
[70] 山西省文物工作委员会. 侯马盟书[M]. 北京：文物出版社，1976.
[71] 商承祚. 石刻篆文编[M]. 北京：科学出版社，1957.
[72] 沈兼士. 沈兼士学术论文集[M]. 北京：中华书局，1986.
[73] 施谢捷. 吴越文字汇编[M]. 南京：江苏教育出版社，1998.
[74] 孙钧锡. 中国汉字学史[M]. 北京：学苑出版社，1991.
[75] 孙雍长. 转注论[M]. 长沙：岳麓书社，1991.
[76] 汤馀惠. 战国文字编[M]. 福州：福建人民出版社，2001.
[77] 唐复年. 金文鉴赏[M]. 北京：北京燕山出版社，1991.
[78] 唐兰. 古文字学导论[M]. 济南：齐鲁书社，1981.
[79] 唐兰. 中国文字学[M]. 新 1 版. 上海：上海古籍出版社，1979.
[80] 王贵元. 汉字与文化[M]. 北京：中国人民大学出版社，2005.
[81] 王国维. 观堂集林[M]. 北京：中华书局，1959.
[82] 王国维. 王国维遗书[M]. 上海：上海古籍书店，1983.
[83] 王辉，程华学. 秦文字集证[M]. 台北：艺文印书馆，1999.
[84] 王辉. 秦铜器铭文编年集释[M]. 西安：三秦出版社，1990.
[85] 王筠. 说文释例[M]. 北京：中华书局，1987.
[86] 王力. 中国语言学史[M]. 太原：山西教育出版社，1981.
[87] 王彦坤. 古籍异文研究[M]. 广州：广东高等教育出版社，1993.
[88] 王蕴智. 字学论集[M]. 郑州：河南美术出版社，2004.
[89] 吴辛丑. 简帛典籍异文研究[M]. 广州：中山大学出版社，2002.
[90] 徐灏. 说文解字注笺[M]. 上海：上海古籍出版社，2002.
[91] 徐锡台. 汉字探源[M]. 西安：三秦出版社，1994.
[92] 徐在国. 隶定“古文”疏证[M]. 合肥：安徽大学出版社，2002.

[93] 许慎. 说文解字[M]. 北京：中华书局，1963.

[94] 严志斌. 四版《金文编》校补[M]. 长春：吉林大学出版社，2001.

[95] 杨树达. 积微居甲文说：卜辞琐记[M]. 北京：中国科学院，1954.

[96] 杨树达. 积微居金文说[M]. 北京：中华书局，1997.

[97] 杨五铭. 文字学[M]. 长沙：湖南人民出版社，1986.

[98] 叶大庆，袁文. 考古质疑 翁牖闲评[M]. 上海：上海古籍出版社，1985.

[99] 于省吾. 甲骨文字释林[M]. 北京：中华书局，1979.

[100] 于省吾. 甲骨文字诂林[M]. 北京：中华书局，1996.

[101] 曾宪通，林志强. 汉字源流[M]. 广州：中山大学出版社，2011.

[102] 詹鄞鑫. 汉字说略[M]. 沈阳：辽宁教育出版社，1991.

[103] 张守中. 中山王兽器文字编[M]. 北京：中华书局，1981.

[104] 张书岩，王铁昆，李素梅. 简化字溯源[M]. 北京：语文出版社，1997.

[105] 张涌泉. 敦煌俗字研究[M]. 长沙：岳麓书社，1995.

[106] 张涌泉. 著名中年语言学家自选集：张涌泉卷[M]. 上海：上海教育出版社，2011.

[107] 张玉金，夏中华. 汉字学概要[M]. 南宁：广西教育出版社，2001.

[108] 赵平安.《说文》小篆研究[M]. 南宁：广西教育出版社，1999.

[109] 赵平安. 隶变研究[M]. 保定：河北大学出版社，1993.

[110] 郑樵. 通志：二十略[M]. 北京：中华书局，1995.

[111] 周宝宏. 近出西周金文集释[M]. 天津：天津古籍出版社，2005.

[112] 周有光. 语文闲谈[M]. 北京：生活·读书·新知三联书店，1995.

[113] 朱德熙. 朱德熙文集：第五卷[M]. 北京：商务印书馆，1999.

[114] 朱剑心. 金石学[M]. 新 1 版. 北京：文物出版社，1981.

[115] 朱骏声. 说文通训定声[M]. 北京：中华书局，1984.

[116] 祝敏申.《说文解字》与中国古文字学[M]. 上海：复旦大学出版社，1998.

二、学位论文

[1] 亓瑶.《说文解字注》行废字研究[D]. 杭州：浙江大学，2007.

[2] 杨怀源.《段注》废、行字研究：试探古汉语单音节词书写形式的更替[D]. 桂林：广西师范大学，2003.

[3] 张娟.《段注》“通行字”与“废弃字”研究[D]. 福州：福建师范大学，2009.

三、专著中析出的文献

[1] 陈邦怀. 战国行气玉铭考释[M]//四川大学历史系古文字研究室. 古文字研

究：第七辑. 北京：中华书局，1982.

［2］陈剑.《释殷墟甲骨文里“远”“𢦏”(迩)及有关诸字》导读［M］//裘锡圭. 中西学术名篇精读：裘锡圭卷. 黄天树，沈培，陈剑，等，读解. 上海：中西书局，2015.

［3］陈剑. 甲骨金文旧释“尤”之字及相关诸字新释［M］//陈剑. 甲骨金文考释论集. 北京：线装书局，2007.

［4］陈斯鹏.“罙”为“泣”之初文说［M］//中国古文字研究会，浙江省文物考古研究所. 古文字研究：第二十五辑. 北京：中华书局，2004.

［5］陈伟武. 双声符字综论［M］//中国古文字研究：第一辑. 长春：吉林大学出版社，1999.

［6］陈炜湛，曾宪通. 论罗振玉和王国维在古文字领域内的地位和影响［M］//中山大学古文字研究室. 古文字研究：第四辑. 北京：中华书局，1980.

［7］陈炜湛. 读契杂记［M］//吉林大学古文字研究室. 于省吾教授百年诞辰纪念文集［M］. 长春：吉林大学出版社，1996.

［8］陈炜湛. 甲骨文研究的过去、现在及今后的展望［M］//山西省文物局，中国古文字研究会，中华书局编辑部. 古文字研究：第九辑. 北京：中华书局，1984.

［9］费锦昌，徐莉莉. 简繁字与继承中华传统文化［M］//中国文字学会. 中国文字学报：第三辑. 北京：商务印书馆，2010.

［10］何耿丰. 声训研究［M］//齐裕焜，郝铭鉴. 艺文述林：语言学卷. 上海：上海文艺出版社，1999.

［11］何琳仪，房振三.“也”“只”考辨［M］. 北京师范大学民俗典籍文字研究中心. 民俗典籍文字研究：第三辑. 北京：商务印书馆，2006.

［12］黄德宽. 殷墟甲骨文之前的商代文字［M］//中国文字学会《中国文字学报》编辑部. 中国文字学报：第一辑. 北京：商务印书馆，2006.

［13］黄盛璋. 平山战国中山石刻初步研究［M］//中国古文字研究会，中华书局编辑部. 古文字研究：第八辑. 北京：中华书局，1983.

［14］李道明. 隶古定古文刍论［M］//吉林大学古文字研究室. 于省吾教授百年诞辰纪念文集. 长春：吉林大学出版社，1996.

［15］李零. 秦骃祷病玉版研究［M］//袁行霈. 国学研究：第六卷. 北京：北京大学出版社，1999.

［16］林志强，龚雪梅. 汉字理据的显隐与汉字和汉语的内在关系［M］//华东师范大学中国文字研究与应用中心. 中国文字研究：第十三辑. 郑州：大象出版社，2010.

［17］林志强. 汉碑隶体古文述略［M］//中国古文字研究会，华南师范大学文学院. 古文字研究：第二十六辑. 北京：中华书局，2006.

［18］林志强. 论传抄古文的形态变化及相关问题［M］//中国文字学会、河北大学

汉字研究中心. 汉字研究：第一辑. 北京：学苑出版社，2005.

[19] 林志强. 说“奎”[M]//中国古文字研究会，中山大学古文字研究所. 古文字研究：第二十四辑. 北京：中华书局，2002.

[20] 刘钊. 利簋铭文新解[M]//中国古文字研究会，华南师范大学文学院. 古文字研究：第二十六辑. 北京：中华书局，2006.

[21] 裘大泉. 闻字考释的由来：古文字考释个案分析之一[M]//曾宪通. 古文字与汉语史论集. 广州：中山大学出版社，2002.

[22] 商承祚. 释武[M]//商承祚. 商承祚文集. 广州：中山大学出版社，2004.

[23] 陶安，陈剑.《奏谳书》校读札记[M]//刘钊. 出土文献与古文字研究：第四辑. 上海：上海古籍出版社，2011.

[24] 汤馀惠. 略论战国文字形体研究中的几个问题[M]//中国古文字研究会，陕西省考古研究所，中华书局编辑部. 古文字研究：第十五辑. 北京：中华书局，1986.

[25] 徐宝贵. 怀后磬年代考[M]//中国古文字研究会，中山大学古文字研究所. 古文字研究：第二十四辑. 北京：中华书局，2002.

[26] 徐中舒、伍仕谦. 青川木牍简论[M]//中国古文字研究会，中华书局编辑部. 古文字研究：第十九辑. 北京：中华书局，1992.

[27] 曾宪通. 三体石经古文与《说文》古文合证[M]//中国古文字研究会，四川大学历史系古文字研究室. 古文字研究：第七辑. 北京：中华书局，1982.

[28] 曾宪通. 楚帛书文字新订[M]//吉林大学古文字研究室. 中国古文字研究：第一辑. 长春：吉林大学出版社，1999.

[29] 曾宪通. 楚月名初探[M]//中国古文字研究会，中山大学古文字研究室. 古文字研究：第五辑. 北京：中华书局，1981.

[30] 曾宪通. 论《汗简》古文之是非得失[M]//曾宪通. 曾宪通学术文集. 汕头：汕头大学出版社，2002.

[31] 曾宪通. 秦至汉初简帛篆隶的整理和研究[M]//华东师范大学中国文字研究与应用中心. 中国文字研究：第三辑. 南宁：广西教育出版社，2002.

[32] 曾宪通. 商锡永先生与楚帛书之缘及其贡献[M]//中国古文字研究会，中山大学古文字研究所. 古文字研究：第二十四辑. 北京：中华书局，2002.

[33] 张桂光. 古文字中的形体讹变[M]//中国古文字研究会，陕西省考古研究所，中华书局编辑部. 古文字研究：第十五辑. 北京：中华书局，1986.

[34] 周宝宏. 西周金文词义研究（六则）[M]//中国古文字研究会，浙江省文物考古研究所. 古文字研究：第二十五辑. 北京：中华书局，2004.

四、期刊中析出的文献

[1] 陈道生. 重论八卦的起源[J]. 孔孟学报，1966(12).

[2] 陈炜湛.古文字与篆刻[J].字词天地,1984(4).

[3] 陈炜湛.汉字起源试论[J].中山大学学报:哲学社会科学版,1978(1).

[4] 陈炜湛.如何学习和研究古文字[J].语文世界,2003(3).

[5] 陈炜湛.书家与学者[J].中国书法,1989(2).

[6] 陈炜湛.战国以前竹简蠡测[J].中山大学学报:哲学社会科学版,1980(4).

[7] 冯良珍.日本部分学者关于丁公陶文的见解[J].语文建设,1993(9).

[8] 龚雪梅.音译用字的文字学考察[J].福建师范大学学报:哲学社会科学版,2006(4).

[9] 郭沫若.由周初四德器考释谈到殷代已经进行文字简化[J].文物,1959(7).

[10] 郭沫若.古代文字之辩证的发展[J].考古学报,1972 (1).

[11] 湖南省文物考古研究所,湘西土家族苗族自治州文物处,龙山县文物管理所.湖南龙山里耶战国——秦代古城一号井发掘简报[J].文物,2003(1).

[12] 黄丽丽.说声训[J].中国语文,1995(1).

[13] 李春桃.近年重庆酉阳新发现古书文字性质新探[J].四川文物,2011(5).

[14] 李学勤.初读里耶秦简[J].文物,2003(1).

[15] 李学勤.秦怀后磬研究[J].文物,2001(1).

[16] 李学勤.秦玉牍索隐[J].故宫博物院院刊,2002(2).

[17] 李学勤.谈自学古文字[J].文史知识,1981(6).

[18] 李运富.汉字学三平面理论申论[J].北京师范大学学报:哲学社会科学版,2016(3).

[19] 林志强.关于汉字的讹变现象[J].福建师范大学学报:哲学社会科学版,1999(4).

[20] 林志强.汉字知识的普及与传统文化的继承[J].福建师范大学学报:哲学社会科学版,2012(4).

[21] 林志强.论“字说”现象[J].福建师范大学学报:哲学社会科学版,1995(2).

[22] 林志强.略论汉字形义关系的动态结构[J].福建论坛,1996(2).

[23] 林志强.说“信”[J].福建师范大学学报:哲学社会科学版,1997(2).

[24] 林志强.郑樵的汉字生成理论[J].古汉语研究,2001(1).

[25] 刘信芳.古文字歧读释例[J].安徽大学学报:哲学社会科学版,2008(5).

[26] 刘雅鸣,桂娟.殷墟考古研究获重大发现[J].瞭望,2016(31).

[27] 孟昭连.“搞”的造字者及其他:读《金瓶梅词语溯源》[J].中国语文,1999(1).

[28] 裘锡圭.从马王堆一号汉墓遣册谈关于古隶的一些问题[J].考古,1974(1).

[29] 裘锡圭.汉字形成问题的初步探索[J].中国语文,1978(3).

[30] 汪宁生.从原始记事到文字发明[J].考古学报,1981(1).

[31] 王辉.秦曾孙骃告华大山神明文考释[J].考古学报,2001(2).

[32] 王乾荣.钱学森造新词[J].群言,2010(1).

[33] 肖武.丁公村陶文集说[J].语文建设,1993(9).

[34] 杨丽君.动词"搞"在现代汉语中的语用考察[J].语言文字应用,2002(2).

[35] 叶楚强.现代通用汉字读音的分析统计[J].中国语文,1965(3).

[36] 叶玉英.论双声符字研究中的若干理论问题[J].厦门大学学报:哲学社会科学版,2005(1).

[37] 于豪亮.中山三器铭文考释[J].考古学报,1979(2).

[38] 于省吾.关于古文字研究的若干问题[J].文物,1973 (2).

[39] 曾宪通,杨泽生,肖毅.秦骃玉版文字初探[J].考古与文物,2001(1).

[40] 詹绪左,朱良志.汉字的文化功能[J].天津师大学报,1994(2).

[41] 张春龙,龙京沙.湘西里耶秦简复活秦国历史[J].中国国家地理,2002(9).

[42] 张春秀.动词"搞" 的句法、语义、语用分析[J].大庆师范学院学报,2007(3).

[43] 张政烺.试释周初青铜器铭文中的易卦[J].考古学报,1980(4).

[44] 朱德熙,裘锡圭.战国文字研究(六种)[J].考古学报,1972(1).

后 记

2000年我出版了一本《汉字的阐释》,作为本科学生"汉字学"上课用的教材。经过多年的教学实践,证明该书对初学汉字学的学生还是比较适用的。十几年过去了,原书早已售罄,学生要用,只能去复印,感觉很不方便。2011年,承蒙业师曾宪通教授不弃,邀我合作出版了国家规划教材《汉字源流》,也是高校"汉字学"的教材,但该书重在探究源流,在汉字学基础知识方面相对比较简单,而《汉字的阐释》在这方面正好可以与之互补,相辅相成。最近几年,本人根据上课需要和学术研究进展情况,都在不断增补拙作的内容,同时就有关专题进行了较为深入的研究,写出了系列文章,因此讲义也在不断修改,面貌与原书已有很大不同。鉴于以上原因,所以又有再出一本教材的想法。

《汉字的阐释》原由两大部分组成,一是汉字学的基本知识,有汉字的起源、汉字的演变、汉字的结构、汉字与文化等内容,二是介绍了先秦以来历代学者对汉字的研究和阐释的概况,主要目的是想让初学者对汉字研究的历史也有所了解。但由于课时所限,完成汉字学基本知识的部分都显得紧张,历史概况部分就没时间讲了。现在新出的这本教材,只保留上述第一大部分的框架,增补细化了有关内容,加写了第十五、十六讲作为初学的阶梯,又附录了一些相关的专题论文,所以总字数比原书总量还要多;如果就第一大部分而言,新作的字数总量已经超过了旧作的一倍还多,可见新旧之间还是颇有差别的。

本书的写作,实得益于教学之助。"教然后知困",然后能"教学相长",诚哉斯言,古之人不我欺也。旧题家乡蓝田书院有"旧学传承生底蕴,新知培养上征程"之句,实乃仿自朱子名句"旧学商量加邃密,新知培养转深沉"者,大意不外旧学新知不可偏废,学术才能不断进步。本书源于旧作,补缀增订之后,也可以看出个人探研的足迹和获得的些许新知。

从内容来看,此书主要与古代汉字有关,既有古文字学的内容,也有传统"说文"学的内容,原拟用"古代汉字学"来概括。但就本书而言,称为"学",还缺乏深度和广度,而且书中还涉及今文字,还有汉字文化等,以"古代汉字"限定之,也不是很妥切。2017年福建省文化名家资助项目"走近汉字:汉字与汉字文化的普及和传播"获批,此书作为该项目的成果，遂定名为“走近汉字”。“走近”者，逐渐靠近也。大家读了这本书，“走近”了汉字，再经过努力，也许就能真正“走进”汉字的世界，欣赏汉字的多姿多彩了。这也是本书写作之目的，是我们的希望所在，所以“走近汉字”是很合适的书名。但是，这个书名出版社认为不太像教材的名字，所以最后改成了现名——“汉字学十六讲”，全书的框架与内容也做了相应的调整。

本书的写作参考了很多前辈时贤的著述，其中有些章节是根据本人的专题文章编入的，曾在专业刊物上发表过，一些图片资料来源于网络和有关书籍，在此一并向相关学者、期刊编辑和网站表示衷心的感谢！根据要求，本书在称引有关学者（包括业师）大名时，均省尊称“先生”。此为统一体例之故，非不敬也。特此说明。

本书还得到福建省文化名家项目和福建师范大学教材建设基金的支持，得到高等教育出版社上海出版事业部编辑的关心和鼓励，在此一并深表谢忱！限于学识，书中内容难免疏漏、错讹，诚望博雅君子有以正焉。

林志强

己亥暮春记于康堂

高等教育出版社

教学资源索取单

尊敬的老师：

您好！

感谢您使用**林志强**著**《汉字学十六讲》**。为便于教学，本书另配有课程相关教学资源，如贵校已选用了本书，您只要添加 QQ 服务号 800078148，或者把下表中的相关信息以电子邮件或邮寄方式发至我社即可免费获得。

我们的联系方式：

联系电话：（021）56718921/56718739　　电子邮箱：800078148@b.qq.com

大学语文、写作教师 QQ 群：279433803　　通识论坛 QQ 群：278499548

地址：上海市虹口区宝山路 848 号　　邮编：200081

姓　名		性别		出生年月		专　业	
学　校				学院、系		教 研 室	
学校地址						邮　编	
职　务				职　称		办公电话	
E-mail						手　机	
通信地址						邮　编	
本书使用情况	用于______学时教学，每学年使用________册。						

您对本书有什么意见和建议？

您还希望从我社获得哪些服务？

□ 教师培训　　□ 教学研讨活动

□ 寄送样书　　□ 相关图书出版信息

□ 其他____